O leitor de Gramsci

CIP-BRASIL. CATALOGAÇÃO-NA-FONTE
SINDICATO NACIONAL DOS EDITORES DE LIVROS, RJ

G773a Gramsci, Antonio, 1891-1937
3ª ed. O leitor de Gramsci: escritos escolhidos 1916-1935 / Carlos Nelson Coutinho, organizador. – 3ª ed. – Rio de Janeiro: Civilização Brasileira, 2021.
-(Leitores)

Inclui bibliografia
ISBN 978-85-200-0952-9

1. Gramsci, Antonio, 1891-1937. 2. Ciência política. 3. História. 4. Filosofia. I. Coutinho, Carlos Nelson. II. Título. III. Série.

09-5825 CDD: 320
CDU: 32

Texto revisado segundo o novo Acordo Ortográfico da Língua Portuguesa.

Direitos desta edição adquiridos pela
EDITORA CIVILIZAÇÃO BRASILEIRA
Um selo da
EDITORA JOSÉ OLYMPIO LTDA.
Rua Argentina, 171 – 20921 380 Rio de Janeiro, RJ – Tel.: (21) 2585-2000.

Impresso no Brasil
2021

Carlos Nelson Coutinho
Organizador

O leitor de Gramsci

Escritos escolhidos: 1916-1935

3ª edição

CIVILIZAÇÃO BRASILEIRA

Rio de Janeiro
2021

Sumário

II. Dos cadernos do cárcere 1929-1935

Introdução

Carlos Nelson Coutinho

Antonio Gramsci — que é hoje o pensador italiano mais lido e traduzido em todo o mundo — tornou-se também um dos intelectuais estrangeiros mais influentes no pensamento social brasileiro. Desde o final dos anos 1960, quando sua obra começou a ser publicada em nosso País,[1] Gramsci vem despertando o interesse de estudiosos situados no amplo espectro das chamadas ciências sociais, indo da filosofia à pedagogia, da sociologia à crítica literária, da teoria política ao serviço social. Este interesse, de resto, vem tendo lugar não só entre marxistas de diferentes orientações, mas também entre expoentes do pensamento liberal, alguns dos quais o veem com simpatia, e até mesmo, mais recentemente, entre representantes da ultradireita, que o consideram como o principal inimigo teórico a combater. Podemos supor que esta presença de Gramsci no Brasil tem a ver, em grande parte, com a possibilidade, em muitos casos já concretizada, de que seus conceitos — como Estado ampliado, sociedade civil, hegemonia, guerra de posição, revolução passiva, nacional-popular etc. — nos ajudem a compreender importantes características da nossa particularidade histórica.

[1]A Editora Civilização Brasileira publicou entre 1966 e 1968, com várias reedições, cinco livros de Gramsci: *Concepção dialética da história*; *Cartas do cárcere*; *Os intelectuais e a organização da cultura*; *Maquiavel, a política e o Estado moderno*; e *Literatura e vida nacional*. Estes volumes foram traduzidos a partir da edição italiana mencionada na nota 3, infra.

Tudo isso justifica que apresentemos ao leitor brasileiro uma antologia que, contendo alguns dos principais textos de Gramsci, seja capaz de favorecer um primeiro contato com seus principais conceitos. Mas, antes de justificar as razões desta antologia e os critérios nela utilizados, parece-me útil resumir — ainda que brevemente — alguns destes conceitos.[2]

1. O PERÍODO DE FORMAÇÃO (1913-1926)

Desde o começo de sua atividade política, iniciada por volta de 1913, o futuro autor dos *Cadernos* já trazia em sua bagagem teórica uma posição claramente antipositivista, inspirada sobretudo no idealismo neo-hegeliano de filósofos como Benedetto Croce e Giovanni Gentile. Essa inspiração inicial, malgrado seus traços idealistas, possibilitou a Gramsci colocar-se em franca oposição ao determinismo economicista que, confundido com o marxismo, aparecia então como a ideologia oficial do Partido Socialista Italiano (PSI), do qual Gramsci passou a fazer parte.[3] Esse determinismo condicionava a ação tanto dos "maximalistas" quanto dos reformistas, as duas correntes em que à época se dividia o PSI. Os reformistas, privilegiando os pequenos ganhos econômicos da classe trabalhadora em detrimento da organização da vontade política de transformação, colocavam-se objetivamente a reboque dos liberais burgueses; mas, ao conceberem o socialismo como o resultado "inevitável" da evolução econômica, os "maximalistas" — que formavam a ala mais radical do PSI, por defenderem o seu "programa máximo" — terminavam por cair em uma posição de expectativa e de passividade, que se reduzia na prática a esperar a "grande crise", a "grande catástrofe" que poria fim ao capitalismo e implantaria quase automaticamente o socialismo.

[2]Para uma exposição mais ampla do pensamento de Gramsci e dos possíveis usos brasileiros de seus conceitos, ver, entre outros (cf. "Bibliografia", infra), C. N. Coutinho, *Gramsci. Um estudo sobre seu pensamento político*, Rio de Janeiro, Civilização Brasileira, 3ª ed., 2007.
[3]Para este, como para outros fatos biográficos e históricos, cf. "Cronologia" , infra.

Postos entre um reformismo limitado e uma fraseologia revolucionária abstrata, os socialistas italianos não encontravam o caminho para uma ação eficiente de transformação da realidade.

Gramsci, embora filiado ao PSI, opôs-se a essa falsa alternativa desde os seus primeiros artigos na imprensa operária da época. Neles, o jovem intelectual sardo já atribuía grande importância à batalha das ideias, à luta cultural, ou seja, ao empenho para criar as condições subjetivas da ação revolucionária, rompendo assim com a passividade dos que confiavam apenas no amadurecimento espontâneo das condições objetivas. As propostas contidas no artigo "Socialismo e cultura", escrito em 1916 e que abre esta antologia,[4] já antecipam — apesar de certa inclinação idealista (mais tarde, nos *Cadernos*, o próprio Gramsci diria que, à época, ele ainda era "tendencialmente crociano",[5] ou seja, idealista) — as reflexões maduras sobre a "reforma intelectual e moral", isto é, sobre a necessária revolução cultural que continuou sempre a lhe aparecer como parte integrante do processo global das transformações revolucionárias. Essa preocupação com temas culturais e pedagógicos se manifesta também nos artigos "Homens ou máquinas?" [p. 57] e "Indiferentes" [p. 59], mas volta a reaparecer num texto mais tardio, "Necessidade de uma preparação ideológica de massa" [p. 98].

Com base nesta posição antideterminista, Gramsci estava preparado para saudar com entusiasmo a revolução bolchevique de 1917. Ao contrário de muitos marxistas "positivistas", que afirmavam a impossibilidade de construir o socialismo num país economicamente atrasado, Gramsci — num artigo significativamente intitulado "A revolução contra *O capital*" [p. 61] — defende com ênfase a ação dos bolcheviques: para ele, com sua ação, Lenin e seus camaradas provaram que a vontade humana organizada (e não os fatos econômicos brutos) seria o verdadeiro motor

[4]Cf. infra, p. 51. Em seguida, no corpo do texto e entre colchetes, o leitor encontrará o número das páginas em que os textos mencionados nesta "Introdução" se encontram na presente antologia.

[5]A. Gramsci, *Cadernos do cárcere*, Rio de Janeiro, Civilização Brasileira, 6 vs., 1999-2002, v. 1, p. 304.

da história. Com isso, os bolcheviques teriam sepultado definitivamente o economicismo próprio dos reformistas e dos maximalistas, economicismo que Gramsci, neste artigo, ainda atribuía em parte ao próprio Marx. Nosso autor voltaria a falar de Marx no artigo que dedicou ao centenário de seu nascimento, significativamente intitulado "O *nosso* Marx" [p. 65], dirigido explicitamente contra a leitura fatalista do marxismo defendida pelos reformistas e pelos maximalistas.

Mas Gramsci não se limita ao entusiasmo em face da Revolução Russa: ele se empenha em buscar os modos de fazer na Itália o que os bolcheviques haviam feito na Rússia. Com alguns amigos, cria em 1919 um semanário intitulado *L'Ordine Nuovo* (*A nova ordem*), do qual foi editor-chefe. Num primeiro momento, o semanário parecia destinado a prosseguir a velha preocupação gramsciana com a preparação cultural do movimento socialista, tanto que seu subtítulo era "resenha semanal de cultura socialista". Mas, já a partir de seu quarto número, Gramsci busca fazer com que o semanário deixe de tratar a cultura como "um baú de coisas velhas" e se torne, ao contrário, um órgão da luta para transformar as "comissões internas" (representações sindicais nas empresas) no que ele chamou de "conselhos de fábrica" (do qual participariam ativamente todos os que trabalhavam na fábrica, independentemente de sua filiação ou não aos sindicatos). Emanação do "trabalhador coletivo", o "conselho de fábrica" seria para Gramsci o instituto fundamental do novo poder proletário, algo similar aos sovietes na Rússia (em russo, "soviete" quer dizer "conselho").

Essa sua proposta está expressa no artigo "Democracia operária" [p. 69], que ele escreveu em colaboração com seu amigo Palmiro Togliatti. Os conselhos de fábrica, segundo ele, seriam funcionalmente distintos dos sindicatos: enquanto estes defendem os interesses dos trabalhadores como assalariados (aumento de salários, melhores condições de trabalho etc.), os "conselhos" seriam a base do poder do trabalhador coletivo não só na fábrica, mas no conjunto da sociedade. Ou seja: seriam o instrumento para pôr fim à própria relação salarial. Nos "conselhos", com efeito, o trabalhador elevar-se-ia da condição de assalariado submetido ao capital àquela de "produtor" autônomo. Estas ideias estão expressas, por exemplo, em "Sindicatos e conselhos" [p. 78].

A proposta de *L'Ordine Nuovo* foi acolhida por boa parte do movimento operário de Turim, cidade industrial situada no norte da Itália e na qual Gramsci residia desde que deixara a sua Sardenha natal. Em setembro de 1920, os conselhos ocupam e dirigem muitas fábricas turinenses, em particular a Fiat. Depois da derrota do movimento — motivada em parte pela atitude hostil que assumiram diante dele as direções do PSI e dos sindicatos —, Gramsci reavalia suas posições, abandonando, na prática, sua crença de que é preciso estudar "a fábrica capitalista como forma necessária da classe operária, como organismo político, como 'território nacional' do autogoverno operário".[6] Para atuar efetivamente sobre o conjunto deste "território nacional", formado pela totalidade das relações sociais e não só pela fábrica, era preciso rediscutir a questão do partido revolucionário. Num primeiro momento, Gramsci ainda se empenha em uma renovação do Partido Socialista; logo em seguida, porém, adere à ideia de que é preciso criar um novo partido, o Partido Comunista [p. 83]. É neste momento que Gramsci toma conhecimento direto do pensamento de Lenin, muitos de cujos textos faz traduzir e publicar em *L'Ordine Nuovo*. Sua admiração por Lenin levou-o a escrever mais tarde, quando da morte do revolucionário russo em 1924, um apaixonado artigo, no qual o compara como autêntico líder à caricatura representada por Mussolini [p. 94].

Precisamente em 1921, no ano da fundação do Partido Comunista Italiano (PCI) — da qual Gramsci participa, tornando-se membro do seu Comitê Central — cresce na Itália o movimento fascista, que termina por chegar ao governo em outubro de 1922. Gramsci foi o primeiro marxista a caracterizar com exatidão a natureza de classe deste movimento e, depois, do governo e do regime fascistas. Para ele, trata-se certamente de um movimento reacionário que busca desde o início implantar uma ditadura a serviço do grande capital, mas que tem a peculiaridade de

[6] A. Gramsci, *Escritos políticos*, Rio de Janeiro, Civilização Brasileira, 2004, v. 1, p. 402.

possuir uma base de massas organizada, formada essencialmente pelo que ele chama ironicamente de "povo dos macacos" [p. 86], ou seja, pela pequena-burguesia, e que se vale para chegar ao poder dos recursos extralegais de um "subversivismo reacionário" [p. 89].

Em seus primeiros anos, o PCI foi dirigido por Amadeo Bordiga, um comunista napolitano que defendia posições bastante sectárias. Bordiga recusava a tática proposta por Lenin e aprovada pela Internacional Comunista (IC) no seu III Congresso, ocorrido em 1921, que tinha como eixo a luta por uma frente única com as forças socialistas e social-democratas e a defesa da constituição de um "governo operário-camponês". Ora, essa recusa condenava o recém-criado PCI ao isolamento, não só no interior da Itália, mas também em face do movimento comunista internacional. Quando de sua permanência em Moscou (1922-1923), como representante italiano junto à IC, Gramsci adere com entusiasmo às propostas de Lenin; para ele, a posição sectária de Bordiga era nada mais do que uma manifestação do velho maximalismo no interior do PCI [cf. p. 102]. Em várias cartas que dirige, entre 1923 e 1924, a seus antigos companheiros de *L'Ordine Nuovo*, propõe a criação de um novo "centro dirigente" do PCI, capaz de derrotar a corrente esquerdista de Bordiga e de pôr em prática as novas diretrizes "frentistas" da IC.

Ao fazê-lo, contudo, ele vai além de tais diretrizes: apresenta pela primeira vez o que será depois, como veremos, um dos temas predominantes dos *Cadernos*, ou seja, a formulação de uma nova estratégia socialista para o que chamará mais tarde de "Ocidente". Em uma carta de 1924, parcialmente reproduzida nesta antologia [p. 93], podemos ler: "A determinação, que na Rússia era direta e lançava as massas às ruas para o assalto revolucionário, complica-se na Europa Central e Ocidental em função de todas estas superestruturas políticas, criadas pelo maior desenvolvimento do capitalismo; torna mais lenta e mais prudente a ação das massas e, portanto, requer do partido revolucionário toda uma estratégia e uma tática bem mais complexas e de longo alcance do que aquelas que foram necessárias aos bolcheviques no período entre março e novembro de 1917." Está aqui formulada, ainda que embrionariamente, a distinção entre o que Gramsci irá mais tarde chamar, nos *Cadernos*, de "Oriente" e "Ocidente", bem como a clara afirmação da necessidade de elaborar uma nova teoria da revolução socialista.

Nos escritos imediatamente anteriores à prisão, também aparece em germe um dos temas centrais dos *Cadernos*. Refiro-me ao conceito de *hegemonia* em sua peculiar acepção gramsciana, ou seja, a de *direção* político-ideológica fundada no *consenso*, enquanto diversa (mas complementar) da *dominação* fundada na *coerção*. Na carta que escreveu ao Comitê Central do PC soviético, revelando sua preocupação com os duros confrontos que lavravam no seio deste Partido [p. 103], Gramsci já indica que condição para o êxito da revolução socialista é que seja conservada a *hegemonia* da classe operária sobre os camponeses, o que implica o sacrifício dos interesses meramente econômico-corporativos daquela classe. Tal sacrifício, feito em nome de uma elevação ao nível universal ou ético-político da consciência de classe, será para Gramsci a principal pré-condição da conquista da hegemonia. Este tema volta a aparecer no ensaio sobre a "questão meridional" [p. 110], talvez o seu mais importante texto pré-carcerário. Tal ensaio enfatiza ainda outra problemática, que também irá reaparecer amplamente nos *Cadernos*, ou seja, o destaque dado ao papel dos intelectuais na construção de uma relação de hegemonia.

O leitor da obra de Gramsci — e, em particular, desta antologia — deve ter em mente que seria um equívoco supor uma ruptura radical entre os escritos do "jovem Gramsci", anteriores à sua prisão, e aqueles do "Gramsci da maturidade", enfeixados nos *Cadernos*. Há entre eles uma relativa continuidade não só no que se refere às temáticas, mas também no método de abordá-las, continuidade assegurada pelo empenho constante que Gramsci herdou de Marx, ou seja, o de inserir na dimensão da totalidade e da historicidade os muitíssimos fatos particulares de que trata. O momento da continuidade, contudo, não deve ocultar o da relativa descontinuidade, que se manifesta não apenas no surgimento de novas temáticas nos apontamentos carcerários, mas também no fato de que o vínculo com a conjuntura é mais evidente nos escritos juvenis, quando Gramsci não dispunha (e não queria dispor!) do "distanciamento" possibilitado pelas condições em que foi forçado a escrever os cadernos da prisão.

2. OS CADERNOS DO CÁRCERE

A grande e traumática experiência vivida por Gramsci nos anos situados entre a Revolução Russa de 1917 e sua prisão, em novembro de 1926, foi a do fracasso da revolução socialista no Ocidente. Com efeito, uma após outra, as situações revolucionárias criadas na Alemanha, na Hungria, na Itália, culminaram na derrota do proletariado e na restauração (frequentemente autoritária ou fascista) do poder capitalista. Em seu próprio país, Gramsci assiste ao esvaziamento e à derrota, na Turim de 1920, dos "conselhos de fábrica", de cuja formulação teórica, como vimos, participara ativamente. Além disso, já como dirigente do PCI, vê crescer e finalmente chegar ao poder o movimento fascista.

Por isso, pode-se dizer que a principal questão a que Gramsci tenta responder nos *Cadernos* é a seguinte: por que, apesar da crise econômica aguda e da situação objetivamente revolucionária existente na Itália e em boa parte da Europa nos inícios dos anos 1920, não foi possível repetir ali a vitoriosa experiência dos bolcheviques na Rússia? Esboços de uma resposta a esta questão, como vimos, já se anunciam em seus escritos situados entre 1924 e 1926. Mas uma resposta sistemática vai aparecer somente nos *Cadernos*, nos quais Gramsci irá elaborar uma *nova* teoria *marxista* do Estado e da revolução (é necessário sublinhar os dois adjetivos, ou seja, "nova" e "marxista"), que é certamente sua maior contribuição ao desenvolvimento da teoria social histórico-materialista.

Gramsci não poderia elaborar esta nova teoria do Estado e da revolução se não tivesse como pressuposto metodológico a concepção do marxismo como uma filosofia da práxis, ou seja, como um antieconomicismo radical.[7] Não é casual que ele dedique a temas "filosóficos" uma parte

[7]Em sua concepção do marxismo como "filosofia da práxis", Gramsci se inspira explicitamente na terceira tese de Marx sobre Feuerbach, que afirma: "A doutrina materialista de que os homens são produtos das circunstâncias e da educação [...] esquece que as circunstâncias são transformadas pelos homens e que o próprio educador tem de ser educado. [...] A coincidência do ato de mudar as circunstâncias com a atividade humana pode ser compreendida e entendida de maneira racional apenas na condição de *práxis revolucionária*" (K. Marx e F. Engels, *A ideologia alemã*, Rio de Janeiro, Civilização Brasileira, 2007, p. 621-622).

substantiva dos seus *Cadernos*. Com efeito, foi precisamente com base nesta concepção que Gramsci pôde conceber de modo novo a relação entre economia e política, entre infraestrutura e superestruturas, destacando sempre o papel da ação humana em face das determinações objetivas [cf., por exemplo, 165 e ss.].

Este antieconomicismo levou muitos analistas a afirmar que os *Cadernos*, tão ricos de sugestões e de inovações em todas as demais esferas do ser social, não conteriam uma análise articulada das modificações ocorridas na economia capitalista posterior à Primeira Guerra Mundial. As notas reunidas no caderno 22, sob o título geral de "Americanismo e fordismo" [p. 328 ss.], revelam porém que Gramsci não era alheio à análise destas modificações. Chama a atenção, nestas notas, a justeza de sua previsão — feita logo após a eclosão da crise de 1929, num momento em que a IC previa o colapso iminente do capitalismo — de que o americanismo (a nova forma, não só econômica mas também política e ideológica, que o capitalismo vinha assumindo nos Estados Unidos) revelava uma capacidade de expansão bem maior do que aquela do fascismo, uma previsão que o mundo posterior à Segunda Guerra só fez confirmar.

É verdade, contudo, que as principais contribuições de Gramsci ao desenvolvimento do pensamento marxista não se situam no estrito terreno da crítica da economia política. O autor dos *Cadernos*, sem jamais negar a centralidade ontológica das relações sociais de produção na explicação da vida social, concentrou sua atenção nas esferas da política e da ideologia, que haviam sido postas na sombra pelo positivismo da II Internacional e voltariam a sê-lo na época de Stalin. Utilizando o conceito de "bloco histórico", Gramsci elabora um modo de articulação no qual as superestruturas ideológicas, longe de aparecer como simples reflexos passivos da base econômica, têm sua autonomia relativa grandemente ampliada. Recorrendo a uma observação de Marx no célebre "Prefácio" de 1859 à *Contribuição à crítica da economia política* — um dos textos marxianos mais utilizados pelo autor dos *Cadernos*, que o interpreta sempre num sentido antieconomicista —, Gramsci vai dizer que é na esfera político-ideológica, ou seja, no terreno das superestruturas, que se trava em última instância a batalha decisiva entre as classes sociais.

É lá — como diz ele seguindo Marx — que os conflitos econômicos encontram os modos de sua resolução.[8]

Para indicar o momento do salto entre o determinismo econômico e a liberdade política, Gramsci cunha seu peculiar conceito de "catarse": a "catarse" é o processo pelo qual uma classe supera os seus interesses econômico-corporativos e se eleva a uma dimensão universal, que ele chama de "ético-política"; ou seja, é o momento no qual a classe deixa de ser puro fenômeno econômico para se converter em sujeito consciente da história [p. 192]. Considerada como o momento da passagem do determinismo à liberdade, a "catarse" é assim o equivalente gramsciano da elevação da "classe em-si" à "classe para-si" (Marx), ou da elevação da consciência meramente sindicalista à autêntica consciência político-universal de classe (Lenin). Se não é capaz de realizar essa "catarse", uma classe social não pode se tornar classe *nacional*, ou seja, representante dos interesses de um bloco social majoritário — e, desse modo, não pode conquistar a hegemonia na sociedade.

Esses pressupostos "filosóficos" são necessários para compreender plenamente a resposta gramsciana às razões do fracasso da revolução nos países de estrutura social mais complexa. Antes de mais nada, para encaminhar tal resposta, Gramsci sublinha a diferença estrutural entre o que chama de "Ocidente" e "Oriente": "No Oriente, o Estado era tudo, a sociedade civil era primitiva e gelatinosa; no Ocidente, havia entre o Estado e a sociedade civil uma relação apropriada e, ao oscilar o Estado, podia-se imediatamente reconhecer uma robusta estrutura da sociedade civil" [p. 297]. Tal diferença estrutural, que se funda no diferente modo de articulação entre Estado e sociedade civil, leva Gramsci à elaboração de sua categoria mais abrangente, mais concreta (ou seja,

[8] "É preciso distinguir sempre entre as mudanças materiais ocorridas nas condições econômicas de produção [...] e as formas jurídicas, políticas, religiosas, artísticas ou filosóficas, numa palavra, as formas ideológicas em que os homens adquirem consciência deste conflito e lutam para resolvê-lo" (K. Marx e F. Engels, *Obras escolhidas*, Rio de Janeiro, Vitória, v. 1, 1956, p. 335).

aquela que sintetiza um maior número de determinações):[9] a de Estado "ampliado" ou "integral".

Ao fazê-lo, ele irá promover um desenvolvimento original de alguns conceitos básicos dos fundadores do marxismo. No campo da teoria política, a grande descoberta de Marx e Engels foi a compreensão do caráter de classe de todo fenômeno estatal. Para eles, o Estado tem sua *gênese* na divisão da sociedade em classes (e só existe quando e enquanto existir essa divisão); e sua *função* é precisamente a conservar tal divisão, assegurando que os interesses particulares de uma classe se imponham como o interesse geral da sociedade. Examinando também a *estrutura* do Estado, eles indicaram na repressão — no monopólio legal e/ou de fato da coerção e da violência — o modo principal através do qual o Estado em geral (e, como tal, também o Estado capitalista) faz valer essa sua natureza de classe.

Parece simples, hoje, criticar como unilateral essa formulação dos fundadores do marxismo. Trata-se, contudo, de uma crítica anti-historicista: com efeito, ela ignora o fato de que a percepção do aspecto repressivo (ou ditatorial) como aspecto principal do domínio de classe corresponde, em grande parte, à natureza real dos Estados com os quais se defrontaram Marx e Engels (e, mais ainda, Lenin). Em uma época de escassa participação política, quando a ação do proletariado se exercia sobretudo através de vanguardas combativas mas pouco numerosas, atuando compulsoriamente na clandestinidade — ou seja, numa situação que Gramsci chamaria de "oriental" —, era natural que esse aspecto ditatorial do Estado burguês se colocasse em primeiro plano na própria realidade e, enquanto tal, merecesse a atenção prioritária de Marx, Engels e Lenin. Por outro lado, não seria difícil indicar também os vários momentos em que eles tentaram responder de modo novo à emergência de situações estatais mais complexas (basta lembrar aqui as observações de Marx sobre a transição democrática ao socia-

[9] "O concreto é concreto porque é a síntese de muitas determinações, isto é, unidade do diverso": K. Marx, *Introdução* a *Crítica da economia política [1857]*, in Id., *Manuscritos econômico-filosóficos e outros textos escolhidos,* São Paulo, Abril Cultural, coleção "Os pensadores", vol. XXXV, 1974, p. 122.

lismo em países como a Inglaterra, os Estados Unidos ou a Holanda; as considerações do último Engels sobre a necessidade de uma nova estratégia socialista depois da conquista do sufrágio universal; ou as motivações que induziram Lenin, em 1921, a propor uma política de "frente única" no Ocidente).[10]

Gramsci trabalha numa época histórica e num âmbito geográfico no qual já se generalizou essa maior complexidade do fenômeno estatal. Ele pôde assistir a uma intensa socialização da política, resultante da conquista do sufrágio universal, da criação de grandes partidos políticos de massa, da ação efetiva de poderosos sindicatos operários. Até mesmo a direita, para triunfar politicamente, tem agora de se apoiar em movimentos políticos de massa, como é o caso do fascismo e do nazismo. Neste contexto, a luta política já não se trava apenas entre uma burguesia entrincheirada no Estado e as vanguardas ativas mas restritas da classe operária. Todo um tecido complexo de organizações sociais e políticas, envolvendo também as camadas médias e a própria burguesia, espalha-se agora pelo conjunto da sociedade capitalista. Entre os aparelhos executivos (civis e militares) do Estado e o mundo das relações sociais de produção — entre o que Gramsci chamou, respectivamente, de "sociedade política" e de "sociedade econômica" —, criou-se progressivamente uma rede de organizações com um papel efetivo na vida política, na medida em que estas organizações são peças decisivas nos mecanismos de reprodução da sociedade como um todo.

É a essa rede de organizações que Gramsci chama de "sociedade civil", elaborando assim um dos seus principais conceitos. Este conceito remete a uma esfera do ser social que — como observa Gramsci — Marx não pôde conhecer, já que ela se desenvolveu plenamente apenas após a sua morte.[11] Quando usa a expressão "sociedade civil", o que não é muito

[10]Permito-me remeter aqui ao meu ensaio "A dualidade de poderes. Estado e revolução no pensamento marxista", in C. N. Coutinho, *Marxismo e política*, São Paulo, Cortez, 3ª ed., 2008, p. 13-69.

[11]"O conceito de organização em Marx ainda permanece preso aos seguintes elementos: organização profissional, clubes jacobinos, conspirações secretas de pequenos grupos, organização jornalística" [p. 265].

frequente em suas obras da maturidade, Marx refere-se às relações sociais de produção, ao mundo da economia; para Gramsci, diversamente, "sociedade civil" designa o conjunto das organizações responsáveis pela elaboração e/ou difusão das ideologias, compreendendo o sistema escolar, os parlamentos, as Igrejas, os partidos políticos, as organizações profissionais, os sindicatos, os meios de comunicação, as instituições de caráter científico e artístico etc. Ao contrário do que fazem hoje muitos pensadores liberais e social-democratas, Gramsci não trata a sociedade civil como uma zona neutra situada "para além do Estado e do mercado". Ao contrário, ele a considera como parte do Estado, como uma decisiva arena da luta de classes, na qual os diferentes grupos sociais lutam para conservar ou conquistar hegemonia.

Nunca é demais insistir em que a "ampliação" gramsciana da teoria do Estado é uma ampliação *dialética*: os elementos novos aduzidos por Gramsci não eliminam o núcleo duro da teoria de Marx e Engels (ou seja, o caráter de classe e o momento repressivo de todo poder estatal), mas o *desenvolvem* no sentido de acrescentar-lhe *novas determinações*. Gramsci parte da distinção entre duas esferas essenciais no interior das superestruturas: a "sociedade política" e a "sociedade civil". Com "sociedade política", designa o conjunto dos mecanismos através dos quais a classe dominante detém o monopólio legal da coerção; trata-se do que ele chama muitas vezes de Estado em sentido estrito ou Estado-coerção, formado pelas burocracias ligadas às forças armadas e à aplicação das leis, ou seja, em última instância, por aquilo que habitualmente chamamos de governo. (Trata-se, portanto, do aspecto no qual Marx e Engels haviam concentrado sua atenção prioritária.) A real originalidade de Gramsci — as novas determinações que ele aduz ao conceito marxista de Estado — manifesta-se em sua definição da "sociedade civil", que, como vimos, indica a nova esfera do ser social que surge com os processos de socialização da política.

O que distingue a "sociedade política" da "sociedade civil" — que, para Gramsci, mantêm entre si uma relação dialética de "identidade-distinção" [p. 278] — é, em primeiro lugar, a função que exercem na organização da vida social, na articulação e reprodução das relações de poder. Ambas, em conjunto, formam o Estado em sentido amplo ou integral, que Gramsci define como "sociedade política + sociedade civil, isto é, hegemonia couraçada de coerção" [p. 269]. Nesse sentido, ambas as esferas servem para conservar ou promover determinada base econômica, de acordo com os interesses de uma classe social fundamental. Mas o modo de encaminhar essa promoção ou conservação varia nos dois casos. No âmbito da sociedade civil, a cujos organismos se adere voluntariamente (não sou obrigado a fazer parte de um partido, de um sindicato, de uma igreja etc.), as classes buscam exercer sua *hegemonia*, isto é, buscam ganhar aliados para suas posições através da *direção político-intelectual* e do *consenso*. Por meio da sociedade política, ao contrário, exerce-se sempre uma ditadura, ou seja, uma *dominação* mediante a *coerção* (e por coerção não se deve entender apenas a violência pura e simples, mas todos os atos governamentais que sou obrigado a cumprir, ainda que não concorde com eles, como, por exemplo, pagar impostos, prestar serviço militar etc.). Além disso, as duas esferas se distinguem por uma materialidade social própria: enquanto a sociedade política tem seus portadores materiais na burocracia militar e executiva, os portadores materiais da sociedade civil são o que Gramsci chama de "aparelhos 'privados' de hegemonia", ou seja, organismos sociais relativamente autônomos em face do Estado em sentido estrito.

Embora insista sobre a diversidade estrutural e funcional da "sociedade política" e da "sociedade civil", o dialético Gramsci não perde de vista o momento unitário entre elas. Assim, ao definir a "sociedade política", ele a indica como "o aparelho de coerção estatal que assegura 'legalmente' a disciplina dos grupos que não 'consentem', nem ativa nem passivamente, mas que é constituído para toda a sociedade, na previsão dos momentos de crise no comando e na direção, nos quais fracassa o consenso espontâneo" [p. 208]. Em outro texto, ele também explicita a dialética (unidade na diversidade) que existe entre as funções desempenhadas pela sociedade política e pela sociedade civil: "A *supremacia* de um grupo social se manifesta de duas maneiras: como 'domínio' e como 'direção intelectual e moral'. Um grupo social é dominante dos grupos adversários que tende a 'liquidar' ou a submeter também mediante a força armada; e é dirigente dos grupos afins ou aliados" [p. 290]. Neste último texto, a *supremacia* aparece como o momento sintético que unifica (sem homogeneizar) a *hegemonia* e a *dominação*.

Cabe registrar o modo pelo qual, em função dessa autonomia relativa das esferas da superestrutura, Gramsci interpreta a teoria de Marx, Engels e Lenin sobre a extinção do Estado na sociedade comunista sem classes, que ele chama nos *Cadernos* de "sociedade regulada". A extinção do Estado significa para ele o desaparecimento progressivo da "sociedade política", dos aparelhos de coerção e das burocracias, absorvidos pela "sociedade civil" e seus organismos próprios [p. 272]. As funções sociais da *dominação* e da *coerção* cedem progressivamente espaço à *hegemonia* e ao *consenso*. Isso significa que a teoria de Marx, Engels e Lenin sobre o fim do Estado sofre uma concretização: do ponto de vista material, o que desaparece são os aparelhos coercitivos, os mecanismos de dominação burocrática, de gestão da sociedade por métodos impostos "pelo alto". Ao contrário, os portadores materiais da sociedade civil (os organismos de massa, os parlamentos, os sindicatos, os partidos), ganhando uma nova função — organizarem "de baixo para cima" a reprodução e a direção da vida social, através do "autogoverno" contraposto ao "governo dos funcionários" [p. 278] — , continuam a desempenhar um papel decisivo nas "sociedades reguladas".

Não me parece difícil ver nesse conceito gramsciano de "sociedade regulada" (ou autorregulada) uma oposição às teorias divulgadas por Stalin desde os anos 1920, segundo as quais o Estado em sentido estrito — os aparelhos de coerção — teriam de se fortalecer ao máximo durante o período de transição para o comunismo. A principal objeção que Gramsci faz ao "modelo" stalinista, expressa sobretudo em sua nota sobre "Estatolatria" [p. 277], é o de não levar em conta a necessidade de desenvolver uma sociedade civil autônoma e forte (capaz de criar as condições para o autogoverno) *depois* da conquista do poder; ao contrário, neste "modelo", busca-se transformar os organismos da sociedade civil em simples apêndices do Estado enquanto "sociedade política" (enquanto burocracia). Essa reabsorção do Estado pela sociedade civil — o fim da alienação da esfera política — liga-se a uma proposta de Gramsci: a de que a divisão entre governantes e governados, entre dirigentes e dirigidos, que é certamente necessária em determinado nível da evolução social (onde ainda exista a divisão em classes e mesmo certo grau de divisão técnica do trabalho), não seja considerada como uma "perpétua divisão do gênero humano", mas "apenas como um fato histórico, correspondente a certas condições", sendo necessário lutar para "criar as condições nas quais a existência dessa divisão [entre governantes e governados] desapareça" [p. 232].

Uma original análise da nova forma do Estado "ampliado" ou "integral" é a base da tática e da estratégia políticas formuladas por Gramsci, de sua teoria da transição ao socialismo. Nas formações sociais onde não se desenvolveu uma sociedade civil forte e articulada, onde a esfera da ideologia se manteve umbilicalmente ligada aos aparelhos burocráticos da "sociedade política", a luta de classes se trava predominantemente em torno da conquista e da manutenção do Estado em sentido estrito; é o que ocorre nas sociedades que Gramsci chama de "orientais". Já nas sociedades "ocidentais", as batalhas devem ser travadas inicialmente no âmbito da sociedade civil, visando à direção político-ideológica e à conquista do consenso pelo que ele chama de "grupos subalternos". No primeiro caso, a estratégia se orienta para a "guerra de movimento", para o choque frontal de onde resultará a conquista do Estado; no segundo caso, o centro da luta está na "guerra de posições", na conquista paulatina de espaços *no seio* e *através* da sociedade civil [p. 294 ss.]. Quando um país possui uma sociedade civil rica e pluralista, a obtenção da hegemonia deve preceder a tomada do poder; a classe revolucionária já deve ser *dirigente* antes de ser *dominante*. "Um grupo social — observa Gramsci — pode e aliás deve ser dirigente já antes de conquistar o poder governamental (essa é uma das condições principais para a própria conquista do poder); depois, quando exerce o poder, e mesmo que o conserve firmemente nas mãos, torna-se dominante, mas deve continuar a ser também 'dirigente'" [p. 290].

Essas reflexões permitem a Gramsci dar uma resposta à questão do fracasso das revoluções no Ocidente — e, ao mesmo tempo, indicar uma nova estratégia adequada às condições específicas das sociedades capitalistas nas quais exista um nível elevado de socialização da política. A presença em tais países de uma sociedade civil complexa, inexistente nas formações de tipo "oriental", como a Rússia de 1917, impõe às classes sociais interessadas numa transformação radical da sociedade a necessidade de um longo e amplo combate pela hegemonia e pelo consenso. Gramsci afirma que Lenin havia compreendido essa diferença estrutural e suas implicações estratégicas quando propôs, no III Congresso da IC, em 1921, a adoção de uma política de "frente única"; e quando observou que, enquanto na Rússia fora fácil tomar o poder e difícil construir o socialismo, no Ocidente ocorreria precisamente o inverso. Mas, segundo Gramsci, Lenin não teria tido o tempo necessário para desenvolver essas ideias [p. 297]. Coube precisamente ao autor dos *Cadernos* a tarefa de desenvolver de modo criador as lições de Marx, Engels e Lenin, a partir do contato com realidades novas e mais complexas.

A centralidade da luta pela hegemonia na nova estratégia revolucionária proposta por Gramsci explica a razão por que o estudo da função e do papel social dos intelectuais tem um peso tão decisivo nos *Cadernos*. Com efeito, para o pensador sardo, os intelectuais são atores fundamentais das batalhas hegemônicas. Para ele, na exata medida em que todos os homens são filósofos, ou seja, possuem uma concepção do mundo que se expressa na linguagem, no senso comum etc. [p. 145ss], todos são também intelectuais. Mas nem todos exercem na vida social a função exercida pelos intelectuais propriamente ditos [p. 206].

Gramsci considera intelectuais todos os que contribuem para educar, para organizar, ou seja, para criar ou consolidar relações de hegemonia; por isso, para ele, são intelectuais (ou desempenham uma função intelectual) todos os membros de um partido político, de um sindicato, de uma organização social. Ele distingue, por um lado, entre o "grande intelectual", aquele que cria novas concepções do mundo, e a massa dos demais intelectuais, que difundem tais concepções; e, por outro, faz também uma decisiva distinção entre "intelectuais orgânicos", que são gerados diretamente por uma classe e servem para lhe dar consciência e promover sua hegemonia, e "intelectuais tradicionais", que se vinculam a instituições que o capitalismo herda de formações sociais anteriores (como as Igrejas e o sistema escolar) [p. 203 ss.]. Tarefa de uma classe que busca hegemonia é não apenas criar seus próprios intelectuais "orgânicos", mas também assimilar aqueles "tradicionais".

Gramsci irá dedicar também uma grande atenção ao partido político, que ele considera um dos mais decisivos instrumentos da luta pela hegemonia. Desde o período pré-carcerário, ele não hesita em ligar o partido político às classes sociais: "Os partidos políticos são o reflexo e a nomenclatura das classes sociais. Eles surgem, desenvolvem-se, decompõem-se e se renovam na medida em que os diversos estratos das classes sociais em luta sofrem deslocamentos de real alcance histórico, experimentam mudanças radicais em suas condições de existência e de desenvolvimento, adquirem uma maior e mais clara consciência de si e de seus próprios interesses vitais". [p. 84].

Há inequívocas semelhanças entre a teoria gramsciana do partido revolucionário — que, com uma metáfora inspirada em Maquiavel, ele chama de "moderno Príncipe" — e aquela formulada anteriormente por Lenin, sobretudo em *Que fazer?*.[12] Enquanto para Lenin a função do partido é elevar a consciência de classe do nível da luta sindical ao nível político-universal, Gramsci ressalta a função "catártica" do partido, ou seja, o seu papel na passagem do momento "econômico-corporativo" ao momento "ético-político". Mas há também diferenças entre as teorias dos dois revolucionários: para Lenin, a consciência política é trazida pelo partido "de fora" do movimento espontâneo do proletariado; para

[12] V. I. Lenin, *Que fazer?*, São Paulo, Hucitec, 1979.

Gramsci, ao contrário, a elevação da consciência dos subalternos resulta de um diálogo entre os "simples" e os intelectuais, elevação para a qual ambas as partes contribuem. Com efeito, para o autor dos *Cadernos*, "o elemento popular 'sente', mas nem sempre compreende ou sabe; o elemento intelectual 'sabe', mas nem sempre compreende e, menos ainda, 'sente'" [p. 202].

Cabe ainda ressaltar que Gramsci define o partido mais por sua função — elevar a consciência das classes ao nível ético-político e, assim, interferir nas batalhas por hegemonia — do que por um tipo específico de organização formal. Com efeito, para ele, se os partidos propriamente ditos não cumprem essa função, ela pode ser exercida não só por outras instituições sociais, mas até mesmo por grandes intelectuais, por jornais, por revistas etc. [p. 301 ss.]. Pode-se mesmo dizer que há grandes semelhanças entre a função social que Gramsci atribui, por um lado, aos intelectuais e, por outro, ao partido político: em ambos os casos, estamos diante de atores empenhados na luta pela hegemonia. Portanto, estava certo Togliatti quando afirmou que, para o pensador sardo, o partido revolucionário seria um "intelectual coletivo".

De grande interesse para os brasileiros é o conceito gramsciano de "revolução passiva". Para o autor dos *Cadernos*, este conceito seria válido para entender não apenas movimentos históricos específicos (como o *Risorgimento*, ou seja, o movimento que levou à unidade estatal da Itália), mas também inteiras épocas históricas, como as que se seguiram à Revolução Francesa e à Revolução Russa. Quais seriam, segundo Gramsci, os traços essenciais de uma revolução passiva? Podemos resumi-los do seguinte modo: 1) as classes dominantes reagem a pressões que provêm das classes subalternas, ao seu "subversivismo esporádico, elementar", ou seja, ainda não suficientemente organizado para promover uma revolução "jacobina", a partir de baixo, mas já capaz de impor um novo comportamento às classes dominantes; 2) esta reação, embora tenha como finalidade principal a conservação dos fundamentos da velha ordem, implica o acolhimento de "uma certa parte" das reivindicações provindas de baixo; 3) ao lado da conservação do domínio das velhas classes, introduzem-se assim modificações que abrem o caminho para novas modificações [p. 315]. Portanto, estamos diante, nos casos de revoluções passivas, de uma complexa dialética de *restauração e revolução*, de *conservação* e *modernização*. Vários autores brasileiros já utilizaram este conceito para conceituar alguns momentos centrais da história brasileira, em particular a chamada Revolução de 1930.

Também interessa em particular, a nós brasileiros, o conceito gramsciano de "nacional-popular". Segundo o autor dos *Cadernos*, os intelectuais italianos teriam quase sempre se colocado a serviço de propostas abstratamente cosmopolitas, ligadas aos interesses falsamente "universalistas" da Igreja Católica: "Na Itália, o termo 'nacional' tem um significado muito restrito ideologicamente e, de qualquer modo, não coincide com 'popular', já que na Itália os intelectuais estão afastados do povo, ou seja, da 'nação'; estão ligados, ao contrário, a uma tradição de casta, que jamais foi quebrada por um forte movimento político popular ou nacional vindo de baixo" [p. 348]. Esta observação serve também para analisar, com as devidas concretizações, problemas centrais da formação da intelectualidade brasileira, que muitas vezes se limitou a copiar acriticamente modismos estrangeiros, sem se preocupar em assimilar "antropofagicamente" (como diria Oswald de Andrade) as contribuições que nos vinham de fora.

3. RAZÕES E CRITÉRIOS DESTA ANTOLOGIA

Em vida, Gramsci jamais publicou um livro. Antes de ser preso pelo fascismo, em novembro de 1926, havia escrito inúmeros artigos dispersos em muitos jornais socialistas e comunistas, na maioria dos casos não assinados ou assinados com pseudônimos. Deste período, também se conhecem hoje vários informes elaborados para a discussão no partido que fundou e dirigiu, o Partido Comunista Italiano, bem como muitas cartas dirigidas sobretudo a camaradas do seu partido, propondo uma nova estratégia revolucionária, nas quais antecipa muitos dos temas que irá desenvolver mais tarde em seus apontamentos carcerários.[13] Depois de preso, além de numerosas cartas endereçadas sobretudo a familiares,[14] Gramsci redigiu entre 1929 e 1935, enquanto suas frágeis condições de saúde permitiram, cerca de 2.500 páginas de notas e reflexões (sempre iniciadas com o sinal de §), dedicadas a múltiplos temas e agrupadas em 29 cadernos escolares.

Foi somente dez anos após sua morte, já depois da derrubada do fascismo, que seus escritos pré-carcerários e as cartas e apontamentos que redigiu na prisão começaram a ser publicados em livros. Iniciada em 1947 e concluída só em 1971, esta primeira edição das obras de Gramsci compreendia doze volumes, cinco dedicados aos textos juvenis, um às cartas escritas na prisão e seis aos apontamentos carcerários.[15] Em tal edição, cuja organização é atribuída a Palmiro Togliatti, tais apontamentos — que se tornariam conhecidos doravante como *Cadernos do cárcere* — foram agrupados segundo temas, sem levar em conta a ordem material em que apareciam nos cadernos tais como estes nos foram legados por Gramsci. Chamada posteriormente de "temática", esta primeira edição dos cadernos foi fundamental para tornar as ideias de Gramsci acessíveis a um amplo público. De resto, ela não era infiel à proposta do próprio Gramsci: com efeito, foi ele mesmo quem distinguiu entre cadernos que chamou de "miscelâneos" (nos quais agrupou notas sobre diferentes temas) e os que designou como "especiais" (nos

[13]Uma ampla seleção destes escritos do período pré-carcerário pode ser lida em A. Gramsci, *Escritos políticos 1910-1926*, ed. cit.

[14]Uma edição completa delas está em A. Gramsci, *Cartas do cárcere*, Rio de Janeiro, Civilização Brasileira, 2 vs., 2005.

[15]Numerados de 1 a 12, sob o título geral "Opere di Gramsci" (Turim, Einaudi), são os seguintes os volumes desta primeira edição: *Lettere dal carcere* (1947), *Il materialismo storico e la filosofia di Benedetto Croce* (1948), *Gli intellettuali e l'organizzazione della cultura* (1949), *Il Risorgimento* (1949), *Note sul Machiavelli, la politica e lo Stato moderno* (1949), *Letteratura e vita nazionale* (1950), *Passato e presente* (1951), *L'Ordine Nuovo 1919-1920* (1954), *Scritti giovanili 1914-1918* (1958), *Sotto la Mole 1916-1920* (1960), *Socialismo e fascismo. L'Ordine Nuovo 1921-1922* (1966) e *La costruzione del Partito comunista 1923-1926* (1971). Como se pode ver, a ordem cronológica dos textos gramscianos foi invertida nesta edição.

quais retomou e muitas vezes reescreveu apontamentos presentes nos primeiros, tentando agrupá-los segundo temas específicos).[16]

Malgrado o indiscutível valor desta edição temática, tornou-se necessário — para que fosse possível perceber com mais clareza o complexo "laboratório" gramsciano — publicar uma nova edição de seus escritos carcerários, na qual os cadernos fossem reproduzidos na ordem material com que chegaram às nossas mãos, incluindo também as diferentes versões dos apontamentos. Esta nova edição viria a ser conhecida como "edição crítica".[17] (Também foi iniciada em 1980, mas infelizmente não concluída até hoje, uma edição crítica das obras pré-carcerárias[18]). Os que desejam ter um conhecimento mais aprofundado da obra de Gramsci devem certamente se valer desta edição crítica, que recolhe a totalidade dos escritos carcerários gramscianos; no caso de que não tenham a possibilidade de ler em italiano, devem recorrer à edição brasileira já citada, que recolhe a maior parte de tais escritos. Mas tornou-se também necessário — como aprendi sobretudo em minha experiência pedagógica — um instrumento que permita uma primeira abordagem de Gramsci e que seja útil não só para estudantes, mas também para um público informado que tenha interesse em saber quem é e o que disse este autor tão citado e comentado. Foi para tentar satisfazer esta necessidade que resolvi aceitar o convite da Civilização Brasileira e assumir o risco de propor ao leitor esta antologia.

Devo explicar por que me refiro a "risco". Mesmo antes de iniciar o trabalho de seleção, estava consciente de que não seria fácil reduzir a cerca de 350 páginas — o limite fixado para os volumes da coleção em que é publicada esta antologia — as 5.000 da edição brasileira das "Obras

[16]Foram estes temas sugeridos pelo próprio Gramsci em seus "cadernos especiais" que inspiraram a edição "temática". Como veremos em seguida, eles também orientaram a escolha presente nesta antologia. Para uma detalhada exposição dos cadernos e de suas edições, inclusive as brasileiras, cf. C. N. Coutinho, "Introdução" a A. Gramsci, *Cadernos do cárcere*, ed. cit., v. 1, p. 7-45. Para a versão mais recente das obras de Gramsci publicadas na Itália e no Brasil, cf. infra, "Bibliografia", p. 47.

[17]A. Gramsci, *Quaderni del carcere*, ed. de Valentino Gerratana, Turim, Einaudi, 4 vs., 1975.

[18]Cf. os cinco primeiros títulos do item 1 da "Bibliografia", infra, p. 45

de Gramsci" em dez volumes, que eu mesmo organizei e editei, com a colaboração de Luiz Sérgio Henriques e Marco Aurélio Nogueira.[19] Ora, uma seleção tão drástica corre certamente o risco de ser arbitrária, sobretudo por estar inevitavelmente baseada nas preferências decorrentes de uma específica leitura do pensamento de Gramsci. (Consola-me pensar que esse "arbítrio" ocorre sempre que se prepara uma antologia de qualquer autor.) É provável que outros houvessem selecionado ou venham a selecionar, para futuras antologias, diferentes textos de Gramsci. Também pode ser questionada minha opção de agrupar os textos selecionados segundo temas (e também por ter escolhido estes e não outros temas), em vez de apresentá-los caderno a caderno, ou seja, na ordem material em que Gramsci os deixou. Para tentar minimizar o arbítrio, consultei inúmeras antologias de Gramsci, em várias línguas. Pude assim constatar que, em sua esmagadora maioria, elas adotam um critério temático, com base nos temas sugeridos pelo próprio Gramsci. No caso das antologias gerais (ou seja, das que não são monotemáticas, dedicadas a temas específicos, como educação, filosofia, crítica literária etc.), também pude comprovar que, malgrado variações, elas retêm quase sempre um conjunto de textos que podem ser considerados o núcleo essencial do pensamento de Gramsci. Tais textos "essenciais" estão certamente presentes também na presente antologia.

De resto, devo sublinhar que não tenho a menor pretensão de ter feito uma antologia modelar ou definitiva: certamente há lugar para muitas outras antologias de Gramsci em português, que recolham diferentes textos e adotem critérios de apresentação diversos, optando seja pela apresentação dos textos em ordem cronológica, seja pela adoção de diferentes temas, seja pela opção por critérios monotemáticos. Gramsci tornou-se um autor de domínio público e, portanto, todos os que venham a discordar dos critérios usados nesta antologia estão no direito (e até no dever!) de propor antologias alternativas. Insisto, contudo, em que só serão legítimas as antologias que disserem claramente — como o faço

[19]Cabe lembrar que os textos gramscianos recolhidos na presente antologia retomam as traduções presentes nesta edição.

aqui com ênfase! — que, para se ter um conhecimento efetivo da obra de Gramsci, nenhuma antologia pode substituir a leitura e o estudo de sua obra integral. As antologias, embora em muitos casos possam ser necessárias (e, em particular, parece-me ser este o caso de um autor como Gramsci), não são de modo algum suficientes para a compreensão plena de um pensador ou de um escritor.

A presente antologia está dividida em duas partes. Na primeira, selecionei os textos que me parecem mais significativos dos principais momentos da evolução de Gramsci antes de sua prisão. Tais textos são apresentados na ordem cronológica de sua redação, o que permite ressaltar os momentos mais emblemáticos da formação do pensamento do "jovem Gramsci". Por limitações de espaço, fui obrigado a reduzir a pouco mais de 80 páginas os vários volumes em que foram até agora coletados os escritos gramscianos desta fase; pela mesma razão, também decidi não incluir nesta antologia o riquíssimo material humano contido nas muitas cartas que Gramsci escreveu na prisão.[20] Tomei esta decisão por estar convencido de que os *Cadernos do cárcere* constituem o momento mais "maduro" da contribuição de Gramsci à evolução da teoria social, razão pela qual a segunda parte — formada precisamente por uma seleção de apontamentos recolhidos dos *Cadernos* — ocupa um espaço bem maior nesta antologia.

Nesta segunda parte, os textos estão agrupados segundo grandes temas, mais ou menos sugeridos pelo próprio Gramsci como títulos dos seus "cadernos especiais".[21] Já que continuo acreditando que "a política é o ponto focal de onde Gramsci analisa a totalidade da vida social",[22] poderia parecer contraditório iniciar esta segunda parte com

[20] Com uma única exceção: a primeira nota da seção intitulada "Estado e sociedade civil" foi extraída de uma carta de Gramsci, datada de 7 de setembro de 1932. Cf. *Cartas do cárcere*, ed. cit., v. 2, p. 84.

[21] As notas recolhidas sob os temas escolhidos nem sempre esgotam a reflexão gramsciana sobre os mesmos. Ou seja: observações sobre partidos políticos, Estado e sociedade civil, intelectuais etc. podem reaparecer em notas recolhidas sob outras temas. O leitor poderá localizá-las recorrendo ao "Índice de temas", infra.

[22] Cf. C. N. Coutinho, *Gramsci*, cit., p. 2.

suas reflexões "filosóficas". Antes de mais nada, cabe lembrar que esta escolha foi do próprio Gramsci: com efeito, seus primeiros "cadernos especiais" ou temáticos, o 10 e o 11 (escritos entre 1932 e 1933), são intitulados respectivamente "A filosofia de Benedetto Croce" e "Introdução ao estudo da filosofia". Além disso, as principais partes temáticas contidas em seus anteriores cadernos miscelâneos (como o 4, o 7 e o 8) intitulam-se precisamente "Apontamentos de filosofia I, II e III". Em seguida, no caderno 12 (também de 1932), Gramsci trata do problema dos intelectuais. E somente no caderno 13 (redigido entre 1932 e 1934), intitulado "Breves notas sobre a política de Maquiavel", é que nosso autor se concentra em temas especificamente políticos, dos quais voltaria a se ocupar, em particular, nos cadernos 14, 15 e 18. No caderno 22 (de 1934), reúne suas notas sobre "Americanismo e fordismo". Os apontamentos sobre arte e literatura, com observações sobre o conceito de nacional-popular, estão nos cadernos 21 e 23 (ambos de 1934). Segui esta ordem na sucessão dos temas em que se divide a segunda parte desta antologia.

Não me parece que tal sequência cronológica, decidida pelo próprio Gramsci, tenha sido casual. O autor dos *Cadernos* sabia que não se podem compreender adequadamente os fenômenos especificamente políticos sem o esclarecimento de alguns conceitos preliminares de natureza "filosófica", tais como os de filosofia da práxis, concepção do mundo, ideologia, senso comum etc. Tampouco lhe parecia possível tratar de conceitos políticos — em particular do conceito de hegemonia — sem um amplo tratamento "sociológico" da questão dos intelectuais. Isso não anula o fato óbvio de que suas reflexões "filosóficas" ou "sociológicas" são articuladas organicamente — e até mesmo dependentes — de suas considerações sobre a política. Mas é preciso lembrar com ênfase que Gramsci não é um "cientista político", nem um "filósofo", no sentido acadêmico das palavras, ou muito menos um "sociólogo": ao adotar, como marxista que era, o ponto de vista da totalidade, ele ignora a divisão acadêmica do saber em compartimentos estanques e concentra sua reflexão teórica na elaboração de uma teoria geral da práxis social e política.

O leitor encontrará nesta antologia, tanto nos escritos juvenis quanto naqueles extraídos dos *Cadernos*, pontos de suspensão expressos por colchetes [...]. Eles indicam cortes de trechos (exemplos históricos, referência a autores hoje desconhecidos etc.); tais cortes, incidindo sobre passagens que não me parecem fundamentais, permitiram-me ganhar espaço para reproduzir o que considero mais essencial.

No final de cada texto recolhido nesta antologia, o leitor encontrará, no caso dos textos pré-carcerários, o local original de sua publicação, seguido do número do volume e das páginas em que se encontram na edição brasileira;[23] no caso dos textos dos *Cadernos*, encontrará — depois de uma inicial remissão à edição crítica (em romano o caderno, em arábico o parágrafo) — o número do volume (1, 2, 3 etc.) e das respectivas páginas em que se encontram na edição brasileira.[24] O leitor interessado poderá assim não só localizar facilmente todos os textos aqui coletados no conjunto da obra gramsciana, mas também ler na íntegra as parte suprimidas nesta antologia. Registro ainda que os títulos postos entre colchetes, tanto na primeira quanto na segunda partes são de minha responsabilidade; também o são as "Notas ao texto", situadas no final do volume, e às quais remetem os números postos entre colchetes ao longo da antologia.

Só me resta esperar que esta antologia cumpra a modesta função a que está dedicada: permitir que seus leitores disponham de um instrumento para começar a estudar Gramsci. Mas, como disse antes, ela só cumprirá plenamente esta função se estimular tais leitores a ler e estudar o conjunto da obra de nosso autor.

* * *

Agradeço a Luciana Villas-Boas — que, ao assumir a direção do selo Civilização Brasileira, soube mantê-lo à altura da atuação do saudoso Ênio Silveira — mais esta iniciativa de pôr à disposição do leitor brasi-

[23]A. Gramsci, *Escritos políticos*, ed. cit., 2 vs., referidos respectivamente como *EP 1* e *EP 2*
[24]A. Gramsci, *Cadernos do cárcere*, ed. cit., 6 vs..

leiro textos de Gramsci. Andréia Amaral e Marina Vargas foram como sempre incansáveis e eficientes em garantir a qualidade dos livros postos sob seus cuidados.

Luiz Sérgio Henriques, meu colaborador na edição das "Obras de Gramsci", teve a gentileza de ceder para a presente antologia as traduções que fez para esta edição.

Finalmente, como sempre, sou grato a Andréa de Paula Teixeira por sua amorosa assistência durante a preparação desta antologia e pelo seu empenho na elaboração dos índices onomástico e temático.

Cronologia da vida de Antonio Gramsci

1891

22 de janeiro. Nasce em Ales (Oristano, Sardenha), quarto dos sete filhos de Francesco Gramsci e Giuseppina Marcias.

1908-11

Ingressa no ensino médio em Cagliari. Por influência do irmão Gennaro, dirigente sindical em Cagliari, frequenta o movimento socialista e participa ativamente dos grupos juvenis que discutem os problemas econômicos e sociais da Sardenha.

1912

Conclui o ensino médio. Obtém em concurso uma bolsa de estudos, que lhe permite matricular-se na Faculdade de Letras da Universidade de Turim.

1913

Inscreve-se na seção de Turim do Partido Socialista Italiano (PSI).

1915

Passa a fazer parte da redação turinense do *Avanti!*, o cotidiano do PSI. Abandona a Universidade para se dedicar integralmente ao jornalismo e à política.

1917

Saúda enfaticamente a tomada do poder pelos bolcheviques na Rússia, no famoso artigo "A revolução contra *O capital*".

1918

Para comemorar o centenário de Marx, publica em 4 de maio o artigo "O nosso Marx".

1919

Em abril, junto a alguns amigos, cria o semanário *L'Ordine Nuovo [A Nova Ordem]*, com o subtítulo "Resenha semanal de cultura socialista". Gramsci é o editor-chefe. Em junho, com o artigo "Democracia operária", defende a constituição dos conselhos de fábrica, concebidos como órgãos do futuro poder proletário.

1920

Participa, em setembro, do movimento de ocupação das fábricas, que culmina em derrota. Em novembro, toma parte no congresso de Ímola, no qual é constituída oficialmente uma fração comunista no interior do PSI. Em 24 de dezembro, é publicado o último número de *L'Ordine Nuovo* semanal. Com o mesmo nome, passa a ser publicado, como órgão dos comunistas, um jornal diário dirigido por Gramsci.

1921

Em 15-21 de janeiro, participa em Livorno no XVII Congresso do PSI, no qual o grupo de Ímola decide, em 21 de janeiro, constituir o "Partido Comunista da Itália. Seção italiana da Internacional Comunista" (PCI). Gramsci faz parte do Comitê Central do novo Partido, cujo principal dirigente é Amadeo Bordiga. Numa série de artigos (como, por exemplo, "O povo dos macacos" e "Subversivismo reacionário"), começa a analisar o conteúdo de classe do movimento fascista.

1922

Indicado para representar o PCI em Moscou, junto ao Comitê Executivo da Internacional Comunista (IC), participa da II Conferência do Executivo Ampliado da IC e passa a fazer parte deste organismo dirigente. É internado durante alguns meses em uma clínica para doenças nervosas perto de Moscou. Lá conhece Julia Schucht, que se tornará sua mulher. Em 28 de outubro, os fascistas chegam ao governo, com a nomeação de Mussolini para a chefia do gabinete.

1923-24

Em novembro, Gramsci é transferido de Moscou para Viena, com a tarefa de manter a ligação com o PCI e outros partidos comunistas europeus. De Viena, inicia uma intensa correspondência com seus velhos companheiros de *L'Ordine Nuovo*, na qual anuncia o propósito de trabalhar pela criação de um novo grupo dirigente do PCI, alinhado com as posições da IC, ou seja, com a defesa de uma política de frente única com os partidos socialistas e social-democratas, política à qual se opunha Bordiga.

1924

Em abril, é eleito deputado pelo distrito do Vêneto. Em maio, regressa à Itália, depois de dois anos de ausência. Ainda em maio, participa da I Conferência Nacional do PCI, na qual critica a linha política de Bordiga. Ingressa no Comitê Executivo do Partido. Em Moscou, Julia dá à luz o primeiro filho de Gramsci, Delio.

1925

Em Roma, no mês de fevereiro, conhece Tatiana ("Tania") Schucht, irmã de Julia, que irá se tornar a principal interlocutora de sua correspondência carcerária. Em março, volta a Moscou para assistir aos trabalhos da V Sessão do Executivo Ampliado da IC.

1926

Participa, na cidade francesa de Lyon, do III Congresso Nacional do PCI (23-26 de janeiro), no qual apresenta o informe sobre a situação política geral, conhecido como "Teses de Lyon". O resultado do Congresso constitui uma esmagadora afirmação do novo grupo dirigente comunista liderado por Gramsci. Em agosto, desfruta de alguns dias de férias com o filho Delio. Julia, que viera à Itália para encontrar Gramsci, retorna grávida a Moscou, onde pouco depois nasce Giuliano, o segundo filho de Gramsci, que ele jamais conheceu. Em 14 de outubro, em nome do Birô Político do PCI, envia uma carta ao Comitê Central do PC soviético, tratando das lutas de fração no seio deste partido. No mesmo mês, redige o ensaio "Alguns temas da questão meridional". Em 8 de novembro, em consequência das "medidas excepcionais" adotadas pelo regime fascista depois de um obscuro atentado contra Mussolini, Gramsci — apesar de desfrutar de imunidade parlamentar — é preso junto a outros deputados comunistas. Em 18 de novembro, com base na Lei de Segurança Pública, Gramsci é condenado ao confinamento por cinco anos, na ilha italiana de Ústica, onde permanece por pouco tempo.

1927

O Tribunal Militar de Milão emite um mandado de prisão contra Gramsci. Em 20 de janeiro, deixa Ústica, tendo como destino o cárcere de Milão. Em março, comunica por carta à cunhada Tatiana o seu plano de estudos: "Estou atormentado [...] por esta ideia: de que é preciso fazer algo *für ewig [para sempre]*...". Pede — mas num primeiro momento não obtém — autorização para ter na cela o necessário para escrever.

1928

Em 28 de maio, começa o chamado "processão" contra Gramsci e o grupo dirigente do PCI. Dirigindo-se a Gramsci, o promotor Michele Isgrò afirma: "Devemos impedir este cérebro de funcionar durante vinte anos". Em 4 de junho, é condenado a 20 anos, 4 meses e 5 dias de reclusão. Por suas condições de saúde, é enviado para a Casa Penal Especial de Túri, na província de Bári.

1929

Em janeiro, obtém permissão para escrever na cela. Projeta fazer leituras sistemáticas e aprofundar certos temas, encomendando livros. Começa a fazer traduções e a redigir notas no primeiro dos *Cadernos do cárcere*, em cuja linha inicial está escrita, pelo próprio Gramsci, a data de 8 de fevereiro de 1929. Até o momento de sua transferência para a prisão de Civitavecchia, em novembro de 1933, ele completou ou iniciou a redação de 21 cadernos.

1930

No final do ano, com a chegada a Túri de alguns companheiros de partido, Gramsci começa um ciclo orgânico de discussões sobre temas políticos, abandonado depois que ele se opôs às posições sectárias adotadas no VI Congresso da IC e às quais aderiu o PCI.

1931

Em agosto, Gramsci sofre uma primeira grave crise. "A uma da manhã de 3 de agosto [...], dei inesperadamente uma golfada de sangue".

1932

Em carta à cunhada de 29 de agosto, escreve: "Cheguei a tal ponto que minhas forças de resistência estão para entrar em completo colapso, não sei com que consequências". Em 15 de setembro, Tatiana apresenta ao Chefe de Governo uma petição para que o preso receba no cárcere a visita de um médico de confiança.

1933

Em fevereiro, o Ministério acolhe a petição de Tatiana. Em 7 de março, Gramsci tem uma segunda grave crise ("na terça-feira passada, de manhã cedo, quando me levantava da cama, caí no chão e não mais consegui me erguer sozinho".) Em julho, pede a Tatiana que encaminhe com urgência uma petição para que seja transferido para a enfermaria de outra prisão. Em outubro, é finalmente aceita a petição para a transferência de Gramsci. A chefatura de polícia escolhe a clínica do Dr. Giuseppe Cusumano, em Fórmia. Em 7 de dezembro, é transferido da prisão de Civitavecchia para esta clínica, onde é internado ainda na condição de prisioneiro. Volta a ler, mas suas condições de saúde o impedem por algum tempo de escrever.

1934

Em 25 de outubro, é promulgado o decreto que lhe concede liberdade condicional. Dois dias depois, acompanhado pela cunhada Tatiana, sai pela primeira vez da clínica Cusumano para passear pelas ruas de Fórmia, mas ainda sob vigilância policial.

1935

Em junho, sofre uma nova crise. Renova o pedido para ser transferido da clínica Cusumano. Em 24 de agosto, deixa Fórmia e é internado na clínica "Quisisana" ("aqui se fica curado") de Roma.

1937

Em abril, encerra-se o período de liberdade condicional. Gramsci readquire liberdade plena, da qual, porém, jamais pôde desfrutar. Projeta voltar à Sardenha para se restabelecer a fim de emigrar depois para a URSS, onde estão sua mulher e seus filhos. Mas, na noite de 25 de abril, sofre um derrame cerebral. Tatiana o assiste. Gramsci morre dois dias depois, no início da manhã de 27 de abril. Os funerais têm lugar na tarde do dia 28. As cinzas de Gramsci são sepultadas no cemitério de Verano. Depois da Libertação, serão transferidas para o Cemitério dos Ingleses, em Roma, onde estão até hoje.

Bibliografia

I. OBRAS DE GRAMSCI

Edições italianas mais recentes

Cronache torinesi 1913-1917, ed. de S. Caprioglio, Turim, Einaudi, 1980.

La città futura 1917-1918, ed. de S. Caprioglio, Turim, Einaudi, 1982.

Il nostro Marx 1918-1919, ed. de S. Caprioglio, Turim, Einaudi, 1984.

L'Ordine Nuovo 1919-1920, ed. de V. Gerratana e A. A. Santucci, Turim, Einaudi, 1982.

Lettere 1908-1926, ed. de A. A. Santucci, Turim, Einaudi, 1992.

Socialismo e fascismo. L'Ordine Nuovo 1921-1922, Turim, Einaudi, 1966.

La costruzione del Partito comunista 1923-1926, Turim, Einaudi, 1971.

Lettere dal carcere, ed. de A. A. Santucci, Palermo, Sellerio, 2 vs., 1996.

Quaderni del carcere, ed. de V. Gerratana, Turim, Einaudi, 4 vs., 1975.

Quaderni di traduzioni, ed. de G. Cospito e G. Francioni, s. l., Istituto della Enciclopedia Italiana, 2 vs., 2007.

Edições brasileiras mais recentes

Escritos políticos 1910-1926, ed. de C. N. Coutinho, Rio de Janeiro, Civilização Brasileira, 2 vs., 2004.

Cadernos do cárcere, ed. de C. N. Coutinho, M. A. Nogueira e L. S. Henriques, Rio de Janeiro, Civilização Brasileira, 6 vs., 1999-2003:

Vol. 1: *Introdução ao estudo da filosofia. A filosofia de Benedetto Croce.*

Vol. 2: *Os intelectuais. O princípio educativo. Jornalismo.*

Vol. 3: *Maquiavel. Notas sobre o Estado e a política.*

Vol. 4: *Temas de cultura. Ação católica. Americanismo e fordismo.*

Vol. 5: *O Risorgimento. Notas sobre a história da Itália.*
Vol. 6: *Literatura. Folclore. Gramática. Apêndices: variantes e índices.*
Cartas do cárcere 1926-1937, ed. de L. S. Henriques, Rio de Janeiro, Civilização Brasileira, 2 vs., 2005.

II. PRINCIPAIS LIVROS SOBRE GRAMSCI PUBLICADOS NO BRASIL*

Aggio, Alberto (org.), *Gramsci. A vitalidade de um pensamento*, São Paulo, Unesp, 1998.

Baratta, Giorgio, *As rosas e os cadernos. O pensamento dialógico de Antonio Gramsci*, Rio de Janeiro, DP&A, 2004.

Bianchi, Alvaro, *O laboratório de Gramsci: filosofia, história e política*, São Paulo, Alameda, 2008.

Bobbio, Norberto, *Ensaios sobre Gramsci e o conceito de sociedade civil*, São Paulo, Paz e Terra, 1999.

Buci-Glucksmann, Christine, *Gramsci e o Estado*, Rio de Janeiro, Paz e Terra, 1980.

Coutinho, Carlos Nelson, *Gramsci. Um estudo sobre seu pensamento político*, Rio de Janeiro, Civilização Brasileira, 1999.

Coutinho, Carlos Nelson & Nogueira, Marco Aurélio (orgs.), *Gramsci e a América Latina*, São Paulo, Paz e Terra, 1988.

Coutinho, Carlos Nelson & Teixeira, Andréa de Paula (orgs.), *Ler Gramsci, entender a realidade*, Rio de Janeiro, Civilização Brasileira, 2003.

Debrun, Michel, *Gramsci. Filosofia, política e bom senso*, Campinas, Unicamp, 2001.

Del Roio, Marcos, *Os prismas de Gramsci. A fórmula política da frente única (1919-1926)*, São Paulo, Xamã, 2005.

Dore Soares, Rosemary, *Gramsci, o Estado e a escola*, Ijuí, Unijuí, 2000.

Fernandes Dias, Edmundo et al., *O outro Gramsci*, São Paulo, Xamã, 1996.

Fernandes Dias, Edmundo, *Gramsci em Turim. A construção do conceito de hegemonia*, São Paulo, Xamã, 2000.

*Para uma quase completa bibliografia internacional sobre Gramsci, permanentemente atualizada, com mais de 15.000 títulos em inúmeras línguas, cf. www.fondazionegramsci.org. Para uma ampla bibliografia em língua portuguesa, incluindo artigos e ensaios, cf. www.gramsci.org.

Ferreira, Oliveiros S., *Os 45 cavaleiros húngaros. Uma leitura dos Cadernos do cárcere*, São Paulo-Brasília, Hucitec-UnB, 1988.

Fiori, Giuseppe, *Vida de Antonio Gramsci*, Rio de Janeiro, Paz e Terra, 1985.

Gruppi, Luciano, *O conceito de hegemonia em Gramsci*, Rio de Janeiro, Graal, 1977.

Lajolo, Laurana, *Antonio Gramsci. Uma vida*, São Paulo, Brasiliense, 1980.

Lepre, Aurelio, *O prisioneiro. A vida de Antonio Gramsci*, Rio de Janeiro, Record, 2001.

Liguori, Guido, *Roteiros para Gramsci*, Rio de Janeiro, Editora UFRJ, 2007.

Losurdo, Domenico, *Antonio Gramsci: do liberalismo ao "comunismo crítico"*, Rio de Janeiro, Revan, 2006.

Maestri, Mario & Candreva, Luigi, *Antonio Gramsci. Vida e obra de um comunista revolucionário*, São Paulo, Expressão Popular, 2001.

Mayo, Peter, *Gramsci, Freire e a educação de adultos*, Porto Alegre, Artmed, 2004.

Nosella, Paolo, *A escola de Gramsci*, Porto Alegre, Artes Médicas, 1992.

Portelli, Hughes, *Gramsci e o bloco histórico*, Rio de Janeiro, Paz e Terra, 1977.

Schlesener, Anita Helena, *Revolução e cultura em Gramsci*, Curitiba, Editora UFPR, 2002.

Secco, Lincoln, *Gramsci e o Brasil. Recepção e difusão de suas ideias*, São Paulo, Cortez, 2002.

Secco, Lincoln, *Gramsci e a revolução*, São Paulo, Alameda, 2006.

Semeraro, Giovanni, *Gramsci e a sociedade civil*, Petrópolis, Vozes, 1999.

Semeraro, Giovanni, *Gramsci e os novos embates da filosofia da práxis*, Aparecida, Ideias & Letras, 2006.

Simionatto, Ivete, *Gramsci. Sua teoria, incidência no Brasil, influência no Serviço Social*, São Paulo-Florianópolis, Cortez-UFSC, 2004.

Staccone, Giuseppe, *Gramsci. Cem anos. Revolução e política*, Petropólis, Vozes, 1991.

Tavares de Jesus, Antônio, *Educação e hegemonia no pensamento de Antonio Gramsci*, São Paulo-Campinas, Cortez-Autores Associados, 1989.

Werneck Vianna, Luiz, *A revolução passiva. Iberismo e americanismo no Brasil*, Rio de Janeiro, Revan, 1997.

I. Escritos pré-carcerários (1916-1926)

SOCIALISMO E CULTURA

[...] Recordemos duas passagens. Uma de um romântico alemão, Novalis (que viveu entre 1772 e 1801), que diz: "O supremo problema da cultura é o de dominar o próprio eu transcendental, de ser ao mesmo tempo o eu do próprio eu. Por isso, surpreende pouco a falta de intuição e de conhecimento completo dos outros. Sem uma perfeita compreensão de nós mesmos, não poderemos compreender verdadeiramente os outros."

A outra, que resumimos, é de G. B. Vico [1]. Vico [...] dá uma interpretação política do famoso dito de Sólon, que Sócrates depois assumiu para a filosofia: "Conhece-te a ti mesmo." Vico afirma que Sólon, com este dito, quis aconselhar os plebeus, que acreditavam ser de *origem bestial*, enquanto os nobres seriam de *origem divina*, a refletirem sobre si mesmos para se reconhecerem de *igual natureza humana que os nobres* e, por conseguinte, para pretenderem ser-lhes *igualados no direito civil*. E, em seguida, põe essa consciência da igualdade humana entre plebeus e nobres como a base e a razão histórica do surgimento das repúblicas democráticas na Antiguidade.

Não aproximamos os dois fragmentos por acaso. Eles nos parecem conter, ainda que expressos e definidos de modo não muito preciso, os limites e os princípios que devem servir de base para uma justa compreensão do conceito de cultura também em relação ao socialismo.

É preciso perder o hábito e deixar de conceber a cultura como saber enciclopédico, no qual o homem é visto apenas sob a forma de um recipiente a encher e entupir de dados empíricos, de fatos brutos e desconexos, que ele depois deverá classificar em seu cérebro como nas colunas de um dicionário, para poder em seguida, em cada ocasião concreta, responder aos vários estímulos do mundo exterior. Essa forma de cultura é realmente prejudicial, sobretudo para o proletariado. Serve apenas para criar marginais, pessoas que acreditam ser superiores ao resto da humanidade porque acumularam na memória certo número de dados e de datas que vomitam em cada ocasião, criando assim quase que uma barreira entre elas e as demais pessoas. Serve para criar aquele tipo de intelectualismo balofo e incolor, tão bem-fustigado duramente por Romain Rolland, intelectualismo que gerou toda uma caterva de presunçosos e sabichões, mais deletérios para a vida social do que os micróbios da tuberculose e da sífilis o são para a beleza e a saúde física dos corpos. O estudantezinho que sabe um pouco de latim e de história, o rábula que conseguiu obter um diploma graças à irresponsabilidade e à desatenção dos professores acreditam ser diferentes, superiores até mesmo ao melhor operário qualificado, que cumpre na vida uma tarefa bem precisa e indispensável e que vale cem vezes mais em sua atividade do que os outros valem na deles. Mas isso não é cultura, é pedantismo; não é inteligência, mas intelectualismo — e é com toda razão que se reage contra isso.

A cultura é algo bem diverso. É organização, disciplina do próprio eu interior, apropriação da própria personalidade, conquista de consciência superior: e é graças a isso que alguém consegue compreender seu próprio valor histórico, sua própria função na vida, seus próprios direitos e seus próprios deveres. Mas nada disso pode ocorrer por evolução espontânea, por ações e reações independentes da própria vontade, como ocorre na natureza vegetal e animal, onde cada ser singular seleciona e especifica seus próprios órgãos inconscientemente, pela lei fatal das coisas. O homem é sobretudo espírito, ou seja, criação histórica, e não natureza. Se não fosse assim, seria impossível explicar por que, tendo sempre existido explorados e exploradores, criadores de riqueza e consumidores egoístas da mesma, o socialismo ainda não se realizou. É que só pouco a pouco, de estrato em estrato, a humanidade adquire consciência de seu próprio valor e conquista o direito de viver independentemente dos esquemas e dos direitos de minorias que se afirmaram historicamente num momento anterior. E essa consciência se forma não sob a pressão brutal das necessidades fisiológicas, mas através da reflexão inteligente (primeiro de alguns e depois de toda uma classe) sobre as razões de certos fatos e sobre os meios para convertê-los, de ocasião de vassalagem, em bandeira de rebelião e de reconstrução social. O que significa que toda revolução foi precedida por um intenso e continuado trabalho de crítica, de penetração cultural, de impregnação de ideias em agregados de homens que eram inicialmente refratários e que só pensavam em resolver por si mesmos, dia a dia, hora a hora, seus próprios problemas econômicos e políticos, sem vínculos de solidariedade com os que se encontravam na mesma situação. O último exemplo, o mais próximo de nós e por isso o menos diferente do nosso, é o da Revolução Francesa. O período cultural que a antecedeu, chamado de Iluminismo, tão difamado pelos críticos superficiais da razão teórica, não foi de modo algum — ou, pelo menos, não foi inteiramente — aquele borboletear de inteligências enciclopédicas superficiais que discorriam sobre tudo e sobre todos com idêntica imperturbabilidade, que acreditavam só ser homens do seu tempo depois de ter lido a *Grande Enciclopédia* de D'Alembert e de Diderot. Em suma, não foi apenas um fenômeno de intelectualismo pedante e árido, similar ao que vemos diante de nossos olhos e que encontra sua maior manifestação nas universidades populares de baixo nível. Foi ele mesmo uma magnífica revolução, mediante a qual, como observa agudamente De Sanctis em sua *Storia della letteratura italiana* [2], formou-se em toda a Europa uma consciência unitária, uma internacional espiritual burguesa, sensível em todos os seus elementos às dores e às desgraças comuns, e que foi a melhor preparação para a sangrenta revolta que depois teve lugar na França.

Na Itália, na França, na Alemanha, discutiam-se as mesmas coisas, as mesmas instituições, os mesmos princípios. Toda nova comédia de Voltaire, todo novo *pamphlet* era a centelha que passava pelos fios já tensos entre Estado e Estado, entre região e região, encontrando por toda parte e ao mesmo tempo os mesmos defensores e os mesmos opositores. As baionetas dos exércitos de Napoleão encontravam o caminho já preparado por um exército invisível de livros, de opúsculos, que vinham como enxames de Paris desde a primeira metade do século XVIII e que haviam preparado homens e instituições para a necessária renovação. Mais tarde, quando os fatos da França solidificaram as consciências, bastou um movimento popular em Paris para suscitar outros similares em Milão, em Viena e nos centros menores. Aos simplistas, tudo isso parece natural e espontâneo; mas, ao contrário, seria incompreensível se não se conhecessem os fatores culturais que contribuíram para criar aquele estado de espírito pronto para as explosões em favor de uma causa que se acreditava comum.

O mesmo fenômeno repete-se hoje com o socialismo. É através da crítica à civilização capitalista que se forma ou se está formando a consciência unitária do proletariado: e crítica quer dizer cultura, e não evolução espontânea e natural. Crítica quer dizer precisamente aquela consciência do eu que Novalis definia como meta da cultura. Um eu que se opõe aos outros, que se diferencia, e que, tendo criado para si mesmo uma finalidade, julga os fatos e os eventos não só em si e para si, mas também como valores de propulsão ou de repulsão. Conhecer a si mesmo significa ser si mesmo, ser o senhor de si mesmo, diferenciar-se, elevar-se acima do caos, ser um elemento de ordem, mas da própria ordem e da própria disciplina diante de um ideal. E isso não pode ser obtido se também não se conhecem os outros, a história deles, a sucessão dos esforços que fizeram para ser o que são, para criar a civilização que criaram e que nós queremos substituir pela nossa. Significa ter noções sobre o que é a natureza e suas leis a fim de conhecer as leis que governam o espírito. E aprender tudo sem perder de vista a finalidade última, ou seja, a de conhecer melhor a si mesmo através dos outros e conhecer melhor os outros através de si mesmo.

Se é verdade que a história universal é uma cadeia dos esforços que o homem fez para libertar-se dos privilégios, dos preconceitos e das idolatrias, não se compreende por que o proletariado — que quer acrescentar um outro elo a essa cadeia — não deva saber como, por que e por quem foi precedido, bem como o benefício que poderá extrair deste saber.

(Assinado Alfa Gamma, *Il grido del popolo*, 29/1/1916; *EP 1*, 56-61).

HOMENS OU MÁQUINAS?

[...] 1. Nosso Partido ainda não se pronunciou sobre um programa escolar preciso, que se diferencie dos programas atuais. Contentamo-nos até agora em afirmar o princípio genérico da necessidade da cultura, seja elementar, profissional ou superior; e este princípio foi por nós desenvolvido e propagandeado com vigor e energia. Podemos afirmar que a diminuição do analfabetismo na Itália deve-se menos à lei sobre a instrução obrigatória do que à vida espiritual, ao sentimento de determinadas necessidades da vida interior, que a propaganda socialista soube suscitar nos estratos proletários do povo italiano. Mas não fomos além disso. A escola, na Itália, continuou sendo um organismo estritamente burguês, no pior sentido da palavra. A escola média e superior, que são estatais — ou seja, pagas com os recursos do Tesouro nacional e, portanto, também com os impostos diretos pagos pelo proletariado —, só podem ser frequentadas pelos jovens filhos da burguesia, que desfrutam da independência econômica necessária para a tranquilidade dos estudos. Um proletário, ainda que inteligente, ainda que com todas as condições necessárias para tornar-se homem de cultura, é obrigado ou a desperdiçar suas qualidades em outra atividade, ou a tornar-se um obstinado, um autodidata, ou seja, com as devidas exceções, um meio homem, um homem que não pode dar tudo o que poderia dar caso tivesse se completado e fortalecido na disciplina da escola. A cultura é um privilégio. A escola é um privilégio. E não queremos que seja assim. Todos os jovens deveriam ser iguais diante da cultura. O Estado não deve pagar a escola, com o dinheiro de todos, também para os filhos medíocres e deficientes dos ricos, enquanto deixa de fora os jovens proletários inteligentes e capazes. A escola média e a superior devem ser dirigidas apenas aos que sabem demonstrar que são dignos delas. Se é do interesse geral que elas existam, e que sejam mantidas e regulamentadas pelo Estado, é também do interesse geral que possam ter acesso a elas todos os que são inteligentes, qualquer que seja sua condição econômica. O sacrifício da coletividade só se justifica quando se dá em benefício dos que merecem. Por isso, o sacrifício da coletividade deve servir sobretudo para dar às pessoas de valor aquela independência econômica necessária para que possam consagrar tranquilamente seu tempo aos estudos e para que possam fazê-lo com seriedade.

2. O proletariado, que está excluído das escolas de cultura média e superior por causa das atuais condições da sociedade, que determinam uma certa especialização entre os homens — especialização antinatural, já que não baseada na diferença de capacidades e, por isso, destruidora e prejudicial à produção —, tem de ingressar nas escolas paralelas: técnicas e profissionais. As escolas técnicas [...] sofreram, em função das necessidades antidemocráticas do orçamento estatal, uma transformação que as desnaturou em grande medida. São agora, em grande parte, uma repetição inútil das escolas clássicas, além de um inocente desaguadouro para o empreguismo pequeno-burguês. As taxas de matrícula cada vez mais altas, bem como as possibilidades concretas que dão para a vida prática, fizeram também delas um privilégio. De resto, o proletariado, em sua esmagadora maioria, é automaticamente excluído de tais escolas, em função da vida incerta e aleatória que o assalariado é obrigado a viver: uma vida que, certamente, não é a mais propícia para seguir com proveito um ciclo de estudos.

3. O proletariado precisa de uma escola desinteressada. Uma escola na qual seja dada à criança a possibilidade de ter uma formação, de tornar-se homem, de adquirir aqueles critérios gerais que servem para o desenvolvimento do caráter. Em suma, uma escola humanista, tal como a entendiam os antigos e, mais recentemente, os homens do Renascimento. Uma escola que não hipoteque o futuro da criança e não constrinja sua vontade, sua inteligência, sua consciência em formação a mover-se por um caminho cuja meta seja prefixada. Uma escola de liberdade e de livre iniciativa, não uma escola de escravidão e de orientação mecânica. Também os filhos do proletariado devem ter diante de si todas as possibilidades, todos os terrenos livres para poder realizar sua própria individualidade do melhor modo possível e, por isso, do modo mais produtivo para eles mesmos e para a coletividade. A escola profissional não deve se tornar uma incubadora de pequenos monstros aridamente instruídos para um ofício, sem ideias gerais, sem

cultura geral, sem alma, mas só com o olho certeiro e a mão firme. Mesmo através da cultura profissional é possível fazer com que surja da criança o homem, contanto que se trate de cultura educativa e não só informativa, ou não só prática manual. [...]

Decerto, para os industriais mesquinhamente burgueses, pode ser mais útil ter operários-máquinas em vez de operários-homens. Mas os sacrifícios a que o conjunto da coletividade se sujeita voluntariamente, com o objetivo de melhorar a si mesma e fazer brotar do seu seio os melhores e mais perfeitos homens, que a elevem ainda mais, devem espalhar-se positivamente pelo conjunto da coletividade e não limitar-se apenas a uma categoria ou a uma classe.

É um problema de direito e de força. E o proletariado deve estar atento para não sofrer um novo abuso, além dos tantos que já sofre.

(Sem assinatura, *Avanti!*, 24/10/1916; *EP 1*, 73-76).

INDIFERENTES

Odeio os indiferentes. Creio, como Friedrich Hebbel [3], que "viver é tomar partido". Não podem existir os que são apenas *homens*, os estranhos à cidade. Quem vive verdadeiramente não pode deixar de ser cidadão e de tomar partido. Indiferença é abulia, é parasitismo, é covardia, não é vida. Por isso, odeio os indiferentes.

A indiferença é o peso morto da história. É a âncora que paralisa o inovador, a matéria inerte onde se afogam frequentemente os mais esplêndidos entusiasmos, o pântano que circunda a velha cidade e a defende melhor do que as mais sólidas muralhas, melhor do que o peito dos seus guerreiros, já que traga em suas areias movediças os que a combatem e os dizima, os desencoraja e, muitas vezes, os faz desistir do empreendimento heroico.

A indiferença atua poderosamente na história. Atua passivamente, mas atua. É a fatalidade, aquilo com que não se pode contar; é o que abala os programas, inverte os planos mais bem-construídos; é a matéria bruta que se rebela contra a inteligência e a destroça. O que acontece, o mal que se abate sobre todos, o possível bem que um ato heroico (de valor universal) pode gerar, não se deve tanto à iniciativa dos poucos que atuam quanto à indiferença, ao absenteísmo dos muitos. O que acontece não acontece tanto porque alguns querem que aconteça, mas sobretudo porque a massa dos homens abdica de sua vontade, deixando que outros façam, que se formem os nós que depois só a espada poderá cortar, que se promulguem as leis que depois só a revolta fará ab-rogar, que subam ao poder os homens que depois só um motim poderá derrubar. A fatalidade que parece dominar a história não é mais do que, precisamente, a aparência ilusória dessa indiferença, desse absenteísmo. Fatos amadurecem na sombra, poucas mãos (não submetidas a nenhum controle) tecem a rede da vida coletiva — e a massa ignora, porque não está preocupada com isso. Os destinos de uma época são manipulados de acordo com pontos de vista estreitos, com finalidades imediatas, com ambições e paixões pessoais de pequenos grupos ativos — e a massa dos homens ignora, porque a ela nada disso importa. Mas os fatos que amadureceram terminam por vir à tona; e a rede tecida na sombra se conclui — e, então, parece que é a fatalidade a arrastar tudo e todos, parece que a história não passa de um enorme fenômeno natural, uma erupção, um terremoto, do qual todos são vítimas, os que quiseram e os que não quiseram, os que sabiam e os que não sabiam, quem foi ativo e quem foi indiferente. E este último se irrita; gostaria de escapar das consequências, gostaria de que ficasse claro que ele não quis, que não é responsável. Uns se lamentam piedosamente, outros blasfemam obscenamente, mas nenhum ou só poucos se perguntam: se eu também tivesse cumprido com meu dever, se tivesse buscado pôr em prática minha vontade, minha opinião, teria ocorrido o que ocorreu? Mas nenhum ou só poucos se culpam pela própria indiferença, pelo próprio ceticismo, por não ter dado seu apoio e sua atividade aos grupos de cidadãos que combatiam precisamente para evitar aquele determinado mal, que se propunham obter aquele determinado bem.

A maioria deles, ao contrário, diante dos fatos consumados, preferem falar de ruína dos ideais, de programas definitivamente fracassados e outras tolices do gênero. Voltam assim a não assumir qualquer responsabilidade. E não por não terem uma clara visão das coisas e, em alguns casos, por não serem capazes de projetar belíssimas soluções para os problemas mais urgentes, ou para aqueles que, mesmo exigindo ampla preparação e tempo, não deixam por isso de ser igualmente urgentes. Mas essas soluções permanecem belissimamente infecundas. Essa contribuição à vida coletiva, porém, não é animada por nenhuma luz moral: é produto de mera curiosidade intelectual, não do pungente sentido de uma responsabilidade histórica que quer que todos sejam ativos na vida, que não admite agnosticismos e indiferenças de nenhum tipo.

Odeio os indiferentes também porque me dão tédio suas lamúrias de eternos inocentes. A cada um deles peço contas do modo como enfrentaram a tarefa que a vida lhes pôs e põe cotidianamente; peço contas do que fizeram e, sobretudo, do que não fizeram. E sinto que posso ser implacável, que não preciso desperdiçar minha piedade, que não tenho por que compartilhar com eles minhas lágrimas. Tomo partido, vivo, sinto que já pulsa nas consciências viris do meu partido a atividade da cidade futura que estamos construindo. E, nela, a cadeia social não pesa apenas sobre poucos; nela, nada do que ocorre se deve ao acaso, à fatalidade, mas é obra inteligente dos cidadãos. Não há nela ninguém que fique olhando pela janela enquanto poucos se sacrificam, consumindo-se no sacrifício; ninguém que fique à janela, escondido, querendo usufruir um pouco do bem que a atividade de poucos cria e que manifeste sua desilusão ofendendo o sacrificado, o que se consumiu, porque este não teve êxito em sua tentativa.

Vivo, tomo partido. Por isso, odeio quem não se compromete, odeio os indiferentes.

(Sem assinatura, em *La città futura*, 11/2/1917; *EP 1*, 84-87).

A REVOLUÇÃO CONTRA *O CAPITAL*

A revolução dos bolcheviques inseriu-se definitivamente na revolução geral do povo russo. Os maximalistas, que até dois meses atrás eram o fermento necessário para que os eventos não estagnassem, para que a marcha rumo ao futuro não se detivesse, dando lugar a uma forma definitiva de equilíbrio — que teria sido um equilíbrio burguês —, apossaram-se do poder, estabeleceram sua ditadura, e estão elaborando as formas socialistas às quais a revolução deverá finalmente adequar-se a fim de continuar a se desenvolver harmoniosamente, sem choques excessivos, partindo das grandes conquistas realizadas até agora.

A revolução dos bolcheviques se baseia mais em ideologias do que em fatos. (Por isso, no fundo, pouco nos importa saber mais do que sabemos.) Ela é a revolução contra *O capital* de Karl Marx. *O capital* de Marx era, na Rússia, o livro dos burgueses, mais do que dos proletários [4]. Era a demonstração crítica da fatal necessidade de que na Rússia se formasse uma burguesia, se iniciasse uma era capitalista, se instaurasse uma civilização de tipo ocidental, antes que o proletariado pudesse sequer pensar em sua desforra, em suas reivindicações de classe, em sua revolução. Os fatos superaram as ideologias. Os fatos fizeram explodir os esquemas críticos dentro dos quais a história da Rússia deveria se desenvolver segundo os cânones do materialismo histórico. Os bolcheviques renegam Karl Marx: afirmam — e com o testemunho da ação explicitada, das conquistas realizadas — que os cânones do materialismo histórico não são tão férreos como poderia se pensar e se pensou.

Contudo, há uma fatalidade também nestes eventos; e, se os bolcheviques renegam algumas afirmações de *O capital*, não renegam seu pensamento imanente, vivificador. Eles apenas não são "marxistas"; não construíram a partir das obras do Mestre uma doutrina rígida, feita de afirmações dogmáticas e indiscutíveis. Vivem o pensamento marxista, o que não morre nunca, que é a continuação do pensamento idealista italiano e alemão, e que em Marx se havia contaminado de incrustações positivistas e naturalistas. E esse pensamento põe sempre como o máximo fator da história não os fatos econômicos, brutos, mas o homem, a sociedade dos homens, dos homens que se aproximam uns dos outros, entendem-se entre si, desenvolvem através destes contatos (civilização) uma vontade social, coletiva, e compreendem os fatos econômicos, e os julgam, e os adequam à sua vontade, até que essa vontade se torne o motor da economia, a plasmadora da realidade objetiva, a qual vive, e se move, e adquire o caráter de matéria telúrica em ebulição, que pode ser dirigida para onde a vontade quiser, do modo como a vontade quiser.

Marx previu o previsível. Não podia prever a guerra europeia, ou, melhor, não podia prever que essa guerra teria a duração e os efeitos que teve. Não podia prever que essa guerra, em três anos de indizíveis sofrimentos, de indizíveis misérias, criaria na Rússia a vontade coletiva popular que criou. Uma vontade de tal porte carece *normalmente*, para se formar, de um longo processo de infiltrações capilares, de uma longa série de experiências de classe. Os homens são preguiçosos, precisam se organizar, primeiro exteriormente, em corporações, em ligas, depois interiormente, no pensamento, nas vontades, numa incessante continuidade e multiplicidade de estímulos externos. É por isso que, *normalmente*, os cânones de crítica histórica do marxismo captam a realidade, articulam-na e a tornam evidente e diferenciada. *Normalmente*, é através da luta de classe cada vez mais intensa que as duas classes do mundo capitalista criam a história. O proletariado sente sua atual miséria, está em permanente estado de mal-estar e pressiona a burguesia para melhorar suas próprias condições. Luta, obriga a burguesia a melhorar a técnica da produção, a tornar a produção mais *útil* para que seja possível a satisfação de suas necessidades mais urgentes. É uma difícil corrida para o melhor, que acelera o ritmo da produção, que aumenta continuamente a soma dos bens que servirão à coletividade. E, nessa corrida, muitos caem, tornando mais urgente o desejo dos que restam; e a massa está sempre em sobressalto, passando cada vez mais de caospovo a pensamento organizado, tornando-se cada vez mais consciente do próprio poder, da própria capacidade de assumir a responsabilidade social, de converter-se em árbitro do próprio destino.

Isso ocorre normalmente, ou seja, quando os fatos se repetem com certo ritmo, quando a história se desenvolve através de momentos cada vez mais complexos e ricos de significação e de valor, mas, apesar disso, semelhantes. Na Rússia, porém, a guerra serviu para despertar as vontades. Através dos sofrimentos acumulados ao longo de três anos, tais vontades se puseram em uníssono muito rapidamente. A carestia era uma ameaça constante, a fome, a morte pela fome podia atingir todos, dizimar de um só golpe dezenas de milhões de homens. As vontades se puseram em uníssono, primeiro mecanicamente, e, depois da primeira revolução, ativa e espiritualmente [5].

A pregação socialista pôs o povo russo em contato com as experiências dos outros proletariados. A pregação socialista faz viver dramaticamente, num só instante, a história do proletariado, suas lutas contra o capitalismo, a longa série dos esforços que ele deve fazer a fim de se emancipar culturalmente dos vínculos do servilismo que o tornavam abjeto, a fim de se tornar nova consciência, testemunho atual de um mundo futuro. A pregação socialista criou a vontade social do povo russo. Por que deveria ele esperar que a história da Inglaterra se repetisse na Rússia, que na Rússia se formasse uma burguesia, que a luta de classe fosse criada para que nascesse a consciência de classe e, finalmente, a catástrofe do mundo capitalista? O povo russo passou por essas experiências através do pensamento, ainda que fosse o pensamento de uma minoria. Superou essas experiências. Agora se serve delas para afirmar-se, como se servirá das experiências capitalistas ocidentais para rapidamente se pôr à altura da produção do mundo ocidental. A América do Norte é mais evoluída do que a Inglaterra do ponto de vista capitalista, já que na América do Norte os anglo-saxões começaram a partir do estágio a que chegara a Inglaterra depois de uma longa evolução. O proletariado russo, educado de modo socialista, começará sua história a partir do estágio mais avançado de produção ao qual chegou a Inglaterra de hoje; e isso porque, tendo de começar, começará a partir do que já é perfeito em outros lugares; e, de tal perfeição, receberá o impulso para alcançar aquela maturidade econômica que, segundo Marx, é condição necessária do coletivismo. Os próprios revolucionários criarão as condições necessárias para a realização *completa* e *plena* do seu ideal. Criarão tais condições em menos tempo do que o teria feito o capitalismo. As críticas que os socialistas dirigiram ao sistema burguês, para pôr em evidência suas imperfeições, a dissipação de riquezas que ele provoca, servirão aos revolucionários para que façam melhor, para que evitem tais dissipações, para que não incidam naquelas deficiências. Num primeiro momento, será o coletivismo da miséria, do sofrimento. Mas as mesmas condições de miséria e de sofrimento seriam herdadas por um regime burguês. O capitalismo não poderia fazer *de imediato* na Rússia mais do que o coletivismo poderá fazer. Faria hoje muito menos, já que teria *de imediato* contra si um proletariado descontente, frenético, incapaz agora de suportar em benefício de outros as dores e as amarguras trazidas pelas dificuldades econômicas. Mesmo de um ponto de vista absoluto, humano, o socialismo tem sua justificação na Rússia. O sofrimento que virá depois da paz só poderá ser suportado na medida em que os proletários sentirem que depende de sua vontade, de sua tenacidade no trabalho, a possibilidade de suprimi-lo no menor tempo possível.

Tem-se a impressão de que os maximalistas foram neste momento a expressão espontânea, *biologicamente* necessária para que a humanidade russa não caísse na desagregação mais terrível, para que a humanidade russa — envolvendo-se no trabalho gigantesco, autônomo, da própria regeneração — pudesse sentir menos os estímulos do lobo faminto e para que a Rússia não se tornasse um imenso matadouro de feras que se devoram umas às outras.

(Assinado a.g., *Avanti!*, 24/10/1917; *EP 1*, 126-130).

O NOSSO MARX

Somos marxistas? Existem marxistas? Estupidez, somente você é imortal! A questão será provavelmente retomada nestes dias, em função do centenário do nascimento de Marx, e fará correr rios de tinta e de tolices. A retórica vazia e o bizantinismo são uma herança permanente dos homens. Marx não produziu uma doutrinazinha, não é um messias que nos legou uma série de parábolas impregnadas de imperativos categóricos, de normas indiscutíveis, absolutas, fora das categorias de tempo e de espaço. Único imperativo categórico, única norma: "Proletários de todos os países, unam-se!" O dever da organização, a propaganda da obrigação de se organizar e se associar deveria assim ser um critério de discriminação entre marxistas e não marxistas. É muito e muito pouco: quem, então, não seria marxista?

Mas, na verdade, é isto mesmo: todos são marxistas, um pouco, inconscientemente. Marx foi grande, sua ação foi fecunda, não porque inventou a partir do nada, não porque extraiu de sua fantasia uma visão *original* da história, mas porque nele o fragmentário, o incompleto e o imaturo se tornaram maturidade, sistema e tomada de consciência. Sua tomada de consciência pessoal pode se tornar de todos, já se tornou de muitos: por causa disso, ele não é somente um estudioso, mas também um homem de ação; é grande e fecundo tanto na ação como no pensamento, seus livros transformaram o mundo, assim como transformaram o pensamento.

Marx significa ingresso da inteligência na história da humanidade, advento da consciência. Sua obra foi produzida no mesmo período em que se trava a batalha entre Thomas Carlyle e Herbert Spencer sobre a função do homem na história.

Carlyle: o herói, a grande individualidade, mística síntese de uma comunhão espiritual, que conduz os destinos da humanidade para um ponto de chegada desconhecido, evanescente, no quimérico país da perfeição e da santidade.

Spencer: a natureza, a evolução, abstração mecânica e inanimada. O homem átomo de um organismo natural, que obedece a uma lei abstrata enquanto tal, mas que se torna concreta, historicamente, nos indivíduos: a utilidade imediata.

Marx se planta na história com a sólida estatura de um gigante. Não é nem um místico nem um metafísico positivista, mas um historiador, um intérprete dos documentos do passado, de todos os documentos, não apenas de uma parte deles.

Era este o defeito intrínseco das histórias, das investigações sobre os acontecimentos humanos: examinar e levar em conta somente uma parte dos documentos. E esta parte era escolhida não por critérios históricos, mas pelo preconceito partidário, ainda que isso fosse feito inconscientemente e de boa-fé. As investigações tinham como fim não a verdade, a exatidão, a recriação integral da vida do passado, mas a ênfase numa determinada atividade, a valorização de uma tese apriorística. A história era apenas domínio das ideias. O homem era considerado espírito, pura consciência. Duas consequências errôneas derivavam desta concepção: as ideias valorizadas eram, com frequência, apenas arbitrárias, fictícias, enquanto os fatos aos quais se dava importância eram mero anedotário, não história. Se foi escrita história, no sentido real da palavra, isso se deveu a intuições geniais de indivíduos isolados, não a uma atividade científica sistemática e consciente.

Com Marx, a história continua a ser domínio das ideias, do espírito, da atividade consciente dos indivíduos isolados ou associados. Mas as ideias, o espírito, ganham substância, perdem sua arbitrariedade, não são mais fictícias abstrações religiosas ou sociológicas. A sua substância está na economia, na atividade prática, nos sistemas e nas relações de produção e de troca. A história como evento é pura atividade prática (econômica e moral). Uma ideia se realiza não enquanto é logicamente coerente do ponto de vista da pura verdade, da pura humanidade (que existe somente como programa, como finalidade ética geral dos homens), mas enquanto encontra na realidade econômica sua justificação, o instrumento para afirmar-se. Para se conhecer com exatidão quais são as finalidades históricas de um país, de uma sociedade, de um agrupamento, é preciso conhecer, antes de mais nada, quais são os sistemas e as relações de produção e de troca daquele país, daquela sociedade. Sem este conhecimento, será possível redigir monografias parciais, dissertações úteis para a história da cultura; será possível recolher reflexos secundários, consequências longínquas, mas não se fará história, não se conseguirá apreender o núcleo da atividade prática em toda a sua solidez.

Os ídolos caem de seus altares, as divindades veem dissipar-se as nuvens de perfumado incenso. O homem adquire consciência da realidade objetiva, apodera-se do segredo que move a sucessão real dos eventos. O homem conhece a si mesmo, sabe o quanto pode valer sua vontade individual e como ela pode se tornar poderosa na medida em que, obedecendo à necessidade, submetendo-se a ela, termina por dominar a própria necessidade, identificando-a com a finalidade que ele mesmo se propõe. Quem conhece a si mesmo? Não o homem em geral, mas aquele que conhece o jugo da necessidade. A busca da substância histórica, o estabelecimento dessa substância no sistema e nas relações de produção e de troca, revela que a sociedade dos homens está cindida em duas classes. A classe que detém o instrumento de produção já conhece necessariamente a si mesma, tem a consciência (ainda que confusa e fragmentária) de seu poder e de sua missão. Tem finalidades individuais e as realiza através de sua organização, friamente, de modo objetivo, sem se preocupar com o fato de seu caminho estar coberto por corpos extenuados pela fome ou por cadáveres produzidos nos campos de batalha.

A sistematização da causalidade histórica real adquire valor de revelação para a outra classe, torna-se princípio de ordem para o imenso rebanho sem pastor. O rebanho adquire consciência de si, da tarefa que deve efetivamente cumprir para que essa outra classe se afirme, adquira consciência de que suas finalidades individuais não passarão de puro arbítrio, de pura palavra, de veleidade vazia e pretensiosa enquanto ela não detiver os instrumentos, enquanto a veleidade não se transformar em vontade.

Voluntarismo? A palavra não significa nada, ou é usada no significado de arbítrio. Vontade, do ponto de vista marxista, significa consciência da finalidade, o que, por sua vez, significa noção exata do próprio poder e dos meios para expressá-lo na ação. Significa portanto, em primeiro lugar, distinção, diferenciação da classe, vida política independente daquela da outra classe, organização compacta e disciplinada visando às suas próprias finalidades específicas, sem desvios ou vacilações. Significa impulso retilíneo para a finalidade máxima, sem excursões pelos verdes prados da cordial fraternidade, sem nenhuma ternura pela grama verde e pelas doces declarações de estima e de amor.

Mas é inútil a expressão "do ponto de vista marxista"; aliás, ela pode dar lugar a equívocos e a exageros vazios e verborrágicos. "Marxistas", "do ponto de vista marxista": expressões tão desgastadas como moedas que passaram por várias mãos.

Karl Marx é para nós mestre de vida espiritual e moral, não um pastor brandindo o seu cajado. É aquele que sacode a preguiça mental, que desperta as boas energias que dormiam e que devem ser mobilizadas para o bom combate. É um exemplo de trabalho intenso e tenaz para atingir a clara honestidade das ideias, a sólida cultura necessária para não dizer palavras vazias, abstrações. É bloco monolítico de humanidade que sabe e pensa, que não pensa duas vezes para falar, que não põe a mão no coração para sentir, mas que constrói rigorosos silogismos que captam a realidade em sua essência e a dominam, que penetram nos cérebros, que fazem ruir as sedimentações de preconceitos e ideias fixas, que fortalecem o caráter moral.

Karl Marx não é para nós nem o bebê que chora em seu berço nem o homem barbudo que apavora os sacristãos. Não é nenhum dos episódios anedóticos de sua biografia, nenhum gesto brilhante ou grosseiro de sua aparente animalidade humana. É um vasto e sereno cérebro humano, é um momento individual da trabalhosa busca secular que a humanidade empreende para adquirir consciência do seu ser e do seu devir, para apreender o ritmo misterioso da história e dissipar o mistério, para ser mais forte em seu pensamento e em sua ação. É uma parte necessária e integrante de nosso espírito, que não seria o que é se Marx não tivesse vivido, se não tivesse pensado, se não tivesse feito eclodir centelhas de luz com o impacto de suas paixões e de suas ideias, de suas misérias e de seus ideais.

Ao glorificar Karl Marx no centenário de seu nascimento, o proletariado internacional glorifica a si mesmo, sua força consciente, o dinamismo de sua agressividade conquistadora que vai desmontando a dominação do privilégio, preparando-se assim para a luta final que irá coroar todos os esforços e todos os sacrifícios.

(Sem assinatura, *Il grido del popolo*, 4/5/1918; *EP 1*, 160-165).

DEMOCRACIA OPERÁRIA

Impõe-se hoje um instigante problema a todo socialista que sinta como algo vivo o sentido da responsabilidade histórica que incumbe à classe trabalhadora e ao Partido que representa a consciência crítica e operante da missão desta classe.

Como dominar as imensas forças sociais que a guerra desencadeou? Como disciplinálas e dar-lhes uma forma política que tenha em si a virtude de desenvolver-se normalmente, de completar-se continuamente, até tornar-se a ossatura do Estado socialista no qual se encarnará a ditadura do proletariado? Como ligar o presente ao futuro, satisfazendo as urgentes necessidades do presente e trabalhando de modo útil para criar e "antecipar" o futuro?

Este escrito quer ser um estímulo ao pensamento e à ação; quer ser um convite aos melhores e mais conscientes operários para que reflitam e, cada um na esfera da própria competência e da própria ação, colaborem para a solução do problema, fazendo convergir a atenção dos companheiros e das associações para os termos nos quais ele se apresenta. Somente de um trabalho comum e solidário de esclarecimento, de persuasão e de educação recíproca é que nascerá a ação concreta de construção.

O Estado socialista já existe potencialmente nas instituições de vida social características da classe trabalhadora explorada. Articular entre si estas instituições, coordená-las e subordiná-las segundo uma hierarquia de competências e de poderes, centralizá-las fortemente significa criar desde já uma verdadeira democracia operária, em eficiente e ativa contraposição ao Estado burguês, preparada desde já para substituir o Estado burguês em todas as suas funções essenciais de gestão e de domínio do patrimônio nacional.

O movimento operário é dirigido hoje pelo Partido Socialista e pela Confederação do Trabalho; mas o exercício do poder social do Partido e da Confederação se realiza, para a grande massa trabalhadora, de forma indireta, por força de prestígio e de entusiasmo, por pressão autoritária, até mesmo por inércia. A esfera de prestígio do Partido se amplia cotidianamente, atinge estratos populares até agora inatingidos, gera consenso e desejo de trabalhar proficuamente pelo advento do comunismo em grupos e indivíduos até agora ausentes da luta política. É preciso dar uma forma e uma disciplina permanentes a essas energias desordenadas e caóticas, absorvê-las, articulá-las e potenciá-las; é preciso fazer da classe proletária e semiproletária uma sociedade organizada que se eduque, que obtenha experiência, que adquira uma consciência responsável dos deveres que incumbem às classes que chegam ao poder de Estado.

O Partido Socialista e os sindicatos de categoria não podem absorver toda a classe trabalhadora a não ser através de um trabalho de anos e dezenas de anos. Eles não se identificam imediatamente com o Estado proletário: com efeito, nas repúblicas comunistas, eles continuam a subsistir independentemente do Estado, como instituições de propulsão (o Partido) ou de controle e realização parcial (os sindicatos). O Partido deve continuar a ser o órgão da educação comunista, o cadinho da fé, o depositário da doutrina, o poder supremo que harmoniza e conduz ao objetivo as forças organizadas e disciplinadas da classe operária e camponesa. Precisamente para poder desempenhar de modo rigoroso este seu papel, o Partido não pode abrir suas portas à invasão de novos aderentes, não habituados ao exercício da responsabilidade e da disciplina.

Mas a vida social da classe trabalhadora é rica em instituições, articula-se em múltiplas atividades. É necessário que precisamente essas instituições e atividades sejam desenvolvidas, organizadas de modo global, vinculadas num sistema amplo e agilmente articulado, que absorva e discipline toda a classe trabalhadora.

A fábrica com suas comissões internas, os círculos socialistas, as comunidades camponesas são os centros de vida proletária nos quais é preciso trabalhar diretamente.

As comissões internas são órgãos de democracia operária que é necessário libertar das limitações impostas pelos empresários e nos quais é preciso infundir vida e energia novas. Hoje, as comissões internas limitam o poder do capitalista na fábrica e desempenham funções de arbitragem e disciplina. Desenvolvidas e enriquecidas, deverão ser amanhã os órgãos do poder proletário que substituirá o capitalista em todas as suas funções úteis de direção e de administração.

Já desde agora os proletários deveriam proceder à eleição de amplas assembleias de delegados, escolhidos entre os melhores e mais conscientes companheiros, na base da seguinte palavra de ordem: "Todo o poder da fábrica aos comitês de fábrica." Tal palavra de ordem deve ser coordenada com outra: "Todo o poder de Estado aos conselhos operários e camponeses."

Um amplo campo de propaganda revolucionária concreta se abriria para os comunistas organizados no Partido e nos círculos de bairro. Os círculos, em acordo com as seções urbanas, deveriam fazer um recenseamento das forças operárias da zona e tornar-se a sede do conselho de bairro dos delegados de fábrica, o gânglio que articula e centraliza todas as energias proletárias do bairro. Os sistemas eleitorais poderiam variar em função do tamanho das fábricas; dever-se-ia, porém, tentar eleger um delegado para cada quinze operários divididos por categoria (como ocorre nas fábricas inglesas), chegando-se assim, através de eleições graduais, a um comitê de delegados de fábrica que abranja representantes de todo o conjunto de trabalhadores (operários, empregados, técnicos). No comitê de bairro, seria preciso ter como objetivo a incorporação de delegados também de outras categorias de trabalhadores que habitam o bairro: garçons, cocheiros, motorneiros e cobradores, ferroviários, lixeiros, empregados domésticos, comerciários etc.

O comitê de bairro deveria ser a emanação de *toda a classe trabalhadora* que habita o bairro, emanação legítima e dotada de autoridade, capaz de fazer respeitar uma disciplina, investida do poder espontaneamente delegado, bem como capaz de ordenar a suspensão imediata e integral de todo trabalho no âmbito de todo o bairro. Os comitês de bairro se ampliariam em comissariados urbanos, controlados e disciplinados pelo Partido Socialista e pelas federações de categoria.

Um tal sistema de democracia operária (complementado por organizações equivalentes de camponeses) daria uma forma e uma disciplina permanente às massas, seria uma magnífica escola de experimentação política e administrativa, englobaria as massas até o último homem, habituando-as à tenacidade e à perseverança, habituando-as a considerar-se como um exército em operação, que necessita de uma firme coesão se não quer ser destruído e escravizado.

Cada fábrica construiria um ou mais regimentos deste exército, com seus cabos, seus serviços de ligação, seu corpo de oficiais, seu estado-maior, formando poderes delegados através de eleições livres, e não impostos autoritariamente. Através dos comícios, realizados no interior da fábrica, graças a uma ação incessante de propaganda e de persuasão desenvolvida pelos elementos mais conscientes, obter-se-ia uma transformação radical da psicologia operária, far-se-ia com que a massa se tornasse mais preparada e capacitada para o exercício do poder, difundir-se-ia uma consciência dos deveres e dos direitos do companheiro e do trabalhador, que seria concreta e eficaz porque gerada espontaneamente a partir da experiência viva e histórica.

Já dissemos: estas rápidas observações têm apenas o objetivo de estimular o pensamento e a ação. Cada aspecto do problema mereceria um amplo e profundo tratamento, esclarecimentos, complementações subsidiárias e coordenadas. Mas a solução concreta e integral dos problemas de vida socialista só pode ser obtida através da prática comunista, ou seja, da discussão em comum, que modifica as consciências através da simpatia, unificando-as e dotando-as de ativo entusiasmo. Dizer a verdade, chegar em comum à verdade, é realizar ação comunista e revolucionária. A fórmula "ditadura do proletariado" deve deixar de ser apenas uma fórmula, uma ocasião para dar vazão à fraseologia revolucionária. Quem quer o fim deve também querer os meios. A ditadura do proletariado é a instauração de um novo Estado, tipicamente proletário, no qual confluem as experiências institucionais da classe oprimida, no qual a vida social da classe operária e camponesa se torna sistema difundido e fortemente organizado. Este Estado não se improvisa: os comunistas bolcheviques russos trabalharam durante oito meses para divulgar e tornar concreta a palavra de ordem "todo o poder aos sovietes"; e os operários russos conheciam os sovietes desde 1905. Os comunistas italianos devem assimilar a experiência russa e economizar tempo e trabalho: a obra de reconstrução exigirá tanto tempo e tanto trabalho que a ela devem ser dedicados cada dia e cada ato.

(Não assinado, *L'Ordine Nuovo*, ano 1, nº 7, 21/6/1919; *EP 1*, 245-249).

O CONSELHO DE FÁBRICA

A revolução proletária não é o ato arbitrário de uma organização que se afirma revolucionária ou de um sistema de organizações que se afirmam revolucionárias. A revolução proletária é um longuíssimo processo histórico que tem lugar quando surgem e se desenvolvem determinadas forças produtivas (que resumimos na expressão "proletariado") num determinado ambiente histórico (que resumimos nas expressões "modo de propriedade individual", "modo de produção capitalista", "sistema de fábrica", "modo de organização da sociedade no Estado democrático-parlamentar"). Numa determinada fase deste processo, as novas forças produtivas não podem mais se desenvolver e organizar de modo autônomo nos quadros oficiais em que se processa a convivência humana. É nesta determinada fase que tem lugar o ato revolucionário, que consiste num esforço orientado no sentido de quebrar violentamente estes quadros, de destruir todo o aparelho de poder econômico e político em cujo interior as forças produtivas revolucionárias estavam contidas de modo opressivo; que consiste também no esforço orientado no sentido de quebrar a máquina do Estado burguês e de constituir um tipo de Estado em cujos quadros as forças produtivas liberadas encontrem a forma adequada ao seu desenvolvimento e expansão ulteriores, em cuja organização encontrem a garantia e as armas necessárias e suficientes para suprimir seus adversários.

O processo real da revolução proletária não pode ser identificado com o desenvolvimento e a ação das organizações revolucionárias de tipo voluntário e contratualista, como o são o partido político e os sindicatos profissionais: organizações nascidas no terreno da democracia burguesa, da liberdade política, enquanto afirmação e desenvolvimento da liberdade política. Tais organizações — na medida em que encarnam uma doutrina que interpreta o processo revolucionário e prevê (dentro de certos limites de probabilidade histórica) o seu desenvolvimento, em que são reconhecidas pelas grandes massas como um seu reflexo e um seu embrionário aparelho de governo — são atualmente, e se tornarão cada vez mais, os agentes diretos e responsáveis pelos sucessivos atos de libertação que o conjunto da classe trabalhadora empreenderá no curso do processo revolucionário. Mas elas não encarnam este processo, não superam o Estado burguês, não englobam e não podem englobar toda a multifacética efervescência de forças revolucionárias que o capitalismo desencadeia em sua implacável marcha de máquina de exploração e opressão.

No período de predomínio econômico e político da classe burguesa, o desenvolvimento real do processo revolucionário ocorre de modo subterrâneo, na obscuridade da fábrica e da consciência de imensas multidões que o capitalismo submete a suas leis: tal desenvolvimento não pode ser verificado e documentado, mas o será no futuro, quando os elementos que o constituem (sentimentos, veleidades, hábitos, germes de iniciativa e de novos costumes) já tiverem se desenvolvido e purificado em função do desenvolvimento da sociedade, do desenvolvimento da posição que a classe operária passa a ocupar no terreno da produção. As organizações revolucionárias (o partido político e o sindicato profissional) nasceram no terreno da liberdade política, da democracia burguesa, como afirmação e desenvolvimento da liberdade e da democracia em geral, num terreno onde subsistem as relações entre cidadão e cidadão. Mas o processo revolucionário se realiza no terreno da produção, na fábrica, onde as relações são entre opressor e oprimido, explorador e explorado, onde não existe liberdade para o operário, onde não existe democracia. O processo revolucionário se efetiva onde o operário não é nada e quer se tornar tudo, onde o poder do proprietário é ilimitado, é poder de vida ou morte sobre o operário, sobre a mulher do operário, sobre os filhos do operário.

Quando é possível dizer que o processo histórico da revolução operária, que é imanente à convivência humana em regime capitalista, que tem suas leis em si mesmo e se desenvolve necessariamente em função da confluência de uma multiplicidade de ações incontroláveis porque criadas por uma situação que não é desejada nem prevista pelo operário, quando é possível dizer que o processo histórico da revolução operária veio à tona, podendo ser assim verificado e documentado?

Pode-se dizer isso quando toda a classe operária se torna revolucionária, não mais no sentido de que se recusa genericamente a colaborar com as instituições de governo da classe burguesa, não mais no sentido de que representa uma oposição no campo da democracia, mas no sentido de que toda a classe operária, tal como pode ser vista numa fábrica, inicia uma ação que deve desembocar necessariamente na fundação de um Estado operário, que deve levar necessariamente à configuração da sociedade humana numa forma absolutamente original, numa forma universal, que engloba toda a Internacional operária e, consequentemente, toda a humanidade. E dizemos que o período atual é revolucionário precisamente porque constatamos que a classe operária, em todas as nações, tem como meta criar, com todas as suas energias, a partir de seu próprio seio — ainda que em meio a erros, a vacilações, a limitações próprias de uma classe oprimida, que não tem experiência histórica, que deve fazer tudo de modo original —, instituições de novo tipo no terreno operário, instituições de base representativa, construídas no interior do quadro industrial. Dizemos que o período atual é revolucionário porque a classe operária busca, com todas as suas forças, com toda a sua vontade, fundar o seu próprio Estado. É por isso que dizemos que o nascimento dos conselhos operários de fábrica representa um grandioso evento histórico, o início de uma nova era na história do gênero humano: graças a isso, o processo revolucionário veio à tona, entrou na fase em que pode ser verificado e documentado.

Na fase liberal do processo histórico da classe burguesa e da sociedade dominada pela classe burguesa, a célula elementar do Estado era o proprietário que, na fábrica, subjuga a classe operária à sua busca do lucro. Na fase liberal, o proprietário era também empresário, era também industrial: o poder industrial, a fonte do poder industrial residia na fábrica, e o operário não conseguia libertar sua consciência da crença de que o proprietário era necessário, já que sua pessoa se identificava com a pessoa do industrial, com a pessoa do gestor responsável pela produção e, portanto, também pelo salário, pelo pão, pela roupa, pelo teto do operário. Na fase imperialista do processo histórico da classe burguesa, o poder industrial de cada fábrica se separa da fábrica e se concentra num truste, num monopólio, num banco, na burocracia estatal. O poder industrial torna-se irresponsável e, portanto, mais autocrático, mais impiedoso, mais arbitrário; porém o operário — liberto do espírito servil de hierarquia, impulsionado também pelas novas condições gerais em que a sociedade se encontra, em função da nova fase histórica — obtém inestimáveis conquistas de autonomia e de iniciativa.

Na fábrica, a classe operária se torna um determinado "instrumento de produção" numa determinada constituição orgânica. Cada operário passa a fazer "casualmente" parte deste corpo constituído: casualmente no que se refere à sua vontade, mas não casualmente no que diz respeito ao seu posto de trabalho, já que ele representa uma necessidade determinada do processo de trabalho e de produção e só por isso é contratado, só por isso pode ganhar o seu pão. Ele é uma engrenagem da máquina "divisão do trabalho", da classe operária transformada num instrumento da produção. Se o operário adquire clara consciência desta sua "necessidade determinada" e a põe na base de um aparelho representativo de tipo estatal (isto é, não voluntário, não contratualista, mas absoluto, orgânico, aderente a uma realidade que deve ser reconhecida se se quer garantir o pão, a roupa, o teto, a produção industrial), se o operário, se a classe operária faz isso, faz uma coisa grandiosa, dá início à era dos Estados operários que deverão confluir na formação da sociedade comunista, do mundo organizado com base e segundo o tipo da grande fábrica mecanizada, da Internacional comunista, na qual cada povo, cada parte da humanidade tomará forma na medida em que se encarregar de uma determinada produção importante e não mais na medida em que for organizada na forma de Estado e possuir determinadas fronteiras.

Ao construir este aparelho representativo, a classe operária efetua na realidade a expropriação da primeira máquina, do mais importante instrumento de produção: a própria classe operária, que se reencontrou, que adquiriu consciência de sua unidade orgânica e se contrapõe agora, unitariamente, ao capitalismo. Deste modo, a classe operária afirma que o poder industrial, que a fonte do poder industrial deve retornar à fábrica; coloca novamente a fábrica, do ponto de vista operário, como forma na qual a classe operária se constitui como corpo orgânico determinado, como forma de um novo Estado, o Estado operário, como base de um novo sistema representativo, o sistema dos conselhos. O Estado operário, por nascer com base numa configuração produtiva, cria com isso as condições do seu desenvolvimento, da sua dissolução como Estado, da sua incorporação orgânica a um sistema mundial, ou seja, a Internacional comunista.

Hoje, no conselho de uma grande fábrica mecanizada, cada *equipe* de trabalho (cada grupo profissional) se articula, do ponto de vista proletário, com as demais equipes de uma seção; cada momento da produção industrial se funde, do ponto de vista proletário, com os outros momentos, pondo em realce o processo produtivo. Do mesmo modo, no mundo, o *carvão* inglês se funde com o *petróleo* russo, o *trigo* siberiano com o *enxofre* da Sicília, o *arroz* da região de Vercelli com a *madeira* da Estíria etc., num organismo único, submetido a uma administração internacional que governa a riqueza do globo em nome de toda a humanidade. Neste sentido, o conselho operário de fábrica é a primeira célula de um processo histórico que deve culminar na Internacional comunista, não mais como organização política do proletariado revolucionário, mas como reorganização da economia mundial e de toda a convivência humana, nacional e mundial. Toda ação revolucionária atual tem valor, é real historicamente, na medida em que é concebida e executada como um ato dirigido no sentido de liberar este processo das superestruturas burguesas que o entravam e obstaculizam.

As relações que devem existir entre o partido político e o conselho de fábrica, entre o sindicato e o conselho de fábrica, já estão implícitas nesta exposição. O Partido e os sindicatos não devem se pôr como tutores ou como superestruturas já constituídas desta nova instituição, na qual ganha forma constatável o processo histórico da revolução, mas devem se posicionar como agentes conscientes da libertação dos conselhos das amarras que se concentram no Estado burguês, pondo assim como objetivo a organização das condições externas (políticas) nas quais o processo revolucionário ganha a maior celeridade possível, nas quais as forças produtivas liberadas encontram sua máxima expansão.

(Não assinado, *L'Ordine Nuovo*, ano II, nº 4, 5/6/1920; *EP 1*, 361-367).

SINDICATOS E CONSELHOS

O sindicato não é esta ou aquela definição do sindicato: o sindicato *se torna* uma determinada definição, ou seja, assume uma determinada figura histórica na medida em que as forças e as vontades operárias que o constituem lhe imprimem uma específica orientação e põem como meta da sua ação o objetivo que foi afirmado na definição.

Objetivamente, o sindicato é a forma que a mercadoria-trabalho assume (e a única que pode assumir) em regime capitalista, quando se organiza para dominar o mercado: esta forma é um estafe constituído por funcionários, técnicos (quando são técnicos) da organização, especialistas (quando são especialistas) na arte de concentrar e dirigir as forças operárias de modo a estabelecer, em face do poder do capital, um equilíbrio vantajoso para a classe operária.

O desenvolvimento da organização sindical é caracterizado por estes dois fatos: 1) o sindicato abarca uma quantidade cada vez maior de filiados operários, ou seja, incorpora cada vez mais tais filiados na disciplina que decorre de sua forma; 2) o sindicato generaliza e concentra sua forma, até pôr nas mãos de um estafe central o poder da disciplina e do movimento, ou seja, ele se separa das massas que arregimentou, situa-se fora dos caprichos, veleidades e volubilidades que são próprios das grandes massas agitadas. Desse modo, o sindicato torna-se capaz de firmar acordos, de assumir compromissos: ele obriga o empresário a aceitar uma legalidade em suas relações com o operário, legalidade que é condicionada pela confiança que o empresário tem na capacidade do sindicato de obter, da parte das massas operárias, o respeito às obrigações pactuadas.

O advento de uma legalidade industrial foi uma grande conquista da classe operária, mas não é a conquista última e definitiva: a legalidade industrial melhorou as condições da vida material da classe operária, mas não é mais do que um compromisso que foi necessário estabelecer, que será necessário aceitar enquanto as relações de força forem desfavoráveis à classe operária. Se os funcionários da organização sindical consideram a legalidade industrial como um compromisso necessário, mas não perpétuo; se orientam todos os meios de que o sindicato pode dispor para melhorar as relações de força em sentido favorável à classe operária; se realizam todo o trabalho necessário para que a classe operária possa iniciar, num momento determinado, uma ofensiva vitoriosa contra o capital, submetendo-o à sua própria lei; se faz isso, o sindicato é um instrumento revolucionário, a disciplina sindical, mesmo quando voltada para fazer com que os operários respeitem a legalidade industrial, é disciplina revolucionária.

As relações que devem ocorrer entre sindicato e conselho de fábrica devem ser consideradas deste ponto de vista, ou seja, a partir do juízo que formamos sobre a natureza e o valor da legalidade industrial.

O conselho é a negação da legalidade industrial: tem como meta negá-la a cada instante, conduzir incessantemente a classe operária à conquista do poder industrial, fazer com que a classe operária se torne a fonte deste poder. O sindicato é um elemento da legalidade e deve propor que seus filiados a respeitem. O sindicato é responsável perante os industriais, mas o é na medida em que é responsável perante seus filiados: ele garante ao operário e sua família a continuidade do trabalho e do salário, ou seja, do pão e do teto. O conselho, por sua espontaneidade revolucionária, tende a desencadear a cada momento a guerra das classes; o sindicato, pela sua forma burocrática, tende a não permitir que a guerra de classe seja jamais desencadeada. As relações entre as duas instituições devem ter como objetivo criar uma situação na qual se evite que um impulso caprichoso do conselho determine um passo atrás da classe operária, uma sua derrota, isto é, uma situação na qual o conselho aceite e faça sua a disciplina do sindicato; mas o objetivo é também criar uma situação na qual o caráter revolucionário do conselho tenha uma influência sobre o sindicato, funcione como um reagente que dissolva a burocracia e o burocratismo sindicais.

O conselho gostaria de, a cada momento, escapar da legalidade industrial; o conselho é a massa, explorada, tiranizada, obrigada ao trabalho servil, e, por isso, tende a universalizar toda rebelião, a valorizar e emprestar dimensão resolutiva a todos os seus atos de poder. O sindicato, como estafe solidamente responsável pela legalidade, tende a universalizar e perpetuar a legalidade. As relações entre sindicato e conselho devem criar as condições nas quais a saída da legalidade, bem como a ofensiva da classe operária, ocorram no momento mais oportuno para a classe operária, ou seja, quando ela estiver de posse daquele mínimo de preparação que se considera indispensável para vencer de modo duradouro.

As relações entre sindicato e conselho só podem ser estabelecidas do seguinte modo: a maioria, ou uma parte substantiva dos eleitores do conselho, deve ser filiada ao sindicato. Qualquer tentativa de ligar as duas instituições através de relações de dependência só pode levar à aniquilação de ambas.

Se a concepção que faz do conselho um mero instrumento da luta sindical se materializar numa disciplina burocrática e na possibilidade de controle direto do conselho pelo sindicato, o conselho se esterilizará enquanto expansividade revolucionária, enquanto forma do desenvolvimento real da revolução proletária que tende espontaneamente a criar novos modos de produção e de trabalho, novos modos de disciplina, que tende a criar a sociedade comunista. Já que o conselho nasce em função da posição que a classe operária vem adquirindo no terreno da produção industrial, já que o conselho é uma necessidade histórica da classe operária, a tentativa de subordiná-lo hierarquicamente ao sindicato determinaria, mais cedo ou mais tarde, um conflito entre as duas instituições. A força do conselho consiste no fato de que ele adere à consciência da massa operária, é a própria consciência da massa operária que quer se emancipar de modo autônomo, que quer afirmar sua liberdade de iniciativa na criação da história: toda a massa participa da vida do conselho e sente que, graças a essa sua atividade, passa a ter um peso. Da vida do sindicato, participa um número muito restrito de filiados; a força real do sindicato reside nisto mas nisto está também presente uma debilidade, que não pode ser posta à prova sem gravíssimos riscos.

Se, por outro lado, o sindicato se apoiasse diretamente nos conselhos, não para dominá-los mas para se tornar sua forma superior, o sindicato passaria a refletir a tendência própria do conselho, ou seja, a de sair a todo instante da legalidade industrial, a de desencadear a cada momento a ação resolutiva da guerra de classe. O sindicato perderia sua capacidade de assumir compromissos, seu caráter de força disciplinadora e reguladora das forças impulsivas da classe operária.

Se os filiados estabelecerem no sindicato uma disciplina revolucionária, uma disciplina que se revele à massa como uma necessidade para o triunfo da revolução operária e não como uma servidão em face do capital, essa disciplina será indubitavelmente aceita e assumida pelo conselho, tornando-se a forma natural da ação desenvolvida por este último. Se o estafe do sindicato se tornar um organismo de preparação revolucionária, graças à ação que desenvolve, aos homens que o formam, à propaganda que efetua, então seu caráter centralizado e absoluto será visto pela massa como uma grande força revolucionária, como uma condição a mais (e das mais importantes) para o sucesso da luta travada até o fim. Na realidade italiana, o funcionário sindical concebe a legalidade industrial como algo perpétuo. Com excessiva frequência, ele a defende de um ponto de vista que é o mesmo do proprietário. Ele vê apenas caos e arbítrio em tudo o que ocorre no seio da massa operária; não universaliza o ato de rebelião do operário contra a disciplina capitalista como rebelião, mas como um ato que, em sua singularidade, pode ser em si e para si trivial. [...]

Os comunistas — na medida em que querem que o ato revolucionário, tanto quanto possível, seja consciente e responsável — querem também que a opção (tanto quanto puder ser uma opção) de desencadear a ofensiva revolucionária continue em mãos da parte mais consciente e responsável da classe operária, daquela parte que está organizada no Partido Socialista e que mais ativamente participa da vida da organização. Por isso, os comunistas não podem querer que o sindicato perca algo de sua energia disciplinadora e de sua concentração sistemática.

Os comunistas, constituindo-se em grupos permanentemente organizados nos sindicatos e nas fábricas, devem levar para os sindicatos e as fábricas as concepções, a tática da III Internacional, influenciando a disciplina sindical e determinando seus objetivos, influenciando as deliberações dos conselhos de fábrica, fazendo com que se tornem consciência e criação revolucionárias os impulsos à rebelião que decorrem da situação que o capitalismo cria para a classe operária. Os comunistas do Partido têm o maior interesse, já que sobre eles pesa a maior responsabilidade histórica, de criar nas diversas instituições da classe operária, com sua ação incessante, relações de vinculação e de natural interdependência, que vivifiquem a disciplina e a organização com espírito revolucionário.

(Não assinado, *L'Ordine Nuovo*, ano II, nº 5, 12/6/1920; *EP 1*, 367-372).

O PARTIDO COMUNISTA

[...] O movimento operário, em sua fase atual, tende a promover uma revolução na organização das coisas materiais e das forças físicas. Seus traços característicos não podem ser os sentimentos e as paixões difundidos na massa e que estão na base da vontade desta massa. Os traços característicos da revolução proletária só podem ser buscados no partido da classe operária, no Partido Comunista, que existe e se desenvolve na medida em que é a organização disciplinada da vontade de fundar um Estado, da vontade de dar uma organização proletária ao ordenamento das forças físicas existentes e de lançar as bases da liberdade popular.

O Partido Comunista é, no atual período, a única instituição que pode ser seriamente comparada às comunidades religiosas do cristianismo primitivo. Nos limites em que o Partido já existe em escala internacional, pode-se tentar uma comparação valorativa entre os militantes pela Cidade de Deus e os militantes pela Cidade do Homem: o comunista, certamente, não é inferior ao cristão das catacumbas. Ao contrário! A meta inefável que o cristianismo propunha a seus defensores era, em função de seu sugestivo mistério, uma justificação cheia de heroísmo, de sede de martírio, de santidade; não é necessário que entrem em jogo as grandes forças humanas do caráter e da vontade para suscitar o espírito de sacrifício de quem crê na recompensa celeste e na eterna beatitude. O operário comunista que — durante semanas, meses, anos, desinteressadamente, depois de oito horas de trabalho na fábrica, trabalha mais oito horas para o Partido, o sindicato, a cooperativa — é, do ponto de vista da história do homem, maior do que o escravo ou o artesão que desafiavam qualquer perigo para ir ao local onde clandestinamente se rezava. [...]

O operário na fábrica tem funções meramente executivas. [...] O Partido Comunista é o instrumento e a forma histórica do processo de libertação interior pelo qual o operário passa de *executor* a *iniciador*, deixa de ser *massa* para tornar-se *líder* e *guia*, deixa de ser braço para se converter em cérebro e vontade. Na formação do Partido Comunista, pode-se captar o germe de liberdade que terá seu desenvolvimento e sua plena expansão depois que o Estado operário tiver organizado as condições materiais necessárias. O escravo ou o artesão do mundo clássico "conheciam a si mesmos", realizavam sua libertação ingressando numa comunidade cristã, onde se sentiam concretamente iguais, irmãos, já que filhos de um mesmo pai. Algo similar ocorre com o operário que ingressa no Partido Comunista, onde colabora para "descobrir" e "inventar" modos de vida originais, onde concorre "voluntariamente" para a atividade do mundo, onde pensa, prevê e tem uma responsabilidade, onde não é só organizado mas também organizador, onde sente que faz parte de uma vanguarda que marcha para a frente, arrastando consigo toda a massa popular.

O Partido Comunista, mesmo como simples organização, revelou-se forma particular da revolução proletária. Nenhuma revolução do passado conheceu partidos; eles nasceram depois da revolução burguesa e se decompuseram no terreno da democracia parlamentar. Também neste terreno, confirmou-se a ideia marxista de que o capitalismo cria forças que depois não consegue dominar. Os partidos democráticos serviam para indicar políticos competentes e fazê-los triunfar na competição política; hoje, os governantes são impostos pelos bancos, pelos grandes jornais, pelas associações industriais; os partidos se desagregaram numa multiplicidade de clientelas pessoais. O Partido Comunista, surgindo das cinzas dos partidos socialistas, repudia suas origens democráticas e parlamentares e revela suas características essenciais, que são originais na história: a Revolução Russa é revolução realizada por homens organizados no Partido Comunista, que nele plasmaram uma nova personalidade, adquiriram novos sentimentos, realizaram uma vida moral que tende a se tornar consciência universal e meta para todos os homens.

[...] Os partidos políticos são o reflexo e a nomenclatura das classes sociais. Eles surgem, desenvolvem-se, decompõem-se e se renovam na medida em que os diversos estratos das classes sociais em luta sofrem deslocamentos de real alcance histórico, experimentam mudanças radicais em suas condições de existência e de desenvolvimento, adquirem uma maior e mais clara consciência de si e de seus próprios interesses vitais. No atual período histórico, como consequência da guerra imperialista que modificou profundamente a estrutura do aparelho nacional e internacional de produção e de troca, tornou-se um fato característico a rapidez com que ocorre o processo de desagregação dos partidos políticos tradicionais, nascidos no terreno da democracia parlamentar, bem como o surgimento de novas organizações políticas: este processo geral obedece a uma lógica imanente implacável, que tem como base a desagregação das velhas classes e das velhas camadas e as vertiginosas mudanças de condição de inteiros estratos da população em todo o território do Estado e, com frequência, em todo o território onde o capital domina.

[...] Também o partido tradicional da classe operária italiana, o Partido Socialista, não escapou do processo de decomposição de todas as formas associativas, processo característico do período que atravessamos. Ter acreditado que era possível salvar a velha estrutura do Partido de sua íntima dissolução foi o colossal erro histórico dos homens que, desde a eclosão da guerra mundial até hoje, controlaram os órgãos de direção de nosso organismo. Na verdade, o Partido Socialista Italiano — em função de suas tradições, das origens históricas das várias correntes que o constituem, do pacto de aliança tácito ou explícito com a Confederação Geral do Trabalho (pacto que, nos congressos, nos conselhos e em todas as reuniões deliberativas serve para atribuir aos funcionários sindicais um poder e uma influência injustificados), da autonomia ilimitada concedida ao grupo parlamentar (que atribui também aos deputados, nos congressos, nos conselhos e nas deliberações de maior importância, um poder e uma influência similares àqueles dos funcionários burocráticos e igualmente injustificáveis) — o Partido Socialista Italiano em nada difere do *Labour Party* inglês, sendo revolucionário apenas nas afirmações gerais contidas em seu programa. [...] Isso explica o paradoxo histórico de que, na Itália, são as massas que impulsionam e "educam" o Partido da classe operária, em vez de ser o Partido que guia e educa as massas.

O Partido Socialista se diz defensor das doutrinas marxistas. Portanto, o Partido deveria ter, em tais doutrinas, uma bússola para orientar-se no emaranhado dos eventos; deveria possuir aquela capacidade de previsão histórica que caracteriza os seguidores inteligentes da dialética marxista; deveria ter um plano geral de ação, baseado nesta previsão histórica, bem como ser capaz de fornecer à classe operária em luta palavras de ordem claras e precisas. Ao contrário, o Partido Socialista — o partido que defende o marxismo na Itália — está exposto, tal como o Partido Popular, o partido das classes mais atrasadas da população italiana, a todas as pressões das massas; e se move e se diferencia quando as massas já se moveram e diferenciaram. Na verdade, este Partido Socialista, que se proclama guia e mestre das massas, não é mais do que um pobre tabelião que registra as operações já realizadas espontaneamente por estas massas; este pobre Partido Socialista, que se proclama líder da classe operária, não é mais do que um estorvo para o avanço do exército proletário.

[...] Os comunistas — que, na luta dos metalúrgicos, com sua energia e seu espírito de iniciativa, salvaram a classe operária de um desastre — devem chegar até as últimas consequências de sua atitude e de sua ação: devem salvar, reconstruindo-a, a coesão básica do partido da classe operária, dando ao proletariado italiano o Partido Comunista capaz de organizar o Estado operário e as condições para o advento da sociedade comunista.

(Não assinado, *L'Ordine Nuovo*, ano II, 4/09/1920-9/10/1920; *EP 1*, 414-427).

O POVO DOS MACACOS

O fascismo foi a última "representação" oferecida pela pequena burguesia urbana no teatro da vida política nacional. [...]

O processo de desagregação da pequena burguesia se inicia na última década do século passado. A pequena burguesia, com o desenvolvimento da grande indústria e do capital financeiro, perde toda importância e é afastada de qualquer função vital no terreno da produção: torna-se uma classe puramente política e se especializa no "cretinismo parlamentar". [...] Corrompido até a medula, completamente a serviço do poder executivo, o Parlamento perde qualquer prestígio junto às massas populares. Estas massas se convencem de que o único instrumento de controle e de oposição aos arbítrios do poder administrativo é a ação direta, a pressão feita de fora. A semana vermelha de junho de 1914, contra os assassinatos [6], é a primeira e grandiosa intervenção das massas populares no cenário político, em oposição direta aos arbítrios do poder, com o objetivo de exercer realmente a soberania popular, que não encontra mais nenhuma expressão na Câmara dos Deputados: pode-se dizer que, em junho de 1914, o parlamentarismo entrou na Itália na rota de sua dissolução orgânica — e, com o parlamentarismo, também a função política da pequena burguesia.

A pequena burguesia, que perdeu definitivamente qualquer esperança de reconquistar uma função produtiva [...], busca de todos os modos conservar uma posição de iniciativa histórica: ela macaqueia a classe operária, também faz manifestações de ruas. Essa nova tática se realiza nos modos e nas formas possíveis a uma classe de falastrões, de céticos, de corruptos. O desenvolvimento dos fatos [...] é como a projeção na realidade de uma novela da selva de Kipling: a novela dos Bandar-Log, do povo dos macacos, que acredita ser superior a todos os outros povos da selva, que acredita possuir toda a inteligência, toda a intuição, todo o espírito revolucionário, toda a sabedoria de governo etc. etc. [7] Ocorreu o seguinte: a pequena burguesia, que se pusera a serviço do poder governamental por meio da corrupção parlamentar, modifica a forma de sua prestação de serviços, torna-se antiparlamentarista e busca corromper as ruas.

No período da guerra, o Parlamento entra em completa decadência: a pequena burguesia busca consolidar sua nova posição e cultiva a ilusão de ter realmente realizado este objetivo, de ter realmente posto fim à luta de classe, de ter conquistado a direção da classe operária e camponesa, de ter substituído a ideia socialista, imanente às massas, por uma estranha e bizarra mistura ideológica de imperialismo nacionalista, de "verdadeiro revolucionarismo", de "sindicalismo nacional". [...] A pequena burguesia [...] busca se organizar e se agrupar em torno de senhores mais ricos e mais seguros do que aqueles do poder de Estado oficial, enfraquecido e esgotado pela guerra.

[...] A base sólida da organização é a defesa direta da propriedade industrial e agrícola contra os assaltos da classe revolucionária dos operários e dos camponeses pobres. Esta atividade da pequena burguesia, convertida oficialmente no "fascismo", tem consequências para a organização do Estado. *Depois de ter corrompido e arruinado a instituição parlamentar, a pequena burguesia corrompe e arruína também as demais instituições, os sustentáculos fundamentais do Estado: o exército, a polícia, a magistratura.* Corrupção e ruína realizadas a fundo perdido, sem nenhuma finalidade precisa (a única finalidade precisa deveria ser a criação de um novo Estado: mas o "povo dos macacos" se caracteriza precisamente pela incapacidade orgânica de criar para si uma lei, de fundar um Estado): o proprietário, para se defender, financia e mantém uma organização privada, a qual — para mascarar sua natureza real — deve assumir atitudes políticas "revolucionárias" e desagregar a mais poderosa defesa da propriedade, ou seja, o Estado. A classe proprietária repete, em face do poder executivo, o mesmo erro que cometera em face do Parlamento: acredita que pode se defender melhor dos assaltos da classe revolucionária abandonando as instituições de seu Estado aos caprichos histéricos do "povo dos macacos", da pequena burguesia. [...]

A pequena burguesia, mesmo nesta sua última encarnação política que é o "fascismo", revelou-se definitivamente em sua verdadeira natureza de serva do capitalismo e da propriedade agrária, de agente da contrarrevolução. Mas revelou também que é fundamentalmente incapaz de desempenhar qualquer tarefa histórica: o povo dos macacos enche as crônicas, não faz história; deixa traços nos jornais, não oferece material para livros. A pequena burguesia, depois de ter arruinado o Parlamento, está arruinando o Estado burguês: ela substitui, em escala cada vez maior, a "autoridade" da lei pela violência privada; exerce (e não pode agir de outro modo) essa violência de modo caótico, brutal, e faz com que se ergam contra o Estado, contra o capitalismo, segmentos cada mais amplos da população.

(Sem assinatura, *L'Ordine Nuovo*, 2/1/1921; *EP* 2, 30-34).

SUBVERSIVISMO REACIONÁRIO

Ao jogo não muito significativo das combinações entre os vários grupos parlamentares, assunto preferido da cabalística dos correspondentes romanos, seguiu-se ontem na Câmara a estreia daquele que gosta de se apresentar e de ser apresentado como o líder da reação italiana: Mussolini [8]. E Mussolini, em sua estreia, resolveu recordar, como um mérito, suas origens subversivas. Trata-se de uma pose ou do desejo de assim conquistar, ainda mais, os favores do novo patrão? Certamente, ambos os motivos estão presentes; mas a verdade é que o subversivismo passado do novíssimo reacionário é um elemento que contribui não pouco para lhe desenhar a figura. Contudo, é preciso falar disso sem ideias preconcebidas e, desse modo, desfazer um pouco também este mito mussoliniano, tão caro ao líder da velha ala revolucionária do Partido Socialista. Será que é mérito do maior amadurecimento da consciência trazido pelas experiências revolucionárias concretas destes últimos anos o fato de que, reexaminando as atitudes e os eventos daquela época, não podemos deixar de vê-los reduzidos a proporções muito diversas daquelas com as quais os percebíamos naquele momento? Ao discursar na Câmara, Mussolini usou talvez uma única palavra exata, quando — a propósito de seu modo de conceber os conflitos políticos e de agir — falou de blanquismo [9]. A confissão nos permite adotar o ponto de vista mais adequado para captar e registrar com exatidão o que hoje percebemos instintivamente como ilógico, inflado, grotesco na figura de Mussolini. O blanquismo é a teoria social do golpe de mão; mas, se examinarmos bem, poderemos ver que o subversivismo mussolinano recolheu do blanquismo apenas a parte material. Também se disse que a tática da III Internacional tem pontos de contato com o blanquismo; mas a teoria da revolta proletária, tal como é difundida por Moscou e como foi posta em prática pelos bolcheviques, forma uma única coisa com a teoria marxista da ditadura do proletariado. Do blanquismo, Mussolini conservou apenas o aspecto formal, ou melhor, ele mesmo fizera o blanquismo tornar-se algo formal, ou seja, reduzira-o à materialidade da minoria dominadora e ao uso das armas no ataque violento. O enquadramento da ação da minoria no movimento de massa, bem como o processo que faz da revolta o meio para uma transformação das relações sociais, tudo isso desapareceu. A semana vermelha da Romanha, o típico movimento mussoliniano, teve a sua melhor definição dada por aqueles que a chamavam de uma "revolução sem programa".

Mas não basta: pode-se afirmar que, para o chefe dos fascistas, as coisas — desde aquele momento até hoje — não mudaram. Sua posição, no fundo, é a mesma daquela época. Mesmo hoje, ele não passa de um teórico, se assim se pode dizer, e de um encenador de golpes de mão. O blanquismo, em sua materialidade, pode ser hoje subversivo, amanhã reacionário. Mas é sempre revolucionário e reconstrutor apenas aparentemente, já que está condenado a não ter continuidade e desenvolvimento, a não saber articular entre si os vários golpes de mão na linha de um processo histórico. Os burgueses hoje, meio amedrontados e meio estupefatos, encaram este homem que se colocou a seu serviço como uma espécie de novo monstro, como alguém que revoluciona as situações reais e cria história. Nada mais falso. A incapacidade de articular entre si os elos de uma construção histórica é tão grande neste epiléptico quanto o é no subversivismo malthusiano dos D'Aragona e dos Serrati [10]. São todos de uma só família. Representam, tanto um como os outros, a mesma impotência. Se, na reação italiana, manifesta-se hoje uma consistência e continuidade, ela provém de outros elementos, de outros fatores, de caráter não só nacional mas comum a todos os países, e de natureza bem diversa daquela que este exasperado exaltador de si mesmo gostaria de fazer crer. A luta contra as reivindicações e a resistência contra a desforra operária partem de bases bem mais concretas; mas é certamente significativo, para a seriedade da vida política italiana, que — no topo da construção que se conserva de pé graças a um poderoso sistema de forças reais — encontre-se este homem que se deleita proclamando sua própria força e se masturbando com as palavras.

Os políticos da burguesia, que julgam a partir de sua impotência e de seu medo, falam de um subversivismo reacionário. Para nós, e para todos os que compreendem algo do jogo de forças que constitui a política, trata-se apenas de um presunçoso.

(Sem assinatura, *L'Ordine Nuovo*, 22/6/1921; *EP* 2, 68-70).

[A RECONSTRUÇÃO DO PARTIDO COMUNISTA]

[...] Considero que chegou o momento de dar ao Partido uma orientação diversa daquela que ele teve até agora [11]. Começa uma nova fase na história não só de nosso Partido, mas também de nosso país. Portanto, é preciso que ingressemos numa fase de maior clareza nas relações partidárias internas e nas relações entre o Partido e a Internacional. Não quero me alongar excessivamente. Tratarei somente de alguns pontos, na esperança de que eles consigam iluminar também as questões deixadas de lado.

[...] O erro do Partido foi o de ter colocado em primeiro plano e de modo abstrato a organização partidária, o que, de resto, queria dizer tão somente criar um aparato de funcionários que fossem ortodoxos em relação à concepção oficial. Acreditava-se e ainda se acredita que a revolução depende somente da existência de um tal aparelho; e chega-se mesmo a acreditar que uma tal existência possa produzir a revolução.

O Partido careceu de uma atividade orgânica de agitação e propaganda, a qual, ao contrário, deveria ter merecido toda nossa atenção e dado lugar à formação de autênticos especialistas neste terreno. Não se buscou criar entre as massas, em todas as ocasiões, a possibilidade de expressar-se no mesmo sentido que o Partido Comunista. Todo evento, toda ocorrência de caráter local, nacional ou mundial deveria ter servido para agitar as massas através das células comunistas, fazendo aprovar moções, difundindo manifestos. Isso não foi casual. O Partido foi até mesmo contrário à formação das células de fábrica. Qualquer participação das massas na atividade e na vida interna do Partido que não fosse a que tem lugar em grandes ocasiões e em decorrência de uma ordem formal do centro dirigente era vista como um perigo para a unidade e para o centralismo. Não se concebeu o Partido como resultado de um processo dialético no qual convergem o movimento espontâneo das massas revolucionárias e a vontade organizativa e dirigente do centro [partidário], mas somente como algo solto no ar, que se desenvolve em si e para si e que as massas atingirão quando a situação for propícia e a crista da onda revolucionária chegar à sua máxima altura, ou quando o centro do Partido considerar que deve iniciar uma ofensiva e descer até a massa para estimulá-la e levá-la à ação. Naturalmente, dado que as coisas não ocorrem deste modo, formaram-se à revelia do centro focos de infecção oportunista. [...]

A pergunta sempre dirigida ao Comintern [Internacional Comunista] era a seguinte: supõe-se que nosso Partido ainda está em estado de nebulosa, ou já é uma formação acabada? A verdade é que, historicamente, um partido não é e jamais será definido. E isso porque ele só se definirá quando tiver se tornado toda a população, ou seja, quando tiver desaparecido. Até seu desaparecimento, por ter alcançado os objetivos máximos do comunismo, ele atravessará toda uma série de fases transitórias e absorverá de tanto em tanto elementos novos nas duas formas historicamente possíveis: por adesão individual ou por adesão de grupos maiores ou menores. A situação tornou-se ainda mais difícil para nosso Partido por causa das divergências com o Comintern. Se a Internacional é um partido mundial — ainda que isso deva ser entendido com muitas qualificações —, é evidente que o desenvolvimento do Partido e as formas que ele pode assumir dependem de dois fatores voluntários e não só de um. Ou seja: dependem não só do Executivo nacional, mas também e sobretudo do Executivo internacional, que é o mais forte. [...]

Amadeo [Bordiga] tem toda uma concepção sobre isto: em seu sistema, tudo é logicamente coerente e consequente. Ele pensa que a tática da Internacional reflete a situação russa, ou seja, tem sua origem no terreno de uma civilização capitalista atrasada e primitiva. Para ele, esta tática é extremamente voluntarista e teatral, já que só com um extremo esforço de vontade se podia obter das massas russas uma atividade revolucionária que não era determinada pela situação histórica. Ele pensa que, para os países mais desenvolvidos da Europa Central e Ocidental, esta tática é inadequada ou até mesmo inútil. Nestes países, o mecanismo histórico funcionaria segundo todos os preceitos marxistas: neles existe a determinação que faltava na Rússia e, por isso, a tarefa central deve ser a de organizar o Partido em si e para si. Penso que a situação é bastante diversa. Em primeiro lugar, porque a concepção política dos comunistas russos formou-se num terreno internacional e não no nacional; e, em segundo, porque na Europa Central e Ocidental o desenvolvimento do capitalismo determinou não apenas a formação de amplos estratos proletários, mas também — e por isso mesmo — criou um estrato superior, a aristocracia operária, com seus anexos de burocracia sindical e de grupos social-democratas. A determinação, que na Rússia era direta e lançava as massas às ruas para o assalto revolucionário, complica-se na Europa Central e Ocidental em função de todas estas superestruturas políticas, criadas pelo maior desenvolvimento do capitalismo; torna mais lenta e mais prudente a ação das massas e, portanto, requer do partido revolucionário toda uma estratégia e uma tática bem mais complexas e de longo alcance do que aquelas que foram necessárias aos bolcheviques no período entre março e novembro de 1917. [...]

Indicações para o trabalho futuro [...]. No terreno político, é preciso estabelecer com exatidão teses sobre a situação italiana e sobre as possíveis fases de seu ulterior desenvolvimento. Em 1921-1922, o Partido tinha a seguinte concepção oficial: que era impossível o advento de uma ditadura fascista ou militar. [...] Agora me parece que se está caindo num outro erro, estreitamente ligado àquele de então. Naquele momento, não se levava em conta a surda e latente oposição da burguesia industrial contra o fascismo e não se acreditava possível um governo social-democrata, mas apenas uma destas três soluções: ditadura do proletariado (solução menos provável), ditadura do Estado-Maior apoiada pela burguesia industrial e pela Corte, ditadura fascista. Esta concepção amarrou nossa ação política e nos levou a muitos erros. Agora, volta-se a não levar em conta a emergente oposição da burguesia industrial e, em particular, aquela que se esboça no Sul, com caráter mais estritamente territorial e, portanto, expressando alguns aspectos da questão meridional. Circula mais ou menos a opinião de que uma retomada proletária possa e deva ocorrer somente em benefício de nosso Partido.

Creio, ao contrário, que, numa tal retomada, nosso Partido continuará minoritário; que a maioria da classe operária seguirá os reformistas e que os burgueses democratas liberais ainda terão muito a dizer. Não duvido de que a situação seja ativamente revolucionária e de que, portanto, dentro de um certo lapso de tempo, nosso Partido terá consigo a maioria. Mas, mesmo que este período não seja cronologicamente longo, ele será indubitavelmente denso de fases intermediárias, que teremos de prever com certa exatidão para podermos manobrar e não cair em erros que prolongariam as hesitações do proletariado [...].

(Carta de Gramsci a Togliatti, Terracini e outros, 9 /2/1924; *EP* 2, 172-188).

LENIN, LÍDER REVOLUCIONÁRIO

Todo Estado é uma ditadura. Nenhum Estado pode deixar de ter um governo, formado por um número restrito de pessoas, as quais, por sua vez, organizam-se em torno de um homem dotado de maior capacidade e de maior clarividência. Enquanto houver a necessidade de um Estado, enquanto for historicamente necessário governar os homens, surgirá o problema — qualquer que seja a classe dominante — de ter líderes, de ter um "líder". Há socialistas que, embora ainda se digam marxistas e revolucionários, afirmam querer a ditadura do proletariado, mas não a ditadura dos "líderes"; não querem que o comando se individualize, se personalize. Ou seja: afirmam querer a ditadura, mas não na forma em que ela é historicamente possível. Isso revela por si só toda uma orientação política, toda uma preparação teórica "revolucionária".

Na questão da ditadura proletária, o problema essencial não é o da personificação física da função de comando. O problema essencial consiste na natureza das relações que os líderes ou o líder têm com o Partido da classe operária, das relações que existem entre este Partido e a classe operária. Tais relações são puramente hierárquicas, de tipo militar, ou são de caráter histórico e orgânico? O líder, o Partido são elementos da classe operária, são uma parte desta classe, representam seus interesses e aspirações mais profundas e vitais, ou são uma simples excrescência, algo imposto simplesmente pela violência? Como este Partido se formou, como se desenvolveu, através de que processos ocorreu a seleção dos homens que o dirigem? Por que se tornou o Partido da classe operária? Isso ocorreu por acaso? O problema envolve todo o desenvolvimento histórico da classe operária, que lentamente se constitui na luta contra a burguesia, registra algumas vitórias, sofre muitas derrotas; e não só o desenvolvimento da classe operária de um país, mas da classe operária mundial em seu conjunto, com suas diferenciações superficiais, ainda que importantes em cada momento concreto, mas também com sua substancial unidade e homogeneidade.

O problema converte-se naquele da vitalidade do marxismo. Trata-se de saber se o marxismo é ou não a interpretação mais segura e profunda da natureza e da história, se é ou não capaz de dar à intuição genial do político um método infalível, um instrumento de extrema precisão para explorar o futuro, para prever os eventos de massa, para dirigi-los e, portanto, dominá-los.

O proletariado internacional teve e ainda tem o exemplo vivo de um partido revolucionário que exerce a ditadura da classe. Teve e não tem mais, desgraçadamente, o exemplo vivo mais característico e expressivo de um líder revolucionário: o camarada Lenin.

O camarada Lenin foi o iniciador de um novo processo de desenvolvimento da história, mas o foi por ser também o expoente e o último momento mais individualizado de todo um processo de desenvolvimento da história passada, não só da Rússia, mas do mundo inteiro. Foi por acaso que ele se tornou o líder do Partido Bolchevique? Foi por acaso que o Partido Bolchevique se tornou o partido dirigente do proletariado russo e, portanto, da nação russa? A seleção durou trinta anos, foi trabalhosíssima, assumiu com frequência as formas aparentemente mais estranhas e absurdas. Teve lugar no terreno internacional, em contato com as mais avançadas civilizações capitalistas da Europa Central e Ocidental, na luta entre os partidos e frações que formavam a II Internacional antes da guerra. Prosseguiu no seio da minoria do socialismo internacional, que permaneceu pelo menos parcialmente imune ao contágio social-patriótico. Foi retomada na Rússia quando da luta para conquistar a maioria do proletariado, para compreender e interpretar as necessidades e aspirações de uma numerosíssima classe camponesa, dispersa num imenso território. Continua ainda, a cada dia, porque a cada dia é preciso compreender, prever, prover. Essa seleção foi uma luta de frações, de pequenos grupos; foi luta individual. Significou cisões e unificações, detenções, exílio, prisão, atentados; foi resistência contra o desencorajamento e o orgulho; significou passar fome quando se tinha à disposição milhões em ouro; significou conservar o espírito de um simples operário mesmo quando se estava sentado no trono do czar. Significou não desesperar até mesmo quando tudo parecia perdido, mas recomeçar, com paciência, com tenacidade, mantendo todo o sangue frio e o sorriso nos lábios, quando os outros perdiam a cabeça.

O Partido Comunista russo, com seu líder Lenin, ligou-se de tal modo a todo o desenvolvimento do proletariado russo e, portanto, ao desenvolvimento de toda a nação russa, que não é possível nem mesmo imaginar um sem o outro, o proletariado como classe dominante sem que o Partido Comunista fosse partido de governo e, assim, sem que o Comitê Central do Partido fosse o inspirador da política do governo, sem que Lenin fosse o chefe de Estado. A própria afirmação da grande maioria dos burgueses russos — "uma república liderada por Lenin, mas sem o Partido Comunista, seria também o nosso ideal" — tinha um grande significado histórico. Era a prova de que o proletariado exercia não apenas uma dominação física, mas dominava também espiritualmente. No fundo, confusamente, também o burguês russo compreendia que Lenin não poderia ter se tornado e não poderia ter se mantido como chefe de Estado sem a dominação do proletariado, sem que o Partido Comunista fosse partido de governo: sua consciência burguesa de classe ainda o impedia de reconhecer que, além da derrota física, imediata, sofrera também uma derrota ideológica e histórica. Mas a dúvida já havia se instalado: e é essa dúvida que se expressa na frase acima citada.

Uma outra questão se apresenta. É possível que hoje, no período da revolução mundial, existam "líderes" fora da classe operária, líderes não marxistas, que não estejam estreitamente ligados à classe que encarna o desenvolvimento progressista de todo o gênero humano? Temos na Itália o regime fascista, liderado por Benito Mussolini; temos uma ideologia oficial na qual o "líder" é divinizado, declarado infalível, apregoado como organizador e inspirador de um Sacro Império Romano renascido. Vemos diariamente impressos nos jornais dezenas e centenas de telegramas de homenagem das várias tribos locais ao "líder". Vemos as fotografias: a máscara mais endurecida de um rosto que já havíamos visto nos comícios socialistas. Conhecemos tal rosto: conhecemos aquele modo de girar os olhos nas órbitas, o qual, com sua ferocidade mecânica, tinha outrora o objetivo de amedrontar a burguesia, enquanto hoje visa a amedrontar o proletariado. Conhecemos aquele punho sempre fechado em sinal de ameaça. Conhecemos todo este mecanismo, toda esta parafernália — e compreendemos que possam impressionar e fazer disparar o coração da juventude das escolas burguesas. Trata-se de algo realmente impressionante, até mesmo quando visto de perto. Causa espanto. Mas "líder"? Assistimos à semana vermelha de junho de 1914. Mais de três milhões de trabalhadores estavam nas ruas, convocados por Benito Mussolini, que há cerca de um ano [...] os havia preparado para este dia, com todos os meios oratórios e jornalísticos de que dispunha o líder do Partido Socialista de então, ou seja, Benito Mussolini [...] Três milhões de trabalhadores foram às ruas, mas faltou o "líder", que era Benito Mussolini. Faltou como "líder", não como indivíduo, já que contam que, como indivíduo, ele era corajoso, tendo enfrentado em Milão os cordões de isolamento e os mosquetes dos carabineiros. Faltou como "líder" porque não era líder [...]

Mussolini era então, tal como hoje, o tipo concentrado do pequeno-burguês italiano: raivoso, mistura feroz de todos os detritos deixados no solo nacional por vários séculos de dominação dos estrangeiros e dos padres. Não podia ser líder do proletariado; tornou-se ditador da burguesia, de uma classe que gosta das faces ferozes quando volta a ser bourbônica, que espera ver na classe operária o mesmo terror que ela sentia diante daquele girar de olhos e daquele ameaçador punho fechado.

A ditadura do proletariado é expansiva, não repressiva. Nela se verifica um contínuo movimento de baixo para cima, um contínuo intercâmbio através de todas as capilaridades sociais, uma contínua circulação de homens. O líder que hoje pranteamos encontrou uma sociedade em decomposição, uma poeira humana sem ordem nem disciplina, já que em cinco anos de guerra secara a produção que surge de toda a vida social. Tudo foi reorganizado e reconstruído, desde a fábrica até o governo, sob a direção e o controle do proletariado, ou seja, com os meios de uma classe recém-chegada ao governo e à história.

Benito Mussolini conquistou o governo e o mantém por meio da mais violenta e arbitrária repressão. Não teve de organizar uma classe, mas somente o pessoal de uma administração. Desmontou algumas engrenagens do Estado, mais para ver como eram feitas e para aprender como usá-las do que por uma real necessidade. Sua doutrina está toda contida na máscara física, no modo de girar os olhos nas órbitas, no punho fechado sempre ameaçador... [...]

(Assinado Antonio Gramsci, *L'Unità*, 6/11/1924; *EP* 2, 235-240).

[NECESSIDADE DE UMA PREPARAÇÃO IDEOLÓGICA DE MASSA] [12]

[...] Sabemos que a luta do proletariado contra o capitalismo se desenvolve em três frentes: a econômica, a política e a ideológica. A luta econômica tem três fases: de resistência contra o capitalismo, ou seja, a fase sindical elementar; de ofensiva contra o capitalismo pelo controle operário da produção; de luta pela eliminação do capitalismo através da socialização. Também a luta política tem três fases principais: luta para limitar o poder da burguesia no Estado parlamentar, ou seja, para manter ou criar uma situação democrática de equilíbrio entre as classes, que permita ao proletariado organizar-se e desenvolver-se; luta pela conquista do poder e pela criação do Estado operário, ou seja, uma ação política complexa através da qual o proletariado mobiliza em torno de si todas as forças sociais anticapitalistas (em primeiro lugar, a classe camponesa) e as conduz à vitória; a fase da ditadura do proletariado, organizado em classe dominante a fim de eliminar todos os obstáculos técnicos e sociais que se opõem à realização do comunismo. A luta econômica não pode ser desligada da luta política e nenhuma das duas pode ser desligada da luta ideológica.

Em sua primeira fase sindical, a luta econômica é espontânea, ou seja, nasce inelutavelmente da própria situação em que se encontra o proletário no regime burguês, mas não é em si mesma revolucionária, isto é, não leva necessariamente à derrubada do capitalismo, como afirmaram e continuam a afirmar, hoje com menos sucesso, os sindicalistas. Tanto isso é verdade que os reformistas e até mesmo os fascistas admitem a luta sindical elementar, ou, mais precisamente, afirmam que o proletariado como classe não deve promover outra luta além da luta sindical. Os reformistas se diferenciam dos fascistas apenas na medida em que afirmam que, se não o proletariado como classe, pelo menos os proletários como indivíduos, como cidadãos, devem lutar também pela "democracia em geral", isto é, pela democracia burguesa, ou, em outras palavras, devem lutar apenas para manter ou criar as condições políticas da pura luta de resistência sindical.

Para que a luta sindical se torne um fator revolucionário, é preciso que o proletariado a faça acompanhar pela luta política, ou seja, que o proletariado tenha consciência de que luta pelo socialismo. O elemento "espontaneidade" não é suficiente para a luta revolucionária: ele jamais leva a classe operária a superar os limites da democracia burguesa existente. É necessário o elemento "consciência", o elemento "ideológico", ou seja, a compreensão das condições em que se luta, das relações sociais em que o operário vive, das tendências fundamentais que operam no sistema dessas relações, do processo de desenvolvimento que a sociedade sofre pela existência em seu seio de antagonismos inelimináveis etc.

Para o Partido da classe operária, que é tal precisamente porque resume e representa todas as exigências da luta geral, as três frentes da luta proletária se reduzem a uma só. Decerto, não se pode exigir que cada operário tenha uma completa consciência de toda a complexa função que sua classe está destinada a desempenhar no processo de desenvolvimento da humanidade, mas isso deve ser exigido aos membros do Partido. Não é possível propor, antes da conquista do Estado, a modificação completa da consciência de toda a classe operária; isso seria utópico, já que a consciência da classe enquanto tal só se modificará quando o modo de viver da própria classe também se modificar, ou seja, quando o proletariado se transformar em classe dominante, quando tiver à sua disposição o aparelho de produção e de troca e o poder estatal. Mas o Partido pode e deve, em seu conjunto, representar esta consciência superior; de resto, se não fizer isso, não estará à frente das massas, mas em sua retaguarda; não as dirigirá, mas será arrastado por elas. Por isso, o Partido deve assimilar o marxismo — e deve assimilá-lo em sua forma atual, ou seja, como leninismo.

A atividade teórica, isto é, a luta na frente ideológica, sempre foi negligenciada no movimento operário italiano. Na Itália, o marxismo (com exceção de Antonio Labriola) foi estudado mais pelos intelectuais burgueses, para desnaturá-lo e pô-lo a serviço da política burguesa, do que pelos revolucionários. Por isso, teve lugar a convivência pacífica, no Partido Socialista Italiano, das tendências mais disparatadas, bem como a transformação em opiniões oficiais do Partido das concepções mais contraditórias. Jamais as direções do PSI imaginaram que, para lutar contra a ideologia burguesa, ou seja, para libertar as massas da influência do capitalismo, fosse necessário, antes de mais nada, difundir no próprio Partido a doutrina marxista e defendê-la contra todas as deformações. Esta tradição nunca foi interrompida, pelo menos de modo sistemático e com uma significativa atividade continuada.

Afirma-se, contudo, que o marxismo teve muito sucesso na Itália — e, de certo modo, isso é verdade. Mas é verdade, também, que este sucesso não beneficiou o proletariado, não serviu para criar novos meios de luta, não foi um fenômeno revolucionário. O marxismo — ou seja, na verdade, algumas afirmações de Marx destacadas do contexto de seus escritos — serviu à burguesia italiana para demonstrar que o seu desenvolvimento exigia que a democracia fosse deixada de lado, que as leis fossem ignoradas, que a liberdade e a justiça se tornassem objeto de mofa. Ou seja: foi chamada de "marxismo", pelos filósofos da burguesia italiana, a constatação feita por Marx dos sistemas empregados pela burguesia (sem necessidade de recorrer a justificações... marxistas!) em sua luta contra os trabalhadores. E os reformistas, para corrigir esta interpretação fraudulenta, tornaram-se democratas, tornaram-se os adoradores de todos os santos dessacralizados do capitalismo. Os teóricos da burguesia italiana tiveram a habilidade de criar o conceito de "nação proletária", isto é, de afirmar que toda a Itália era uma entidade "proletária" e que a concepção de Marx devia se aplicar à luta da Itália contra os demais

Estados capitalistas e não à luta do proletariado italiano contra o capitalismo italiano. Os "marxistas" do Partido Socialista deixaram passar sem luta tais aberrações [...]. Este foi o destino do marxismo na Itália: servir de tempero para todos os indigestos molhos postos à venda pelos mais imprudentes aventureiros da pena. [...] Para lutar contra a confusão que se foi assim criando, é necessário que o Partido intensifique e torne sistemática sua atividade no campo ideológico, que ele ponha como dever do militante o conhecimento das doutrinas do marxismo-leninismo, pelo menos em seus aspectos mais gerais.

Nosso Partido não é um partido democrático, pelo menos no sentido vulgar que habitualmente se dá a esta palavra. É um Partido centralizado no plano nacional e internacional. No campo internacional, nosso Partido é uma simples seção de um partido maior, de um partido mundial. Que repercussões pode ter e já teve este tipo de organização, que é uma férrea necessidade da revolução? A própria Itália dá uma resposta a esta pergunta. Por reação à prática habitual do Partido Socialista — no qual se discutia muito e se resolvia pouco, cuja unidade, em função do choque contínuo das frações, das tendências e frequentemente até das cliques pessoais, se rompia numa infinidade de fragmentos desconectados —, terminou-se por não se discutir mais nada em nosso Partido. A centralização, a unidade de orientação e de concepção transformou-se em estagnação intelectual. Contribuiu para isso a necessidade da luta incessante contra o fascismo, o qual, precisamente no momento da fundação de nosso Partido, já havia passado à sua fase ativa e ofensiva; mas contribuiu também uma errada concepção do Partido [...]. A centralização e a unidade eram concebidas de modo excessivamente mecânico: o Comitê Central ou, mais precisamente, o Comitê Executivo era visto como todo o Partido, e não como o organismo que o representa e dirige. Se esta concepção fosse aplicada de modo permanente, o Partido perderia suas características políticas diferenciadoras e se tornaria, no melhor dos casos, um exército (e um exército de tipo burguês): ou seja, perderia sua força de atração, já que se distanciaria das massas. Para que o Partido viva e esteja em contato com as massas, é preciso que todo membro do Partido seja um elemento político ativo, um dirigente. Precisamente porque o Partido é fortemente centralizado, deve haver uma ampla obra de propaganda e de agitação em suas fileiras; é preciso que o Partido, de modo organizado, eduque seus membros e eleve seu nível ideológico. Centralização significa, sobretudo, que — em qualquer situação, mesmo sob um duro estado de sítio, mesmo quando os comitês dirigentes não puderem funcionar por determinado período ou não tiverem condições de se ligar à periferia — todos os membros do Partido, cada qual em seu ambiente, sejam capazes de se orientar, de saber extrair da realidade os elementos para estabelecer uma diretriz, a fim de que a classe operária não se abata, mas sinta que continua sendo dirigida e ainda pode lutar. Portanto, a preparação ideológica de massa é uma necessidade da luta revolucionária, uma das condições indispensáveis para a vitória.

(Impresso e divulgado em abril-maio de 1925; *EP 2*, 289-297).

MAXIMALISMO E EXTREMISMO

O camarada Bordiga se ofende porque foi escrito que, em sua concepção, há muito maximalismo. Não é verdade e não pode ser verdade, escreve Bordiga. Na verdade, o traço mais característico da extrema esquerda é a aversão pelo Partido maximalista, que nos causa nojo, nos faz vomitar etc. etc.

Mas a questão é outra. O maximalismo é uma concepção fatalista e mecânica da doutrina de Marx. O Partido maximalista deduz desta concepção falsificada argumentos para seu oportunismo, para justificar seu colaboracionismo mascarado com fraseologia revolucionária. *Bandiera rossa trionferà* [13] porque é fatal, porque é inelutável que o proletariado triunfe; foi o que disse Marx, nosso doce e bom mestre! Todo movimento é inútil: para que mover-se e lutar se a vitória é fatal e inelutável? É assim que fala um maximalista do Partido maximalista.

Mas há também o maximalista que não está no Partido maximalista, mas que pode estar no Partido Comunista. Ele é intransigente e não oportunista, mas também crê que é inútil mover-se e lutar no dia a dia. Ele espera apenas o grande dia. As massas — diz ele — não podem deixar de nos seguir, já que a situação objetiva as empurra para a revolução. Portanto, vamos esperar por elas, sem quebrar a cabeça com tantas manobras táticas e expedientes do gênero.

Para nós, isso é maximalismo, igualzinho ao do Partido maximalista. O camarada Lenin nos ensinou que, para vencer nosso inimigo de classe — que é poderoso, que tem muitos meios e reservas à sua disposição —, temos não só de aproveitar todas as fissuras apresentadas pelo seu bloco, mas também de utilizar todo aliado possível, ainda que incerto, oscilante e provisório. Ensinou-nos que, na guerra dos exércitos, não se pode atingir o objetivo estratégico, que é a destruição do inimigo e a ocupação do seu território, sem ter antes atingido uma série de objetivos táticos, visando a desagregar o inimigo antes de enfrentá-lo em campo aberto. Todo o período pré-revolucionário se apresenta como uma atividade predominantemente tática, voltada para a aquisição pelo proletariado de novos aliados, para a desagregação do aparelho organizativo de ataque e de defesa do inimigo, para o conhecimento e esgotamento de suas reservas.

Não levar em conta este ensinamento de Lenin — ou levá-lo em conta só na teoria. mas sem pô-lo em prática, sem fazer com que se torne ação cotidiana — significa ser maximalista, ou seja, pronunciar grandes frases revolucionárias, mas permanecer incapaz de dar um passo à frente no caminho da revolução.

(Não assinado, *L'Unità*, 2/7/1925; *EP* 2, 311-313).

[SOBRE AS LUTAS INTERNAS NO PARTIDO COMUNISTA SOVIÉTICO] [14]

Queridos camaradas,

Os comunistas italianos e os trabalhadores conscientes de nosso país sempre acompanharam com a máxima atenção as discussões entre vocês. Às vésperas de cada congresso ou conferência do Partido Comunista russo, estávamos seguros de que — apesar da aspereza das polêmicas — a unidade do PCR não estava em perigo; ao contrário, estávamos seguros de que, tendo alcançado uma maior homogeneidade ideológica e organizativa através de tais discussões, o Partido ficaria mais preparado e aparelhado para superar as inúmeras dificuldades ligadas ao exercício do poder num Estado operário. Hoje, às vésperas da XV Conferência do PCR [15], não temos mais a segurança do passado; sentimo-nos irresistivelmente angustiados. Parece-nos que a atual atitude do bloco das oposições e a dureza das polêmicas no PCR exijam a intervenção dos partidos irmãos. Foi partindo desta precisa convicção que tomamos a decisão de lhes enviar esta carta. Pode ser que o isolamento em que nosso Partido é obrigado a viver nos tenha induzido a exagerar os perigos referentes à situação interna do Partido Comunista da URSS; de qualquer modo, não são certamente exagerados nossos juízos sobre as repercussões internacionais dessa situação e, como internacionalistas, queremos cumprir com nosso dever.

A atual situação de nosso partido irmão da URSS parece-nos diversa e muito mais grave que a ocorrida em anteriores discussões, já que hoje vemos ocorrer e se aprofundar uma cisão no grupo central leninista, que foi sempre o núcleo dirigente do Partido e da Internacional. Uma cisão deste tipo, quaisquer que sejam os resultados numéricos das votações congressuais, pode ter as mais graves repercussões, não só se a minoria oposicionista não aceitar com a máxima lealdade os princípios fundamentais da disciplina revolucionária de partido, mas também se ela, ao travar sua polêmica e sua luta, ultrapassar certos limites superiores a qualquer democracia formal.

Um dos mais preciosos ensinamentos de Lenin foi o de que devemos estudar muito as opiniões de nossos inimigos de classe. Ora, queridos camaradas, é certo que os jornais e os estadistas mais fortes da burguesia internacional apostam neste caráter orgânico do conflito existente no núcleo fundamental do PC da URSS; apostam na cisão de nosso partido irmão e estão convencidos de que tal cisão levará à desagregação e à lenta agonia da ditadura proletária, provocando assim o colapso da revolução, o que não foi conseguido pelas invasões e pelas insurreições dos guardas brancos. A própria atitude friamente circunspecta com que a imprensa burguesa tenta hoje analisar os eventos russos, o fato de que ela busque evitar, na medida do possível, a violenta demagogia que a caracterizava no passado são sintomas que devem levar os companheiros russos a refletir e a se tornar mais conscientes de suas responsabilidades.

Há ainda outra razão que leva a burguesia internacional a apostar na possibilidade de uma cisão ou de um agravamento da crise interna do PC da URSS. O Estado operário já existe na Rússia há nove anos. Decerto, somente uma pequena minoria não só das classes trabalhadoras, mas dos próprios partidos comunistas dos demais países tem condições de reconstruir em seu conjunto todo o desenvolvimento da revolução, de encontrar a continuidade que liga até mesmo os detalhes de que se compõe a vida cotidiana do Estado dos sovietes à perspectiva geral da construção do socialismo. E isso não apenas nos países onde não mais existe a liberdade de reunião e onde a liberdade de imprensa foi completamente suprimida ou está submetida a drásticas limitações, como na Itália (onde os tribunais apreenderam e proibiram a publicação de livros de Trotski, Lenin, Stalin, Zinoviev e, ultimamente, até mesmo do *Manifesto comunista*), mas também nos países onde nossos partidos ainda têm a possibilidade de fornecer aos seus membros e às massas em geral uma documentação satisfatória. Nestes países, as grandes massas não podem compreender as discussões que ocorrem no PC da URSS, sobretudo se são tão violentas como as atuais e envolvem não um aspecto particular, mas todo o conjunto da linha política do Partido. Não somente as massas trabalhadoras em geral, mas as próprias massas de nossos partidos veem e querem ver na República dos Sovietes e no Partido que a governa uma única unidade de combate que trabalha na perspectiva geral do socialismo. Somente na medida em que as massas ocidentais europeias veem a Rússia e o Partido russo deste ponto de vista é que aceitam de bom grado e como um fato historicamente necessário que o PC da URSS seja o partido dirigente da Internacional; somente por isso é que a República dos Sovietes e o PC da URSS são um formidável elemento de organização e de propulsão revolucionária.

[...] É extremante significativo que num país como a Itália, onde a organização estatal e partidária do fascismo consegue sufocar toda manifestação expressiva de vida autônoma das grandes massas operárias e camponesas, é significativo que os jornais fascistas, sobretudo os de província, estejam repletos de artigos tecnicamente bem feitos do ponto de vista da propaganda, com um mínimo de demagogia e de atitudes injuriosas, nos quais se tenta demonstrar, com um esforço evidente de objetividade, que — de acordo com as próprias declarações dos líderes mais conhecidos do bloco da oposição do PC da URSS — o Estado dos sovietes está seguramente se transformando num puro Estado capitalista, e que, portanto, no duelo mundial entre fascismo e bolchevismo, o fascismo triunfará. [...] Acreditamos que, no quadro da Internacional, nosso Partido é o que mais sofre as repercussões da grave situação existente no PC da URSS. E não só pelas razões já expostas, que, por assim dizer, são *externas* e se referem às condições gerais do desenvolvimento revolucionário em nosso país. Vocês sabem que todos os partidos da Internacional herdaram da velha social-democracia e das diversas tradições nacionais existentes nos diversos países (anarquismo, sindicalismo etc. etc.) uma massa de preconceitos e de motivos ideológicos, que representam a fonte de todos os desvios de direita e de esquerda. Nestes últimos anos, mas sobretudo depois do V Congresso mundial [da Internacional Comunista], nossos partidos começaram a conquistar, através de uma dolorosa experiência, de crises fatigantes e extenuantes, uma segura estabilização leninista; estávamos nos tornando verdadeiros partidos bolcheviques. [...] Esta reelaboração ocorria sob a direção do PC da URSS em seu conjunto unitário e de todos os grandes líderes deste Partido.

Ora, a intensidade da atual crise e a ameaça de cisão aberta ou latente nela contida paralisam este processo de desenvolvimento e de elaboração em nossos partidos, cristalizam os desvios de direita e de esquerda, tornam novamente distante o êxito da unidade orgânica do partido mundial dos trabalhadores. É sobretudo com base neste fato que acreditamos ser nosso dever de internacionalistas chamar a atenção dos camaradas mais responsáveis do PC da URSS. Camaradas: vocês foram, nestes nove anos de história mundial, o elemento organizador e propulsor das forças revolucionárias de todos os países; a função que vocês desempenharam não tem, em toda a história do gênero humano, nenhum precedente que a iguale em amplitude e profundidade. Mas vocês estão hoje destruindo o que construíram; estão se degradando e correm o risco de anular a função dirigente que o PC da URSS havia conquistado graças ao impulso de Lenin. Parece-nos que a paixão violenta pelas questões russas está fazendo com que vocês percam de vista os aspectos internacionais das próprias questões russas; está fazendo com que esqueçam que os seus deveres de militantes russos só podem e devem ser cumpridos no quadro dos interesses do proletariado internacional.

O Birô Político do Partido Comunista da Itália estudou com o maior cuidado e atenção possíveis todos os problemas que estão hoje em discussão no PC da URSS. As questões que vocês estão enfrentando hoje podem se pôr amanhã diante de nosso Partido. Também em nosso país as massas rurais são a maioria da população trabalhadora. De resto, todos os problemas inerentes à hegemonia do proletariado se apresentarão entre nós sob uma forma mais complexa e aguda do que na própria Rússia, já que a densidade da população rural na Itália é muito maior; já que nossos camponeses têm uma riquíssima tradição organizativa e sempre conseguiram fazer com que seu peso específico de massa se fizesse sentir de modo sensível na vida política nacional; já que entre nós o aparelho organizativo eclesiástico tem dois mil anos de tradição e se especializou na propaganda e na organização dos camponeses de um modo que não tem igual em outros países. Se é verdade que a indústria é mais desenvolvida entre nós e o proletariado tem uma importante base material, é também verdade que esta indústria não dispõe de matérias-primas no país e, portanto, está mais exposta a crises. Por isso, o proletariado só poderá desempenhar sua função dirigente se tiver um grande espírito de sacrifício e souber se libertar completamente de todo resíduo de corporativismo reformista ou sindicalista. Foi deste ponto de vista realista (e que acreditamos leninista) que o Birô Político do PC da Itália estudou as discussões entre vocês. Até agora, expressamos uma opinião partidária somente sobre a questão estritamente disciplinar das frações, atendo-nos assim ao convite que nos foi feito, depois do XIV Congresso de vocês, no sentido de não transferir a discussão russa para as seções da Internacional.

Declaramos agora que consideramos fundamentalmente justa a linha política da maioria do Comitê Central do PC da URSS e que é neste sentido, certamente, que se pronunciará a maioria do Partido italiano, se se tornar necessário que ele enfrente toda a questão. Não queremos e consideramos inútil fazer agitação e propaganda junto a vocês e aos camaradas do bloco das oposições. Por isso, faremos um elenco de todas as questões particulares, com nosso juízo ao lado. Repetimos que nos impressiona o fato de que a atitude do bloco das oposições envolva toda a linha política do Comitê Central, atingindo o coração mesmo da doutrina leninista e da ação política de nosso partido da URSS. É o princípio e a prática da hegemonia do proletariado que estão postos em discussão; são as relações fundamentais da aliança entre operários e camponeses que estão sendo abaladas e postas em perigo, ou seja, os pilares do Estado operário e da revolução [16].

Camaradas: jamais ocorreu na história que uma classe dominante, em seu conjunto, se visse em condições de vida inferiores a determinados elementos e estratos da classe dominada e submetida. Essa inaudita contradição foi reservada pela história ao proletariado; residem em tal contradição os maiores perigos para a ditadura do proletariado, sobretudo nos países onde o capitalismo não alcançou um grande desenvolvimento e não conseguiu unificar as forças produtivas. É desta contradição — que, de resto, apresenta-se já sob alguns aspectos nos países capitalistas onde o proletariado alcançou objetivamente uma função social elevada — que nascem o reformismo e o sindicalismo, que nascem o espírito corporativo e as estratificações da aristocracia operária. Mas o proletariado não pode se tornar classe dominante se não superar esta contradição, sacrificando seus interesses corporativos; não pode manter sua hegemonia e sua ditadura se, mesmo quando se torna dominante, não sacrificar tais interesses imediatos em nome dos interesses gerais e permanentes da classe. Decerto, é fácil fazer demagogia neste terreno, insistindo sobre os lados negativos da contradição: "É você o dominante, ó operário malvestido e mal-alimentado, ou é dominante o *nepman* encasacado e que tem à sua disposição todos os bens da terra?" Do mesmo modo, os reformistas — após uma greve revolucionária que ampliou a coesão e a disciplina da massa, mas que, com sua longa duração, empobreceu ainda mais cada operário — dizem: "Você lutou para que? Para ficar ainda mais arruinado e mais pobre!" É fácil fazer demagogia neste terreno; e é difícil deixar de fazê-la quando a questão é posta nos termos do espírito corporativo e não naqueles do leninismo, ou seja, da doutrina da hegemonia do proletariado, que se encontra historicamente numa posição e não em outra.

Para nós, é este o elemento essencial das discussões entre vocês. Reside neste elemento a raiz dos erros do bloco das oposições e a origem dos perigos latentes contidos em sua atividade. Na ideologia e na prática do bloco das oposições, renasce plenamente toda a tradição da social-democracia e do sindicalismo, que impediu até agora o proletariado ocidental de se organizar em classe dirigente.

Somente uma firme unidade e uma firme disciplina no partido que governa o Estado operário podem assegurar a hegemonia proletária em regime de Nova Política Econômica, ou seja, em pleno desenvolvimento da contradição mencionada. Mas a unidade e a disciplina, neste caso, não podem ser mecânicas e coercitivas. Devem ser leais e obtidas pela convicção; não devem ser as de um destacamento inimigo aprisionado ou cercado, que pensa sempre em fugir ou em atacar de surpresa.

É isto, queridos camaradas, o que queremos lhes dizer, com espírito de irmãos e de amigos, ainda que de irmãos mais jovens. Os companheiros Zinoviev, Trotski, Kamenev contribuíram poderosamente para nos educar para a revolução; algumas vezes nos corrigiram com muita energia e severidade. Foram nossos mestres. Especialmente a eles nos dirigimos como aos maiores responsáveis pela atual situação, já que gostaríamos de estar seguros de que a maioria do Comitê Central do PC da URSS não pretende vencer de modo esmagador esta luta e está disposta a evitar medidas excessivas. A unidade de nosso partido irmão da Rússia é necessária para o desenvolvimento e o triunfo das forças revolucionárias mundiais: todo comunista e internacionalista deve estar disposto a fazer os maiores sacrifícios para que tal necessidade se realize. Os prejuízos de um erro cometido pelo partido unido são facilmente superáveis; os prejuízos de uma cisão ou de uma prolongada situação de cisão latente podem ser irreparáveis e mortais.

Com saudações comunistas,
o Birô Político do PCI

(Datada de 14/6/1926; *EP* 2, 384-392)

ALGUNS TEMAS DA QUESTÃO MERIDIONAL [17]

[...] Vejamos, por exemplo, um trecho de *L'Ordine Nuovo* [...], no qual é resumido o ponto de vista dos comunistas turinenses:

> A burguesia setentrional subjugou a Itália meridional e as ilhas, reduzindo-as a colônias de exploração. O proletariado setentrional, emancipando a si mesmo da exploração capitalista, emancipará as massas camponesas meridionais, subjugadas aos bancos e ao industrialismo parasitário do Norte. A regeneração econômica e política dos camponeses não deve ser buscada numa divisão das terras incultas e malcultivadas, mas na solidariedade do proletariado industrial, que, por sua vez, necessita da solidariedade dos camponeses, já que o proletariado tem interesse em que o capitalismo não renasça economicamente a partir da propriedade rural e em que a Itália meridional e as ilhas não se tornem uma base militar da contrarrevolução capitalista. Impondo o controle operário sobre a indústria, o proletariado fará com que a indústria produza máquinas agrícolas para os camponeses, roupas e sapatos para os camponeses, energia elétrica para os camponeses. Impedirá que a indústria e os bancos explorem ainda mais os camponeses e os subjuguem como escravos aos seus cofres. Quebrando a autocracia na fábrica, quebrando o aparelho opressivo do Estado capitalista, instaurando o Estado operário que irá subordinar os capitalistas à lei do trabalho útil, os operários quebrarão todas as cadeias que mantêm os camponeses presos à sua miséria, ao seu desespero. Instaurando a ditadura operária, tendo em mãos as indústrias e os bancos, o proletariado dirigirá o enorme poder da organização estatal para sustentar os camponeses em sua luta contra os proprietários, contra a natureza, contra a miséria; fornecerá crédito aos camponeses, instituirá as cooperativas, garantirá a segurança pessoal e dos bens contra os saqueadores, fará as obras públicas de saneamento e irrigação. Fará tudo isso porque é do seu interesse aumentar a produção agrícola, ter e conservar a solidariedade das massas camponesas, dirigir a produção industrial para um trabalho útil de paz e de fraternidade entre a cidade e o campo, entre Norte e Sul [18].

Isso foi escrito em janeiro de 1920. Passaram-se sete anos e estamos sete anos mais velhos, também politicamente; um ou outro conceito poderia hoje ser mais bem expresso; poderia e deveria ser mais bem diferenciado o período imediatamente posterior à conquista do Estado (caracterizado apenas pelo controle operário sobre a indústria) dos períodos subsequentes. Mas o que importa observar aqui é que o conceito fundamental dos comunistas turinenses não era a "fórmula mágica" da divisão do latifúndio, mas a aliança política entre operários do Norte e camponeses do Sul, com o objetivo de afastar a burguesia do poder de Estado. E não só isso: foram precisamente os comunistas turinenses (embora defendessem, como algo subordinado à ação das duas classes, a divisão das terras) a advertir contra as ilusões "milagrosas" em face da repartição mecânica do latifúndio. No mesmo artigo de 3 de janeiro de 1920, pode-se ler:

> O que ganha um camponês pobre invadindo uma terra inculta ou malcultivada? Sem máquinas, sem habitação no lugar de trabalho, sem crédito para esperar o momento da colheita, sem instituições cooperativas que comprem essa colheita (se conseguir chegar até a colheita, sem antes se ter enforcado no mais vigoroso arbusto do bosque ou na figueira selvagem menos raquítica da terra inculta) e o salvem das garras dos usurários, o que pode um camponês pobre conseguir com a invasão?

Contudo, éramos pela fórmula muito realista e nada "mágica" da terra para os camponeses; mas queríamos que ela fosse inserida numa ação revolucionária geral das duas classes aliadas, sob a direção do proletariado industrial. [...]

No campo proletário, os comunistas de Turim tiveram um "mérito" incontestável: o de obrigar a vanguarda operária a se ocupar da questão meridional, apontando-a como um dos problemas essenciais da política nacional do proletariado revolucionário. [...]

Os comunistas turinenses haviam formulado de modo concreto a questão da "hegemonia do proletariado", ou seja, da base social da ditadura proletária e do Estado operário. O proletariado pode se tornar classe dirigente e dominante na medida em que consegue criar um sistema de alianças de classe, que lhe permita mobilizar contra o capitalismo e o

Estado burguês a maioria da população trabalhadora. Na Itália, nas reais relações de classe existentes na Itália, isso significa: na medida em que consegue obter o consenso das amplas massas camponesas. Mas a questão camponesa na Itália é historicamente determinada, não é a "questão camponesa e agrária em geral"; na Itália, a questão camponesa, como consequência da específica tradição italiana, do específico desenvolvimento da história italiana, assumiu duas formas típicas e peculiares, ou seja, a questão meridional e a questão vaticana. Portanto, conquistar a maioria das massas camponesas significa, para o proletariado italiano, assumir como próprias estas duas questões do ponto de vista social, compreender as exigências de classe que elas representam, incorporar tais exigências em seu programa revolucionário de transição, pôr tais exigências entre suas próprias reivindicações de luta.

O primeiro problema a resolver, para os comunistas turinenses, era o de modificar a orientação política e a ideologia geral do próprio proletariado, enquanto elemento nacional que vive no conjunto da vida estatal e sofre inconscientemente a influência da escola, do jornal, da tradição burguesa. É conhecida a ideologia que foi difundida capilarmente pelos propagandistas da burguesia entre as massas do Norte: o Sul é a bola de chumbo que impede progressos mais rápidos para o desenvolvimento civil da Itália; os sulistas são seres biologicamente inferiores, semibárbaros ou bárbaros completos, por destino natural; se o Sul é atrasado, a culpa não é do sistema capitalista ou de qualquer outra causa histórica, mas da natureza, que fez os sulistas poltrões, incapazes, criminosos, bárbaros, temperando esta sorte madrasta com a explosão puramente individual de grandes gênios, que são como as palmeiras solitárias num deserto árido e estéril. O Partido Socialista foi em grande parte o veículo desta ideologia burguesa no proletariado nortista; o PSI deu sua bênção a toda a literatura "meridionalista" da clique de escritores da chamada "escola positiva", como os Ferri, os Sergi, os Niceforo, os Orano e seguidores menores [19], que — em artigos, esboços, novelas, romances, livros de "impressões" e de memórias — repetiam de diversos modos o mesmo refrão. Mais uma vez a "ciência" era dirigida no sentido de esmagar os miseráveis e os explorados; mas, neste caso, ela assumia cores socialistas, pretendendo ser a ciência do proletariado.

Os comunistas turinenses reagiram energicamente contra esta ideologia, precisamente em Turim, onde as narrações e descrições dos veteranos da guerra contra o "banditismo" no Sul e nas ilhas tinham influenciado fortemente a tradição e o espírito popular. Reagiram energicamente, na prática, conseguindo alcançar resultados concretos de altíssimo alcance histórico, criando (precisamente em Turim) embriões daquela que será a solução do problema meridional. [...]

O proletariado tinha de assumir essa orientação a fim de que ela pudesse ter eficiência política. Isso é evidente: nenhuma ação de massa é possível sem que a própria massa esteja convencida das finalidades que quer alcançar e dos métodos a serem aplicados. O proletariado, para ser capaz de governar como classe, deve se despojar de todo resíduo corporativo, de todo preconceito ou incrustação sindicalista. O que isso significa? Que não só devem ser superadas as distinções entre as diferentes profissões, mas que é preciso — para conquistar a confiança e o consenso dos camponeses e de alguns segmentos semiproletários das cidades — superar alguns preconceitos e vencer determinados egoísmos que podem subsistir e subsistem na classe operária enquanto tal, mesmo quando já desapareceram em seu seio os particularismos de profissão. O metalúrgico, o marceneiro, o operário da construção civil etc. devem não só pensar como proletários e não mais como metalúrgico, marceneiro, operário da construção civil etc., mas devem dar ainda um passo à frente: devem pensar como operários membros de uma classe que tende a dirigir os camponeses e os intelectuais, de uma classe que só pode vencer e construir o socialismo se for ajudada e seguida pela grande maioria desses estratos sociais. Se não conseguir isso, o proletariado não se torna classe dirigente; e tais estratos, que representam na Itália a maioria da população, ao continuarem sob a direção burguesa, darão ao Estado a possibilidade de resistir à ofensiva proletária e de derrotá-la.

Ora, o que ocorreu no terreno da questão meridional demonstrou que o proletariado compreendeu esses seus deveres. [...]

No novo século, a classe dominante inaugurou uma nova política, de alianças de classe, de blocos políticos de classe, ou seja, de democracia burguesa. Tinha de escolher: ou uma democracia rural, isto é, uma aliança com os camponeses meridionais, uma política de liberdade alfandegária, de sufrágio universal, de descentralização administrativa, de produtos industriais baratos; ou um bloco industrial capitalista-operário, sem sufrágio universal, com protecionismo alfandegário, com conservação do centralismo estatal (expressão do domínio burguês sobre os camponeses, especialmente no Sul e nas ilhas), com uma política reformista em face dos salários e das liberdades sindicais. Escolheu, não por acaso, esta segunda solução; Giolitti [20] personificou o domínio burguês; o Partido Socialista tornou-se o instrumento da política giolittiana.

Se se observar bem, foi na década 1900-1910 que se verificaram as crises mais radicais do movimento socialista e operário: a massa reagiu espontaneamente contra a política dos líderes reformistas. Nasceu o sindicalismo, que é expressão instintiva, elementar, primitiva, mas sadia, da reação operária contra o bloco com a burguesia e em favor de um bloco com os camponeses e, em primeiro lugar, com os camponeses meridionais. [...]

O Sul pode ser definido como uma grande desagregação social; os camponeses, que constituem a grande maioria da população meridional, não têm nenhuma coesão entre si. (Há certamente exceções: a Pulha, a Sardenha, a Sicília, nas quais há características especiais no grande quadro da estrutura meridional.) A sociedade meridional é um grande bloco agrário constituído por três estratos sociais: a grande massa camponesa amorfa e desagregada; os intelectuais da pequena e média burguesia rural; e os grandes proprietários agrários e os grandes intelectuais. Os camponeses meridionais estão em perpétua fermentação; mas, enquanto massa, são incapazes de dar uma expressão centralizada às suas aspirações e necessidades. O estrato médio dos intelectuais recebe da base camponesa os impulsos para sua atividade política e ideológica. Os grandes proprietários, no campo político, e os grandes intelectuais, no campo ideológico, centralizam e dominam, em última instância, todo este conjunto de manifestações. Como é natural, é no campo ideológico que a centralização se verifica com maior eficácia e precisão. Giustino Fortunato e Benedetto Croce, portanto, representam as bases de sustentação do sistema meridional; e, num certo sentido, são as duas maiores figuras da reação italiana [21].

Os intelectuais meridionais são um estrato social dos mais interessantes e dos mais importantes na vida nacional italiana. Para atestar isso, basta pensar que mais de três quintos da burocracia estatal são constituídos por meridionais. Ora, para compreender a particular mentalidade dos intelectuais meridionais, é preciso levar em conta alguns fatos.

1º) Em todos os países, o estrato dos intelectuais foi radicalmente modificado pelo desenvolvimento do capitalismo. O velho tipo de intelectual era o elemento organizador de uma sociedade de base predominantemente camponesa e artesã; para organizar o Estado e o comércio, a classe dominante treinava um tipo específico de intelectual. A indústria introduziu um novo tipo de intelectual: o organizador técnico, o especialista da ciência aplicada. Nas sociedades em que as forças econômicas se desenvolveram em sentido capitalista, até absorver a maior parte da atividade nacional, predominou este segundo tipo de intelectual, com todas as suas características de ordem e disciplina intelectual. Ao contrário, nos países em que a agricultura exerce ainda um papel muito importante ou mesmo predominante, continua a prevalecer o velho tipo, que fornece a maior parte dos funcionários estatais; mesmo na esfera local, na vila e na cidadezinha rural, este tipo exerce a função de intermediário entre o camponês e a administração em geral. Na Itália meridional, predomina este tipo, com todas as suas características: ele é democrático quando se dirige aos camponeses, mas é reacionário, politiqueiro, corrupto e desleal quando se relaciona com o grande proprietário e com o governo. Não se pode compreender a figura tradicional dos partidos políticos meridionais se não se levam em conta as características deste estrato social.

2º) O intelectual meridional origina-se predominantemente de uma camada que ainda é muito importante no Sul: o burguês rural, ou seja, o pequeno e médio proprietário de terras, que não é camponês, que não trabalha a terra, que ficaria envergonhado se fosse agricultor, mas que pretende obter da pouca terra que tem, ou arrendada ou explorada em meação, o que precisa para viver com certa folga, para mandar os filhos ou à universidade ou ao seminário, para proporcionar às filhas um dote que lhes permita casar-se com um funcionário estatal militar ou civil. Os intelectuais herdam desta camada uma profunda aversão pelo camponês trabalhador, considerado como máquina de trabalho que deve ser espremida até o osso e que pode ser substituída facilmente, dada a existência de uma superpopulação trabalhadora. Herdam também o sentimento atávico e instintivo do medo pânico diante do camponês e de suas violências destruidoras e, portanto, um hábito de sofisticada hipocrisia e de refinadíssima arte de enganar e de domesticar as massas camponesas.

3º) Já que ao grupo social dos intelectuais pertence o clero, é preciso registrar a diversidade de características entre o clero meridional em seu conjunto e o clero setentrional. O padre do Norte, de modo geral, é filho de um artesão ou de um camponês; é moralmente mais correto do que o padre do Sul, o qual, com frequência, convive quase abertamente com uma mulher e, por isso, exerce uma função espiritual mais completa socialmente, ou seja, é dirigente de toda a atividade de uma família. No Norte, a separação entre a Igreja e o Estado e a expropriação dos bens eclesiásticos foi mais radical do que no Sul, onde as paróquias e conventos conservaram ou reconstituíram significativas propriedades mobiliárias e imobiliárias. No Sul, o padre se apresenta ao camponês: 1) como um administrador de terras, com o qual o camponês entra em conflito por causa do valor do arrendamento; 2) como um usurário que cobra altíssimas taxas de juros e se vale do elemento religioso para obter com segurança o pagamento da renda e dos juros; 3) como um homem submetido às paixões comuns (mulheres e dinheiro) e que, portanto, espiritualmente, não oferece garantias nem de sua discrição nem de sua imparcialidade. Por isso, a confissão desempenha uma reduzidíssima função dirigente e o camponês meridional, se é frequentemente supersticioso em sentido pagão, não é clerical. Tudo isso, em conjunto, explica a razão pela qual o Partido Popular (com exceção de algumas zonas da Sicília) não desfruta de uma posição importante no Sul, não possui nenhuma rede de organizações e de instituições de massa. A atitude do camponês em face do clero se resume num dito popular: "O padre é padre no altar; fora dele, é um homem como outro qualquer."

O camponês meridional liga-se ao grande proprietário rural através do intelectual. Os movimentos camponeses, na medida em que não se expressam em organizações de massa ainda que só formalmente autônomas e independentes (ou seja, capazes de selecionar quadros camponeses de origem camponesa e de registrar e acumular as diferenciações e os progressos que se realizam no movimento), terminam por se enquadrar sempre nas instituições normais do aparelho estatal — prefeituras, governos provinciais, Câmara dos Deputados —, através de composições e decomposições dos partidos locais, cujos quadros são formados por intelectuais, mas que são controlados pelos grandes proprietários e por seus homens de confiança [...] A guerra pareceu introduzir um elemento novo neste tipo de organização, ou seja, o movimento dos ex-combatentes, no qual os camponeses e os intelectuais formavam um bloco mais unido entre si e, numa certa medida, antagônico aos grandes proprietários. [...] Contudo, tendo em vista a completa inexistência de qualquer tradição de organização *explícita* dos intelectuais *democratas* do Sul, mesmo este agrupamento deve ser destacado e levado em conta, já que pode evoluir, em novas condições de política geral, de um filete de água para uma caudalosa torrente.

[...] Dissemos que o camponês meridional liga-se ao grande proprietário rural através do intelectual. Este tipo de organização é o mais difundido em todo o Sul continental e na Sicília. Ele põe em funcionamento um monstruoso bloco agrário que, em seu conjunto, atua como intermediário e controlador a serviço do capitalismo setentrional e dos grandes bancos. Sua única finalidade é conservar o *statu quo*. Em seu seio, não existe nenhuma luz intelectual, nenhum programa, nenhum impulso no sentido de melhoramentos e progressos. Se alguma ideia e algum programa foi afirmado, estes tiveram sua origem fora do Sul, nos grupos políticos agrário-conservadores, sobretudo da Toscana, que se associaram no Parlamento aos conservadores do bloco agrário meridional. Sonnino e Franchetti estiveram entre os poucos burgueses inteligentes a formularem o problema meridional como problema nacional e a traçarem um plano de governo para sua solução [22]. Qual era o ponto de vista de Sonnino e de Franchetti? Era a necessidade de criar na Itália meridional um estrato médio independente de caráter econômico, que funcionasse, como então se dizia, como "opinião pública" e que, por um lado, limitasse o arbítrio cruel dos proprietários, e, por outro, moderasse o insurrecionalismo dos camponeses pobres. Sonnino e Franchetti ficaram muito espantados com a popularidade desfrutada no Sul pelas ideias do bakuninismo da I Internacional [23]. Este espanto os fez cometer erros frequentemente grotescos. [...] Ora, não é tanto que as teorias de Bakunin fossem difundidas no Sul, mas antes que a situação ali era de tal ordem que provavelmente sugeriu a Bakunin suas teorias: decerto, os camponeses pobres do Sul pensavam na "desagregação" muito antes que o cérebro de Bakuinin tivesse imaginado a teoria da "pandestruição".

Nunca se tentou nem mesmo iniciar a realização do plano governamental de Sonnino e Franchetti. E não era possível fazê-lo. Na organização da economia nacional e do Estado, o núcleo das relações entre o Norte e o Sul é de tal ordem que o nascimento de uma ampla classe média de natureza econômica (o que significa, de resto, o nascimento de uma ampla burguesia capitalista) tornou-se quase impossível. O sistema fiscal e alfandegário, bem como o fato de que os capitalistas proprietários de empresas não reinvestem os lucros na região porque não fazem parte dela, tornam impossível qualquer acumulação de capital e de poupança no Sul. Quando a emigração assumiu, no século XX, as formas gigantescas que assumiu, e as primeiras remessas de dinheiro começaram a afluir da América, os economistas liberais gritaram triunfalmente: "O sonho de Sonnino torna-se realidade. Uma silenciosa revolução está ocorrendo no Sul, que lentamente, mas de modo seguro, modificará toda a estrutura econômica e social do país". Mas o Estado interveio e a revolução silenciosa foi sufocada no nascedouro. O governo ofereceu bônus do Tesouro com remuneração garantida; com isso, os emigrantes e suas famílias, de agentes de uma revolução silenciosa, transformaram-se em agentes para dar ao Estado os meios financeiros para subsidiar as indústrias parasitárias do Norte. [...]

Acima do bloco agrário, funciona no Sul um bloco intelectual que, até agora, serviu praticamente para impedir que as fissuras do bloco agrário se tornassem demasiado perigosas e provocassem uma ruptura. Expoentes deste bloco intelectual são Giustino Fortunato e Benedetto Croce, os quais, por isso, podem ser considerados os reacionários mais atuantes da península.

Dissemos que a Itália meridional é uma grande desagregação social. Esta fórmula pode servir não só para os camponeses, mas também para os intelectuais. É significativo o fato de que, no Sul, ao lado de imensas propriedades, tenham existido e ainda existam grandes acumulações culturais e de inteligência em indivíduos ou em restritos grupos de grandes intelectuais, ao passo que não existe uma organização da cultura média. No Sul, existem a editora Laterza e a revista *La Critica* [24], bem como academias e organizações culturais de grande erudição; mas não existem revistas pequenas e médias, nem editoras em torno às quais se agrupem formações médias de intelectuais meridionais. Os sulistas que tentaram sair do bloco agrário e formular de modo radical a questão meridional encontraram hospitalidade e se agruparam em torno de revistas publicadas fora do Sul. Aliás, pode-se dizer que todas as iniciativas culturais ocorridas na Itália Central e do Norte no século XX, provenientes de intelectuais médios, foram caracterizadas pelo meridionalismo, já que foram fortemente influenciadas por intelectuais meridionais. [...]

Ora, os supremos moderadores políticos e intelectuais de todas estas iniciativas foram Giustino Fortunato e Benedetto Croce. Num círculo bem mais amplo do que aquele muito sufocante do bloco agrário, eles conseguiram que a formulação dos problemas meridionais não superasse certos limites, ou seja, não se tornasse revolucionária. Homens de imensa cultura e inteligência, originários do terreno tradicional do Sul mas ligados à cultura europeia e consequentemente mundial, eles dispunham de todas as qualificações para dar uma satisfação às necessidades intelectuais dos mais honestos representantes da juventude culta do Sul, para aplacar-lhes as irrequietas veleidades de revolta contra as condições existentes, para dirigi-los no sentido de uma linha média de serenidade clássica no pensamento e na ação. Os chamados neoprotestantes ou calvinistas não compreenderam que na Itália, dada a impossibilidade da emergência de uma Reforma religiosa de massa, dadas as condições modernas da civilização, teve lugar a única Reforma historicamente possível, aquela encarnada na filosofia de Benedetto Croce: com ela, modificou-se a orientação e o método de pensamento, foi construída uma nova concepção do mundo que superou o catolicismo e todas as outras religiões mitológicas. Neste sentido, Benedetto Croce cumpriu uma altíssima função "nacional": separou os intelectuais radicais do Sul das massas camponesas, levou-os a participarem da cultura nacional e europeia e, através desta cultura, fez com que fossem absorvidos pela burguesia nacional e, portanto, pelo bloco agrário.

L'Ordine Nuovo e os comunistas turinenses — embora, em certo sentido, possam ser ligados às formações intelectuais mencionadas e, portanto, também tenham sofrido a influência intelectual de Giustino Fortunato e de Benedetto Croce — representam, ao mesmo tempo, uma completa ruptura com aquela tradição e o início de um novo desenvolvimento, que já deu e ainda dará frutos. Como já foi dito, eles puseram o proletariado urbano como protagonista moderno da história italiana e, por conseguinte, da questão meridional. Tendo servido como intermediários entre o proletariado e determinados estratos de intelectuais de esquerda, conseguiram modificar — se não completamente, pelo menos de modo significativo — a orientação mental de tais intelectuais. Se refletirmos bem, veremos que é este o principal elemento da figura intelectual de Piero Gobetti [25]. Gobetti não era comunista e, provavelmente, jamais o seria; mas compreendeu a posição social e histórica do proletariado e não mais conseguia pensar abstraindo-se deste elemento. No trabalho comum do jornal [26], Gobetti fora posto por nós em contato com um mundo vivo, que antes havia conhecido apenas através das fórmulas dos livros. Sua mais destacada característica era a lealdade intelectual e a completa ausência de qualquer vaidade e mesquinhez de natureza inferior; por isso, não podia deixar de se convencer de que toda uma série de modos tradicionais de ver e de conceber o proletariado era falsa e injusta. Que consequência teve em Gobetti estes contatos com o mundo proletário? Eles foram a origem e o impulso para uma concepção que não queremos discutir e aprofundar aqui, uma concepção que se liga em grande parte ao sindicalismo e ao modo de pensar dos sindicalistas intelectuais: nela, os princípios do liberalismo são projetados da ordem dos fenômenos individuais para a dos fenômenos de massa. As qualidades de excelência e de prestígio na vida dos indivíduos são transportadas para as classes, concebidas quase como individualidades coletivas. Esta concepção leva habitualmente os intelectuais que a defendem à pura contemplação e ao registro dos méritos e dos deméritos, a uma posição odiosa e antipática de árbitros nas disputas, de distribuidores de prêmios e de castigos. Gobetti escapou praticamente deste destino. Revelou-se um organizador cultural de extraordinário valor e teve, neste último período, uma função que não deve ser nem esquecida nem subestimada pelos operários. Cavou uma trincheira para além da qual não recuarão aqueles grupos de intelectuais mais honestos e sinceros, que, nos anos 1919-1921, sentiram que o proletariado seria superior à burguesia como classe dirigente. Certas pessoas andaram espalhando — algumas de boa-fé e com honestidade, outras de má-fé e desonestamente — que Gobetti não passava de um comunista disfarçado, de um agente, se não do Partido Comunista, pelo menos do grupo comunista de *L'Ordine Nuovo*. Estes tolos boatos não merecem sequer um desmentido. A figura de Gobetti e o movimento por ele representado foram produções espontâneas do novo clima histórico italiano: e é nisso que reside seu significado e sua importância. Camaradas de Partido nos criticaram algumas vezes por não termos combatido a corrente de ideias representada por *Rivoluzione liberale* [27]: esta ausência de luta, aliás, pareceu a prova da ligação orgânica, de caráter maquiavélico (como se costuma dizer), entre nós e Gobetti. Mas não podíamos combater Gobetti porque ele representava um movimento que não deve ser combatido, pelo menos em princípio. Não compreender isso significa não compreender o problema dos intelectuais e a função que eles desempenham na luta de classes. Gobetti nos servia praticamente de ligação: 1) com os intelectuais nascidos no terreno da técnica capitalista que haviam assumido uma posição de esquerda, favorável à ditadura do proletariado, em 1919-1920; 2) com uma série de intelectuais meridionais que, por causa de vínculos mais complexos, punham a questão meridional num terreno diverso daquele tradicional, nela introduzindo o proletariado do Norte: entre estes intelectuais, Guido Dorso é a figura mais completa e interessante [28]. Por que deveríamos lutar contra o movimento de *Rivoluzione liberale*? Talvez por não ser ele constituído por comunistas puros, que tivessem aceito de A a Z nosso programa e nossa doutrina? Isso não podia ser exigido, já que teria sido política e historicamente um paradoxo.

Os intelectuais se desenvolvem lentamente, muito mais lentamente do que qualquer outro grupo social, por causa de sua própria natureza e de sua função histórica. Eles representam toda a tradição cultural de um povo; querem resumir e sintetizar toda a história deste povo. E isso vale sobretudo para o velho tipo de intelectual, aquele nascido no terreno camponês. Supor exequível que ele possa, enquanto massa, romper com todo o passado para se pôr completamente no terreno de uma nova ideologia é absurdo. É absurdo para os intelectuais enquanto massa; e talvez seja absurdo também para muitíssimos intelectuais tomados individualmente, apesar de todos os esforços honestos que eles fazem e querem fazer neste sentido. Ora, os intelectuais nos interessam enquanto massa e não só enquanto indivíduos. Decerto, é importante e útil para o proletariado que um ou mais intelectuais adiram individualmente a seu programa e sua doutrina, confundam-se com o proletariado, tornem-se e se sintam partes integrantes dele. O proletariado, como classe, é pobre de elementos organizativos; não tem e não pode formar um estrato próprio de intelectuais a não ser muito lentamente, de modo muito trabalhoso e só depois da conquista do poder estatal. Mas é também importante e útil que, na massa dos intelectuais, ocorra uma fratura de caráter orgânico, historicamente caracterizada; ou seja, que se crie, como formação de massa, uma tendência de esquerda, no significado moderno da palavra, isto é, uma tendência orientada para o proletariado revolucionário. A aliança entre proletariado e massas camponesas exige essa formação; e tanto mais a exige a aliança entre o proletariado e as massas camponesas do Sul. O proletariado destruirá o bloco agrário meridional na medida em que conseguir, através de seu Partido, organizar em formações autônomas e independentes massas cada vez mais notáveis de camponeses pobres; mas o êxito maior ou menor nesta sua inescapável tarefa será também determinado, ainda que subordinadamente, por sua capacidade de desagregar o bloco intelectual que é a armadura — flexível, mas extraordinariamente resistente — do bloco agrário. Na solução dessa tarefa, o proletariado foi ajudado por Piero Gobetti. E acreditamos que os amigos do morto, mesmo sem sua direção, darão prosseguimento à obra empreendida, uma obra gigantesca e difícil, mas precisamente por isso digna de todos os sacrifícios (até mesmo da vida, como foi o caso de Gobetti) por parte daqueles intelectuais (bem mais numerosos do que se imagina), nortistas e sulistas, que compreenderam que só são amplamente nacionais e portadoras do futuro duas forças sociais: o proletariado e os camponeses.

(*EP* 2, 405-435)

II. Dos *Cadernos do cárcere* (1929-1935)

[Advertência]

As notas contidas neste caderno, como nos demais, foram escritas ao correr da pena, como rápidos apontamentos para ajudar a memória. Todas devem ser revistas e verificadas minuciosamente, já que certamente contêm inexatidões, falsas aproximações, anacronismos. Escritas sem ter presentes os livros a que se referem, é possível que, depois da verificação, tenham de ser radicalmente corrigidas, precisamente porque o contrário do que foi escrito é que é verdadeiro. [11; 1, 85]

[Discussão Científica]

Na colocação dos problemas histórico-críticos, não se deve conceber a discussão científica como um processo judiciário, no qual há um réu e um promotor, que deve demonstrar, por obrigação de ofício, que o réu é culpado e digno de ser tirado de circulação. Na discussão científica, já que se supõe que o interesse seja a pesquisa da verdade e o progresso da ciência, demonstra ser mais "avançado" quem se coloca do ponto de vista de que o adversário pode expressar uma exigência que deva ser incorporada, ainda que como momento subordinado, na sua própria construção. Compreender e valorizar com realismo a posição e as razões do adversário (e o adversário é, em alguns casos, todo o pensamento passado) significa justamente estar liberto da prisão das ideologias (no sentido pejorativo, de cego fanatismo ideológico), isto é, significa colocar-se em um ponto de vista "crítico", o único fecundo na pesquisa científica. [10, II, § 24; 1, 333]

1. INTRODUÇÃO AO ESTUDO DA FILOSOFIA

Alguns pontos preliminares de referência.

É preciso destruir o preconceito, muito difundido, de que a filosofia é algo muito difícil pelo fato de ser a atividade intelectual própria de uma determinada categoria de cientistas especializados ou de filósofos profissionais e sistemáticos. É preciso, portanto, demonstrar preliminarmente que todos os homens são "filósofos", definindo os limites e as características desta "filosofia espontânea", peculiar a "todo o mundo", isto é, da filosofia que está contida: 1) na própria linguagem, que é um conjunto de noções e de conceitos determinados e não, simplesmente, de palavras gramaticalmente vazias de conteúdo; 2) no senso comum e no bom-senso; 3) na religião popular e, consequentemente, em todo o sistema de crenças, superstições, opiniões, modos de ver e de agir que se manifestam naquilo que geralmente se conhece por "folclore".

Após demonstrar que todos são filósofos, ainda que a seu modo, inconscientemente — já que, até mesmo na mais simples manifestação de uma atividade intelectual qualquer, na "linguagem", está contida uma determinada concepção do mundo —, passa-se ao segundo momento, ao momento da crítica e da consciência, ou seja, ao seguinte problema: é preferível "pensar" sem disto ter consciência crítica, de uma maneira desagregada e ocasional, isto é, "participar" de uma concepção do mundo "imposta" mecanicamente pelo ambiente exterior, ou seja, por um dos muitos grupos sociais nos quais todos estão automaticamente envolvidos desde sua entrada no mundo consciente (e que pode ser a própria aldeia ou a província, pode se originar na paróquia e na "atividade intelectual" do vigário ou do velho patriarca, cuja "sabedoria" dita leis, na mulher que herdou a sabedoria das bruxas ou no pequeno intelectual avinagrado pela própria estupidez e pela impotência para a ação), ou é preferível elaborar a própria concepção do mundo de uma maneira consciente e crítica e, portanto, em ligação com este trabalho do próprio cérebro, escolher a própria esfera de atividade, participar ativamente na produção da história do mundo, ser o guia de si mesmo e não mais aceitar do exterior, passiva e servilmente, a marca da própria personalidade?

Nota I. Pela própria concepção do mundo, pertencemos sempre a um determinado grupo, precisamente o de todos os elementos sociais que compartilham um mesmo modo de pensar e de agir. Somos conformistas de algum conformismo, somos sempre homens-massa ou homens-coletivos. O problema é o seguinte: qual é o tipo histórico de conformismo, de homem-massa do qual fazemos parte? Quando a concepção do mundo não é crítica e coerente, mas ocasional e desagregada, pertencemos simultaneamente a uma multiplicidade de homens-massa, nossa própria personalidade é compósita, de uma maneira bizarra: nela se encontram elementos dos homens das cavernas e princípios da ciência mais moderna e progressista, preconceitos de todas as fases históricas passadas estreitamente localistas e intuições de uma futura filosofia que será própria do gênero humano mundialmente unificado. Criticar a própria concepção do mundo, portanto, significa torná-la unitária e coerente e elevá-la até o ponto atingido pelo pensamento mundial mais evoluído. Significa também, portanto, criticar toda a filosofia até hoje existente, na medida em que ela deixou estratificações consolidadas na filosofia popular. O início da elaboração crítica é a consciência daquilo que é realmente, isto é, um "conhece-te a ti mesmo" como produto do processo histórico até hoje desenvolvido, que deixou em ti uma infinidade de traços acolhidos sem análise crítica. Deve-se fazer, inicialmente, essa análise.

Nota II. Não se pode separar a filosofia da história da filosofia, nem a cultura da história da cultura. No sentido mais imediato e determinado, não se pode ser filósofo — isto é, ter uma concepção do mundo criticamente coerente — sem a consciência da própria historicidade, da fase de desenvolvimento representada por esta concepção e do fato de que ela está em contradição com outras concepções ou com elementos de outras concepções. A própria concepção do mundo responde a determinados problemas colocados pela realidade, que são bem-determinados e "originais" em sua atualidade. Como é possível pensar o presente, e um presente bem-determinado, com um pensamento elaborado em face de problemas de um passado frequentemente bastante remoto e superado? Se isso ocorre, significa que somos "anacrônicos" em face da época em que vivemos, que somos fósseis e não seres que vivem de modo moderno. Ou, pelo menos, que somos bizarramente "compósitos". E ocorre, de fato, que grupos sociais que, em determinados aspectos, exprimem a mais desenvolvida modernidade, em outros manifestam-se atrasados com relação à sua posição social, sendo, portanto, incapazes de completa autonomia histórica.

Nota III. Se é verdade que toda linguagem contém os elementos de uma concepção do mundo e de uma cultura, será igualmente verdade que, a partir da linguagem de cada um, é possível julgar a maior ou menor complexidade da sua concepção do mundo. Quem fala somente o dialeto ou compreende a língua nacional em graus diversos participa necessariamente de uma intuição do mundo mais ou menos restrita e provinciana, fossilizada, anacrônica em relação às grandes correntes de pensamento que dominam a história mundial. Seus interesses serão restritos, mais ou menos corporativistas ou economicistas, não universais. Se nem sempre é possível aprender outras línguas estrangeiras a fim de colocar-se em contato com vidas culturais diversas, deve-se pelo menos conhecer bem a língua nacional. Uma grande cultura pode traduzir-se na língua de outra grande cultura, isto é, uma grande língua nacional historicamente rica e complexa pode traduzir qualquer outra grande cultura, ou seja, ser uma expressão mundial. Mas, com um dialeto, não é possível fazer a mesma coisa.

Nota IV. Criar uma nova cultura não significa apenas fazer individualmente descobertas "originais"; significa também, e sobretudo, difundir criticamente verdades já descobertas, "socializá-las" por assim dizer; e, portanto, transformá-las em base de ações vitais, em elemento de coordenação e de ordem intelectual e moral. O fato de que uma multidão de homens seja conduzida a pensar coerentemente e de maneira unitária a realidade presente é um fato "filosófico" bem mais importante e "original" do que a descoberta, por parte de um "gênio" filosófico, de uma nova verdade que permaneça como patrimônio de pequenos grupos intelectuais.

Conexão entre o senso comum, a religião e a filosofia. A filosofia é uma ordem intelectual, o que nem a religião nem o senso comum podem ser. Ver como, na realidade, tampouco coincidem religião e senso comum, mas a religião é um elemento do senso comum desagregado. Ademais, "senso comum" é um nome coletivo, como "religião": não existe um único senso comum, pois também ele é um produto e um devir históricos. A filosofia é a crítica e a superação da religião e do senso comum e, nesse sentido, coincide com o "bom-senso" que se contrapõe ao senso comum.

Relações entre ciência-religião-senso comum. A religião e o senso comum não podem constituir uma ordem intelectual porque não podem reduzir-se à unidade e à coerência nem mesmo na consciência individual, para não falar na consciência coletiva: não podem reduzir-se à unidade e à coerência "livremente", já que "autoritariamente" isto poderia ocorrer, como de fato ocorreu, dentro de certos limites, no passado. O problema da religião, entendida não no sentido confessional, mas no laico, de unidade de fé entre uma concepção do mundo e uma norma de conduta adequada a ela: mas por que chamar esta unidade de fé de "religião", e não de "ideologia" ou, mesmo, de "política"? [29]

Com efeito, não existe filosofia em geral: existem diversas filosofias ou concepções do mundo, e sempre se faz uma escolha entre elas. Como ocorre esta escolha? É esta escolha um fato puramente intelectual, ou é um fato mais complexo? E não ocorre frequentemente que entre o fato intelectual e a norma de conduta exista uma contradição? Qual será, então, a verdadeira concepção do mundo: a que é logicamente afirmada como fato intelectual, ou a que resulta da atividade real de cada um, que está implícita na sua ação? E, já que a ação é sempre uma ação política, não se pode dizer que a verdadeira filosofia de cada um se acha inteiramente contida na sua política? Este contraste entre o pensar e o agir, isto é, a coexistência de duas concepções do mundo, uma afirmada por palavras e a outra manifestando-se na ação efetiva, nem sempre se deve à má-fé. A má-fé pode ser uma explicação satisfatória para alguns indivíduos considerados isoladamente, ou até mesmo para grupos mais ou menos numerosos, mas não é satisfatória quando o contraste se verifica nas manifestações vitais de amplas massas: neste caso, ele não pode deixar de ser a expressão de contrastes mais profundos de natureza histórico-social. Isto significa que um grupo social, que tem sua própria concepção do mundo, ainda que embrionária, que se manifesta na ação e, portanto, de modo descontínuo e ocasional — isto é, quando tal grupo se movimenta como um conjunto orgânico —, toma emprestado a outro grupo social, por razões de submissão e subordinação intelectual, uma concepção que não é a sua, e a afirma verbalmente, e também acredita segui-la, já que a segue em "épocas normais", ou seja, quando a conduta não é independente e autônoma, mas sim submissa e subordinada. É por isso, portanto, que não se pode separar a filosofia da política; ao contrário, pode-se demonstrar que a escolha e a crítica de uma concepção do mundo são, também elas, fatos políticos.

Deve-se, portanto, explicar como ocorre que em cada época coexistam muitos sistemas e correntes de filosofia, como nascem, como se difundem, por que nessa difusão seguem certas linhas de separação e certas direções etc. Isto mostra o quanto é necessário sistematizar crítica e coerentemente as próprias intuições do mundo e da vida, fixando com exatidão o que se deve entender por "sistema", a fim de evitar compreendê-lo num sentido pedante e professoral. Mas esta elaboração deve ser feita, e somente pode ser feita, no quadro da história da filosofia, que mostra qual foi a elaboração que o pensamento sofreu no curso dos séculos e qual foi o esforço coletivo necessário para que existisse o nosso atual modo de pensar, que resume e compendia toda esta história passada, mesmo em seus erros e em seus delírios, os quais, de resto, não obstante terem sido cometidos no passado e terem sido corrigidos, podem ainda se reproduzir no presente e exigir novamente a sua correção.

Qual é a ideia que o povo faz da filosofia? Pode-se reconstruí-la através das expressões da linguagem comum. Uma das mais difundidas é "tomar as coisas com filosofia", a qual, analisada, não tem por que ser inteiramente afastada. É verdade que nela se contém um convite implícito à resignação e à paciência, mas parece que o ponto mais importante seja, ao contrário, o convite à reflexão, à tomada de consciência de que aquilo que acontece é, no fundo, racional, e que assim deve ser enfrentado, concentrando as próprias forças racionais e não se deixando levar pelos impulsos instintivos e violentos. Essas expressões populares poderiam ser agrupadas com as expressões similares dos escritores de caráter popular (recolhidas dos grandes dicionários), nas quais entrem os termos "filosofia" e "filosoficamente"; e assim se poderá perceber que tais expressões têm um significado muito preciso, a saber, o da superação das paixões bestiais e elementares numa concepção da necessidade que fornece à própria ação uma direção consciente. Este é o núcleo sadio do senso comum, que poderia precisamente ser chamado de bom-senso e que merece ser desenvolvido e transformado em algo unitário e coerente. Torna-se evidente, assim, por que não é possível a separação entre a chamada filosofia "científica" e a filosofia "vulgar" e popular, que é apenas um conjunto desagregado de ideias e de opiniões.

Mas, nesse ponto, coloca-se o problema fundamental de toda concepção do mundo, de toda filosofia que se transformou em um movimento cultural, em uma "religião", em uma "fé", ou seja, que produziu uma atividade prática e uma vontade nas quais ela esteja contida como "premissa" teórica implícita (uma "ideologia", pode-se dizer, desde que se dê ao termo "ideologia" o significado mais alto de uma concepção do mundo, que se manifesta implicitamente na arte, no direito, na atividade econômica, em todas as manifestações de vida individuais e coletivas) — isto é, o problema de conservar a unidade ideológica em todo o bloco social que está cimentado e unificado justamente por aquela determinada ideologia. A força das religiões, e notadamente da Igreja Católica, consistiu e consiste no seguinte: elas sentem intensamente a necessidade de união doutrinária de toda a massa "religiosa" e lutam para que os estratos intelectualmente superiores não se destaquem dos inferiores. A Igreja romana foi sempre a mais tenaz na luta para impedir que se formassem "oficialmente" duas religiões, a dos "intelectuais" e a das "almas simples". Esta luta não foi travada sem que ocorressem graves inconvenientes para a própria Igreja, mas estes inconvenientes estão ligados ao processo histórico que transforma a totalidade da sociedade civil e que contém, em bloco, uma crítica corrosiva das religiões. E isto faz ressaltar ainda mais a capacidade organizativa do clero na esfera da cultura, bem como a relação abstratamente racional e justa que a Igreja, em seu âmbito, soube estabelecer entre intelectuais e pessoas simples. Os jesuítas foram, indubitavelmente, os maiores artífices deste equilíbrio e, para conservá-lo, eles imprimiram à Igreja um movimento progressivo que tende a satisfazer parcialmente as exigências da ciência e da filosofia, mas com um ritmo tão lento e metódico que as modificações não são percebidas pela massa dos simples, embora apareçam como "revolucionárias" e demagógicas aos olhos dos "integristas".

Uma das maiores debilidades das filosofias imanentistas em geral consiste precisamente em não terem sabido criar uma unidade ideológica entre o baixo e o alto, entre os "simples" e os intelectuais. Na história da civilização ocidental, o fato verificou-se em escala europeia, com o fracasso imediato do Renascimento e, parcialmente, também da Reforma em face da Igreja Católica. Esta debilidade manifesta-se na questão da escola, na medida em que, a partir das filosofias imanentistas, nem mesmo se tentou construir uma concepção que pudesse substituir a religião na educação infantil, do que resultou o sofisma pseudo-historicista, defendido por pedagogos a-religiosos (aconfessionais), realmente ateus, que permite o ensino da religião porque ela é a filosofia da infância da humanidade, que se renova em toda infância não metafórica. O idealismo também se manifestou contrário aos movimentos culturais de "ida ao povo", expressos nas chamadas Universidades populares e instituições similares, e não apenas pelos seus aspectos equivocados, já que nesse caso deveriam somente ter procurado fazer melhor. Todavia, estes movimentos eram dignos de interesse e mereciam ser estudados: eles tiveram êxito, no sentido de que revelaram, da parte dos "simples", um sincero entusiasmo e um forte desejo de elevação a uma forma superior de cultura e de concepção do mundo. Faltava-lhes, porém, qualquer organicidade, seja de pensamento filosófico, seja de solidez organizativa e de centralização cultural; tinha-se a impressão de que se assemelhavam aos primeiros contatos entre os mercadores ingleses e os negros africanos: trocavam-se coisas sem valor por pepitas de ouro. De resto, a organicidade de pensamento e a solidez cultural só poderiam ocorrer se entre os intelectuais e os simples se verificasse a mesma unidade que deve existir entre teoria e prática, isto é, se os intelectuais tivessem sido organicamente os intelectuais daquelas massas, ou seja, se tivessem elaborado e tornado coerentes os princípios e os problemas que aquelas massas colocavam com a sua atividade prática, constituindo assim um bloco cultural e social. Tratava-se, pois, da mesma questão já assinalada: um movimento filosófico só merece este nome na medida em que busca desenvolver uma cultura especializada para restritos grupos de intelectuais ou, ao contrário, merece-o na medida em que, no trabalho de elaboração de um pensamento superior ao senso comum e cientificamente coerente, jamais se esquece de permanecer em contato com os "simples" e, melhor dizendo, encontra neste contato a fonte dos problemas que devem ser estudados e resolvidos? Só através deste contato é que uma filosofia se torna "histórica", depura-se dos elementos intelectualistas de natureza individual e se transforma em "vida".

(Talvez seja útil distinguir "praticamente" entre a filosofia e o senso comum, para melhor indicar a passagem de um momento para o outro. Na filosofia, destacam-se notadamente as características de elaboração individual do pensamento; no senso comum, ao contrário, destacam-se as características difusas e dispersas de um pensamento genérico de uma certa época em um certo ambiente popular. Mas toda filosofia tende a se tornar senso comum de um ambiente, ainda que restrito (de todos os intelectuais). Trata-se, portanto, de elaborar uma filosofia que — tendo já uma difusão ou possibilidade de difusão, pois ligada à vida prática e implícita nela — se torne um senso comum renovado com a coerência e o vigor das filosofias individuais. E isto não pode ocorrer se não se sente, permanentemente, a exigência do contato cultural com os "simples".)

Uma filosofia da práxis só pode apresentar-se, inicialmente, em atitude polêmica e crítica, como superação da maneira de pensar precedente e do pensamento concreto existente (ou mundo cultural existente). E portanto, antes de tudo, como crítica do "senso comum" (e isto após basear-se sobre o senso comum para demonstrar que "todos" são filósofos e que não se trata de introduzir *ex novo* uma ciência na vida individual de "todos", mas de inovar e tornar "crítica" uma atividade já existente); e, posteriormente, como crítica da filosofia dos intelectuais, que deu origem à história da filosofia e que, enquanto individual (e, de fato, ela se desenvolve essencialmente na atividade de indivíduos singulares particularmente dotados), pode ser considerada como "culminâncias" de progresso do senso comum, pelo menos do senso comum dos estratos mais cultos da sociedade e, através desses, também do senso comum popular. É assim, portanto, que uma introdução ao estudo da filosofia deve expor sinteticamente os problemas nascidos no processo de desenvolvimento da cultura geral, que só parcialmente se reflete na história da filosofia, a qual, todavia, na ausência de uma história do senso comum (impossível de ser elaborada pela ausência de material documental), permanece a fonte máxima de referência para criticá-los, demonstrar o seu valor real (se ainda o tiverem) ou o significado que tiveram como elos superados de uma cadeia e fixar os problemas novos e atuais ou a colocação atual dos velhos problemas.

A relação entre filosofia "superior" e senso comum é assegurada pela "política", do mesmo modo como é assegurada pela política a relação entre o catolicismo dos intelectuais e o dos "simples". As diferenças entre os dois casos são, todavia, fundamentais. O fato de que a Igreja deva enfrentar um problema dos "simples" significa, justamente, que existiu uma ruptura na comunidade dos "fiéis", ruptura que não pode ser eliminada pela elevação dos "simples" ao nível dos intelectuais (a Igreja nem sequer se propõe esta tarefa ideal e economicamente desproporcional em relação às suas forças atuais), mas mediante uma disciplina de ferro sobre os intelectuais para que eles não ultrapassem certos limites nesta separação, tornando-a catastrófica e irreparável [...].

A posição da filosofia da práxis é antitética a esta posição católica: a filosofia da práxis não busca manter os "simples" na sua filosofia primitiva do senso comum, mas busca, ao contrário, conduzi-los a uma concepção de vida superior. Se ela afirma a exigência do contato entre os intelectuais e os simples não é para limitar a atividade científica e para manter uma unidade no nível inferior das massas, mas justamente para forjar um bloco intelectual-moral que torne politicamente possível um progresso intelectual de massa e não apenas de pequenos grupos intelectuais.

O homem ativo de massa atua praticamente, mas não tem uma clara consciência teórica desta sua ação, a qual, não obstante, é um conhecimento do mundo na medida em que o transforma. Pode ocorrer, aliás, que sua consciência teórica esteja historicamente em contradição com o seu agir. É quase possível dizer que ele tem duas consciências teóricas (ou uma consciência contraditória): uma, implícita na sua ação, e que realmente o une a todos os seus colaboradores na transformação prática da realidade; e outra, superficialmente explícita ou verbal, que ele herdou do passado e acolheu sem crítica. Todavia, esta concepção "verbal" não é inconsequente: ela liga a um grupo social determinado, influi sobre a conduta moral, sobre a direção da vontade, de uma maneira mais ou menos intensa, que pode até mesmo atingir um ponto no qual a contraditoriedade da consciência não permita nenhuma ação, nenhuma escolha e produza um estado de passividade moral e política. A compreensão crítica de si mesmo é obtida, portanto, através de uma luta de "hegemonias" políticas, de direções contrastantes, primeiro no campo da ética, depois no da política, atingindo, finalmente, uma elaboração superior da própria concepção do real. A consciência de fazer parte de uma determinada força hegemônica (isto é, a consciência política) é a primeira fase de uma ulterior e progressiva autoconsciência, na qual teoria e prática finalmente se unificam. Portanto, também a unidade de teoria e prática não é um dado de fato mecânico, mas um devir histórico, que tem a sua fase elementar e primitiva no sentimento de "distinção", de "separação", de independência quase instintiva, e progride até a aquisição real e completa de uma concepção do mundo coerente e unitária. É por isso que se deve chamar a atenção para o fato de que o desenvolvimento político do conceito de hegemonia representa, para além do progresso político-prático, um grande progresso filosófico, já que implica e supõe necessariamente uma unidade intelectual e uma ética adequada a uma concepção do real que superou o senso comum e tornou-se crítica, mesmo que dentro de limites ainda restritos.

Todavia, nos mais recentes desenvolvimentos da filosofia da práxis, o aprofundamento do conceito de unidade entre a teoria e a prática permanece ainda numa fase inicial: subsistem ainda resíduos de mecanicismo, já que se fala da teoria como "complemento" e "acessório" da prática, da teoria como serva da prática. Parece justo que também este problema deva ser colocado historicamente, isto é, como um aspecto da questão política dos intelectuais. Autoconsciência crítica significa, histórica e politicamente, criação de uma elite de intelectuais: uma massa humana não se "distingue" e não se torna independente "para si" sem organizar-se (em sentido lato); e não existe organização sem intelectuais, isto é, sem organizadores e dirigentes, ou seja, sem que o aspecto teórico da ligação teoria-prática se distinga concretamente em um estrato de pessoas "especializadas" na elaboração conceitual e filosófica. Mas este processo de criação dos intelectuais é longo, difícil, cheio de contradições, de avanços e de recuos, de debandadas e de reagrupamentos; e, neste processo, a "fidelidade" da massa (e a fidelidade e a disciplina são inicialmente a forma que assume a adesão da massa e a sua colaboração no desenvolvimento do fênomeno cultural como um todo) é submetida a duras provas. O processo de desenvolvimento está ligado a uma dialética intelectuais-massa; o estrato dos intelectuais se desenvolve quantitativa e qualitativamente, mas todo progresso para uma nova "amplitude" e complexidade do estrato dos intelectuais está ligado a um movimento análogo da massa dos simples, que se eleva a níveis superiores de cultura e amplia simultaneamente o seu círculo de influência, com a passagem de indivíduos, ou mesmo de grupos mais ou menos importantes, para o estrato dos intelectuais especializados. No processo, porém, repetem-se continuamente momentos nos quais entre a massa e os intelectuais (ou alguns deles, ou um grupo deles) se produz uma separação, uma perda de contato, e, portanto, a impressão de "acessório", de complementar, de subordinado. A insistência sobre o elemento "prático" da ligação teoria-prática — após se ter cindido, separado e não apenas distinguido os dois elementos (o que é uma operação meramente mecânica e convencional) — significa que se está atravessando uma fase histórica relativamente primitiva, uma fase ainda econômico-corporativa, na qual se transforma quantitativamente o quadro geral da "estrutura" e a qualidade-superestrutura adequada está em vias de surgir, mas não está ainda organicamente formada. Deve-se sublinhar a importância e o significado que têm os partidos políticos, no mundo moderno, na elaboração e difusão das concepções do mundo, na medida em que elaboram essencialmente a ética e a política adequadas a elas, isto é, em que funcionam quase como "experimentadores" históricos de tais concepções. Os partidos selecionam individualmente a massa atuante, e esta seleção opera-se simultaneamente nos campos prático e teórico, com uma relação tão mais estreita entre teoria e prática quanto mais seja a concepção vitalmente e radicalmente inovadora e antagônica aos antigos modos de pensar. Por isso, pode-se dizer que os partidos são os elaboradores das novas intelectualidades integrais e totalitárias, isto é, são o crisol da unificação de teoria e prática entendida como processo histórico real; e compreende-se, assim, como seja necessária que a sua formação se realize através da adesão individual e não ao modo "laborista", já que

— se se trata de dirigir organicamente "toda a massa economicamente ativa" — deve-se dirigi-la não segundo velhos esquemas, mas inovando; e esta inovação só pode tornar-se de massa, em seus primeiros estágios, por intermédio de uma elite na qual a concepção implícita na atividade humana já se tenha tornado, em certa medida, consciência atual coerente e sistemática e vontade precisa e decidida.

Uma destas fases pode ser estudada na discussão através da qual se verificaram os mais recentes desenvolvimentos da filosofia da práxis [...] Pode-se ver como ocorreu a passagem de uma concepção mecanicista e puramente exterior para uma concepção ativista, que está mais próxima, como observamos, de uma justa compreensão da unidade entre teoria e prática, se bem que ainda não tenha captado todo o significado sintético desta unidade. Pode-se observar como o elemento determinista, fatalista, mecânico, tenha sido um "aroma" ideológico imediato da filosofia da práxis, uma forma de religião e de excitante (mas ao modo dos narcóticos), tornada necessária e justificada historicamente pelo caráter "subalterno" de determinados estratos sociais. Quando não se tem a iniciativa na luta e a própria luta termina assim por identificar-se com uma série de derrotas, o determinismo mecânico transforma-se em uma formidável força de resistência moral, de coesão, de perseverança paciente e obstinada. "Eu estou momentaneamente derrotado, mas a força das coisas trabalha por mim a longo prazo etc." A vontade real se disfarça em um ato de fé, numa certa racionalidade da história, numa forma empírica e primitiva de finalismo apaixonado, que surge como um substituto da predestinação, da providência etc., próprias das religiões confessionais. Deve-se insistir sobre o fato de que, também nesse caso, existe realmente uma forte atividade volitiva, uma intervenção direta sobre a "força das coisas", mas de uma maneira implícita, velada, que se envergonha de si mesma; portanto, a consciência é contraditória, carece de unidade crítica etc. Mas, quando o "subalterno" se torna dirigente e responsável pela atividade econômica de massa, o mecanicismo revela-se num certo ponto como um perigo iminente; opera-se, então, uma revisão de todo o modo de pensar, já que ocorreu uma modificação no modo social de ser. Os limites e o domínio da "força das coisas" se restringiram. Por quê? Porque, no fundo, se o subalterno era ontem uma coisa, hoje não o é mais: tornou-se uma pessoa histórica, um protagonista; se ontem era irresponsável, já que era "resistente" a uma vontade estranha, hoje sente-se responsável, já que não é mais resistente, mas sim agente e necessariamente ativo e empreendedor. Mas, mesmo ontem, será que ele era apenas simples "resistência", simples "coisa", simples "irresponsabilidade"? Não, por certo; deve-se, aliás, sublinhar que o fatalismo é apenas a maneira pela qual os fracos se revestem de uma vontade ativa e real. É por isso que se torna necessário demonstrar sempre a futilidade do determinismo mecânico, o qual — explicável como filosofia ingênua da massa e, somente enquanto tal, elemento intrínseco de força — torna-se causa de passividade, de imbecil autossuficiência, quando é elevado a filosofia reflexiva e coerente por parte dos intelectuais; e isto sem esperar que o subalterno torne-se dirigente e responsável. Uma parte da massa, ainda que subalterna, é sempre dirigente e responsável, e a filosofia da parte precede sempre a filosofia do todo, não só como antecipação teórica, mas também como necessidade atual. [...]

Por que e como se difundem, tornando-se populares, as novas concepções do mundo? Neste processo de difusão (que é, simultaneamente, de substituição do velho e, muito frequentemente, de combinação entre o novo e o velho), influem (e como e em que medida), a forma racional em que a nova concepção é exposta e apresentada, a autoridade (na medida em que é reconhecida e apreciada, pelo menos genericamente) do expositor e dos pensadores e cientistas nos quais o expositor se apoia, a participação na mesma organização daquele que sustenta a nova concepção (após ter entrado na organização, mas por outro motivo que não aquele de partilhar da nova concepção)? Na realidade, estes elementos variam de acordo com o grupo social e com o nível cultural do referido grupo. Mas a pesquisa é interessante, sobretudo, no que diz respeito às massas populares, que mais dificilmente mudam de concepção e que, em todo caso, jamais a mudam aceitando a nova concepção em sua forma "pura", por assim dizer, mas — apenas e sempre — como combinação mais ou menos heteróclita e bizarra. A forma racional, logicamente coerente, a perfeição do raciocínio que não esquece nenhum argumento positivo ou negativo de certo peso, têm a sua importância, mas está bem longe de ser decisiva; ela pode ser decisiva apenas secundariamente, quando determinada pessoa já se encontra em crise intelectual, oscila entre o velho e o novo, perdeu a confiança no velho e ainda não se decidiu pelo novo etc. O mesmo pode ser dito com relação à autoridade dos pensadores e cientistas. Ela é muito grande no povo. Mas, de fato, toda concepção tem pensadores e cientistas a seu favor e a autoridade é dividida; além disso, é possível, com relação a todo pensador, distinguir, colocar em dúvida que haja dito as coisas precisamente dessa maneira etc. Pode-se concluir que o processo de difusão das novas concepções ocorre por razões políticas, isto é, em última instância, sociais, mas que o elemento formal (a coerência lógica), o elemento de autoridade e o elemento organizativo têm uma função muito grande nesse processo tão logo tenha tido lugar a orientação geral, tanto em indivíduos singulares como em grupos numerosos. Disto se conclui, entretanto, que, nas massas como tais, a filosofia não pode ser vivida senão como uma fé. Que se pense, ademais, na posição intelectual de um homem do povo; ele elaborou para si opiniões, convicções, critérios de discriminação e normas de conduta. Todo aquele que sustenta um ponto de vista contrário ao seu, enquanto é intelectualmente superior, sabe argumentar as suas razões melhor do que ele e, logicamente, o derrota na discussão. Deveria, por isso, o homem do povo mudar de convicções? E apenas porque, na discussão imediata, não sabe se impor? Se fosse assim, poderia acontecer que ele devesse mudar uma vez por dia, isto é, todas as vezes que encontrasse um adversário ideológico intelectualmente superior. Em que elementos baseia-se, então, a sua filosofia? E, especialmente, a sua filosofia na forma que tem para ele maior importância, isto é, como norma de conduta? O elemento mais importante, indubitavelmente, é de caráter não racional: é um elemento de fé. Mas de fé em quem e em quê? Sobretudo no grupo social ao qual pertence, na medida em que este pensa as coisas também difusamente, como ele: o homem do povo pensa que tantos não podem se equivocar tão radicalmente, como o adversário argumentador queria fazer crer; que ele próprio, é verdade, não é capaz de sustentar e desenvolver as suas razões como o adversário faz com as dele, mas que, em seu grupo, existe quem poderia fazer isto, certamente ainda melhor do que o referido adversário; e, de fato; ele se recorda de ter ouvido alguém expor, longa e coerentemente, de maneira a convencê-lo, as razões da sua fé. Ele não se recorda concretamente das razões apresentadas e não saberia repeti-las, mas sabe que elas existem, já que ele as ouviu expor e ficou convencido delas. O fato de ter sido convencido uma vez, de maneira fulminante, é a razão da permanente persistência na convicção, ainda que não se saiba mais argumentar.

Estas considerações, contudo, conduzem à conclusão de que as novas convicções das massas populares são extremamente débeis, notadamente quando estas novas convicções estão em contradição com as convicções (igualmente novas) ortodoxas, socialmente conformistas de acordo com os interesses das classes dominantes. [...] Disto se deduzem determinadas necessidades para todo movimento cultural que pretenda substituir o senso comum e as velhas concepções do mundo em geral, a saber: 1) não se cansar jamais de repetir os próprios argumentos (variando literariamente a sua forma): a repetição é o meio didático mais eficaz para agir sobre a mentalidade popular; 2) trabalhar de modo incessante para elevar intelectualmente camadas populares cada vez mais vastas, isto é, para dar personalidade ao amorfo elemento de massa, o que significa trabalhar na criação de elites de intelectuais de novo tipo, que surjam diretamente da massa e que permaneçam em contato com ela para se tornarem seus "espartilhos". Esta segunda necessidade, quando satisfeita, é a que realmente modifica o "panorama ideológico" de uma época. Ademais, estas elites não podem constituir-se e desenvolver-se sem que, no seu interior, se verifique uma hierarquização de autoridade e de competência intelectual, que pode culminar em um grande filósofo individual, se este for capaz de reviver concretamente as exigências do conjunto da comunidade ideológica, de compreender que ela não pode ter a rapidez de movimento própria de um cérebro individual e, portanto, de conseguir elaborar formalmente a doutrina coletiva de maneira mais aderente e adequada aos modos de pensar do que um pensador coletivo.

É evidente que uma construção de massa desta espécie não pode ocorrer "arbitrariamente", em torno a uma ideologia qualquer, pela vontade formalmente construtiva de uma personalidade ou de um grupo que se proponha esta tarefa pelo fanatismo das suas próprias convicções filosóficas ou religiosas. A adesão ou não adesão de massas a uma ideologia é o modo pelo qual se verifica a crítica real da racionalidade e historicidade dos modos de pensar. As construções arbitrárias são mais ou menos rapidamente eliminadas pela competição histórica, ainda que por vezes, graças a uma combinação de circunstâncias imediatas favoráveis, consigam gozar de certa popularidade; já as construções que correspondem às exigências de um período histórico complexo e orgânico terminam sempre por se impor e prevalecer, ainda que atravessem muitas fases intermediárias nas quais a sua afirmação ocorre apenas em combinações mais ou menos bizarras e heteróclitas.

Estes desenvolvimentos colocam inúmeros problemas, sendo os mais importantes os que se resumem no modo e na qualidade das relações entre as várias camadas intelectuais qualificadas, isto é, na importância e na função que deve e pode ter a contribuição criadora dos grupos superiores, em ligação com a capacidade orgânica de discussão e de desenvolvimento de novos conceitos críticos por parte das camadas intelectualmente subordinadas. Em outras palavras, trata-se de fixar os limites da liberdade de discussão e de propaganda, liberdade que não deve ser entendida no sentido administrativo e policial, mas no sentido de autolimitação que os dirigentes põem à sua própria atividade; ou seja, mais precisamente, trata-se da fixação de uma orientação de política cultural. Em suma: quem fixará os "direitos da ciência" e os limites da pesquisa científica? Poderão esses direitos e esses limites serem realmente fixados? Parece-me necessário que o trabalho de pesquisa de novas verdades e de melhores, mais coerentes e claras formulações das próprias verdades seja deixado à livre iniciativa dos cientistas individuais, ainda que eles reponham continuamente em discussão os próprios princípios que parecem mais essenciais. Por outro lado, não será difícil perceber quando estas iniciativas de discussão tiverem motivos interessados e não de natureza científica. Também não é impossível pensar que as iniciativas individuais possam ser disciplinadas e ordenadas, de maneira que passem pelo crivo de academias ou institutos culturais de natureza diversa, tornando-se públicas somente após um processo de seleção etc.

Seria interessante estudar concretamente, em um determinado país, a organização cultural que movimenta o mundo ideológico e examinar seu funcionamento prático. Um estudo da relação numérica entre o pessoal que está ligado profissionalmente ao trabalho cultural ativo e a população de cada país seria igualmente útil, com um cálculo aproximativo das forças livres. A escola — em todos os seus níveis — e a Igreja são as duas maiores organizações culturais em todos os países, graças ao número de pessoas que utilizam. Os jornais, as revistas e a atividade editorial, as instituições escolares privadas, tanto as que integram a escola de Estado quanto as instituições de cultura do tipo das universidades populares. Outras profissões incorporam em sua atividade especializada uma fração cultural não desprezível, como a dos médicos, dos oficiais do exército, da magistratura. Entretanto, deve-se notar que em todos os países, ainda que em graus diversos, existe uma grande cisão entre as massas populares e os grupos intelectuais, inclusive os mais numerosos e mais próximos à periferia nacional, como os professores e os padres. E isso ocorre porque o Estado, ainda que os governantes digam o contrário, não tem uma concepção unitária, coerente e homogênea, razão pela qual os grupos intelectuais estão desagregados em vários estratos e no interior de um mesmo estrato. A Universidade, com exceção de alguns países, não exerce nenhuma função unificadora; um livre pensador, frequentemente, tem mais influência do que toda a instituição universitária etc.

Nota I. Com respeito à função histórica desempenhada pela concepção fatalista da filosofia da práxis, pode-se fazer o seu elogio fúnebre, reivindicando a sua utilidade para um certo período histórico, mas, justamente por isso, sustentando a necessidade de sepultá-la com todas as honras cabíveis. É possível, na verdade, comparar a sua função à da teoria da graça e da predestinação nos inícios do mundo moderno, teoria que posteriormente, porém, culminou na filosofia clássica alemã e na sua concepção da liberdade como consciência da necessidade. Ela foi um sucedâneo popular do grito "Deus assim o quer"; todavia, mesmo neste plano primitivo e elementar, era o início de uma concepção mais moderna e fecunda do que a contida no "Deus assim o quer" ou na teoria da graça. Será possível que uma nova concepção se apresente "formalmente" em outra roupagem que não na rústica e desordenada da plebe? Todavia, o historiador — com toda a necessária distância — consegue fixar e compreender que os inícios de um novo mundo, sempre ásperos e pedregosos, são superiores à decadência de um mundo em agonia e aos cantos de cisne que ele produz. O desaparecimento do "fatalismo" e do "mecanicismo" indica uma grande reviravolta histórica [...]. [11, § 12; 1, 93-114]

Estabelecido o princípio de que todos os homens são "filósofos", isto é, que entre os filósofos profissionais ou "técnicos" e os demais homens não existe diferença "qualitativa", mas apenas "quantitativa" (e, neste caso, "quantidade" tem um significado bastante particular, que não pode ser confundido com soma aritmética, porque indica maior ou menor "homogeneidade", "coerência", "logicidade" etc., isto é, quantidade de elementos qualitativos), deve-se ver, todavia, em que consiste propriamente esta diferença. Assim, não será exato chamar de "filosofia" qualquer tendência de pensamento, qualquer orientação geral etc., nem mesmo qualquer "concepção do mundo e da vida". O filósofo poderá ser chamado de "operário qualificado" em contraposição aos manuais, mas nem mesmo isso é exato, já que na indústria, além dos operários manuais e dos qualificados, existe o engenheiro, o qual conhece o ofício não apenas praticamente, mas também teórica e historicamente. O filósofo profissional ou técnico não só "pensa" com maior rigor lógico, com maior coerência, com maior espírito de sistema, do que os outros homens, mas conhece toda a história do pensamento, isto é, sabe explicar o desenvolvimento que o pensamento experimentou até ele e é capaz de retomar os problemas a partir do ponto onde eles se encontram após terem sofrido a mais alta tentativa de solução etc. Ele tem, no campo do pensamento, a mesma função que, nos diversos campos científicos, têm os especialistas. Entretanto, existe uma diferença entre o filósofo especialista e os demais especialistas, a saber, a de que o filósofo especialista se aproxima mais dos outros homens do que os demais especialistas. Foi precisamente o ter feito do filósofo especialista uma figura similar, na ciência, aos demais especialistas aquilo que determinou a caricatura do filósofo. Com efeito, é possível imaginar um entomólogo especialista sem que todos os outros homens sejam "entomólogos" empíricos, ou um especialista da trigonometria sem que a maior parte dos outros homens se ocupem da trigonometria etc. (podem-se encontrar ciências refinadíssimas, especializadíssimas, necessárias, mas nem por isso "comuns"), mas é impossível pensar em um homem que não seja também filósofo, que não pense, precisamente porque o pensar é próprio do homem como tal (a menos que seja patologicamente idiota). [10, II, § 52; 1, 410-411]

[O que é filosofia?]. [...] Que devemos entender por filosofia, por filosofia de uma época histórica, e qual é a importância e a significação das filosofias dos filósofos em cada uma destas épocas históricas? Aceita a definição que Benedetto Croce dá de religião — isto é, a de uma concepção do mundo que se transformou em norma de vida, já que norma de vida não se entende em sentido livresco, mas realizada na vida prática —, a maior parte dos homens são filósofos, na medida em que atuam praticamente e nesta sua ação prática (nas linhas diretoras de sua conduta) está contida implicitamente uma concepção do mundo, uma filosofia. A história da filosofia tal como é comumente entendida, isto é, como história das filosofias dos filósofos, é a história das tentativas e das iniciativas ideológicas de uma determinada classe de pessoas para mudar, corrigir, aperfeiçoar as concepções do mundo existentes em todas as épocas determinadas e para mudar, portanto, as normas de conduta que lhes são relativas e adequadas, ou seja, para mudar a atividade prática em seu conjunto. Do ponto de vista que nos interessa, o estudo da história e da lógica das diversas filosofias dos filósofos não é suficiente. Pelo menos como orientação metodológica, deve-se chamar a atenção para as outras partes da história da filosofia; isto é, para as concepções do mundo das grandes massas, para as dos grupos dirigentes (ou intelectuais) mais restritos e, finalmente, para as ligações entre estes vários complexos culturais e a filosofia dos filósofos. A filosofia de uma época não é a filosofia deste ou daquele filósofo, deste ou daquele grupo de intelectuais, desta ou daquela grande parcela das massas populares: é uma combinação de todos estes elementos, culminando em uma determinada direção, na qual essa culminação torna-se norma de ação coletiva, isto é, torna-se "história" concreta e completa (integral). A filosofia de uma época histórica, portanto, não é senão a "história" desta mesma época, não é senão a massa de variações que o grupo dirigente conseguiu determinar na realidade precedente: neste sentido, história e filosofia são inseparáveis, formam um "bloco". Os elementos filosóficos propriamente ditos, porém, podem ser "distinguidos", em todos os seus diversos graus: como filosofia dos filósofos, como concepções dos grupos dirigentes (cultura filosófica) e como religiões das grandes massas;

e pode-se ver como, em cada um destes graus, ocorrem formas diversas de "combinação" ideológica. [10, II, § 17; 1, 325-326]

Quando se pode dizer que uma filosofia tem importância histórica? Muitas pesquisas e estudos sobre a significação histórica das diversas filosofias são absolutamente estéreis e cerebrinos, já que não se leva em conta o fato de que muitos sistemas filosóficos são expressões puramente individuais (ou quase), e que a parte que neles pode ser chamada de histórica é frequentemente mínima e afogada em um complexo de abstrações de origem puramente racional e abstrata. É possível dizer que o valor histórico de uma filosofia pode ser "calculado" a partir da eficácia "prática" que ela conquistou (e "prática" deve ser entendida em sentido amplo). Se é verdade que toda filosofia é a expressão de uma sociedade, ela deveria reagir sobre a sociedade, determinar certos efeitos, positivos e negativos: a medida em que ela reage é justamente a medida da sua importância histórica, de não ser ela "elucubração" individual, mas sim "fato histórico". [7, § 45; 1, 249]

Ideologias. Um elemento de erro na consideração sobre o valor das ideologias, ao que me parece, deve-se ao fato (fato que, ademais, não é casual) de que se dê o nome de ideologia tanto à superestrutura necessária de uma determinada estrutura, como às elucubrações arbitrárias de determinados indivíduos. O sentido pejorativo da palavra tornou-se exclusivo, o que modificou e desnaturou a análise teórica do conceito de ideologia. O processo deste erro pode ser facilmente reconstruído: 1) identifica-se a ideologia como sendo distinta da estrutura e afirma-se que não são as ideologias que modificam a estrutura, mas sim vice-versa; 2) afirma-se que uma determinada solução política é "ideológica", isto é, insuficiente para modificar a estrutura; enquanto crê poder modificá-la, afirma-se que é inútil, estúpida etc.; 3) passa-se a afirmar que toda ideologia é "pura" aparência, inútil; estúpida etc.

É necessário, por conseguinte, distinguir entre ideologias historicamente orgânicas, isto é, que são necessárias a uma determinada estrutura, e ideologias arbitrárias, racionalísticas, "voluntaristas". Enquanto são historicamente necessárias, as ideologias têm uma validade que é validade "psicológica": elas "organizam" as massas humanas, formam o terreno no qual os homens se movimentam, adquirem consciência de sua posição, lutam etc. Enquanto são "arbitrárias", não criam mais do que "movimentos" individuais, polêmicas etc. (nem mesmo estas são completamente inúteis, já que funcionam como o erro que se contrapõe à verdade e a afirma). [7, § 19; 1, 237-238]

O senso comum ou bom-senso. Em que reside, exatamente, o valor do que se costuma chamar de "senso comum" ou "bom-senso"? Não apenas no fato de que, ainda que implicitamente, o senso comum empregue o princípio de causalidade, mas no fato muito mais restrito de que, numa série de juízos, o senso comum identifique a causa exata, simples e à mão, não se deixando desviar por fantasmagorias e obscuridades metafísicas, pseudoprofundas, pseudocientíficas etc. O "senso comum" não podia deixar de ser exaltado nos séculos XVII e XVIII, quando houve uma reação ao princípio de autoridade representado pela Bíblia e por Aristóteles: descobriu-se, com efeito, que no "senso comum" existia uma certa dose de "experimentalismo" e de observação direta da realidade, ainda que empírica e limitada. Também hoje, em casos similares, tem-se o mesmo juízo positivo sobre o senso comum, se bem que a situação tenha se modificado e que o "senso comum" atual seja muito mais limitado em seu valor intrínseco. [10, II, § 48; 1, 402-403]

[Senso comum]. Um trabalho como o *Ensaio popular* [30], destinado essencialmente a uma comunidade de leitores que não são intelectuais de profissão, deveria partir da análise crítica da filosofia do senso comum, que é a "filosofia dos não filósofos", isto é, a concepção do mundo absorvida acriticamente pelos vários ambientes sociais e culturais nos quais se desenvolve a individualidade moral do homem médio. O senso comum não é uma concepção única, idêntica no tempo e no espaço: é o "folclore" da filosofia e, como o folclore, apresenta-se em inumeráveis formas; seu traço fundamental e mais característico é o de ser uma concepção (inclusive nos cérebros individuais) desagregada, incoerente, inconsequente, adequada à posição social e cultural das multidões das quais ele é a filosofia. Quando na história se elabora um grupo social

homogêneo, elabora-se também, contra o senso comum, uma filosofia homogênea, isto é, coerente e sistemática. O *Ensaio popular* se equivoca ao partir (implicitamente) do pressuposto de que, a esta elaboração de uma filosofia original das massas populares, oponham-se os grandes sistemas das filosofias tradicionais e a religião do alto clero, isto é, a concepção do mundo dos intelectuais e da alta cultura. Na realidade, estes sistemas são desconhecidos pelas multidões, não tendo eficácia direta sobre o seu modo de pensar e de agir. Isto não significa, por certo, que eles sejam desprovidos inteiramente de eficácia histórica: mas esta eficácia é de outra natureza. Estes sistemas influem sobre as massas populares como força política externa, como elemento de força coesiva das classes dirigentes, e, portanto, como elemento de subordinação a uma hegemonia exterior, que limita o pensamento original das massas populares de uma maneira negativa, sem influir positivamente sobre elas, como fermento vital de transformação interna do que as massas pensam, embrionária e caoticamente, sobre o mundo e a vida. Os elementos principais do senso comum são fornecidos pelas religiões e, consequentemente, a relação entre senso comum e religião é muito mais íntima do que a relação entre senso comum e sistemas filosóficos dos intelectuais. Mas, também com relação à religião, é necessário distinguir criticamente. Toda religião, inclusive a católica (ou antes, sobretudo a católica, precisamente pelos seus esforços de permanecer "superficialmente" unitária, a fim de não fragmentar-se em igrejas nacionais e em estratificações sociais), é na realidade uma multiplicidade de religiões distintas e frequentemente contraditórias: há um catolicismo dos camponeses, um catolicismo dos pequenos-burgueses e dos operários urbanos, um catolicismo das mulheres e um catolicismo dos intelectuais, também este variado e desconexo. Sobre o senso comum, entretanto, influem não só as formas mais toscas e menos elaboradas destes vários catolicismos atualmente existentes, como influíram também e são componentes do atual senso comum as religiões precedentes e as formas precedentes do atual catolicismo, os movimentos heréticos populares, as superstições científicas ligadas às religões passadas etc.

Predominam no senso comum os elementos "realistas", materialistas, isto é, o produto imediato da sensação bruta, o que, de resto, não está em contradição com o elemento religioso, ao contrário; mas estes elementos são "supersticiosos", acríticos. Eis, portanto, um perigo representado pelo *Ensaio popular*: ele confirma frequentemente estes elementos acríticos, graças aos quais o senso comum é ainda ptolomaico, antropomórfico, antropocêntrico, ao invés de criticá-los cientificamente. [...] A observação de que o *Ensaio popular* [...] critica as filosofias sistemáticas ao invés de partir da crítica do senso comum deve ser entendida como observação metodológica, dentro de certos limites. Por certo, isto não quer dizer que se deva esquecer a crítica às filosofias sistemáticas dos intelectuais. Quando, individualmente, um elemento da massa supera criticamente o senso comum, ele aceita, por este mesmo fato, uma filosofia nova: daí, portanto, a necessidade, numa exposição da filosofia da práxis, da polêmica com as filosofias tradicionais. Aliás, por este seu caráter tendencial de filosofia de massa, a filosofia da práxis só pode ser concebida em forma polêmica, de luta perpétua. Todavia, o ponto de partida deve ser sempre o senso comum, que é espontaneamente a filosofia das multidões, que se trata de tornar ideologicamente homogêneas. [...] [11, § 13; 1, 112-116]]

[Sobre o folclore.] [...] Pode-se dizer que, até agora, o folclore foi preponderantemente estudado como elemento "pitoresco". [...] Seria preciso estudar o folclore, ao contrário, como "concepção do mundo e da vida", em grande medida implícita, de determinados estratos (determinados no tempo e no espaço) da sociedade, em contraposição (também esta, na maioria dos casos, implícita, mecânica, objetiva) às concepções do mundo "oficiais" (ou, em sentido mais amplo, das partes cultas das sociedades historicamente determinadas) que se sucederam no desenvolvimento histórico. (Daí a estreita relação entre folclore e "senso comum", que é o folclore filosófico.) Concepção do mundo não só não elaborada e assistemática — já que o povo (isto é, o conjunto das classes subalternas e instrumentais de toda forma de sociedade que existiu até agora) não pode, por definição, ter concepções elaboradas, sistemáticas e politicamente organizadas e centralizadas em seu (ainda que contraditório) desenvolvimento —, como também múltipla. E múltipla não apenas no sentido de algo diversificado e justaposto, mas

também no sentido de algo estratificado, do mais grosseiro ao menos grosseiro, se é que não se deve até mesmo falar de um aglomerado indigesto de fragmentos de todas as concepções do mundo e da vida que se sucederam na história, da maioria das quais, aliás, somente no folclore é que podem ser encontrados os documentos mutilados e contaminados que sobreviveram.

Também o pensamento e a ciência moderna fornecem continuamente novos elementos ao "folclore moderno", na medida em que certas noções científicas e certas opiniões, subtraídas de seu contexto e mais ou menos desfiguradas, caem continuamente no domínio popular e são "inseridas" no mosaico da tradição [...] O folclore só pode ser compreendido como um reflexo das condições de vida cultural do povo, ainda que certas concepções próprias do folclore ou perdurem mesmo depois que as condições foram (ou pareçam ter sido) modificadas ou, então, deem lugar a combinações bizarras.

Decerto, existe uma "religião do povo", particularmente nos países católicos e ortodoxos, muito diversa da religião dos intelectuais (dos que são religiosos) e muito diversa, em especial, daquela organicamente sistematizada pela hierarquia eclesiástica – embora se possa sustentar que todas as religiões, até mesmo as mais elaboradas e refinadas, são "folclore" com relação ao pensamento moderno, com a diferença capital de que as religiões, e a católica em primeiro lugar, são precisamente "elaboradas e sistematizadas" pelos intelectuais, pela hierarquia eclesiástica e, portanto, apresentam problemas específicos [...] É verdade, assim, que existe uma "moral do povo", entendida como um conjunto determinado (no tempo e no espaço) de máximas para a conduta prática e de costumes que delas derivam ou que as produziram; moral que é estreitamente ligada, tal como a superstição, às reais crenças religiosas: existem imperativos que são muito mais fortes, persistentes e efetivos do que os da "moral" oficial. Também nessa esfera devem-se distinguir diversos estratos: os fossilizados, que refletem condições de vida passada e que são, portanto, conservadores e reacionários; e os que são uma série de inovações, frequentemente criadoras e progressistas, determinadas espontaneamente por formas e condições de vida em processo de desenvolvimento, e que estão em contradição com a moral dos estratos dirigentes, ou são apenas diferentes dela. [...] [27, § 1; 6, 133-135]

[Sobre a linguagem. O "filósofo democrático"] [...] Parece que se possa dizer que "linguagem" é essencialmente um nome coletivo, que não pressupõe uma coisa "única" nem no tempo nem no espaço. Linguagem significa também cultura e filosofia (ainda que no nível do senso comum) e, portanto, o fato "linguagem" é, na realidade, uma multiplicidade de fatos mais ou menos organicamente coerentes e coordenados: no limite, pode-se dizer que todo ser falante tem uma linguagem pessoal e própria, isto é, um modo pessoal de pensar e de sentir. A cultura, em seus vários níveis, unifica uma maior ou menor quantidade de indivíduos em estratos numerosos, mais ou menos em contato expressivo, que se entendem entre si em diversos graus etc. São estas diferenças e distinções histórico-sociais que se refletem na linguagem comum, produzindo os "obstáculos" e as "causas de erro" de que os pragmatistas trataram.

Disto se deduz a importância que tem o "momento cultural" também na atividade prática (coletiva): todo ato histórico não pode deixar de ser realizado pelo "homem coletivo", isto é, pressupõe a conquista de uma unidade "cultural-social" pela qual uma multiplicidade de vontades desagregadas, com fins heterogêneos, solda-se conjuntamente na busca de um mesmo fim, com base numa idêntica e comum concepção do mundo (geral e particular, transitoriamente operante — por meio da emoção — ou permanente, de modo que a base intelectual esteja tão enraizada, assimilada e vivida que possa se transformar em paixão). Já que assim ocorre, revela-se a importância da questão linguística geral, isto é, da conquista coletiva de um mesmo "clima" cultural.

Este problema pode e deve ser aproximado da colocação moderna da doutrina e da prática pedagógicas, segundo as quais a relação entre professor e aluno é uma relação ativa, de vinculações recíprocas, e que, portanto, todo professor é sempre aluno e todo aluno, professor. Mas a relação pedagógica não pode ser limitada às relações especificamente "escolares", através das quais as novas gerações entram em contato com as antigas e absorvem suas experiências e seus valores historicamente necessários, "amadurecendo" e desenvolvendo uma personalidade própria, histórica e culturalmente superior. Esta relação existe em toda a sociedade no seu conjunto e em todo indivíduo com relação aos outros indivíduos, entre camadas intelectuais e não intelectuais, entre governantes e governados, entre elites e seguidores, entre dirigentes e dirigidos, entre vanguardas e corpos de exército. Toda relação de "hegemonia" é necessariamente uma relação pedagógica, que se verifica não apenas no interior de uma nação, entre as diversas forças que a compõem, mas em todo o campo internacional e mundial, entre conjuntos de civilizações nacionais e continentais.

Daí ser possível dizer que a personalidade histórica de um filósofo individual é também dada pela relação ativa entre ele e o ambiente cultural que quer modificar, ambiente que reage sobre o filósofo e, obrigando-o a uma permanente autocrítica, funciona como "professor". Compreende-se assim por que uma das maiores reivindicações das modernas camadas intelectuais no campo político foi a da chamada "liberdade de pensamento e de expressão do pensamento (imprensa e associação)", já que só onde existe esta condição política se realiza a relação de professor-discípulo no sentido mais geral, acima mencionado; e, na realidade, só assim se realiza "historicamente" um novo tipo de filósofo, que se pode chamar de "filósofo democrático", isto é, do filósofo consciente de que a sua personalidade não se limita à sua individualidade física, mas é uma relação social ativa de modificação do ambiente cultural. Quando o "pensador" se contenta com o próprio pensamento, "subjetivamente" livre, isto é, abstratamente livre, é hoje motivo de troça: a unidade entre ciência e vida é precisamente uma unidade ativa, somente nela se realizando a liberdade de pensamento; é uma relação professor-aluno, uma relação entre o filósofo e o ambiente cultural no qual atuar, de onde recolher os problemas que devem ser colocados e resolvidos; ou seja, é a relação filosofia-história. [10, II, § 44; 1, 398-400]

O que é o homem? É esta a primeira e principal pergunta da filosofia. Como respondê-la? A definição pode ser encontrada no próprio homem, isto é, em cada homem singular. Mas é correta? Em cada homem singular, pode-se encontrar o que é cada "homem singular". Mas não nos interessa o que é cada homem singular, o que significa, ademais, o que é cada homem singular em cada momento singular. Se observarmos bem, veremos que, ao colocarmos a pergunta "o que é o homem", queremos dizer: o que é que o homem pode se tornar, isto é, se o homem pode controlar seu próprio destino, se ele pode "se fazer", se pode criar sua própria vida. Digamos, portanto, que o homem é um processo, precisamente o processo de seus atos. Observando ainda melhor, a própria pergunta "o que é o homem" não é uma pergunta abstrata ou "objetiva". Ela nasce do fato de termos refletido sobre nós mesmos e sobre os outros; e de querermos saber, em relação com o que vimos e refletimos, aquilo que somos, aquilo que podemos vir a ser, se realmente e dentro de que limites somos "criadores de nós mesmos", da nossa vida, do nosso destino. E nós queremos saber isto "hoje", nas condições de hoje, da vida "de hoje", e não de uma vida qualquer e de um homem qualquer. A pergunta nasceu e recebeu seu conteúdo de determinadas e especiais maneiras de considerar a vida e o homem. A mais importante delas é a "religião" e uma determinada religião: o catolicismo. Na realidade, ao perguntarmos "que é o homem", qual é a importância que tem a sua vontade e a sua atividade concreta na criação de si mesmo e de sua vida, queremos dizer: "o catolicismo é uma concepção exata do homem e da vida? sendo católicos, isto é, fazendo do catolicismo uma norma de vida, erramos ou acertamos?" Todos têm a vaga intuição de que fazer do catolicismo uma norma de vida é um equívoco, tanto assim que ninguém se atém ao catolicismo como norma de vida, mesmo declarando-se católico. Um católico integral — isto é, que aplicasse em cada ato de sua vida as normas católicas — pareceria um monstro, o que é, se pensarmos bem, a crítica mais rigorosa e mais peremptória do próprio catolicismo. [...] É possível dizer que todas as filosofias que existiram até hoje reproduziram esta posição do catolicismo, isto é, conceberam o homem como indivíduo limitado à sua individualidade e o espírito como sendo esta individualidade. É neste ponto que o conceito do homem deve ser reformado. Ou seja, deve-se conceber o homem como uma série de relações ativas (um processo), no qual, se a individualidade tem a máxima importância, não é todavia o único elemento a ser considerado. A humanidade que se reflete em cada individualidade é composta de diversos elementos: 1) o indivíduo; 2) os outros homens; 3) a natureza. Mas o segundo e o terceiro elementos não são tão simples quanto poderia parecer. O indivíduo não entra em relação com os outros homens por justaposição, mas organicamente, isto é, na medida em que passa a fazer parte de organismos, dos mais simples aos mais complexos. Desta forma, o homem não entra em relações com a natureza simplesmente pelo fato de ser ele mesmo natureza, mas ativamente, por meio do trabalho e da técnica. E mais: estas relações não são mecânicas. São ativas e conscientes, ou seja, correspondem a um grau maior ou menor de inteligibilidade que delas tenha o homem individual. Daí ser possível dizer que cada um transforma a si mesmo, modifica-se, na medida em que transforma e modifica todo o conjunto de relações do qual ele é o centro estruturante. Neste sentido, o verdadeiro filósofo é — e não pode deixar de ser — nada mais do que o político, isto é, o homem ativo que modifica o ambiente, entendido por ambiente o conjunto das relações de que todo indivíduo faz parte. Se a própria individualidade é o conjunto destas relações, construir uma personalidade significa adquirir consciência destas relações; modificar a própria personalidade significa modificar o conjunto destas relações. Mas estas relações, como vimos, não são simples. Enquanto algumas delas são necessárias, outras são voluntárias. Além disso, ter consciência mais ou menos profunda delas (isto é, conhecer mais ou menos o modo pelo qual elas podem ser modificadas) já as modifica. As próprias relações necessárias, na medida em que são conhecidas em sua necessidade, mudam de aspecto e de importância. Neste sentido, o conhecimento é poder. Mas o problema é complexo também por um outro aspecto: não é suficiente conhecer o conjunto das relações enquanto existem em um dado momento como um dado sistema, mas importa conhecê-los geneticamente, em seu movimento de formação, já que todo indivíduo é não somente a síntese das relações existentes, mas também da história destas relações, isto é, o resumo de todo o passado. Dir-se-á que o que cada indivíduo pode modificar é muito pouco, com relação às suas forças. Isto é verdadeiro apenas até um certo ponto, já que o indivíduo pode associar-se com todos os que querem a mesma modificação; e, se esta modificação é racional, o indivíduo pode multiplicar-se por um elevado número de vezes, obtendo uma modificação bem mais radical do que à primeira vista parecia possível.

As sociedades das quais um indivíduo pode participar são muito numerosas, mais do que possa parecer. É através destas "sociedades" que o indivíduo faz parte do gênero humano. Por conseguinte, são múltiplas as maneiras pelas quais o indivíduo entra em relação com a natureza, já que, por técnica, deve-se entender não só o conjunto de noções científicas aplicadas na indústria como habitualmente se entende, mas também os instrumentos "mentais", o conhecimento filosófico.

É um lugar-comum a afirmação de que o homem não pode ser concebido senão como vivendo em sociedade; todavia, não se extraem de tal afirmação todas as consequências necessárias, inclusive individuais: que uma determinada sociedade humana pressupõe uma determinada sociedade das coisas e que a sociedade humana só é possível enquanto existe uma determinada sociedade das coisas é também um lugar-comum. Na verdade, até agora, estes organismos supraindividuais têm recebido uma significação mecanicista e determinista (tanto a *societas hominum* como a *societas rerum*); daí a reação. É necessário elaborar uma doutrina na qual todas estas relações sejam ativas e dinâmicas, fixando bem claramente que a sede desta atividade é a consciência do homem individual que conhece, quer, admira, cria, na medida em que já conhece, quer, admira; cria etc.; e do homem que se concebe não isoladamente, mas repleto de possibilidades oferecidas pelos outros homens e pela sociedade das coisas, da qual não pode deixar de ter um certo conhecimento. (Assim como todo homem é filósofo, todo homem é cientista.) [10. II, § 54; 1, 411-415]

Progresso e devir. Trata-se de duas coisas diversas ou de aspectos diversos de um mesmo conceito? O progresso é uma ideologia, o devir é uma concepção filosófica. O "progresso" depende de uma determinada mentalidade, de cuja constituição participam certos elementos culturais historicamente determinados; o "devir" é um conceito filosófico, do qual pode estar ausente o "progresso". Na ideia de progresso, está subentendida a possibilidade de uma mensuração quantitativa e qualitativa: mais e melhor. Supõe-se, portanto, uma medida "fixa" ou fixável, mas esta medida é dada pelo passado, por uma certa fase do passado, ou por certos aspectos mensuráveis etc. (Não que se deva pensar em um sistema métrico do progresso.) Como nasceu a ideia de progresso? Este nascimento representa um fato cultural fundamental, chamado a marcar época? Creio que sim. O nascimento e o desenvolvimento da ideia de progresso correspondem à consciência difusa de que se atingiu uma certa relação entre a sociedade e a natureza (incluindo no conceito de natureza o de acaso e o de "irracionalidade"), relação tal que os homens, em seu conjunto, estão mais seguros quanto ao seu futuro, podendo conceber "racionalmente" planos globais para sua vida. [...] É indubitável que o progresso foi uma ideologia democrática, bem como é também indubitável que tenha servido politicamente à formação dos modernos Estados constitucionais etc. Igualmente é incontestável que ela já não mais está hoje em seu auge. Mas em que sentido? Não no sentido de que se tenha perdido a fé na possibilidade de dominar racionalmente a natureza e o acaso, mas no sentido "democrático"; ou seja, no de que os "portadores" oficiais do progresso tornaram-se incapazes deste domínio, já que suscitaram forças destruidoras atuais tão perigosas e angustiantes quanto as do passado (hoje "socialmente" esquecidas, mas não por todos os elementos sociais, já que os camponeses continuam a não compreender o "progresso", isto é, acreditam estar — e o estão realmente em grande medida — sob o domínio das forças naturais e do acaso, conservando portanto uma mentalidade "mágica", medieval, "religiosa"), tais como as "crises", o desemprego etc. A crise da ideia de progresso, portanto, não é uma crise da ideia em si, mas uma crise dos portadores dessa ideia, os quais se tornaram, eles mesmos, uma "natureza" que deve ser dominada. Os ataques à ideia de progresso, nesta situação, são muito interessados e tendenciosos.

[...] A questão é sempre a mesma: o que é o homem? O que é a natureza humana? Se se define o homem como indivíduo, psicológica e especulativamente, estes problemas do progresso e do devir são insolúveis ou puramente verbais. Se se concebe o homem como o conjunto das relações sociais, entretanto, revela-se que toda comparação no tempo entre homens é impossível, já que se trata de coisas diversas, se não mesmo heterogêneas. Por outro lado, dado que o homem é também o conjunto das suas condições de vida, pode-se medir quantitativamente a diferença entre o passado e o presente, já que é possível medir a medida em que o homem domina a natureza e o acaso. A possibilidade não é *a* realidade, mas é, também ela, *uma* realidade: que o homem possa ou não possa fazer determinada coisa tem importância na avaliação daquilo que realmente se faz. Possibilidade quer dizer "liberdade". A medida das liberdades entra no conceito de homem. Que existam as possibilidades objetivas de não se morrer de fome e que, mesmo assim, se morra de fome, é algo que, ao que parece, tem sua importância. Mas a existência das condições objetivas — ou possibilidade, ou liberdade — ainda não é suficiente: é necessário "conhecê-las" e saber utilizá-las. Querer utilizá-las. O homem, neste sentido, é vontade concreta, isto é, aplicação efetiva do querer abstrato ou do impulso vital aos meios concretos que realizam esta vontade. Cria-se a própria personalidade: 1) dando uma direção determinada e concreta ("racional") ao próprio impulso vital ou vontade; 2) identificando os meios que tornam esta vontade concreta e determinada e não arbitrária; 3) contribuindo para modificar o conjunto das condições concretas que realizam esta vontade, na medida de suas próprias forças e da maneira mais frutífera. O homem deve ser concebido como um bloco histórico de elementos puramente subjetivos e individuais e de elementos de massa e objetivos ou materiais, com os quais o indivíduo está em relação ativa. Transformar o mundo exterior, as relações gerais, significa fortalecer a si mesmo, desenvolver a si mesmo. É uma ilusão e um erro supor que o "melhoramento" ético seja puramente individual: a síntese dos elementos constitutivos da individualidade é "individual", mas ela não se realiza e desenvolve sem uma atividade para fora, transformadora das relações externas, desde aquelas com a natureza e com os outros homens em vários níveis, nos diversos círculos em que se vive, até à relação máxima, que abarca todo o gênero humano. Por isso, é possível dizer que o homem é essencialmente "político", já que a atividade para transformar e dirigir conscientemente os outros homens realiza a sua "humanidade", a sua "natureza humana". [10, II, § 48; 1, 402-407]

•

[Crítica ao historicismo de Croce] O historicismo de Croce seria, portanto, nada mais do que uma forma de moderantismo político, que coloca como único método de ação política aquele no qual o progresso e o desenvolvimento histórico resultam da dialética de conservação e

inovação. Na linguagem moderna, esta concepção se chama reformismo. [...] Mas este historicismo próprio de moderados e reformistas não é de modo algum uma teoria científica, o "verdadeiro" historicismo; é somente o reflexo de uma tendência prático-política, uma ideologia no sentido pejorativo. De fato, por que a "conservação" deve ser precisamente aquela determinada "conservação", aquele determinado elemento do passado? E por que se será "irracionalista" e "anti-historicista" se não se conservar precisamente aquele determinado elemento? Na realidade, se é verdade que o progresso é dialética de conservação e inovação, e a inovação conserva o passado ao superá-lo, é igualmente verdade que o passado é uma coisa complexa, um conjunto de vivo e morto, no qual a escolha não pode ser feita arbitrariamente, *a priori*, por um indivíduo ou por uma corrente política. Se a escolha foi realizada de tal modo (no papel), não pode se tratar de historicismo, mas de um ato arbitrário de vontade, da manifestação de uma tendência político-prática unilateral, que não pode servir de fundamento a uma ciência, mas somente a uma ideologia política imediata. O que será conservado do passado no processo dialético não pode ser determinado *a priori*, mas resultará do próprio processo, terá um caráter de necessidade histórica e não de escolha arbitrária por parte dos chamados cientistas e filósofos. E, de resto, deve-se observar que a força inovadora, enquanto ela própria não é um fato arbitrário, não pode deixar de já estar imanente no passado, não pode deixar de ser, ela mesma, em certo sentido, o passado, um elemento do passado, o que do passado está vivo e em desenvolvimento; ela mesma é conservação-inovação, contém em si todo o passado digno de desenvolver-se e perpetuar-se. Para esta espécie de historicistas moderados (e moderado é entendido aqui no sentido político, de classe, isto é, daquelas classes que atuam na restauração, após 1815 e 1848), irracional era o jacobinismo, anti-história era igual a jacobinismo. Mas quem poderá jamais provar historicamente que os jacobinos foram guiados apenas pelo arbítrio? E não é hoje uma proposição histórica banal a de que nem Napoleão, nem a Restauração, destruíram os "fatos consumados" pelos jacobinos? Ou, talvez, o anti-historicismo dos jacobinos resida no fato de que, de suas iniciativas, não se "conservaram" 100%, mas apenas um certo percentual? Não parece ser plausível sustentar isto, já que a história não se reconstrói com cálculos matemáticos e, ademais, nenhuma força inovadora se realiza imediatamente, mas sim como racionalidade e irracionalidade, arbítrio e necessidade, como "vida", isto é, com todas as debilidades e as forças da vida, com suas contradições e suas antíteses. [...]

Deve-se ver se, a seu modo, o historicismo crociano não seria uma forma, habilmente mascarada, de história com uma meta predeterminada, como é o caso de todas as concepções liberais reformistas. Se é possível afirmar, genericamente, que a síntese conserva o que é ainda vital da tese, superada pela antítese, não é possível afirmar, sem arbítrio, o que será conservado, o que *a priori* se considera como vital, sem com isso cair no ideologismo, na concepção de uma história com uma meta predeterminada. O que, segundo Croce, deve ser conservado da tese, já que é vital? Não sendo, senão raramente, um político prático, Croce evita cuidadosamente qualquer enumeração de instituições práticas e de concepções programáticas a ser consideradas como "intocáveis"; todavia, elas podem ser deduzidas do conjunto de sua obra. Mas, ainda que nem isto fosse factível, restaria sempre a afirmação de que é "vital" e intocável a forma liberal do Estado, isto é, a forma que garante a qualquer força política o direito de movimentar-se e lutar livremente. Mas como é possível confundir este fato empírico com o conceito de liberdade, isto é, de história? Como exigir que as forças em luta "moderem" esta luta dentro de certos limites (os limites da conservação do Estado liberal), sem com isso cair no arbitrário ou na meta preconcebida? Na luta, "os golpes não são dados de comum acordo", e toda antítese deve necessariamente colocar-se como antagonista radical da tese, tendo mesmo o objetivo de destruí-la e substituí-la completamente. Conceber o desenvolvimento histórico como um jogo esportivo, com seu árbitro e suas normas preestabelecidas a ser lealmente respeitadas, é uma forma de história com uma meta predeterminada, na qual a ideologia não se funda sobre o "conteúdo" político, mas sobre a forma e o método da luta. É uma ideologia que tende a enfraquecer a antítese, a fragmentá-la numa longa série de momentos, isto é, a reduzir a dialética a um processo de evolução reformista "revolução-restauração", na qual apenas o segundo termo é válido, já que se trata de consertar continuamente (de fora) um organismo que não possui internamente os motivos próprios de saúde. [...] [10, II, § 41, XIV-XVI; 1, 393-396]

Liberdade-disciplina. O conceito de liberdade deve ser acompanhado pelo de responsabilidade que gera a disciplina, e não imediatamente a disciplina, que neste caso se compreende como imposta de fora, como limitação forçada da liberdade. Responsabilidade contra arbítrio individual: só é liberdade aquela "responsável", ou seja, "universal", na medida em que se propõe como aspecto individual de uma "liberdade" coletiva ou de grupo, como expressão individual de uma lei. [6, § 11; 1, 234]

A "liberdade" como identidade de história e de espírito e a "liberdade" como religião-superstição, como ideologia imediatamente circunstanciada, como instrumento prático de governo. Se a história é a história da liberdade, segundo a proposição de Hegel, a fórmula é válida para a história de todo o gênero humano de qualquer época e de qualquer lugar; é liberdade também a história das satrapias orientais. Então, liberdade significa apenas "movimento", desenvolvimento, dialética. Também a história das satrapias orientais foi liberdade, já que foi movimento e desenvolvimento, tanto que as satrapias desmoronaram. E mais: a história é liberdade enquanto é luta entre liberdade e autoridade, entre revolução e conservação, luta na qual a liberdade e a revolução continuamente prevalecem sobre a autoridade e a conservação. Mas, neste caso, toda corrente e todo partido não são expressões da liberdade, momentos dialéticos do processo da liberdade? [...] [10, I, § 10; 1, 300]

Liberdade e "automatismo" (ou racionalidade). Estão em contradição a liberdade e o chamado automatismo? O automatismo está em contradição com o arbítrio, não com a liberdade. O automatismo é uma liberdade de grupo, em oposição ao arbítrio individualista. Quando Ricardo dizia que, "dadas tais condições", haverá tais consequências em economia, não tornava "determinista" a própria economia, nem sua concepção era "naturalista". Observava que, dada a atividade solidária e coordenada de um grupo social, que opera segundo determinados princípios aceitos por convicção (livremente) em vista de certos fins, tem-se um desenvolvimento que se pode chamar de automático e que pode ser considerado como expressão de certas leis reconhecíveis e isoláveis com o método das ciências exatas. Em cada momento existe uma escolha livre, que ocorre segundo certas linhas diretivas idênticas para uma grande massa de indivíduos ou vontades singulares, na medida em que estas se tornaram homogêneas em um determinado clima ético-político. Não se trata de afirmar que todas atuam da mesma maneira: ao contrário, os arbítrios individuais são múltiplos, mas a parte homogênea predomina e "dita lei". Se o arbítrio se generaliza, não é mais arbítrio, mas deslocamento da base do "automatismo", nova racionalidade. Automatismo não é nada mais do que racionalidade; mas, na palavra "automatismo", há a tentativa de fornecer um conceito despojado de qualquer aura especulativa: é possível que a palavra racionalidade termine por ser empregada para o automatismo nas operações humanas, enquanto "automatismo" voltará a indicar o movimento das máquinas, que se tornam "automáticas" após a intervenção do homem e cujo automatismo é somente uma metáfora verbal, tal como nas operações humanas. [10, II, § 8; 1, 316-317]

Juízo sobre as filosofias passadas. A superficial crítica ao subjetivismo no *Ensaio popular* insere-se numa questão mais geral, a saber, a da atitude em face das filosofias e dos filósofos do passado. Julgar todo o passado filosófico como um delírio e uma loucura não é apenas um erro de anti-historicismo, já que contém a anacrônica pretensão de que no passado se devesse pensar como hoje, mas é um verdadeiro resíduo de metafísica, já que supõe um pensamento dogmático válido em todas os tempos e em todos os países, através do qual se julga todo o passado. O anti-historicismo metodológico não é senão a metafísica. O fato de que os sistemas filosóficos passados tenham sido superados não exclui a possibilidade de terem sido válidos historicamente e de terem desempenhado uma função necessária: sua caducidade deve ser considerada do ponto de vista do desenvolvimento histórico global e da dialética real; que eles fossem *dignos* de perecer não é um juízo moral ou de profilaxia do pensamento, emitido de um ponto de vista "objetivo", mas um juízo dialético-histórico. Pode-se comparar com a apresentação feita por Engels da proposição hegeliana segundo a qual "tudo o que é racional é real e o que é real é racional", proposição que será válida também para o passado. [31] [...] [11, § 18; 1, 135]

Teoria e prática. Já que toda ação é o resultado de vontades diversas, com diverso grau de intensidade, de consciência, de homogeneidade com o inteiro conjunto da vontade coletiva, é claro que também a teoria correspondente e implícita será uma combinação de crenças e pontos de vista igualmente desarticulados e heterogêneos. Todavia, existe adesão completa da teoria à prática, nestes limites e nestes termos. Se se coloca o problema de identificar teoria e prática, coloca-se neste sentido: no de construir, com base numa determinada prática, uma teoria que, coincidindo e identificando-se com os elementos decisivos da própria prática, acelere o processo histórico em ato, tornando a prática mais homogênea, coerente, eficiente em todos os seus elementos, isto é, elevando-a à máxima potência; ou então, dada uma certa posição teórica, no de organizar o elemento prático indispensável para que esta teoria seja colocada em ação. A identificação de teoria e prática é um ato crítico, pelo qual se demonstra que a prática é racional e necessária ou que a teoria é realista e racional. Daí porque o problema da identidade de teoria e prática se coloca especialmente em determinados momentos históricos, chamados "de transição", isto é, de mais rápido movimento de transformação, quando realmente as forças práticas desencadeadas demandam a sua justificação a fim de serem mais eficientes e expansivas, ou quando se multiplicam os programas teóricos que demandam, também eles, a sua justificação realista, na medida em que demonstram a sua possibilidade de assimilação por movimentos práticos, que só assim se tornam mais práticos e reais. [15, § 22; 1, 260]

Contra o bizantinismo. Pode-se chamar de bizantinismo ou escolasticismo a tendência degenerativa a tratar as chamadas questões teóricas como se tivessem um valor em si mesmas, independentemente de qualquer prática determinada. [...] Põe-se a seguinte questão: se uma verdade teórica descoberta na relação com uma determinada prática pode ser generalizada e considerada como universal numa época histórica. A prova da sua universalidade consiste precisamente naquilo em que ela se converte: 1) estímulo para conhecer melhor a realidade efetiva num ambiente diverso daquele onde foi descoberta, residindo nisso seu primeiro grau de fecundidade; 2) tendo ajudado e estimulado essa melhor compreensão da realidade efetiva, incorpora-se a essa realidade mesma como se fosse uma sua expressão originária. Nessa incorporação reside sua concreta universalidade, e não meramente em sua coerência lógica e formal, nem em ser um instrumento polêmico útil para confundir o adversário. Em suma, deve sempre valer o princípio de que as ideias não nascem de outras ideias, de que as filosofias não são geradas por outras filosofias, mas são expressão sempre renovada do desenvolvimento histórico real. A unidade da história, o que os idealistas chamam de unidade do espírito, não é um pressuposto, mas um contínuo e progressivo fazer-se. Igualdade de realidade efetiva determina identidade de pensamento e não vice-versa. Disso se deduz ainda que toda verdade, mesmo sendo universal e mesmo podendo ser expressa mediante uma fórmula abstrata, de tipo matemático (para a tribo dos teóricos), deve sua eficácia ao fato de ter sido expressa nas linguagens das situações concretas particulares: se não é expressável em línguas particulares, é uma abstração bizantina e escolástica, boa para o passatempo dos ruminadores de frases. [9, § 66; 1, 255]

Ética. A máxima de E. Kant — "Atua de tal maneira que a tua conduta possa tornar-se, em condições similares, uma norma para todos os homens" — é menos simples e óbvia do que à primeira vista pode parecer [32]. O que se entende por "condições similares"? As condições imediatas nas quais se atua, ou as condições gerais complexas e orgânicas, cujo conhecimento requer uma investigação longa e criticamente elaborada? (Fundamento na ética socrática, na qual a vontade — moral — tem sua base no intelecto, na sabedoria, pelo que a má ação é devida à ignorância etc., e a busca do conhecimento crítico é a base de uma moral superior ou da moral pura e simplesmente.) A máxima kantiana pode ser considerada como um truísmo, já que é difícil encontrar alguém que não atue acreditando encontrar-se nas condições em que todos atuariam como ele. Quem rouba por fome acredita que quem tem fome também roubaria; quem mata a mulher infiel acredita que todos os maridos traídos deveriam matar etc. Só os "loucos" em sentido clínico atuam sem acreditar que estão atuando corretamente. A questão está ligada a outras: 1) cada qual é indulgente consigo mesmo, já que, quando atua "inconformisticamente", conhece o mecanismo de suas sensações e de seus juízos, da cadeia de causas e efeitos que o levaram a atuar, enquanto para os outros é rigorista, pois não conhece a vida interior deles; 2) cada qual atua de acordo com a sua cultura, isto é, com a cultura do seu ambiente, e "todos os homens" são para ele seu ambiente, aqueles que pensam do mesmo modo que ele: a máxima de Kant pressupõe uma única cultura, uma única religião, um conformismo "mundial". A objeção que não me parece exata é a de que não existem "condições similares", já que entre as condições está compreendido aquele que atua, a sua individualidade etc.

É possível dizer que a máxima de Kant está ligada a seu tempo, ao iluminismo cosmopolita e à concepção crítica do autor, isto é, está ligada à filosofia dos intelectuais como camada cosmopolita. Portanto, aquele que atua é o portador das "condições similares", ou seja, o criador delas: isto é, ele "deve" atuar segundo um "modelo" que gostaria de ver difundido entre todos os homens, segundo um tipo de civilização pelo advento da qual trabalha ou por cuja conservação "resiste" contra as forças desagregadoras etc. [11, § 58; 1, 200-201]

2. A FILOSOFIA DA PRÁXIS

Historicidade da filosofia da práxis [33]. Que a filosofia da práxis conceba a si mesma de um modo historicista, isto é, como uma fase transitória do pensamento filosófico, esta concepção, além de estar implícita em todo o seu sistema, resulta explicitamente da conhecida tese segundo a qual o desenvolvimento histórico se caracterizará, em determinado ponto, pela passagem do reino da necessidade ao reino da liberdade [34]. Todas as filosofias (os sistemas filosóficos) que existiram até hoje foram a manifestação das íntimas contradições que dilaceraram a sociedade. Mas cada sistema filosófico, tomado em si mesmo, não foi a expressão consciente destas contradições, já que tal expressão só poderia ser dada pelo conjunto dos sistemas em luta entre si. Todo filósofo está e não pode deixar de estar convencido de que expressa a unidade do espírito humano, isto é, a unidade da história e da natureza; de fato, se tal convicção não existisse, os homens não atuariam, não criariam uma nova história, isto é, as filosofias não poderiam transformar-se em "ideologias", não poderiam assumir na prática a granítica e fanática solidez daquelas "crenças populares" que têm a mesma energia das "forças materiais" [35].

Hegel representa, na história do pensamento filosófico, um papel especial; e isto porque, em seu sistema, de um modo ou de outro, ainda que na forma de "romance filosófico", consegue-se compreender o que é a realidade, isto é, tem-se, num só sistema e num só filósofo, aquele conhecimento das contradições que, antes dele, resultava do conjunto dos sistemas, do conjunto dos filósofos em polêmica entre si, em contradição entre si.

Em certo sentido, portanto, a filosofia da práxis é uma reforma e um desenvolvimento do hegelianismo, é uma filosofia liberada (ou que busca liberar-se) de qualquer elemento ideológico unilateral e fanático, é a consciência plena das contradições, na qual o próprio filósofo, entendido individualmente ou como grupo social global, não só compreende as contradições, mas coloca a si mesmo como elemento da contradição, eleva este elemento a princípio de conhecimento e, consequentemente, de ação. O "homem em geral" é negado, qualquer que seja a forma em que se apresente, e todos os conceitos dogmaticamente "unitários" são ridicularizados e destruídos enquanto expressões do conceito de homem em geral ou "natureza humana" imanente em cada homem.

Todavia, se também a filosofia da práxis é uma expressão das contradições históricas — aliás, é sua expressão mais completa porque consciente —, isto significa que ela está também ligada à "necessidade" e não à "liberdade", a qual não existe e ainda não pode existir historicamente. Assim, se se demonstra que as contradições desaparecerão, demonstra-se implicitamente que também desaparecerá, isto é, será superada, a filosofia da práxis: no reino da "liberdade", o pensamento e as ideias não mais poderão nascer no terreno das contradições e da necessidade de luta. Atualmente, o filósofo (da práxis) pode fazer apenas esta afirmação genérica, sem poder ir mais além; de fato, ele não pode se evadir do atual terreno das contradições, não pode afirmar, a não ser genericamente, um mundo sem contradições, sem com isso criar imediatamente uma utopia.

Isto não significa que a utopia não possa ter um valor filosófico, já que ela tem um valor político e toda política é implicitamente uma filosofia, ainda que desconexa e apenas esboçada. Neste sentido, a religião é a mais gigantesca utopia, isto é, a mais gigantesca "metafísica" que já apareceu na história, já que ela é a mais grandiosa tentativa de conciliar em forma mitológica as contradições reais da vida histórica: ela afirma, na verdade, que o homem tem a mesma "natureza", que existe o homem em geral, enquanto criado por Deus, filho de Deus, sendo por isso irmão dos outros homens, igual aos outros homens, livre entre os outros e da mesma maneira que os outros, e que ele pode se conceber desta forma espelhando-se em Deus, "autoconsciência" da humanidade; mas afirma também que nada disto pertence a este mundo e ocorrerá neste mundo, mas em um outro (— utópico —). Assim, as ideias de igualdade, liberdade e fraternidade fermentam entre os homens, entre os homens que não se veem nem iguais, nem irmãos de outros homens, nem livres em face deles. Ocorreu assim que, em toda sublevação radical das multidões, de um modo ou de outro, sob formas e ideologias determinadas, foram colocadas estas reivindicações.

[...] Se a filosofia da práxis afirma teoricamente que toda "verdade" tida como eterna e absoluta teve origens práticas e representou um valor "provisório" (historicidade de toda concepção do mundo e da vida), é muito difícil fazer compreender "praticamente" que tal interpretação é válida também para a própria filosofia da práxis, sem com isso abalar as convicções que são necessárias para a ação. Esta é, ademais, uma dificuldade que se apresenta para qualquer filosofia historicista: os polemistas baratos (notadamente os católicos) abusam de tal dificuldade para contrapor, no mesmo indivíduo, o "cientista" ao "demagogo", o filósofo ao homem de ação etc., e para deduzir que o historicismo conduz necessariamente ao ceticismo moral e à depravação. Desta dificuldade, nascem, nos pequenos homens, muitos "dramas" de consciência e, nos grandes, as atitudes "olímpicas" à Wolfgang Goethe.

Daí por que a proposição da passagem do reino da necessidade ao da liberdade deve ser analisada e elaborada com muita finura e sutileza.

Por isto, ocorre também que a própria filosofia da práxis tende a se transformar numa ideologia no sentido pejorativo, isto é, num sistema dogmático de verdades absolutas e eternas; particularmente quando, como no *Ensaio popular*, ela é confundida com o materialismo vulgar, com a metafísica da "matéria", que não pode deixar de ser eterna e absoluta. Deve-se dizer, também, que a passagem da necessidade para a liberdade ocorre na sociedade dos homens e não na natureza (se bem que poderá ter consequências sobre a intuição da natureza, sobre as opiniões científicas etc.)

É possível até mesmo chegar-se à afirmação de que, enquanto todo o sistema da filosofia da práxis pode se tornar caduco em um mundo unificado, muitas concepções idealistas (ou, pelo menos, alguns de seus aspectos), que são utópicas durante o reino da necessidade, poderão se tornar "verdades" após a passagem etc. É impossível falar de "espírito" quando a sociedade é constituída por grupos, a não ser que se conclua necessariamente tratar-se de ... espírito de grupo; [...] mas, quando ocorrer a unificação, será possível falar etc. [11, § 62; 1, 203-207]

Produção de novas Weltanschauungen [36], que fecunda e alimenta a cultura de uma idade histórica, e produção filosoficamente orientada de acordo com as *Weltanschauungen* originais. Marx é um criador de *Weltanschauung*; mas qual é a posição de Ilitch [37]? É meramente subordinada e subalterna? A explicação reside no próprio marxismo — ciência e ação. Passagem da utopia à ciência e da ciência à ação [...] A fundação de uma classe dirigente (isto é, de um Estado) equivale à criação de uma *Weltanschauung*. Como deve ser entendida a afirmação de que o proletariado alemão é o herdeiro da filosofia clássica alemã [38]? Não quereria Marx indicar a função histórica da sua filosofia, transformada em teoria de uma classe que se transfomaria em Estado? Para Ilitch, isto realmente aconteceu em um determinado território. Em outro local, assinalei a importância filosófica do conceito e da realidade da hegemonia, devidos a Ilitch [39]. A hegemonia realizada significa a crítica real de uma filosofia, sua real dialética. [...]

Marx inicia intelectualmente uma época histórica que provavelmente durará séculos, isto é, até o desaparecimento da sociedade política e o advento da sociedade regulada [40]. Somente quando isto ocorrer, a sua concepção do mundo será superada (concepção da necessidade, superada pela concepção da liberdade). Traçar um paralelo entre Marx e Ilitch, buscando determinar uma hierarquia, não tem sentido e é ocioso; eles expressam duas fases: ciência-ação, que são simultaneamente homogêneas e heterogêneas. Da mesma forma, historicamente, seria absurdo um paralelo entre Cristo e São Paulo: Cristo-*Weltanschauung*, São Paulo-organização, ação, expansão da *Weltanschauung*; ambos são necessários na mesma medida, mas têm uma mesma estatura histórica. O cristianismo poderia ser chamado, historicamente, cristianismo-paulismo, e esta seria a expressão mais exata (apenas a crença na divindade de Cristo impediu que isto ocorresse, mas esta crença é também apenas um elemento histórico e não teórico). [7, § 33; 1, 242-243]

[A filosofia da práxis como coroamento da história precedente.] 1) Hegemonia da cultura ocidental sobre toda a cultura mundial. Mesmo admitindo que outras culturas tiveram importância e significação no processo de unificação "hierárquica" da civilização mundial (e, por certo, isto deve ser admitido inequivocamente), elas tiveram valor universal na medida em que se tornaram elementos constitutivos da cultura europeia, a única histórica ou concretamente universal, isto é, na medida em que contribuíram para o processo do pensamento europeu e foram por ele assimiladas.

2) Mas também a cultura europeia sofreu um processo de unificação e, no momento histórico que nos interessa, culminou em Hegel e na crítica ao hegelianismo.

3) Dos dois primeiros pontos, resulta que se leva em conta o processo cultural que se encarna nos intelectuais; não cabe tratar das culturas populares, para as quais é impossível falar de elaboração crítica e de processo de desenvolvimento.

4) Tampouco se deve falar dos processos culturais que culminam na atividade real, como se verificou na França do século XVIII; ou, pelo menos, só se deve falar deles em conexão com o processo que culminou em Hegel e na filosofia clássica alemã, como uma comprovação "prática", no sentido já várias vezes e alhures mencionado, a saber, no da recíproca

tradutibilidade dos dois processos, um, o francês, político-jurídico, o outro, o alemão, teórico-especulativo.

5) Da decomposição do hegelianismo resulta o início de um novo processo cultural, de caráter diverso dos precedentes, isto é, no qual se unificam o movimento prático e o pensamento teórico (ou buscam unificar-se, através de uma luta teórica e prática).

6) Não é relevante o fato de que este novo movimento tenha seu berço em obras filosóficas medíocres, ou, pelo menos, não em obras-primas filosóficas. O que é relevante é o nascimento de uma nova maneira de conceber o homem e o mundo, e que essa concepção não mais seja reservada aos grandes intelectuais, mas tenda a se tornar popular, de massa, com caráter concretamente mundial, modificando (ainda que através de combinações híbridas) o pensamento popular, a mumificada cultura popular.

7) Que tal início resulte da confluência de vários elementos, aparentemente heterogêneos, não causa espanto: Feuerbach como crítico de Hegel, a escola de Tübingen como afirmação da crítica histórica e filosófica da religião etc. Aliás, deve-se notar que uma transformação tão radical não podia deixar de ter vinculações com a religião.

8) A filosofia da práxis como resultado e coroamento de toda a história precedente. Da crítica ao hegelianismo, nascem o idealismo moderno e a filosofia da práxis. O imanentismo hegeliano torna-se historicismo; mas só é historicismo absoluto com a filosofia da práxis, historicismo absoluto ou humanismo absoluto. (Equívoco do ateísmo e equívoco do deísmo em muitos idealistas modernos: é evidente que o ateísmo é uma forma puramente negativa e infecunda, a não ser que seja concebido como um período de pura polêmica literária popular.) [15, § 61; 1, 263-265]

[...] *[Filosofia da práxis e sociologia]* [...] Que é a filosofia? Em que sentido uma concepção do mundo pode se chamar filosofia? Como tem sido concebida, até nossos dias, a filosofia? A filosofia da práxis inova esta concepção? Que significa uma filosofia "especulativa"? A filosofia da práxis poderá algum dia ter uma forma especulativa? Que relações existem entre as ideologias, as concepções do mundo e as filosofias? Quais são, ou devem ser, as relações entre teoria e prática? Como são concebidas estas relações pelas filosofias tradicionais? etc. etc. A resposta a estas e a outras perguntas constitui a "teoria" da filosofia da práxis.

No *Ensaio popular,* nem sequer está justificada coerentemente a premissa implícita na exposição e referida explicitamente em algum lugar, de modo casual, segundo a qual a *verdadeira* filosofia é o materialismo filosófico e a filosofia da práxis é uma pura "sociologia". Que significa, realmente, esta afirmação? Se ela fosse verdadeira, significaria que a teoria da filosofia da práxis seria o materialismo filosófico. Mas, neste caso, que significa a afirmação de que a filosofia da práxis é uma sociologia? E o que seria esta sociologia? Uma ciência da política e da historiografia? Ou, então, uma coletânea sistemática e classificada segundo uma certa ordem de observações puramente empíricas sobre a arte política e de cânones externos de investigação histórica?

[...] De fato, coloca-se a questão do que seja a "sociologia". Não é ela uma tentativa de elaborar uma chamada ciência exata (isto é, positivista) dos fatos sociais, ou seja, da política e da história? Ou seja, um embrião de filosofia? Não terá a sociologia se proposto realizar algo semelhante à filosofia da práxis? Contudo, entendamo-nos: a filosofia da práxis nasceu sob a forma de aforismos e de critérios práticos por um mero acaso, a saber, porque o seu fundador dedicou sistematicamente as suas forças intelectuais a outros problemas, notadamente econômicos; nestes critérios práticos e nestes aforismos, contudo, está implícita toda uma concepção do mundo, uma filosofia. A sociologia foi uma tentativa de criar um método para a ciência histórico-política, na dependência de um sistema filosófico já elaborado, o positivismo evolucionista, sobre o qual a sociologia reagiu, mas apenas parcialmente. Por isto, a sociologia se tornou uma tendência em si, tornou-se a filosofia dos não filósofos, uma tentativa de descrever e classificar esquematicamente fatos históricos e políticos, a partir de critérios construídos com base no modelo das ciências naturais. A sociologia é, portanto, uma tentativa de extrair "experimentalmente" as leis de evolução da sociedade humana, de maneira a "prever" o futuro com a mesma certeza com que se prevê que de uma semente nascerá uma árvore. O evolucionismo vulgar está na base da sociologia, que não pode conhecer o princípio dialético da passagem da quantidade à qualidade, passagem que perturba toda evolução e toda lei de uniformidade entendida em sentido vulgarmente evolucionista. De qualquer modo, toda sociologia pressupõe uma filosofia, uma concepção do mundo, da qual é um momento subordinado. Não deve ser confundida com a teoria geral, isto é, com a filosofia, a particular "lógica" interna das diversas sociologias, lógica pela qual elas adquirem uma coerência mecânica. Isto não significa, naturalmente, que a investigação das "leis" de uniformidade não seja útil e interessante e que um tratado de observações imediatas sobre a arte da política não tenha a sua razão de ser; mas deve-se chamar o pão de pão e apresentar os tratados desta natureza como aquilo que são. [...]

Nota I. As chamadas leis sociológicas, que são assumidas como causa — tal fato ocorre graças a tal lei etc. —, não têm a menor importância causal; elas são, quase sempre, tautologias e paralogismos. Frequentemente não passam de uma duplicação do próprio fato observado. Descreve-se o fato ou uma série de fatos, através de um processo mecânico de generalização abstrata, extrai-se uma relação de semelhança e chama-se esta relação de lei, atribuindo-lhe a função de causa. Mas, na realidade, que se encontrou de novo? De novo há só o nome coletivo dado a uma série de fatos miúdos, mas os nomes não são novidade. [...] Não se observa que, procedendo-se assim, cai-se numa forma barroca de idealismo platônico, já que estas leis abstratas se assemelham estranhamente às ideias puras de Platão, que seriam a essência dos fatos reais terrestres. [11, § 26; 1, 149-152]

Questões de método. Se se quer estudar o nascimento de uma concepção do mundo que não foi nunca exposta sistematicamente por seu fundador (e cuja coerência essencial se deve buscar não em cada escrito particular ou série de escritos, mas em todo o desenvolvimento do variado trabalho intelectual em que os elementos da concepção estão implícitos), é preciso fazer preliminarmente um trabalho filológico minucioso e conduzido com escrúpulos máximos de exatidão, de honestidade científica, de lealdade intelectual, de ausência de qualquer preconceito e apriorismo ou posição preconcebida. É preciso, antes de mais nada, reconstruir o processo de desenvolvimento intelectual do pensador dado para identificar os elementos que se tornaram estáveis e "permanentes", ou seja, que foram assumidos como pensamento próprio, diferente e superior ao "material" anteriormente estudado e que serviu de estímulo; só estes elementos são momentos essenciais do processo de desenvolvimento. Esta seleção pode ser feita levando em conta períodos mais ou menos longos, tal como se determinam intrinsecamente e não a partir de informações externas (que também podem ser utilizadas), e acarreta uma série de "eliminações", isto é, doutrinas e teorias parciais pelas quais aquele pensador pode ter tido alguma simpatia em certos momentos, até o ponto de aceitá-las provisoriamente e delas se servir para seu trabalho crítico ou de criação histórica e científica. É observação comum de todo estudioso, como experiência pessoal, que toda nova teoria estudada com "furor heroico" (isto é, quando não se estuda por mera curiosidade exterior, mas por um profundo interesse) por um certo tempo, especialmente quando se é jovem, atrai por si mesma, domina toda a personalidade e é limitada pela teoria sucessivamente estudada, até que se estabeleça um equilíbrio crítico e se estude com profundidade, mas sem se render imediatamente ao fascínio do sistema ou do autor estudado. Esta série de observações é tanto mais válida quanto mais o pensador dado é bastante impetuoso, de caráter polêmico, e não tem espírito de sistema, quando se trata de uma personalidade na qual a atividade teórica e a prática estão indissoluvelmente entrelaçadas, de um intelecto em contínua criação e em perpétuo movimento, que sente vigorosamente a autocrítica do modo mais impiedoso e consequente. Dadas estas premissas, o trabalho deve seguir estas linhas: 1) a reconstrução da biografia não só no tocante à atividade prática, mas especialmente no tocante à atividade intelectual; 2) o registro de todas as obras, mesmo as mais secundárias, em ordem cronológica, dividido segundo motivos intrínsecos: de formação intelectual, de maturidade, de posse e aplicação do novo modo de pensar e conceber a vida e o mundo. A pesquisa do *leit-motiv*, do ritmo do pensamento em desenvolvimento, deve ser mais importante do que as afirmações particulares e casuais e do que os aforismos isolados.

Este trabalho preliminar possibilita toda a pesquisa subsequente. Entre as obras do pensador dado, além disto, é preciso distinguir as que ele concluiu e publicou e as que permaneceram inéditas, porque não concluídas, e foram publicadas por amigos ou discípulos, não sem revisões, modificações, cortes etc., ou seja, não sem uma intervenção ativa do editor. É evidente que o conteúdo destas obras póstumas deve ser tomado com muito discernimento e cautela, porque não pode ser tido como definitivo, mas só como material ainda em elaboração, ainda provisório; não se pode excluir que estas obras, especialmente se há muito em elaboração sem que o autor jamais decidisse completá-las, fossem no todo ou em parte repudiadas pelo autor ou consideradas insatisfatórias.

No caso específico do fundador da filosofia da práxis, pode-se dividir a obra literária nestas partes: 1) trabalhos publicados sob a responsabilidade direta do autor: entre estes, devem ser considerados, em geral, não só os materialmente impressos, mas os "publicados" ou postos em circulação de qualquer modo pelo autor, como as cartas, as circulares etc. (exemplos típicos são a *Crítica do Programa de Gotha* e a correspondência); 2) as obras não publicadas sob a responsabilidade direta do autor, mas por outros, póstumas; naturalmente, destas últimas seria interessante ter o texto-base, o que já está em vias de se fazer, ou pelo menos uma descrição minuciosa do texto original feita com critérios filológicos.

Ambas as partes devem ser reconstruídas segundo períodos crítico-cronológicos, de modo que se possam estabelecer comparações válidas e não puramente mecânicas e arbitrárias.

Deve-se estudar e analisar minuciosamente o trabalho de elaboração realizado pelo autor sobre o material das obras publicadas a seguir por ele mesmo: este estudo daria pelo menos indícios e critérios para avaliar criticamente a credibilidade dos textos das obras póstumas editadas por outros. Quanto mais o material preparatório das obras editadas pelo autor se afastar do texto definitivo redigido pelo mesmo autor, tanto menos será confiável a redação de um material do mesmo tipo por outro escritor. Uma obra não pode nunca ser identificada com o material bruto recolhido para sua feitura: a escolha definitiva, a disposição dos elementos constitutivos, o peso maior ou menor dado a este ou àquele elemento recolhido no período preparatório são exatamente o que constitui a obra efetiva.

Também o estudo da correspondência deve ser feito com certas cautelas: uma afirmação incisiva feita numa carta talvez não fosse repetida num livro. A vivacidade estilística das cartas, embora muitas vezes artisticamente mais eficaz do que o estilo mais medido e ponderado de um livro, às vezes leva a deficiências de argumentação; nas cartas, como nos discursos e nos diálogos, verificam-se frequentemente *erros lógicos*; a maior rapidez do pensamento se dá muitas vezes em detrimento de sua solidez.

No estudo de um pensamento original e inovador, só secundariamente se coloca a contribuição de outras pessoas para sua documentação. Assim, pelo menos em princípio, como método, deve ser formulada a questão das relações de homogeneidade entre os dois fundadores da filosofia da práxis. A afirmação de um e de outro sobre acordo recíproco só vale para o tema dado. Mesmo o fato de que um escreveu alguns capítulos para o livro do outro não é razão peremptória para que se considere todo o livro como resultado de um acordo perfeito [41]. Não se deve subestimar a contribuição do segundo, mas também não se deve identificar o segundo com o primeiro nem pensar que tudo aquilo que o segundo atribuiu ao primeiro seja absolutamente autêntico e sem infiltrações. É certo que o segundo deu provas de um desinteresse e de uma ausência de vaidade pessoal ímpares na história da literatura, mas não se trata disto nem de pôr em dúvida a absoluta honestidade científica do segundo. Trata-se de que o segundo não é o primeiro e, se se quiser conhecer o primeiro, será preciso buscá-lo especialmente em suas obras autênticas, publicadas sob sua responsabilidade direta. Destas observações decorrem várias advertências de método e algumas indicações para pesquisas correlatas. [...] [16, § 2; 4, 18-22]

Alguns problemas para o estudo do desenvolvimento da filosofia da práxis. A filosofia da práxis foi um momento da cultura moderna; numa certa medida determinou ou fecundou algumas de suas correntes. O estudo deste fato, muito importante e significativo, foi negligenciado ou mesmo ignorado pelos chamados ortodoxos, e pela seguinte razão: a de que a combinação filosófica mais relevante aconteceu entre a filosofia da práxis e diversas tendências idealistas, o que aos chamados ortodoxos, ligados essencialmente à corrente particular de cultura do último quarto do século passado (positivismo, cientificismo), pareceu um contra-senso, se não uma jogada de charlatães. [...] Por isto, parece necessário revalorizar a formulação do problema assim como foi tentada por Antonio Labriola [42].

O que aconteceu foi isto: a filosofia da práxis sofreu realmente uma dupla revisão, isto é, foi subsumida numa dupla combinação filosófica. Por uma parte, alguns de seus elementos, de modo explícito ou implícito, foram absorvidos e incorporados por algumas correntes idealistas (basta citar Croce, Gentile, Sorel, o próprio Bergson, o pragmatismo); por outra, os chamados ortodoxos, preocupados em encontrar uma filosofia que fosse, segundo seu ponto de vista muito restrito, mais compreensiva do que uma "simples" interpretação da história, acreditaram-se ortodoxos identificando-a fundamentalmente no materialismo tradicional. Outra corrente voltou ao kantismo [...]

Labriola se distingue de uns e de outros por sua afirmação (nem sempre segura, para dizer a verdade) de que a filosofia da práxis é uma filosofia independente e original que tem em si mesma os elementos de um novo desenvolvimento para passar de interpretação da história a filosofia geral. É preciso trabalhar justamente neste sentido, desenvolvendo a posição de Antonio Labriola [...]

A filosofia da práxis pressupõe todo este passado cultural, o Renascimento e a Reforma, a filosofia alemã e a Revolução Francesa, o calvinismo e a economia clássica inglesa, o liberalismo laico e o historicismo, que está na base de toda a concepção moderna da vida. A filosofia da práxis é o coroamento de todo este movimento de reforma intelectual e moral, dialetizado no contraste entre cultura popular e alta cultura. Corresponde ao nexo Reforma Protestante + Revolução Francesa: é uma filosofia que é também uma política e uma política que é também uma filosofia. Ainda atravessa sua fase popular: suscitar um grupo de intelectuais independentes não é coisa fácil, requer um longo processo, com ações e reações, com adesões e dissoluções e novas formações muito numerosas e complexas: é a concepção de um grupo social subalterno, sem iniciativa histórica, que se amplia continuamente, mas de modo inorgânico, e sem poder ultrapassar um certo grau qualitativo que está sempre aquém da posse do Estado, do exercício real da hegemonia sobre toda a sociedade, que, só ele, permite um certo equilíbrio orgânico no desenvolvimento do grupo intelectual. A filosofia da práxis também se tornou "preconceito" e "superstição"; tal como é, constitui o aspecto popular do historicismo moderno, mas contém em si um princípio de superação deste historicismo. Na história da cultura, que é muito mais ampla do que a história da filosofia, sempre que a cultura popular aflorou, porque se atravessava uma fase de transformações e da ganga popular se selecionava o metal de uma nova classe, registrou-se um florescimento de "materialismo"; inversamente, no mesmo momento, as classes tradicionais se apegavam ao espiritualismo. Hegel, situado entre a Revolução Francesa e a Restauração, dialetizou os dois momentos da vida do pensamento, materialismo e espiritualismo, mas a síntese foi "um homem que caminha de cabeça para baixo". Os continuadores de Hegel destruíram esta unidade, e se voltou aos sistemas materialistas, por um lado, e aos espiritualistas, por outro. A filosofia da práxis, em seu fundador, reviveu toda esta experiência, de hegelianismo, feuerbachianismo, materialismo francês — para reconstruir a síntese da unidade dialética: "o homem que caminha sobre as próprias pernas."

[...] A afirmação de que a filosofia da práxis é uma concepção nova, independente, original, mesmo sendo um momento do desenvolvimento histórico mundial, é a afirmação da independência e originalidade de uma nova cultura em preparação, que se desenvolverá com o desenvolvimento das relações sociais. O que existe em cada momento é uma combinação variável de velho e novo, um equilíbrio momentâneo das relações culturais correspondentes ao equilíbrio das relações sociais. Só depois da criação do Estado o problema cultural se impõe em toda a sua complexidade e tende a uma solução coerente. Em todo caso, a atitude anterior à formação estatal não pode deixar de ser crítico-polêmica, e jamais dogmática; deve ser uma atitude romântica, mas de um romantismo que conscientemente aspira a seu caráter clássico ordenado. [16, § 9; 4, 31-41]

[A corrente deteriorada da filosofia da práxis.] [...] É certo que se formou uma corrente deteriorada da filosofia da práxis, que pode ser

considerada, em relação aos fundadores da doutrina, tal como o catolicismo popular em relação ao catolicismo teológico ou dos intelectuais: assim como o catolicismo popular pode ser traduzido em termos de paganismo, ou de religiões inferiores ao catolicismo por causa das superstições e bruxarias pelas quais estavam ou estão dominadas, igualmente a filosofia da práxis deteriorada pode ser traduzida em termos "teológicos" ou transcendentais, isto é, das filosofias pré-kantianas e pré-cartesianas.

[...] É uma força ou uma debilidade, para uma filosofia, ter ultrapassado os limites costumeiros dos restritos estratos intelectuais e ter se difundido nas grandes massas, ainda que adaptando-se à mentalidade destas e perdendo pouco ou muito de seu vigor? E que significação tem o fato de que uma concepção do mundo, que se enraíza e se difunde desta maneira, tenha continuamente momentos de renovação e de novo esplendor intelectual? É um preconceito de intelectuais fossilizados acreditar que uma concepção do mundo possa ser destruída por críticas de caráter racional. Quantas vezes não se falou de "crise" da filosofia da práxis? E que significa esta crise permanente? Não significará, por acaso, a própria vida, que procede através de negações? Ora, quem conservou a força das sucessivas retomadas teóricas, se não a fidelidade das massas populares que se apropriaram da concepção, ainda que sob formas supersticiosas e primitivas? Fala-se, frequentemente, que a não existência, em certos países, de uma reforma religiosa é causa de regressão em todos os campos da vida civil e não se observa que precisamente a difusão da filosofia da práxis é a grande reforma dos tempos modernos, é uma reforma intelectual e moral que realiza em escala nacional o que o liberalismo conseguiu realizar apenas em pequenos estratos da população. [10, II, § 41, I; 1, 361-362]

Redução da filosofia da práxis a uma sociologia. Essa redução representou a cristalização da tendência deteriorada, já criticada por Engels (nas cartas a dois estudantes, publicadas no *Sozialistische Akademiker*), e que consiste em reduzir uma concepção do mundo a um formulário mecânico, que dá a impressão de poder colocar toda a história no bolso. Ela foi o maior incentivo para as fáceis improvisações jornalísticas dos "genialoides". A experiência sobre a qual se baseia a filosofia da práxis não pode ser esquematizada; ela é a própria história em sua infinita variedade e multiplicidade, cujo estudo pode dar lugar ao nascimento da "filologia" como método de erudição na verificação dos fatos particulares e ao nascimento da filosofia entendida como metodologia geral da história. Talvez tenha sido isto o que pretenderam dizer os escritores que, como muito apressadamente afirma o *Ensaio popular* no primeiro capítulo, negam a possibilidade de construir uma sociologia a partir da filosofia da práxis e afirmam que a filosofia da práxis só vive nos ensaios históricos particulares (a afirmação, assim nua e crua, é certamente errônea e seria uma curiosa nova forma de nominalismo e de ceticismo filosófico). Negar que se possa construir uma sociologia, entendida como ciência da sociedade, isto é, como ciência da história e da política, que seja algo diverso da filosofia da práxis, não significa que não se possa construir uma compilação empírica de observações práticas que ampliem a esfera da filologia, tal como esta é entendida tradicionalmente. Se a filologia é a expressão metodológica da importância que tem a verificação e a determinação dos fatos particulares em sua inconfundível "individualidade", é impossível excluir a utilidade prática da identificação de determinadas "leis de tendência" mais gerais, que correspondem, na política, às leis estatísticas ou dos grandes números, que contribuíram para o progresso de algumas ciências naturais. Mas não se deu importância ao fato de que a lei estatística pode ser empregada na ciência e na arte política somente enquanto as massas da população permanecerem essencialmente passivas — com relação às questões que interessam ao historiador e ao político — ou enquanto se supõe que permaneçam passivas. Por outro lado, a extensão da lei estatística à ciência e à arte política pode ter consequências muito graves se dela nos utilizarmos para construir perspectivas e programas de ação; se, nas ciências naturais, a lei pode determinar apenas despropósitos e asneiras, que poderão ser facilmente corrigidos por novas investigações (e, de qualquer modo, apenas tornam ridículo o cientista individual que a utilizou), na ciência e na arte política ela pode ter como resultado verdadeiras catástrofes, cujos "frios" prejuízos jamais poderão ser ressarcidos. De fato, na política, a utilização da lei estatística como lei essencial, operando de modo fatalista, não é apenas um erro científico, mas torna-se também um erro prático, em ato; por outro lado, ela favorece a preguiça mental e a superficialidade programática. Deve-se observar que a ação política tende, precisamente, a fazer com que as multidões saiam da passividade, isto é, a destruir a lei dos grandes números. Como, então, considerá-la uma lei sociológica? Se observarmos bem, veremos que a própria reivindicação de uma economia planificada ou dirigida é destinada a destruir a lei estatística mecanicamente entendida, isto é, produzida pela mescla casual de infinitos atos arbitrários individuais, se bem que esta planificação terá que se basear na estatística, o que, contudo, não significa a mesma coisa: na realidade, a "espontaneidade" naturalista é substituída pela consciência humana. Outro elemento que conduz, na arte política, ao abalo dos velhos esquemas naturalistas é a substituição, na função dirigente, dos indivíduos singulares, dos chefes individuais (ou carismáticos, como diz Michels [43]), por organismos coletivos (os partidos). Com o crescimento dos partidos de massa e com a sua adesão orgânica à vida mais íntima (econômico-produtiva) da própria massa, o processo de estandardização dos sentimentos populares, que era mecânico e casual (isto é, produzido pela existência ambiente de condições e pressões similares), torna-se consciente e crítico. O conhecimento e o julgamento da importância de tais sentimentos jamais ocorrem, por parte dos chefes, através de intuições baseadas na identificação de leis estatísticas, isto é, por via racional e intelectual, frequentemente ilusórias — que o chefe traduz em ideias-força, em palavras-forças —, mas ocorre, por parte do organismo coletivo, através da "coparticipação ativa e consciente", da "copassionalidade", da experiência dos detalhes imediatos, de um sistema que se poderia chamar de "filologia viva". Assim, forma-se uma estreita ligação entre grande massa, partido e grupo dirigente; e todo o conjunto, bem-articulado, pode se movimentar como um "homem-coletivo". [...] [11, § 25; 1, 146-149]

Conceito de ortodoxia. [...] A ortodoxia não deve ser buscada neste ou naquele seguidor da filosofia da práxis, nesta ou naquela tendência ligada a correntes estranhas à doutrina original, mas no conceito fundamental de que a filosofia da práxis "basta a si mesma", contendo em si todos os elementos fundamentais para construir uma total e integral concepção do mundo, não só uma total filosofia e teoria das ciências naturais, mas também os elementos para fazer viva uma integral organização prática da sociedade, isto é, para tornar-se uma civilização total e integral. Este conceito de ortodoxia, assim renovado, serve para precisar melhor o atributo de "revolucionário" que se costuma com tanta facilidade aplicar a diversas concepções do mundo, teorias, filosofias. O cristianismo foi revolucionário com relação ao paganismo porque foi um elemento de completa cisão entre os defensores do velho e do novo mundo. Uma teoria é "revolucionária" precisamente na medida em que é elemento de separação e de distinção consciente em dois campos, na medida em que é um vértice inacessível ao campo adversário. Considerar que a filosofia da práxis não é uma estrutura de pensamento completamente autônoma e independente, em antagonismo com todas as filosofias e religiões tradicionais, significa, na realidade, não ter rompido os laços com o velho mundo, ou, até mesmo, ter capitulado. A filosofia da práxis não tem necessidade de sustentáculos heterogêneos; ela mesma é tão robusta e fecunda de novas verdades que o velho mundo a ela recorre para alimentar o seu arsenal com armas mais modernas e mais eficazes. Isto significa que a filosofia da práxis começa a exercer uma sua própria hegemonia sobre a cultura tradicional, mas esta — que é ainda robusta e, sobretudo, mais refinada e astuta — tenta reagir como a Grécia vencida, para terminar por vencer o rústico vencedor romano. [...]

Nota I. Uma das causas deste erro — o de buscar uma filosofia geral que esteja na base da filosofia da práxis e negar implicitamente que esta possua uma originalidade de conteúdo e de método — reside, ao que parece, no seguinte: na confusão que se faz entre a cultura filosófica pessoal do fundador da filosofia da práxis, isto é, entre as correntes filosóficas e os grandes filósofos pelos quais ele se interessou fortemente em sua juventude e cuja linguagem reproduz frequentemente (sempre, contudo, com espírito de distanciamento e fazendo notar, por vezes, que pretende com isso melhor fazer entender o seu próprio conceito), e as origens ou as partes constitutivas da filosofia da práxis. [...] O estudo da cultura filosófica de um homem como Marx é não só interessante como necessário, contanto que não se esqueça que tal estudo faz parte apenas da reconstrução de sua biografia intelectual e que os elementos de spinozismo, de feuerbachianismo, de hegelianismo, de materialismo francês etc., não são de nenhum modo partes essenciais da filosofia da práxis, nem esta se reduz a eles, mas o que sobretudo interessa é precisamente a superação das velhas filosofias, a nova síntese ou os elementos da nova síntese, o novo modo de conceber a filosofia, cujos elementos estão contidos nos aforismos ou dispersos nos escritos do fundador da filosofia da práxis, os quais, precisamente, devem ser investigados e coerentemente desenvolvidos. No plano teórico, a filosofia da práxis não se confunde e não se reduz a nenhuma outra filosofia: ela não é original apenas enquanto supera as filosofias precedentes, mas sobretudo enquanto abre um caminho inteiramente novo, isto é, renova de cima a baixo o modo de conceber a própria filosofia. No plano da investigação histórico-biográfica, devem-se estudar os interesses que motivaram a elaboração filosófica do fundador da filosofia da práxis, levando em conta a psicologia do jovem estudioso que, em cada ocasião, deixa-se atrair intelectualmente por toda nova corrente que estuda e examina, e que forma a sua individualidade através deste ir e vir que cria o espírito crítico e a potência de pensamento original, após ter experimentado e confrontado tantos pensamentos contrastantes; e também quais elementos ele incorporou, homogeneizando-os, ao seu pensamento, mas notadamente aquilo que é criação nova. É certo que o hegelianismo é o mais importante (relativamente) dos motivos de elaboração filosófica do nosso autor, também e especialmente porque o hegelianismo tentou superar as concepções tradicionais de idealismo e de materialismo em uma nova síntese, que teve certamente uma excepcional importância e representa um momento histórico-mundial da pesquisa filosófica. Desta forma, quando se diz no *Ensaio* que o termo "imanência" é empregado metaforicamente na filosofia da práxis, não se diz absolutamente nada; na realidade, o termo "imanência" adquiriu um significado peculiar, que não é o dos "panteístas" nem tem qualquer outro significado metafísico tradicional, que é novo e deve ser estabelecido. Foi esquecido que, numa expressão muito comum [44], dever-se-ia colocar o acento no segundo termo, "histórico", e não no primeiro, de origem metafísica. A filosofia da práxis é o historicismo absoluto, a mundanização e terrenalidade absoluta do pensamento, um humanismo absoluto da história. Nesta linha é que deve ser buscado o filão da nova concepção do mundo. [...] [11, § 27; 1, 152-156]

Unidade nos elementos constitutivos do marxismo. A unidade é dada pelo desenvolvimento dialético das contradições entre o homem e a matéria (natureza — forças materiais de produção). Na economia, o centro unitário é o valor, ou seja, a relação entre o trabalhador e as forças industriais de produção (os que negam a teoria do valor caem no crasso materialismo vulgar, colocando as máquinas em si — como capital constante e técnico — como produtoras de valor, independentemente do homem que as manipula). Na filosofia, é a práxis, isto é, a relação entre a vontade humana (superestrutura) e a estrutura econômica. Na política, é a relação entre o Estado e a sociedade civil, isto é, intervenção do Estado (vontade centralizada) para educar o educador, o ambiente social em geral. (Deve ser aprofundado e posto em termos mais exatos.) [7, § 18; 1, 236-237]

[A questão da "natureza humana"] [...] O problema do que seja o homem é sempre, portanto, o chamado problema da "natureza humana", ou também o do chamado "homem em geral", isto é, a tentativa de criar uma ciência do homem (uma filosofia) que parta de um conceito inicialmente "unitário", de uma abstração na qual se possa conter todo o "humano". Mas o "humano", como conceito e fato unitário, é um ponto de partida ou um ponto de chegada? Ou melhor, não será esta investigação um resíduo "teológico" ou "metafísico", na medida em que é colocada como ponto de partida? A filosofia não pode ser reduzida a uma "antropologia" naturalista, isto é, a unidade do gênero humano não é dada pela natureza "biológica" do homem; as diferenças do homem que têm importância na história não são as biológicas (raças, conformação do crânio, cor da pele etc.) [...] Tampouco "a faculdade de raciocinar" ou o "espírito" criou unidade ou pode ser reconhecida como fato "unitário", já que é um conceito apenas formal, categórico. Não o "pensamento", mas o que realmente se pensa é o que une ou diferencia os homens.

A afirmação de que a "natureza humana" é o "conjunto das relações sociais" [45] é a resposta mais satisfatória porque inclui a ideia do devir: o homem "devém", transforma-se continuamente com as transformações das relações sociais; e, também, porque nega o "homem em geral": de fato, as relações sociais são expressas por diversos grupos de homens que se pressupõem uns aos outros, cuja unidade é dialética e não formal. O homem é aristocrático enquanto é servo da gleba etc. [...] Também é possível dizer que a natureza do homem é a "história" (e nesse sentido, posta história = espírito, de que a natureza do homem é o espírito), contanto que se dê à história o significado de "devir", em uma *concordia discors* que não parte da unidade, mas que tem em si as razões de uma unidade possível. Por isso, a "natureza humana" não pode ser encontrada em nenhum homem particular, mas em toda a história do gênero humano (e o fato de que se empregue a palavra "gênero", de caráter naturalista, tem o seu significado), enquanto em cada indivíduo se encontram características postas em relevo pela contradição com as de outros homens. A concepção de "espírito" nas filosofias tradicionais, bem como a de "natureza humana" encontrada na biologia, deveriam ser explicadas como "utopias científicas" que substituíram a utopia maior da "natureza humana" buscada em Deus (e os homens — filhos de Deus), e servem para indicar o contínuo trabalho da história, uma aspiração racional ou sentimental etc. É verdade que tanto as religiões que afirmam a igualdade dos homens como filhos de Deus quanto as filosofias que afirmam sua igualdade pelo fato de participarem da faculdade de raciocinar foram expressões de complexos movimentos revolucionários (respectivamente, a transformação do mundo clássico e a transformação do mundo medieval), que colocaram os mais poderosos elos do desenvolvimento histórico.

Que a dialética hegeliana tenha sido um (o último) reflexo destas grandes encruzilhadas históricas e que a dialética, de expressão das contradições sociais, deva se transformar, com o desaparecimento destas contradições, em uma pura dialética conceitual, estaria na base das últimas filosofias de fundamento utópico, como a de Croce. Na história, a "igualdade" real — ou seja, o grau de "espiritualidade" atingido pelo processo histórico da "natureza humana" — identifica-se no sistema de associações "privadas e públicas", "explícitas e implícitas", que se aninham no "Estado" e no sistema mundial político: trata-se de "igualdades" sentidas como tais entre os membros de uma associação e de "desigualdades" sentidas entre as diversas associações, igualdades e desigualdades que valem na medida em que delas se tenha consciência, individualmente e como grupo. Desta forma, chega-se também à igualdade ou equação entre "filosofia e política", entre pensamento e ação, ou seja, a uma filosofia da práxis. Tudo é política, inclusive a filosofia ou as filosofias (ver notas sobre o caráter das ideologias), e a única "filosofia" é a história em ato, ou seja, a própria vida. É neste sentido que se pode interpretar a tese do proletariado alemão como herdeiro da filosofia clássica alemã; e pode-se afirmar que a teorização e a realização da hegemonia praticada por Ilitch foi um grande acontecimento "metafísico". [7, § 35; 1, 243-246]

Ciência moral e materialismo histórico. A base científica de uma moral do materialismo histórico, ao que me parece, deve ser buscada na afirmação de que "a sociedade não se propõe objetivos para cuja solução já não existam as condições necessárias" [46]. Existindo as condições, a solução dos objetivos *torna-se* "dever", a "vontade" *torna-se* livre. A moral se transformaria em uma pesquisa das condições necessárias para a liberdade do querer em um certo sentido, na direção de um certo fim, bem como para a demonstração de que estas condições existem. Deveria se tratar, também, não de uma hierarquia dos fins, mas de uma graduação dos fins que devem ser atingidos, já que se pretende "moralizar" não apenas cada indivíduo tomado singularmente, mas também toda uma sociedade de indivíduos. [7, § 4; 1, 235-236]

Validade das ideologias. Recordar a frequente afirmação de Marx sobre a "solidez das crenças populares" como elemento necessário de uma determinada situação. Ele diz mais ou menos isto: "quando esta maneira de conceber tiver a força das crenças populares" [47] etc. Outra afirmação de Marx é a de que uma convicção popular tem, com frequência, a mesma energia de uma força material, ou algo semelhante, e que é muito significativo. A análise destas afirmações, creio, conduz ao fortalecimento da concepção de "bloco histórico" [48], no qual, precisamente, as forças materiais são o conteúdo e as ideologias são a forma, distinção entre forma e conteúdo puramente didática, já que as forças materiais não seriam historicamente concebíveis sem forma e as ideologias seriam fantasias individuais sem as forças materiais. [7, § 21; 1, 238]

Estrutura e superestrutura. Economia e ideologia. A pretensão (apresentada como postulado essencial do materialismo histórico) de apresentar e expor qualquer flutuação da política e da ideologia como uma expressão imediata da infraestrutura deve ser combatida, teoricamente, como um infantilismo primitivo, ou deve ser combatida, praticamente, com o testemunho autêntico de Marx, escritor de obras políticas e históricas concretas. Para este aspecto, são importantes notadamente o *18 Brumário* e os escritos sobre a *Questão oriental*, mas também outros (*Revolução e contrarrevolução na Alemanha*, *A guerra civil na França* e menores). Uma análise destas obras permite fixar melhor a metodologia histórica marxista, complementando, iluminando e interpretando as afirmações teóricas esparsas em todas as obras. Poder-se-á observar quantas cautelas reais Marx introduz em suas investigações concretas, cautelas que não poderiam encontrar lugar nas obras gerais [...] Entre estas cautelas, como exemplos, podem-se citar as seguintes:

1) A dificuldade de identificar em cada caso, estaticamente (como imagem fotográfica instantânea), a estrutura; de fato, a política é, em cada caso concreto, o reflexo das tendências de desenvolvimento da estrutura, tendências que não se afirma que devam necessariamente se realizar. Uma fase estrutural só pode ser concretamente estudada e analisada depois que ela superou todo o seu processo de desenvolvimento, não durante o próprio processo, a não ser por hipóteses (e declarando-se, explicitamente, que se trata de hipóteses).

2) De 1) se deduz que um determinado ato político pode ter sido um erro de cálculo por parte dos dirigentes das classes dominantes, erro que o desenvolvimento histórico, através das "crises" parlamentares governamentais das classes dirigentes, corrige e supera: o materialismo histórico mecânico não considera a possibilidade de erro, mas interpreta todo ato político como determinado pela estrutura, imediatamente, isto é, como reflexo de uma real e duradoura (no sentido de adquirida) modificação da estrutura. O princípio do "erro" é complexo: pode se tratar de um

impulso individual motivado por um cálculo errado, ou também de manifestação das tentativas de determinados grupos ou grupelhos para assumir a hegemonia no interior do agrupamento dirigente, tentativas que podem fracassar.

3) Não se leva suficientemente em conta que muitos atos políticos são motivados por necessidades internas de caráter organizativo, isto é, ligados à necessidade de dar coerência a um partido, a um grupo, a uma sociedade. Isto é evidente, por exemplo, na história da Igreja Católica. Se alguém pretendesse encontrar, para todas as lutas ideológicas no interior da Igreja, a explicação imediata, primária, na estrutura, estaria perdido: muitos romances político-econômicos foram escritos por esta razão. É evidente, ao contrário, que a maior parte destas discussões são ligadas a necessidades sectárias, de organização. Na discussão entre Roma e Bizâncio sobre o estatuto do Espírito Santo, seria ridículo buscar na estrutura da Europa Oriental a afirmação de que o Espírito Santo procede apenas do Pai, e, na do Ocidente, a afirmação de que ele procede do Pai e do Filho. As duas Igrejas, cuja existência e cujo conflito estão na dependência da estrutura e de toda a história, colocaram questões que são princípio de distinção e de coesão interna para cada uma, mas poderia ter ocorrido que cada uma delas tivesse afirmado precisamente o que a outra afirmou: o princípio de distinção e de conflito teria se mantido idêntico e este problema da distinção e do conflito é que constitui o problema histórico, não a casual bandeira de cada uma das partes. [...]

De fato, toda fase histórica deixa os seus traços nas fases posteriores; e estes traços, em certo sentido, tornam-se o seu melhor documento. O processo de desenvolvimento histórico é uma unidade no tempo pelo que o presente contém todo o passado e do passado se realiza no presente o que é "essencial", sem resíduo de um "incognoscível" que seria a verdadeira "essência". O que se "perdeu", isto é, o que não foi transmitido dialeticamente no processo histórico, era por si mesmo irrelevante, era "escória" casual e contingente, crônica e não história, episódio superficial, sem importância, em última análise. [7, § 24; 1, 238-240]

Estrutura e superestruturas. A estrutura e as superestruturas formam um "bloco histórico", isto é, o conjunto complexo e contraditório das superestruturas é o reflexo do conjunto das relações sociais de produção. Disto decorre: só um sistema totalitário de ideologias reflete racionalmente a contradição da estrutura e representa a existência das condições objetivas para a subversão da práxis. Se se forma um grupo social 100% homogêneo ideologicamente, isto significa que existem em 100% as premissas para esta subversão da práxis, isto é, que o "racional" é real ativa e efetivamente. O raciocínio se baseia sobre a necessária reciprocidade entre estrutura e superestrutura (reciprocidade que é precisamente o processo dialético real). [8, § 182; 1, 250-251]

[Estrutura e superestruturas]. [...] Não é verdade que a filosofia da práxis "destaque" a estrutura das superestruturas; ao contrário, ela concebe o desenvolvimento das mesmas como intimamente relacionado e necessariamente inter-relativo e recíproco. Tampouco a estrutura é, nem mesmo por metáfora, comparável a um "deus oculto" [49]: ela é concebida de uma maneira ultrarrealista, a tal ponto que pode ser estudada com os métodos das ciências naturais e exatas; aliás, precisamente por esta sua "consistência" objetivamente verificável, a concepção da história foi considerada "científica". Será que a estrutura é concebida como algo imóvel e absoluto, ou, ao contrário, como a própria realidade em movimento? A afirmação das *Teses sobre Feuerbach*, de que "o educador deve ser educado", não coloca uma relação necessária de reação ativa do homem sobre a estrutura, afirmando a unidade do processo do real? O conceito de "bloco histórico", construído por Sorel, apreende plenamente esta unidade defendida pela filosofia da práxis. [...]

[...] Para a filosofia da práxis, as ideologias não são de modo algum arbitrárias; são fatos históricos reais, que devem ser combatidos e revelados em sua natureza de instrumentos de domínio, não por razões de moralidade etc., mas precisamente por razões de luta política: para tornar os governados intelectualmente independentes dos governantes, para destruir uma hegemonia e criar uma outra, como momento necessário da subversão da práxis. [...] Para a filosofia da práxis, as superestruturas são uma realidade (ou se tornam tal, quando não são meras elucubrações individuais) objetiva e operante; ela afirma explicitamente que os homens tomam consciência da sua posição social (e, consequentemente, de suas tarefas) no terreno das ideologias [..], o que não é pouco como afirmação de realidade; a própria filosofia da práxis é uma superestrutura, é o terreno no qual determinados grupos sociais tomam consciência do próprio ser social, da própria força, das próprias tarefas, do próprio devir. [...]

Existe, porém, uma diferença fundamental entre a filosofia da práxis e as outras filosofias: as outras ideologias são criações inorgânicas porque contraditórias, porque voltadas para a conciliação de interesses opostos e contraditórios; a sua "historicidade" será breve, já que a contradição aflora após cada evento do qual foram instrumento. A filosofia da práxis, ao contrário, não tende a resolver pacificamente as contradições existentes na história e na sociedade, ou, melhor, ela é a própria teoria de tais contradições; não é o instrumento de governo de grupos dominantes para obter o consentimento e exercer a hegemonia sobre as classes subalternas; é a expressão destas classes subalternas, que querem educar a si mesmas na arte de governo e que têm interesse em conhecer todas as verdades, inclusive as desagradáveis, e em evitar os enganos (impossíveis) da classe superior e, ainda mais, de si mesmas. A crítica das ideologias, na filosofia da práxis, engloba o conjunto das superestruturas e afirma a sua rápida caducidade na medida em que tendem a esconder a realidade, isto é, a luta e a contradição, mesmo quando são "formalmente" dialéticas (como o crocianismo), ou seja, quando desenvolvem uma dialética especulativa e conceitual e não veem a dialética no próprio devir histórico. [...]

O conceito do valor concreto (histórico) das superestruturas na filosofia da práxis deve ser aprofundado, aproximando-o do conceito soreliano de "bloco histórico". Se os homens adquirem consciência de sua posição social e de seus objetivos no terreno das superestruturas, isto significa que entre estrutura e superestrutura existe um nexo necessário e vital. Seria necessário estudar quais foram as correntes historiográficas contra as quais a filosofia da práxis reagiu no momento da sua fundação, bem como quais eram as opiniões mais difundidas naquele tempo, inclusive com relação às outras ciências. [...] [10, II, § 41; 1, 361-397]

Transcendência — teologia — especulação. [...] A filosofia da práxis, certamente, deriva da concepção imanentista da realidade, mas desta enquanto depurada de qualquer aroma especulativo e reduzida a pura história ou historicidade, ou a puro humanismo. Se o conceito de estrutura é concebido "especulativamente", torna-se certamente um "deus oculto"; mas ele não deve ser concebido especulativamente, e sim historicamente, como o conjunto das relações sociais nas quais os homens reais se movem e atuam, como um conjunto de condições objetivas que podem e devem ser estudadas com os métodos da "filologia" e não da "especulação". Como um "certo" que também será "verdadeiro", mas que deve ser estudado antes de tudo em sua "certeza", para depois ser estudado em sua "verdade". A filosofia da práxis está relacionada não só ao imanentismo, mas também à concepção subjetiva da realidade, precisamente enquanto a inverte, explicando-a como fato histórico, como "subjetividade histórica de um grupo social", como fato real, que se apresenta como fenômeno de "especulação" filosófica e é simplesmente um ato prático, ou seja, a forma de um concreto conteúdo social e o modo de conduzir o conjunto da sociedade a forjar para si uma unidade moral. A afirmação de que se trata de "aparência" não tem nenhum significado transcendente ou metafísico, mas é a simples afirmação da sua "historicidade", do seu ser "morte-vida", do seu tornar-se caduca porque uma nova consciência social e moral se está desenvolvendo, mais abrangente, superior, que se afirma como única "vida", como única "realidade" em confronto com o passado morto e, ao mesmo tempo, difícil de morrer. A filosofia da práxis é a concepção historicista da realidade, que se libertou de todo resíduo de transcendência e de teologia até mesmo em sua última encarnação especulativa; o historicismo idealista crociano permanece ainda na fase teológico-especulativa. [10, I, § 8; 1, 296-298]

[...] *A concepção historiográfica de Croce*, da história como história ético-política, não deve ser julgada como uma futilidade a ser pura e simplesmente rechaçada. Deve-se, ao contrário, afirmar energicamente que o pensamento historiográfico de Croce, mesmo em sua fase mais recente, precisa ser estudado e meditado com a máxima atenção. Ele representa, essencialmente, uma reação ao "economicismo" e ao mecanicismo fatalista, embora se apresente como superação destrutiva da filosofia da práxis. Também no julgamento do pensamento crociano, vale o critério segundo o qual uma corrente filosófica deve ser criticada e avaliada não pelo que pretende ser, mas pelo que realmente é e se manifesta nas obras históricas concretas. Para a filosofia da práxis, o próprio método especulativo não é uma futilidade, mas foi fecundo de valores "instrumentais" do pensamento no desenvolvimento da cultura, valores instrumentais que foram incorporados pela filosofia da práxis (a dialética, por exemplo). O pensamento de Croce, portanto, deve pelo menos ser considerado como valor instrumental; e, assim, pode-se dizer que ele chamou energicamente a atenção para a importância dos fatos da cultura e do pensamento no desenvolvimento da história, para a função dos grandes intelectuais na vida orgânica da sociedade civil e do Estado, para o momento da hegemonia e do consenso como forma necessária do bloco histórico concreto. Que isto não seja "fútil" é o que demonstra o fato de que, ao mesmo tempo que Croce, o maior teórico moderno da filosofia da práxis [50] revalorizou, no terreno da luta e da organização política, em oposição às diversas tendências "economicistas", a frente da luta cultural e construiu a doutrina da hegemonia como complemento da teoria do Estado-força e como forma atual da doutrina da "revolução permanente" criada em 1848. Para a filosofia da práxis, a concepção da história ético-política, enquanto independente de qualquer concepção realista, pode ser assumida como um "cânone empírico" de investigação histórica, que deve sempre ser levado em conta no exame e no aprofundamento do desenvolvimento histórico, se é que se quer fazer história integral e não história parcial e extrínseca (história das forças econômicas como tais etc.). [10, I, § 12; 1, 305-306]

Identidade de história e de filosofia. A identidade entre história e filosofia é imanente ao materialismo histórico (mas, em certo sentido, como previsão histórica de uma fase futura). [...] A proposição segundo a qual o proletariado alemão é o herdeiro da filosofia clássica alemã contém, precisamente, a identidade entre história e filosofia; igualmente a proposição segundo a qual os filósofos até hoje apenas explicaram o mundo e que se trata agora de transfomá-lo.

[A] proposição de Croce da identidade entre história e filosofia é a mais rica de consequências críticas: 1) ela é mutilada se não chega também à identidade entre história e política (devendo-se entender por política a que se realiza, e não apenas as diversas e repetidas tentativas de realização, algumas das quais, tomadas em si, fracassam); 2) e, consequentemente, também à identidade entre política e filosofia. Mas, se é necessário admitir esta identidade, como é possível distinguir entre as ideologias (iguais, segundo Croce, a instrumentos de ação política) e a filosofia? Ou seja, a distinção será possível, mas apenas por graus (quantitativamente) e não qualitativamente. Aliás, as ideologias serão a "verdadeira" filosofia, já que elas serão as "vulgarizações" filosóficas que levam as massas à ação concreta, à transformação da realidade. Isto é, elas serão o aspecto de massa de toda concepção filosófica, que adquire no "filósofo" características de universalidade abstrata, fora do tempo e do espaço, características peculiares, de origem literária e anti-histórica.

A crítica do conceito de história em Croce é essencial: não terá ela uma origem puramente livresca e erudita? Somente a identificação entre história e política evita que a história tenha esta característica. Se o político é um historiador (não apenas no sentido de que faz a história, mas também no de que, atuando no presente, interpreta o passado), o historiador é um político; e, neste sentido (que, de resto, aparece também em Croce), a história é sempre história contemporânea, isto é, política. Croce, contudo, não pode chegar a esta conclusão necessária precisamente porque ela conduz à identificação entre história e política e, consequentemente, entre ideologia e filosofia. [10, II, § 2; 1, 311-313]

O termo "catarse". Pode-se empregar a expressão "catarse" para indicar a passagem do momento meramente econômico (ou egoístico-passional) ao momento ético-político, isto é, a elaboração superior da estrutura em superestrutura na consciência dos homens. Isto significa, também, a passagem do "objetivo ao subjetivo" e da "necessidade à liberdade". A estrutura, de força exterior que esmaga o homem, assimilando-o e o tornando passivo, transforma-se em meio de liberdade, em instrumento para criar uma nova forma ético-política, em origem de novas iniciativas. A fixação do momento "catártico" torna-se assim, parece-me, o ponto de partida de toda a filosofia da práxis; o processo catártico coincide com a cadeia de sínteses que resultam do desenvolvimento dialético. (Recordar os dois pontos entre os quais oscila este processo: que nenhuma sociedade se coloca tarefas para cuja solução já não existam, ou estejam em vias de aparecimento, as condições necessárias e suficientes; — e que nenhuma sociedade deixa de existir antes de haver expressado todo o seu conteúdo potencial.) [51] [10, II, § 6; 1, 314-315]

[Tradutibilidade das linguagens filosóficas e científicas]. Deve-se resolver o seguinte problema: se a tradutibilidade recíproca das várias linguagens filosóficas e científicas é um elemento "crítico" próprio a toda concepção do mundo ou próprio somente à filosofia da práxis (de maneira orgânica) e apenas parcialmente apropriável pelas outras filosofias. A tradutibilidade pressupõe que uma determinada fase da civilização tenha uma expressão cultural "fundamentalmente" idêntica, mesmo que a linguagem seja historicamente diversa, diversidade determinada pela tradição particular de cada cultura nacional e de cada sistema filosófico, do predomínio de uma atividade intelectual ou prática etc. Assim, deve-se ver se a tradutibilidade é possível entre expressões de diferentes fases de civilização, na medida em que estas fases são momentos de desenvolvimento uma da outra e, portanto, integram-se reciprocamente; ou se uma expressão determinada pode ser traduzida com os termos de uma fase anterior de uma mesma civilização, fase anterior que, porém, é mais compreensível do que a linguagem dada etc. É possível dizer, ao que parece, que só na filosofia da práxis a "tradução" é orgânica e profunda, enquanto de outros pontos de vista trata-se frequentemente de um mero jogo de esquematismos genéricos. [11, § 47; 1, 185]

Imanência especulativa e imanência historicista ou realista. Afirma-se que a filosofia da práxis nasceu no terreno do máximo desenvolvimento da cultura da primeira metade do século XIX, cultura representada pela filosofia clássica alemã, pela economia clássica inglesa e pela literatura e prática política francesa. Na origem da filosofia da práxis, estão estes três movimentos culturais. Mas em que sentido deve-se entender esta afirmação? No sentido de que cada um desses movimentos contribuiu para elaborar, respectivamente, a filosofia, a economia e a política da filosofia da práxis? Ou que a filosofia da práxis elaborou sinteticamente os três movimentos, isto é, toda a cultura da época, e que na nova síntese, em qualquer momento que se examine, momento teórico, econômico, político, reencontra-se como "momento" preparatório cada um dos três movimentos? Ao que me parece, é precisamente assim. E o momento sintético unitário, creio, deve ser identificado no novo conceito de imanência, que da sua forma especulativa, tal como era apresentada pela filosofia clássica alemã, foi traduzido em forma historicista graças à ajuda da política francesa e da economia clássica inglesa. [...] Mas uma pesquisa das mais interessantes e fecundas, parece-me, deve ser feita a propósito das relações entre filosofia alemã, política francesa e economia clássica inglesa. Em um certo sentido, é possível dizer que a filosofia da práxis é igual a Hegel + David Ricardo. O problema, inicialmente, deve ser apresentado da seguinte maneira: os novos cânones metodológicos introduzidos por Ricardo na ciência econômica devem ser considerados como valores meramente instrumentais (entenda-se: como um novo capítulo da lógica formal) ou terão um significado de inovação filosófica? A descoberta do princípio lógico formal da "lei tendencial", que conduz à definição científica dos conceitos fundamentais na economia, o de *homo economicus* e o de "mercado determinado", não foi uma descoberta de valor também gnosiológico? Não implica, precisamente, uma nova "imanência", uma nova concepção da "necessidade" e da liberdade etc.? Esta tradução, ao que me parece, foi realizada precisamente pela filosofia da práxis, que universalizou as descobertas de Ricardo, estendendo-as adequadamente a toda a história e extraindo delas, portanto, uma nova concepção do mundo. [...] [10, II, § 9; 1, 317-318]

[Hegemonia e ideologia]. A proposição contida na introdução à *Crítica da economia política*, segundo a qual os homens tomam consciência dos conflitos de estrutura no terreno das ideologias [52], deve ser considerada como uma afirmação de valor gnosiológico e não puramente psicológico e moral. Disto decorre que o princípio teórico-prático da hegemonia possui também um alcance gnosiológico; e, portanto, é nesse campo que se deve buscar a contribuição teórica máxima de Ilitch à filosofia da práxis. Ilitch teria feito progredir efetivamente a filosofia como filosofia na medida em que fez progredir a doutrina e a prática política. A

realização de um aparelho hegemônico, enquanto cria um novo terreno ideológico, determina uma reforma das consciências e dos métodos de conhecimento, é um fato de conhecimento, um fato filosófico. Em linguagem crociana: quando se consegue introduzir uma nova moral conforme a uma nova concepção do mundo, termina-se por introduzir também esta concepção, isto é, determina-se uma completa reforma filosófica. [10, II, § 12; 1, 320]

[A gênese da filosofia da práxis] Na passagem sobre o "materialismo francês no século XVIII" (*A sagrada família*), é indicada, com muita propriedade e clareza, a gênese da filosofia da práxis: ela é o "materialismo" aperfeiçoado pelo trabalho da própria filosofia especulativa e fundido com o humanismo. Com estes aperfeiçoamentos, na verdade, permanece do velho materialismo apenas o realismo filosófico.

Outro ponto digno de meditação é o seguinte: se a concepção de "espírito" da filosofia especulativa não seja uma transformação atualizada do velho conceito de "natureza humana", próprio tanto da transcendência como do materialismo vulgar; isto é, se na concepção do "espírito" não exista algo diverso do velho "Espírito Santo" especulativizado. Seria possível, então, dizer que o idealismo é intrinsecamente teológico. [10, II, § 13; 1, 320-321]

Nexo entre filosofia, religião, ideologia (no sentido crociano). Se por religião deve-se entender uma concepção do mundo (uma filosofia) com uma norma de conduta adequada, que diferença pode existir entre religião e ideologia (ou instrumento de ação) e, em última análise, entre ideologia e filosofia? Existe, ou pode existir, filosofia sem uma vontade moral adequada? Os dois aspectos da religiosidade, a filosofia e a norma de conduta, podem ser concebidos como destacados e como podem ter sido concebidos como destacados? E, se a filosofia e a moral são sempre unitárias, por que a filosofia deve ser logicamente anterior à prática e não ao inverso? Ou não é tal colocação um absurdo, devendo-se concluir que "historicidade" da filosofia significa nada mais do que a sua "praticidade"? [...] A tese XI — "os filósofos apenas interpretaram o mundo de várias maneiras, trata-se agora de transformá-lo" — não pode ser interpretada como um gesto de repúdio a qualquer espécie de filosofia, mas apenas de fastio para com os filósofos e seu psitacismo, bem como de enérgica afirmação de uma unidade entre teoria e prática. [...]

Esta interpretação das *Teses sobre Feuerbach* como reivindicação da unidade entre teoria e prática e, consequentemente, como identificação da filosofia com o que Croce chama agora de religião (concepção do mundo com uma norma de conduta adequada) — o que, de resto, não é mais do que a afirmação da historicidade da filosofia, feita nos termos de uma imanência absoluta, de uma "absoluta terrenalidade" — pode ainda ser justificada com a famosa proposição segundo a qual "o movimento operário alemão é o herdeiro da filosofia clássica alemã", proposição que [...] significaria precisamente que o "herdeiro" continua o predecessor, porém o continua praticamente, já que deduziu uma vontade ativa, transformadora do mundo, da mera contemplação, e nessa atividade prática está também contido o "conhecimento", que, aliás, somente na atividade prática é "conhecimento real" e não "escolasticismo". Deduz-se daí, também, que o caráter da filosofia da práxis é sobretudo o de ser uma concepção de massa e de massa que opera unitariamente, isto é, que tem normas de conduta não só universais em ideia, mas também "generalizadas" na realidade social. E a atividade do filósofo "individual" só pode ser concebida, portanto, em função de tal unidade social, ou seja, também ela como política, como função de direção política.

Pode-se observar, com maior exatidão e precisão, o significado que a filosofia da práxis emprestou à tese hegeliana de que a filosofia se converte na história da filosofia, isto é, a tese da historicidade da filosofia. Isto leva à consequência de que é preciso negar a "filosofia absoluta" abstrata ou especulativa, ou seja, a filosofia que nasce da filosofia precedente e dela herda os chamados "problemas supremos", ou, mesmo, apenas o "problema filosófico", o qual se torna, consequentemente, um problema de história, de como nascem e se desenvolvem os problemas determinados da filosofia. A precedência passa à prática, à história real das modificações das relações sociais, das quais, portanto (e portanto, em última análise, da economia), surgem (ou são apresentados) os problemas que o filósofo se propõe e elabora.

Através do conceito mais amplo de historicidade da filosofia, isto é, de que uma filosofia é "histórica" enquanto se difunde, enquanto se torna concepção da realidade de uma massa social (com uma ética adequada), compreende-se que a filosofia da práxis, não obstante a "surpresa" e o "escândalo" de Croce, estude "nos filósofos precisamente (!) o que não é filosófico: as tendências práticas e os efeitos sociais e de classe que eles representam [...]".

De qualquer modo, revela-se qual foi o nexo teórico através do qual a filosofia da práxis, mesmo continuando o hegelianismo, o "inverte", sem por isto — como acredita Croce — querer "suplantar" qualquer espécie de filosofia. Se a filosofia é história da filosofia, se a filosofia é "história", se a filosofia se desenvolve porque se desenvolve a história geral do mundo (isto é, as relações sociais nas quais vive o homem) e não porque a um grande filósofo sucede um filósofo ainda maior e assim por diante, é claro que, ao se trabalhar praticamente para fazer história, faz-se também filosofia "implícita" (que será "explícita" na medida em que filósofos a elaborarem coerentemente), suscitam-se problemas de conhecimento que, além da forma "prática" de solução, encontrarão, mais cedo ou mais tarde, a forma teórica pela obra dos especialistas, após ter encontrado imediatamente a forma ingênua do senso comum popular, isto é, dos agentes práticos das transformações históricas. [...] [10, II, § 31; 1, 339-346]

[Sobre a dialética] [...] No *Ensaio*, inexiste qualquer tratamento da dialética. A dialética é pressuposta, muito superficialmente, mas não exposta, o que é absurdo num manual que deveria conter os elementos essenciais da doutrina tratada e cujas referências bibliográficas deveriam ser destinadas a estimular o estudo para ampliar e aprofundar o assunto e não para substituir o próprio manual. A ausência de um tratamento da dialética pode ter duas origens. A primeira pode ser constituída pelo fato de se supor que a filosofia da práxis esteja cindida em dois elementos: uma teoria da história e da política entendida como sociologia, isto é, a ser construída segundo o método das ciências naturais (experimental no sentido vulgarmente positivista), e uma filosofia propriamente dita, que seria o materialismo filosófico ou metafísico ou mecânico (vulgar). [...]

Colocada assim a questão, não mais se compreendem a importância e o significado da dialética, que, de doutrina do conhecimento e substância medular da historiografia e da ciência política, é degradada a uma subespécie de lógica formal, a uma escolástica elementar. A função e o significado da dialética só podem ser concebidos em toda a sua importância se a filosofia da práxis for concebida como uma filosofia integral e original, que inicia uma nova fase na história e no desenvolvimento mundial do pensamento, na medida em que supera (e, superando, integra em si os seus elementos vitais) tanto o idealismo quanto o materialismo tradicionais, expressões das velhas sociedades. Se a filosofia da práxis é pensada apenas como subordinada a uma outra filosofia, é impossível conceber a nova dialética, na qual, precisamente, aquela superação se efetua e se expressa. [...] [11, § 22; 1, 140-144]

A "matéria". [...] É evidente que, para a filosofia da práxis, a "matéria" não deve ser entendida nem no significado que resulta das ciências naturais (física, química, mecânica etc., e estes significados devem ser registrados e estudados em seu desenvolvimento histórico), nem nos significados que resultam das diversas metafísicas materialistas. As diversas propriedades físicas (químicas, mecânicas etc.) da matéria, que em seu conjunto constituem a própria matéria (a não ser que se recaia numa concepção do número kantiano), devem ser consideradas, mas só na medida em que se tornam "elemento econômico" produtivo. A matéria, portanto, não deve ser considerada como tal, mas como social e historicamente organizada pela produção e, desta forma, a ciência natural deve ser considerada essencialmente como uma categoria histórica, uma relação humana. [...] [11, § 30; 1, 160-163].

A objetividade do mundo exterior. A expressão de Engels de que "a materialidade do mundo é demonstrada pelo longo e laborioso desenvolvimento da filosofia e das ciências naturais" [53] deveria ser analisada e precisada. Entende-se por ciência a atividade teórica ou a atividade prático-experimental dos cientistas? Ou a síntese das duas atividades? Poder-se-ia dizer que reside nisso o processo unitário típico do real, ou seja, na atividade experimental do cientista, que é o primeiro modelo de mediação dialética entre o homem e a natureza, a célula histórica elementar pela qual o homem, pondo-se em relação com a natureza através da tecnologia, a conhece e a domina. É indubitável que a afirmação do método experimental separa dois mundos da história, duas épocas, e inicia o processo de dissolução da teologia e da metafísica e de desenvolvimento do pensamento moderno, cujo coroamento está na filosofia da práxis. A experiência científica é a primeira célula do novo método de produção, da nova forma de união ativa entre o homem e a natureza. O cientista experimentador é um operário, não um puro pensador; e seu pensar é continuamente verificado pela prática e vice-versa, até que se forme a unidade perfeita de teoria e prática.

Nota 1. Deve-se estudar a posição do Prof. Lukácz em face da filosofia da práxis [54]. Parece que Lukácz afirma que só se pode falar de dialética para a história dos homens e não para a natureza. Pode estar errado e pode ter razão. Se sua afirmação pressupõe um dualismo entre a natureza e o homem, está errado, já que cai numa concepção da natureza própria da religião e da filosofia greco-cristã, bem como do idealismo, que não consegue unificar e relacionar o homem e a natureza mais do que verbalmente. Mas, se a história humana deve também ser concebida como história da natureza (também através da história da ciência), então como a dialética pode ser separada da natureza? Talvez Lukácz, reagindo às teorias barrocas do *Ensaio popular*, tenha caído no erro oposto, numa espécie de idealismo. É certo que em Engels (*Anti-Dühring*) encontram-se muitos motivos que podem levar aos desvios do *Ensaio*. Esquece-se que Engels, embora tenha trabalhado muito tempo na obra prometida para demonstrar a dialética como lei cósmica, deixou escassos materiais sobre ela; e exagera-se ao afirmar a identidade de pensamento entre os dois fundadores da filosofia da práxis. [11, § 34; 1, 166-167]

"Objetividade" do conhecimento. [...] A questão da "objetividade" do conhecimento segundo a filosofia da práxis pode ser elaborada a partir da proposição (contida no prefácio à *Crítica da economia política*) de que "os homens tornam-se conscientes (do conflito entre as forças materiais de produção) no terreno ideológico" das formas jurídicas, políticas, religiosas, artísticas, filosóficas. Mas essa consciência é limitada ao conflito

entre as forças materiais de produção e as relações de produção (de acordo com a letra do texto), ou se refere a todo conhecimento consciente? Este é o ponto a ser elaborado e que pode sê-lo com todo o conjunto da doutrina filosófica do valor das superestruturas. Que significará, neste caso, o termo "monismo"? Certamente, nem o materialista nem o idealista, mas identidade dos contrários no ato histórico concreto, isto é, atividade humana (história-espírito) em concreto, indissoluvelmente ligada a uma certa "matéria" organizada (historicizada), à natureza transformada pelo homem. Filosofia do ato (práxis, desenvolvimento), mas não do ato "puro", e sim precisamente do ato "impuro", real no sentido mais profano e mundano da palavra. [11, § 64; 1, 208-209]

Regularidade e necessidade. Como surgiu no fundador da filosofia da práxis o conceito de regularidade e de necessidade no desenvolvimento histórico? Ao que parece, não se pode pensar em uma derivação das ciências naturais, e sim, ao contrário, em uma elaboração de conceitos nascidos no terreno da economia política, notadamente na forma e na metodologia que a ciência econômica recebeu em David Ricardo. Conceito e fato de "mercado determinado", isto é, observação científica de que determinadas forças decisivas e permanentes surgiram historicamente, forças cuja ação se manifesta com um certo "automatismo", que permite um certo grau de "previsibilidade" e de certeza para o futuro com relação às iniciativas individuais que se adequam a tais forças, após tê-las intuído e compreendido cientificamente. "Mercado determinado" equivale, portanto, a dizer "determinada correlação de forças sociais em determinada estrutura do aparelho de produção", correlação que é garantida (isto é, tornada permanente) por uma determinada superestrutura política, moral, jurídica. [...]

É necessário partir dessas considerações para estabelecer o que significa "regularidade", "lei", "automatismo", nos fatos históricos. Não se trata de "descobrir" uma lei metafísica de "determinismo" e nem mesmo de estabelecer uma lei "geral" de causalidade. Trata-se de indicar como se constituem no desenvolvimento histórico forças relativamente "permanentes", que operam com certa regularidade e automatismo. Tampouco a lei dos grandes números, ainda que seja muito útil como termo de comparação, pode ser tomada como a "lei" dos fatos históricos.

Para estabelecer a origem histórica deste elemento da filosofia da práxis (elemento que é, ademais, nada menos do que seu modo particular de conceber a "imanência"), será necessário estudar o modo pelo qual David Ricardo tratou das leis econômicas. Trata-se de ver que Ricardo não teve importância na fundação da filosofia da práxis somente pelo conceito de "valor" em economia, mas teve uma importância "filosófica", sugeriu uma maneira de pensar e de intuir a vida e a história. O método do "dado que", da premissa que dá lugar a certa consequência, deve ser identificado, ao que parece, como um dos pontos de partida (dos estímulos intelectuais) das experiências filosóficas dos fundadores da filosofia da práxis. Deve-se ver se David Ricardo foi estudado, alguma vez, a partir deste ponto de vista.

(Da mesma maneira, deveria ser examinado o conceito filosófico de "acaso" e de "lei", o conceito de uma "racionalidade" ou de uma "providência", pelos quais se termina no teleologismo transcendental, se não mesmo transcendente, e o conceito de "acaso", como no materialismo metafísico, "que cria o mundo por acaso".)

Revela-se assim que o conceito de "necessidade" histórica está estreitamente ligado ao de "regularidade" e de "racionalidade". A "necessidade" no sentido "especulativo abstrato" e no sentido "histórico concreto". Existe necessidade quando existe uma *premissa* eficiente e ativa, cujo conhecimento nos homens se tenha tornado operante, ao colocar fins concretos à consciência coletiva e ao constituir um complexo de convicções e de crenças que atua poderosamente como as "crenças populares". Na *premissa* devem estar contidas, já desenvolvidas, as condições materiais necessárias e suficientes para a realização do impulso de vontade coletiva; mas é evidente que desta premissa "material", quantitativamente calculável, não pode ser destacado um certo nível de cultura, isto é, um conjunto de atos intelectuais, e destes (como seu produto e consequência), um certo complexo de paixões e de sentimentos imperiosos, isto é, que tenham a força de induzir à ação "a todo custo".

Como foi dito, somente por este caminho é possível atingir uma concepção historicista (e não especulativo-abstrata) da "racionalidade" na história (e, consequentemente, da "irracionalidade"). [...] [11, § 52; 1, 194-198]

3. OS INTELECTUAIS E A EDUCAÇÃO

Passagem do saber ao compreender, ao sentir, e, vice-versa, do sentir ao compreender, ao saber. O elemento popular "sente", mas nem sempre compreende ou sabe; o elemento intelectual "sabe", mas nem sempre compreende e, menos ainda, "sente". Os dois extremos são, portanto, por um lado, o pedantismo e o filisteísmo, e, por outro, a paixão cega e o sectarismo. Não que o pedante não possa ser apaixonado, ao contrário; o pedantismo apaixonado é tão ridículo e perigoso quanto o sectarismo e a mais desenfreada demagogia. O erro do intelectual consiste em acreditar que se possa *saber* sem compreender e, principalmente, sem sentir e estar apaixonado (não só pelo saber em si, mas também pelo objeto do saber), isto é, em acreditar que o intelectual possa ser um intelectual (e não um mero pedante) mesmo quando distinto e destacado do povo-nação, ou seja, sem sentir as paixões elementares do povo, compreendendo-as e, portanto, explicando-as e justificando-as em determinada situação histórica, bem como relacionando-as dialeticamente com as leis da história, com uma concepção do mundo superior, científica e coerentemente elaborada, com o "saber"; não se faz política-história sem esta paixão, isto é, sem esta conexão sentimental entre intelectuais e povo-nação. Na ausência deste nexo, as relações do intelectual com o povo-nação são, ou se reduzem, a relações de natureza puramente burocrática e formal; os intelectuais se tornam uma casta ou um sacerdócio (o chamado centralismo orgânico). Se a relação entre intelectuais e povo-nação, entre dirigentes e dirigidos, entre governantes e governados, é dada graças a uma adesão orgânica, na qual o sentimento-paixão torna-se compreensão e, desta forma, saber (não de uma maneira mecânica, mas vivida), só então a relação é de representação, ocorrendo a troca de elementos individuais entre governantes e governados, entre dirigentes e dirigidos, isto é, realiza-se a vida do conjunto, a única que é força social; cria-se o "bloco histórico". [...] [11, § 67; 1, 221-222]

[O conceito de intelectual. A escola unitária]

Os intelectuais são um grupo autônomo e independente, ou cada grupo social tem sua própria categoria especializada de intelectuais? O problema é complexo por causa das várias formas que assumiu até agora o processo histórico real de formação das diversas categorias intelectuais. As mais importantes dessas formas são duas:

1) Todo grupo social, nascendo no terreno originário de uma função essencial no mundo da produção econômica, cria para si, ao mesmo tempo, organicamente, uma ou mais camadas de intelectuais que lhe dão homogeneidade e consciência da própria função, não apenas no campo econômico, mas também no social e político: o empresário capitalista cria consigo o técnico da indústria, o cientista da economia política, o organizador de uma nova cultura, de um novo direito etc. etc. Deve-se observar o fato de que o empresário representa uma elaboração social superior, já caracterizada por uma certa capacidade dirigente e técnica (isto é, intelectual): ele deve possuir uma certa capacidade técnica, não somente na esfera restrita de sua atividade e de sua iniciativa, mas também em outras esferas, pelo menos nas mais próximas da produção econômica (deve ser um organizador de massa de homens, deve ser um organizador da "confiança" dos que investem em sua empresa, dos compradores de sua mercadoria etc.). Se não todos os empresários, pelo menos uma elite deles deve possuir a capacidade de organizar a sociedade em geral, em todo o seu complexo organismo de serviços, até o organismo estatal, tendo em vista a necessidade de criar as condições mais favoráveis à expansão da própria classe; ou, pelo menos, deve possuir a capacidade de escolher os "prepostos" (empregados especializados) a quem confiar esta atividade organizativa das relações gerais exteriores à empresa. Pode-se observar que os intelectuais "orgânicos", que cada nova classe cria consigo e elabora em seu desenvolvimento progressivo, são, na maioria dos casos, "especializações" de aspectos parciais da atividade primitiva do tipo social novo que a nova classe deu à luz. (Também os senhores feudais eram detentores de uma particular capacidade técnica, a militar, e é precisamente a partir do momento em que a aristocracia perde o monopólio desta capacidade técnico-militar que se inicia a crise do feudalismo. Mas a formação dos intelectuais no mundo feudal e no mundo clássico precedente é uma questão que deve ser examinada à parte: esta formação e elaboração seguem caminhos e modos que é preciso estudar concretamente. Assim, cabe observar que a massa dos camponeses, ainda

que desenvolva uma função essencial no mundo da produção, não elabora seus próprios intelectuais "orgânicos" e não "assimila" nenhuma camada de intelectuais "tradicionais", embora outros grupos sociais extraiam da massa dos camponeses muitos de seus intelectuais e grande parte dos intelectuais tradicionais seja de origem camponesa.)

2) Todo grupo social "essencial", contudo, emergindo na história a partir da estrutura econômica anterior e como expressão do desenvolvimento desta estrutura, encontrou — pelo menos na história que se desenrolou até nossos dias — categorias intelectuais preexistentes, as quais apareciam, aliás, como representantes de uma continuidade histórica que não foi interrompida nem mesmo pelas mais complicadas e radicais modificações das formas sociais e políticas. A mais típica destas categorias intelectuais é a dos eclesiásticos, que monopolizaram durante muito tempo (numa inteira fase histórica, que é parcialmente caracterizada, aliás, por este monopólio) alguns serviços importantes: a ideologia religiosa, isto é, a filosofia e a ciência da época, com a escola, a instrução, a moral, a justiça, a beneficência, a assistência etc. A categoria dos eclesiásticos pode ser considerada como a categoria intelectual organicamente ligada à aristocracia fundiária: era juridicamente equiparada à aristocracia, com a qual dividia o exercício da propriedade feudal da terra e o uso dos privilégios estatais ligados à propriedade. Mas o monopólio das superestruturas por parte dos eclesiásticos (disso nasceu a acepção geral de "intelectual", ou de "especialista", da palavra "clérigo", em muitas línguas de origem neolatina ou fortemente influenciadas, através do latim eclesiástico, pelas línguas neolatinas, com seu correlativo de "laico" no sentido de profano, de não especialista) não foi exercido sem luta e sem limitações; e, por isso, nasceram, sob várias formas (que devem ser pesquisadas e estudadas concretamente), outras categorias, favorecidas e ampliadas pelo fortalecimento do poder central do monarca, até o absolutismo. Assim, foi-se formando a aristocracia togada, com seus próprios privilégios, bem como uma camada de administradores etc., cientistas, teóricos, filósofos não eclesiásticos etc.

Dado que estas várias categorias de intelectuais tradicionais sentem com "espírito de grupo" sua ininterrupta continuidade histórica e sua "qualificação", eles consideram a si mesmos como autônomos e independentes do grupo social dominante. Esta autoimagem não deixa de ter consequências de grande importância no campo ideológico e político (toda a filosofia idealista pode ser facilmente relacionada com esta posição assumida pelo conjunto social dos intelectuais e pode ser definida como a expressão desta utopia social segundo a qual os intelectuais acreditam ser "independentes", autônomos, dotados de características próprias etc. [...]

(Essa pesquisa sobre a história dos intelectuais não será de caráter "sociológico", mas dará lugar a uma série de ensaios de "história da cultura" [*Kulturgeschicht*] e de história da ciência política. Todavia, será difícil evitar algumas formas esquemáticas e abstratas que recordem as da "sociologia": será preciso, portanto, encontrar a forma literária mais adequada para que a exposição seja "não sociológica". A primeira parte da pesquisa poderia ser uma crítica metodológica das obras já existentes sobre os intelectuais, que são quase todas de caráter sociológico. Portanto, coletar a bibliografia sobre o assunto é indispensável.)

Quais são os limites "máximos" da acepção de "intelectual"? É possível encontrar um critério unitário para caracterizar igualmente todas as diversas e variadas atividades intelectuais e para distingui-las, ao mesmo tempo e de modo essencial, das atividades dos outros agrupamentos sociais ? O erro metodológico mais difundido, ao que me parece, é ter buscado este critério de distinção no que é intrínseco às atividades intelectuais, em vez de buscá-lo no conjunto do sistema de relações no qual estas atividades (e, portanto, os grupos que as personificam) se encontram no conjunto geral das relações sociais. Na verdade, o operário ou proletário, por exemplo, não se caracteriza especificamente pelo trabalho manual ou instrumental, mas por este trabalho em determinadas condições e em determinadas relações sociais (sem falar no fato de que não existe trabalho puramente físico, e de que mesmo a expressão de Taylor, do "gorila *amestrado*", é uma metáfora para indicar um limite numa certa direção: em qualquer trabalho físico, mesmo no mais mecânico e degradado, existe um mínimo de qualificação técnica, isto é, um mínimo de atividade intelectual criadora). E já se observou que o empresário, pela sua própria função, deve possuir em certa medida algumas qualificações de caráter intelectual, embora sua figura social seja determinada não por elas, mas pelas relações sociais gerais que caracterizam efetivamente a posição do empresário na indústria.

Por isso, seria possível dizer que todos os homens são intelectuais, mas nem todos os homens têm na sociedade a função de intelectuais (assim, o fato de que alguém possa, em determinado momento, fritar dois ovos ou costurar um rasgão no paletó não significa que todos sejam cozinheiros ou alfaiates). Formam-se assim, historicamente, categorias especializadas para o exercício da função intelectual; formam-se em conexão com todos os grupos sociais, mas sobretudo em conexão com os grupos sociais mais importantes, e sofrem elaborações mais amplas e complexas em ligação com o grupo social dominante. Uma das características mais marcantes de todo grupo que se desenvolve no sentido do domínio é sua luta pela assimilação e pela conquista "ideológica" dos intelectuais tradicionais, assimilação e conquista que são tão mais rápidas e eficazes quanto mais o grupo em questão for capaz de elaborar simultaneamente seus próprios intelectuais orgânicos. O enorme desenvolvimento obtido pela atividade e pela organização escolar (em sentido lato) nas sociedades que emergiram do mundo medieval indica a importância assumida no mundo moderno pelas categorias e funções intelectuais: assim como se buscou aprofundar e ampliar a "intelectualidade" de cada indivíduo, buscou-se igualmente multiplicar as especializações e aperfeiçoá-las. Isso resulta das instituições escolares de graus diversos, até os organismos que visam a promover a chamada "alta cultura", em todos os campos da ciência e da técnica. (A escola é o instrumento para elaborar os intelectuais de diversos níveis. A complexidade da função intelectual nos vários Estados pode ser objetivamente medida pela quantidade das escolas especializadas e pela sua hierarquização: quanto mais extensa for a "área" escolar e quanto mais numerosos forem os "graus" "verticais" da escola, tão mais complexo será o mundo cultural, a civilização, de um determinado Estado. Pode-se ter um termo de comparação na esfera da técnica industrial: a industrialização de um país se mede pela sua capacidade de construir máquinas que construam máquinas e pela fabricação de instrumentos cada vez mais precisos para construir máquinas e instrumentos que construam máquinas etc. O país que possuir a melhor capacitação para construir instrumentos destinados aos laboratórios dos cientistas e para construir instrumentos que verifiquem estes instrumentos, este país pode ser considerado o mais complexo no campo técnico-industrial, o mais civilizado etc. O mesmo ocorre na preparação dos intelectuais e nas escolas destinadas a tal preparação: escolas e instituições de alta cultura são similares.) (Também nesse campo a quantidade não pode ser destacada da qualidade. À mais refinada especialização técnico-cultural, não pode deixar de corresponder a maior ampliação possível da difusão da instrução primária e o maior empenho no favorecimento do acesso aos graus intermediários do maior número. Naturalmente, esta necessidade de criar a mais ampla base possível para a seleção e elaboração das mais altas qualificações intelectuais — ou seja, de dar à alta cultura e à técnica superior uma estrutura democrática — não deixa de ter inconvenientes: cria-se assim a possibilidade de amplas crises de desemprego nas camadas médias intelectuais, como ocorre efetivamente em todas as sociedades modernas.)

Deve-se notar que a elaboração das camadas intelectuais na realidade concreta não ocorre num terreno democrático abstrato, mas segundo processos históricos tradicionais muito concretos. Formaram-se camadas que, tradicionalmente, "produzem" intelectuais; e elas são as mesmas que, com frequência, especializaram-se na "poupança", isto é, a pequena e média burguesia fundiária e alguns estratos da pequena e média burguesia urbana. A diferente distribuição dos diversos tipos de escola (clássicas e profissionais) no território "econômico" e as diferentes aspirações das várias categorias destas camadas determinam, ou dão forma, à produção dos diferentes ramos de especialização intelectual. Assim, na Itália, a burguesia rural produz sobretudo funcionários estatais e profissionais liberais, enquanto a burguesia urbana produz técnicos para a indústria: por isso, a Itália setentrional produz sobretudo técnicos e a Itália meridional, sobretudo funcionários e profissionais.

A relação entre os intelectuais e o mundo da produção não é imediata, como ocorre no caso dos grupos sociais fundamentais, mas é "mediatizada", em diversos graus, por todo o tecido social, pelo conjunto das superestruturas, do qual os intelectuais são precisamente os "funcionários". Seria possível medir a "organicidade" dos diversos estratos intelectuais, sua conexão mais ou menos estreita com um grupo social fundamental, fixando uma gradação das funções e das superestruturas de baixo para cima (da base estrutural para o alto). Por enquanto, podem-se fixar dois grandes "planos" superestruturais: o que pode ser chamado de "sociedade civil" (isto é, o conjunto de organismos designados vulgarmente como "privados") e o da "sociedade política ou Estado", planos que correspondem, respectivamente, à função de "hegemonia" que o grupo dominante exerce em toda a sociedade e àquela de "domínio direto" ou de comando, que se expressa no Estado e no governo "jurídico". Estas funções são precisamente organizativas e conectivas. Os intelectuais são os "prepostos" do grupo dominante para o exercício das funções subalternas da hegemonia social e do governo político, isto é: 1) do consenso "espontâneo" dado pelas grandes massas da população à orientação impressa pelo grupo fundamental dominante à vida social, consenso que nasce "historicamente" do prestígio (e, portanto, da confiança) obtido pelo grupo dominante por causa de sua posição e de sua função no mundo da produção; 2) do aparelho de coerção estatal que assegura "legalmente" a disciplina dos grupos que não "consentem", nem ativa nem passivamente, mas que é constituído para toda a sociedade na previsão dos momentos de crise no comando e na direção, nos quais desaparece o consenso espontâneo. Esta colocação do problema tem como resultado uma ampliação muito grande do conceito de intelectual, mas só assim se torna possível chegar a uma aproximação concreta da realidade. Este modo de colocar a questão entra em choque com preconceitos de casta: é verdade que a própria função organizativa da hegemonia social e do domínio estatal dá lugar a uma certa divisão do trabalho e, portanto, a toda uma gradação de qualificações, em algumas das quais não mais aparece nenhuma atribuição diretiva e organizativa: no aparelho da direção social e estatal existe toda uma série de empregos de caráter manual e instrumental (de ordem e não de conceito, de agente e não de oficial ou funcionário etc.), mas, evidentemente, é preciso fazer esta distinção, como é preciso fazer também algumas outras. De fato, a atividade intelectual deve ser diferenciada em graus também do ponto de vista intrínseco, graus que, nos momentos de extrema oposição, dão lugar a uma autêntica diferença qualitativa: no mais alto grau, devem ser postos os criadores das várias ciências, da filosofia, da arte etc.; no mais baixo, os mais modestos "administradores" e divulgadores da riqueza intelectual já existente, tradicional, acumulada. O organismo militar, também neste caso, oferece um modelo destas complexas gradações: oficiais subalternos, oficiais superiores, Estado-Maior; e não se devem esquecer as praças graduadas, cuja importância real é superior ao que habitualmente se crê. É interessante notar que todas essas partes se sentem solidárias, ou, melhor, que os estratos inferiores manifestam um "espírito de grupo" mais evidente, do qual recolhem uma "vaidade" que frequentemente os expõe aos gracejos e às troças.

No mundo moderno, a categoria dos intelectuais, assim entendida, ampliou-se enormemente. Foram elaboradas, pelo sistema social democrático-burocrático, imponentes massas, nem todas justificadas pelas necessidades sociais da produção, ainda que justificadas pelas necessidades políticas do grupo fundamental dominante. Daí a concepção loriana [55] do "trabalhador" improdutivo (mas improdutivo em relação a quem e a que modo de produção?), que poderia ser parcialmente justificada se se levasse em conta que essas massas exploram sua posição a fim de obter grandes somas retiradas à renda nacional. A formação em massa estandardizou os indivíduos, na qualificação intelectual e na psicologia, determinando os mesmos fenômenos que ocorrem em todas as outras massas estandardizadas: concorrência (que coloca a necessidade da organização profissional de defesa), desemprego; superprodução escolar, emigração etc.

Posição diversa dos intelectuais de tipo urbano e de tipo rural. Os intelectuais de tipo urbano cresceram junto à indústria e são ligados às suas vicissitudes. A sua função pode ser comparada à dos oficiais subalternos no exército: não possuem nenhuma iniciativa autônoma na elaboração dos planos de construção; colocam em relação, articulando-a, a massa instrumental com o empresário, elaboram a execução imediata do plano de produção estabelecido pelo estado-maior da indústria, controlando suas fases executivas elementares. Na média geral, os intelectuais urbanos são bastante estandardizados; os altos intelectuais urbanos confundem-se cada vez mais com o estado-maior industrial propriamente dito.

Os intelectuais de tipo rural são, em grande parte, "tradicionais", isto é, ligados à massa social do campo e pequeno-burguesa, de cidades (notadamente dos centros menores), ainda não elaborada e posta em movimento pelo sistema capitalista: esse tipo de intelectual põe em contato a massa camponesa com a administração estatal ou local (advogados, tabeliães etc.) e, por esta mesma função, possui uma grande função político-social, já que a mediação profissional dificilmente se separa da mediação política. Além disso: no campo, o intelectual (padre, advogado, professor, tabelião, médico etc.) possui um padrão de vida médio superior, ou, pelo menos, diverso daquele do camponês médio e representa, por isso, para este camponês, um modelo social na aspiração de sair de sua condição e de melhorá-la. O camponês acredita sempre que pelo menos um de seus filhos pode se tornar intelectual (sobretudo padre), isto é, tornar-se um senhor, elevando o nível social da família e facilitando sua vida econômica pelas ligações que não poderá deixar de estabelecer com os outros senhores. A atitude do camponês diante do intelectual é dúplice e parece contraditória: ele admira a posição social do intelectual e, em geral, do funcionário público, mas finge às vezes desprezá-la, isto é, sua admiração mistura-se instintivamente com elementos de inveja e de raiva apaixonada. Não se compreende nada da vida coletiva dos camponeses, nem dos germes e fermentos de desenvolvimento nela existentes, se não se leva em consideração, se não se estuda concretamente e não se aprofunda esta subordinação efetiva aos intelectuais: todo desenvolvimento orgânico das massas camponesas, até um certo ponto, está ligado aos movimentos dos intelectuais e deles depende.

O caso é diverso para os intelectuais urbanos: os técnicos de fábrica não exercem nenhuma função política sobre suas massas instrumentais, ou, pelo menos, é esta uma fase já superada; por vezes, ocorre precisamente o contrário, ou seja, que as massas instrumentais, pelo menos através de seus próprios intelectuais orgânicos, exerçam uma influência política sobre os técnicos.

O ponto central da questão continua a ser a distinção entre intelectuais como categoria orgânica de cada grupo social fundamental e intelectuais como categoria tradicional, distinção da qual decorre toda uma série de problemas e de possíveis pesquisas históricas. O problema mais interessante é o que diz respeito, se considerado deste ponto de vista, ao partido político moderno, às suas origens reais, aos seus desenvolvimentos, às suas formas. O que se torna o partido político em relação ao problema dos intelectuais? É necessário fazer algumas distinções: 1) para alguns grupos sociais, o partido político é nada mais do que o modo próprio de elaborar sua categoria de intelectuais orgânicos, que se formam assim, e não podem deixar de se formar, dadas as características gerais e as condições de formação, de vida e de desenvolvimento do grupo social dado, diretamente no campo político e filosófico, e não no campo da técnica produtiva (no campo da técnica produtiva, formam-se os estratos que correspondem, pode-se dizer, aos cabos e sargentos no exército, isto é, os operários qualificados e especializados na cidade e, de modo mais complexo, os parceiros e colonos no campo, pois o parceiro e o colono correspondem geralmente ao tipo artesão, que é o operário qualificado de uma economia medieval); 2) o partido político, para todos os grupos, é precisamente o mecanismo que realiza na sociedade civil a mesma função desempenhada pelo Estado, de modo mais vasto e mais sintético, na sociedade política, ou seja, proporciona a soldagem entre intelectuais orgânicos de um dado grupo, o dominante, e intelectuais tradicionais; e esta função é desempenhada pelo partido precisamente na dependência de sua função fundamental, que é a de elaborar os próprios componentes, elementos de um grupo social nascido e desenvolvido como "econômico", até transformá-los em intelectuais políticos qualificados, dirigentes, organizadores de todas as atividades e funções inerentes ao desenvolvimento orgânico de uma sociedade integral, ou seja, civil e política. Aliás, pode-se dizer que, no seu âmbito, o partido político desempenha sua função muito mais completa e organicamente do que, num âmbito mais vasto, o Estado desempenha a sua: um intelectual que passa a fazer parte do partido político de um determinado grupo social confunde-se com os intelectuais orgânicos do próprio grupo, liga-se estreitamente ao grupo, o que, através da participação na vida estatal, ocorre apenas mediocremente ou mesmo nunca. Aliás, ocorre que muitos intelectuais pensam ser o Estado, crença que, dado o imenso número de componentes da categoria, tem por vezes notáveis consequências e leva a desagradáveis complicações para o grupo fundamental econômico que realmente é o Estado.

Que todos os membros de um partido político devam ser considerados como intelectuais é uma afirmação que pode se prestar à ironia e à caricatura; contudo, se refletirmos bem, nada é mais exato. Será preciso fazer uma distinção de graus; um partido poderá ter uma maior ou menor composição do grau mais alto ou do mais baixo, mas não é isto que importa: importa a função, que é diretiva e organizativa, isto é, educativa, isto é, intelectual. Um comerciante não ingressa num partido político para comerciar, nem um industrial para produzir mais e com custos reduzidos, nem um camponês para aprender novos métodos de cultivar a terra, ainda que alguns aspectos destas exigências do comerciante, do industrial, do camponês possam ser satisfeitos no partido político. (A opinião geral contradiz esta afirmação, ao dizer que o comerciante, o industrial, o camponês "politiqueiros" perdem ao invés de ganhar, e que são os piores de sua categoria, o que pode ser questionado.) Para estas finalidades, dentro de certos limites, existe o sindicato profissional, no qual a atividade econômico-corporativa do comerciante, do industrial, do camponês encontra seu quadro mais adequado. No partido político, os elementos de um grupo social econômico superam este momento de seu desenvolvimento histórico e se tornam agentes de atividades gerais, de caráter nacional e internacional. Esta função do partido político apareceria com muito maior clareza mediante uma análise histórica concreta do modo pelo qual se desenvolveram as categorias orgânicas e as categorias tradicionais dos intelectuais, tanto no terreno das várias histórias nacionais quanto no do desenvolvimento dos vários grupos sociais mais importantes no quadro das diversas nações, sobretudo daqueles grupos cuja atividade econômica foi predominantemente instrumental. [...]

Aspectos diversos da questão dos intelectuais, além daqueles acima mencionados. É preciso elaborar sobre isso um projeto orgânico, sistemático e argumentado. Registro das atividades de caráter predominantemente intelectual. Instituições ligadas à atividade cultural. Método e problemas de método do trabalho intelectual e cultural, seja criativo ou divulgativo. Escola, academia, círculos de diferentes tipos, tais como instituições de elaboração colegiada da vida cultural. Revistas e jornais como meios para organizar e difundir determinados tipos de cultura.

Pode-se observar, em geral, que na civilização moderna todas as atividades práticas se tornaram tão complexas, e as ciências se mesclaram de tal modo à vida, que cada atividade prática tende a criar uma escola para os próprios dirigentes e especialistas e, consequentemente, tende a criar um grupo de intelectuais especialistas de nível mais elevado, que ensinem nestas escolas. Assim, ao lado do tipo de escola que poderíamos chamar de "humanista" (e que é o tradicional mais antigo), destinado a desenvolver em cada indivíduo humano a cultura geral ainda indiferenciada, o poder fundamental de pensar e de saber orientar-se na vida, foi-se criando paulatinamente todo um sistema de escolas particulares de diferentes níveis, para inteiros ramos profissionais ou para profissões já especializadas e indicadas mediante uma precisa especificação. Pode-se dizer, aliás, que a crise escolar que hoje se difunde liga-se precisamente ao fato de que este processo de diferenciação e particularização ocorre de modo caótico, sem princípios claros e precisos, sem um plano bem estudado e conscientemente estabelecido: a crise do programa e da organização escolar, isto é, da orientação geral de uma política de formação dos modernos quadros intelectuais, é em grande parte um aspecto e uma complexificação da crise orgânica mais ampla e geral. A divisão fundamental da escola em clássica e profissional era um esquema racional: a escola profissional destinava-se às classes instrumentais, enquanto a clássica destinava-se às classes dominantes e aos intelectuais. O desenvolvimento da base industrial, tanto na cidade como no campo, gerava a crescente necessidade do novo tipo de intelectual urbano: desenvolveu-se, ao lado da escola clássica, a escola técnica (profissional mas não manual), o que pôs em discussão o próprio princípio da orientação concreta de cultura geral, da orientação humanista da cultura geral fundada na tradição greco-romana. Esta orientação, uma vez posta em discussão, foi afastada, pode-se dizer, já que sua capacidade formativa era em grande parte baseada no prestígio geral e tradicionalmente indiscutido de uma determinada forma de civilização.

A tendência atual é a de abolir qualquer tipo de escola "desinteressada" (não imediatamente interessada) e "formativa", ou de conservar apenas um seu reduzido exemplar, destinado a uma pequena elite de senhores e de mulheres que não devem pensar em preparar-se para um futuro profissional, bem como a de difundir cada vez mais as escolas profissionais especializadas, nas quais o destino do aluno e sua futura atividade são predeterminados. A crise terá uma solução que, racionalmente, deveria seguir esta linha: escola única inicial de cultura geral, humanista, formativa, que equilibre de modo justo o desenvolvimento da capacidade de trabalhar manualmente (tecnicamente, industrialmente) e o desenvolvimento das capacidades de trabalho intelectual. Deste tipo de escola única, através de repetidas experiências de orientação profissional, passar-se-á a uma das escolas especializadas ou ao trabalho produtivo.

Deve-se ter presente a tendência em desenvolvimento, segundo a qual cada atividade prática tende a criar para si uma escola especializada própria, do mesmo modo como cada atividade intelectual tende a criar círculos próprios de cultura, que assumem a função de instituições pós-escolares especializadas em organizar as condições nas quais seja possível manter-se informado dos progressos que ocorrem no ramo científico próprio. Pode-se observar, também, que os órgãos deliberativos tendem cada vez mais a diferenciar sua atividade em dois aspectos "orgânicos": o deliberativo, que lhes é essencial, e o técnico-cultural, onde as questões sobre as quais é preciso tomar decisões são inicialmente examinadas por especialistas e analisadas cientificamente. Esta atividade já criou todo um corpo burocrático de nova estrutura, pois — além dos escritórios especializados de pessoas competentes, que preparam o material técnico para os corpos deliberativos — cria-se um segundo corpo de funcionários, mais ou menos "voluntários" e desinteressados, escolhidos, em cada oportunidade, na indústria, nos bancos, nas finanças. Este é um dos mecanismos através dos quais a burocracia de carreira terminou por controlar os regimes democráticos e os parlamentos; atualmente, o mecanismo vai se ampliando organicamente e absorve em seu círculo os grandes especialistas da atividade prática privada, que controla assim os regimes e a burocracia. Já que se trata de um desenvolvimento orgânico necessário, que tende a integrar o pessoal especializado na técnica política com o pessoal especializado nas questões concretas de administração das atividades práticas essenciais das grandes e complexas sociedades nacionais modernas, toda tentativa de exorcizar a partir de fora estas tendências não produz como resultado mais do que pregações moralistas e gemidos retóricos. Põe-se a questão de modificar a preparação do pessoal técnico político, complementando sua cultura de acordo com as novas necessidades, e de elaborar novos tipos de funcionários especializados, que integrem de forma colegiada a atividade deliberativa. O tipo tradicional do "dirigente" político, preparado apenas para as atividades jurídico-formais, torna-se anacrônico e representa um perigo para a vida estatal: o dirigente deve ter aquele mínimo de cultura geral que lhe permita, se não "criar" autonomamente a solução justa, pelo menos saber julgar entre as soluções projetadas pelos especialistas e, consequentemente, escolher a que seja justa do ponto de vista "sintético" da técnica política. [...]

Um ponto importante, no estudo da organização prática da escola unitária, é o que diz respeito ao currículo escolar em seus vários níveis, de acordo com a idade e com o desenvolvimento intelectual-moral dos alunos e com os fins que a própria escola pretende alcançar. A escola unitária ou de formação humanista (entendido este termo, "humanismo", em sentido amplo e não apenas em sentido tradicional), ou de cultura geral, deveria assumir a tarefa de inserir os jovens na atividade social, depois de tê-los elevado a um certo grau de maturidade e capacidade para a criação intelectual e prática e a uma certa autonomia na orientação e na iniciativa. A fixação da idade escolar obrigatória depende das condições econômicas gerais, já que estas podem obrigar os jovens a uma certa prestação produtiva imediata. A escola unitária requer que o Estado possa assumir as despesas que hoje estão a cargo da família no que toca à manutenção dos alunos, isto é, requer que seja completamente transformado o orçamento do ministério da educação nacional, ampliando-o enormemente e tornando-o mais complexo: a inteira função de educação e formação das novas gerações deixa de ser privada e torna-se pública, pois somente assim ela pode abarcar todas as gerações, sem divisões de grupos ou castas. Mas esta transformação da atividade escolar requer uma enorme ampliação da organização prática da escola, isto é, dos prédios, do material científico, do corpo docente etc. O corpo docente, em particular, deveria ser ampliado, pois a eficiência da escola é muito maior e intensa quando a relação entre professor e aluno é menor, o que coloca outros problemas de solução difícil e demorada. Também a questão dos prédios não é simples, pois este tipo de escola deveria ser uma escola em tempo integral, com dormitórios, refeitórios, bibliotecas especializadas, salas adequadas para o trabalho de seminário etc. Por isso, inicialmente, o novo tipo de escola deverá ser — e não poderá deixar de sê-lo — próprio de grupos restritos, de jovens escolhidos por concurso ou indicados sob a responsabilidade de instituições idôneas. A escola unitária deveria corresponder ao período representado hoje pelas escolas primárias e médias, reorganizadas não somente no que diz respeito ao método de ensino, mas também no que toca à disposição dos vários graus da carreira escolar. O nível inicial da escola elementar não deveria ultrapassar três-quatro anos e, ao lado do ensino das primeiras noções "instrumentais" da instrução (ler, escrever, fazer contas, geografia, história), deveria desenvolver sobretudo a parte relativa aos "direitos e deveres", atualmente negligenciada, isto é, as primeiras noções do Estado e da sociedade, enquanto elementos primordiais de uma nova concepção do mundo que entra em luta contra as concepções determinadas pelos diversos ambientes sociais tradicionais, ou seja, contra as concepções que poderíamos chamar de folclóricas. O problema didático a resolver é o de abrandar e fecundar a orientação dogmática que não pode deixar de existir nestes primeiros anos. O resto do curso não deveria durar mais de seis anos, de modo que, aos quinze ou dezesseis anos, já deveriam estar concluídos todos os graus da escola unitária. Pode-se objetar que um tal curso é muito cansativo por causa de sua rapidez, se se pretende efetivamente atingir os resultados propostos pela atual organização da escola clássica, mas que não são atingidos. Pode-se dizer, porém, que o conjunto da nova organização deverá conter os elementos gerais que fazem com que, hoje, pelo menos para uma parte dos alunos, o curso seja muito lento. Quais são estes elementos? Numa série de famílias, particularmente das camadas intelectuais, os jovens encontram na vida familiar uma preparação, um prolongamento e uma complementação da vida escolar, absorvendo no "ar", como se diz, uma grande quantidade de noções e de aptidões que facilitam a carreira escolar propriamente dita: eles já conhecem, e desenvolvem ainda mais, o domínio da língua literária, isto é, do meio de expressão e de conhecimento, tecnicamente superior aos meios de que dispõe a média da população escolar dos seis aos doze anos. Assim, os alunos urbanos, pelo simples fato de viverem na cidade, já absorveram — antes dos seis anos — muitas noções e aptidões que tornam mais fácil, mais proveitosa e mais rápida a carreira escolar. Na organização interna da escola unitária, devem ser criadas, pelo menos, as mais importantes destas condições, além do fato, que se deve dar por suposto, de que se desenvolverá — paralelamente à escola unitária — uma rede de creches e outras instituições nas quais, mesmo antes da idade escolar, as crianças se habituem a uma certa disciplina coletiva e adquiram noções e aptidões pré-escolares. De fato, a escola unitária deveria ser organizada como escola em tempo integral, com vida coletiva diurna e noturna, liberta das atuais formas de disciplina hipócrita e mecânica, e o estudo deveria ser feito coletivamente, com a assistência dos professores e dos melhores alunos, mesmo nas horas do estudo dito individual etc.

O problema fundamental se põe para a fase da atual carreira escolar hoje representada pelo liceu [56], que em nada se diferencia, atualmente, como tipo de ensino, das fases escolares anteriores, a não ser pela abstrata suposição de uma maior maturidade intelectual e moral do aluno, devida à maior idade e à experiência anteriormente acumulada. De fato, entre liceu e universidade, isto é, entre a escola propriamente dita e a vida, existe um salto, uma verdadeira solução de continuidade, não uma passagem racional da quantidade (idade) à qualidade (maturidade intelectual e moral). Do ensino quase puramente dogmático, no qual a memória desempenha um grande papel, passa-se à fase criadora ou de trabalho autônomo e independente; da escola com disciplina de estudo imposta e controlada autoritariamente, passa-se a uma fase de estudo ou de trabalho profissional na qual a autodisciplina intelectual e a autonomia moral são teoricamente ilimitadas. E isto ocorre imediatamente após a crise da puberdade, quando o ímpeto das paixões instintivas e elementares não terminou ainda de lutar contra os freios do caráter e da consciência moral em formação. Na Itália, de resto, onde não é difundido nas universidades o princípio do trabalho de "seminário", a passagem é ainda mais brusca e mecânica.

Por isso, na escola unitária, a última fase deve ser concebida e organizada como a fase decisiva, na qual se tende a criar os valores fundamentais do "humanismo", a autodisciplina intelectual e a autonomia moral necessárias a uma posterior especialização, seja ela de caráter científico (estudos universitários), seja de caráter imediatamente prático-produtivo (indústria, burocracia, comércio etc.). O estudo e o aprendizado dos métodos criativos na ciência e na vida devem começar nesta última fase da escola, não devendo mais ser um monopólio da universidade ou ser deixado ao acaso da vida prática: esta fase escolar já deve contribuir para desenvolver o elemento da responsabilidade autônoma nos indivíduos, deve ser uma escola criadora. (Deve-se distinguir entre escola criadora e escola ativa, mesmo na forma dada pelo método Dalton. Toda a escola unitária é escola ativa, embora seja necessário limitar as ideologias libertárias neste campo e reivindicar com certa energia o dever das gerações adultas, isto é, do Estado, de "conformar" as novas gerações. Ainda se está na fase romântica da escola ativa, na qual os elementos da luta contra a escola mecânica e jesuítica se dilataram morbidamente por razões de contraste e de polêmica: é necessário entrar na fase "clássica", racional, encontrando nos fins a atingir a fonte natural para elaborar os métodos e as formas. A escola criadora é o coroamento da escola ativa: na primeira fase, tende-se a disciplinar e, portanto, também a nivelar, a obter uma certa espécie de "conformismo" que pode ser chamado de "dinâmico"; na fase criadora, sobre a base já atingida de "coletivização" do tipo social, tende-se a expandir a personalidade, tornada autônoma e responsável, mas com uma consciência moral e social sólida e homogênea. Assim, escola criadora não significa escola de "inventores e descobridores"; indica-se uma fase e um método de investigação e de conhecimento, e não um "programa" predeterminado que obrigue à inovação e à originalidade a todo custo. Indica que a aprendizagem ocorre sobretudo graças a um esforço espontâneo e autônomo do discente, e no qual o professor exerce apenas uma função de guia amigável, como ocorre ou deveria ocorrer na universidade. Descobrir por si mesmo uma verdade, sem sugestões e ajudas exteriores, é criação, mesmo que a verdade seja velha, e demonstra a posse do método; indica que, de qualquer modo, entrou-se na fase da maturidade intelectual, na qual se podem descobrir verdades novas. Por isso, nesta fase, a atividade escolar fundamental se desenvolverá nos seminários, nas bibliotecas, nos laboratórios experimentais; é nela que serão recolhidas as indicações orgânicas para a orientação profissional.)

O advento da escola unitária significa o início de novas relações entre trabalho intelectual e trabalho industrial não apenas na escola, mas em toda a vida social. O princípio unitário, por isso, irá se refletir em todos os organismos de cultura, transformando-os e emprestando-lhes um novo conteúdo. Problemas da nova função que poderão assumir as universidades e as academias. Estas duas instituições são, atualmente, independentes uma da outra; as academias são o símbolo, ridicularizado frequentemente com razão, da separação existente entre a alta cultura e a vida, entre os intelectuais e o povo [...] Num novo contexto de relações entre vida e cultura, entre trabalho intelectual e trabalho industrial, as academias deveriam se tornar a organização cultural (de sistematização, expansão e criação intelectual) daqueles elementos que, após a escola unitária, passarão para o trabalho profissional, bem como um terreno de encontro entre estes e os universitários. Os elementos sociais empregados no trabalho profissional não devem cair na passividade intelectual, mas devem ter à sua disposição (por iniciativa coletiva e não de indivíduos, como função social orgânica reconhecida como de utilidade e necessidade públicas) institutos especializados em todos os ramos de pesquisa e de trabalho científico, para os quais poderão colaborar e nos quais encontrarão todos os subsídios necessários para qualquer forma de atividade cultural que pretendam empreender. A organização acadêmica deverá ser reorganizada e vivificada de alto a baixo. Territorialmente, terá uma centralização de competências e de especializações: centros nacionais que agregarão a si as grandes instituições existentes, seções regionais e provinciais e círculos locais urbanos e rurais. Serão divididos por especializações científico-culturais, representadas em sua totalidade nos centros superiores, mas só parcialmente nos círculos locais. Unificar os vários tipos de organização cultural existentes: academias, institutos de cultura, círculos filológicos etc., integrando o trabalho acadêmico tradicional — que se expressa sobretudo na sistematização do saber passado ou na busca da fixação de uma média do pensamento nacional como guia da atividade intelectual — com atividades ligadas à vida coletiva, ao mundo da produção e do trabalho. Serão controladas as conferências industriais, a atividade da organização científica do trabalho, os laboratórios experimentais das fábricas etc. Será construído um mecanismo para selecionar e desenvolver as capacidades individuais da massa popular, que são hoje sacrificadas e definham em erros e tentativas sem perspectiva. Cada círculo local deveria possuir necessariamente a seção de ciências morais e políticas, que organizará paulatinamente as outras seções especiais para discutir os aspectos técnicos dos problemas industriais, agrários, de organização e de racionalização do trabalho industrial, agrícola, burocrático etc. Congressos periódicos de diversos níveis fariam com que os mais capazes fossem conhecidos. [...]

A colaboração entre estes organismos e as universidades deveria ser estreita, bem como com todas as escolas superiores especializadas de qualquer tipo (militares, navais etc.). A finalidade é obter uma centralização e um impulso da cultura nacional que fossem superiores aos da Igreja Católica.

(Este esquema de organização do trabalho cultural segundo os princípios gerais da escola unitária deveria ser desenvolvido, cuidadosamente, em todas as suas partes e servir de guia na constituição mesmo do mais elementar e primitivo centro de cultura, que deveria ser concebido como um embrião e uma molécula de toda a estrutura mais maciça. Mesmo as iniciativas que se sabem transitórias e experimentais deveriam ser concebidas como capazes de ser absorvidas no esquema geral e, ao mesmo tempo, como elementos vitais que tendem a criar todo o esquema. Estudar atentamente a organização e o desenvolvimento do Rotary Club.) [12, § 1; 2, 15-42]

Observações sobre a escola: para a investigação do princípio educativo. A fratura determinada pela reforma Gentile entre a escola primária e média, por um lado, e a escola superior, por outro [57]. Antes da reforma, uma fratura desse tipo existia, de modo marcado, somente entre a escola profissional, por um lado, e as escolas médias e superiores, por outro: a escola primária era colocada numa espécie de limbo, por algumas de suas características particulares.

Nas escolas primárias, dois elementos se prestavam à educação e à formação das crianças: as primeiras noções de ciências naturais e as noções dos direitos e deveres do cidadão. As noções científicas deviam servir para introduzir a criança na "*societas rerum*"; os direitos e deveres, na vida estatal e na sociedade civil. As noções científicas entravam em luta com a concepção mágica do mundo e da natureza, que a criança absorve do ambiente impregnado de folclore, enquanto as noções de direitos e deveres entram em luta com as tendências à barbárie individualista e localista, que é também um aspecto do folclore. Com seu ensino, a escola luta contra o folclore, contra todas as sedimentações tradicionais de concepções do mundo, a fim de difundir uma concepção mais moderna, cujos elementos primitivos e fundamentais são dados pela aprendizagem da existência de leis naturais como algo objetivo e rebelde, às quais é preciso adaptar-se para dominá-las, e de leis civis e estatais, produto de uma atividade humana, que são estabelecidas pelo homem e podem ser por ele modificadas tendo em vista seu desenvolvimento coletivo; a lei civil e estatal organiza os homens do modo historicamente mais adequado a dominar as leis da natureza, isto é, a tornar mais fácil o seu trabalho, que é a forma própria através da qual o homem participa ativamente na vida da natureza, visando a transformá-la e socializá-la cada vez mais profunda e extensamente. Pode-se dizer, por isso, que o princípio educativo no qual se baseavam as escolas primárias era o conceito de trabalho, que não pode se realizar em todo seu poder de expansão e de produtividade sem um conhecimento exato e realista das leis naturais e sem uma ordem legal que regule organicamente a vida dos homens entre si, ordem que deve ser respeitada por convicção espontânea e não apenas por imposição externa, por necessidade reconhecida e proposta a si mesmo como liberdade e não por simples coerção. O conceito e o fato do trabalho (da atividade teórico-prática) é o princípio educativo imanente à escola primária, já que a ordem social e estatal (direitos e deveres) é introduzida e identificada na ordem natural pelo trabalho. O conceito do equilíbrio entre ordem social e ordem natural com base no trabalho, na atividade teórico-prática do homem, cria os primeiros elementos de uma intuição do mundo liberta de toda magia ou bruxaria, e fornece o ponto de partida para o posterior desenvolvimento de uma concepção histórica, dialética, do mundo, para a compreensão do movimento e do devir, para a avaliação da soma de esforços e de sacrifícios que o presente custou ao passado e que o futuro custa ao presente, para a concepção da atualidade como síntese do passado, de todas as gerações passadas, que se projeta no futuro. É este o fundamento da escola primária; que ele tenha dado todos os seus frutos, que no corpo de professores tenha existido a consciência de seu dever e do conteúdo filosófico deste dever, é um outro problema, ligado à crítica do grau de consciência civil de toda a nação, da qual o corpo docente era apenas uma expressão, ainda que amesquinhada, e não certamente uma vanguarda.

Não é completamente exato que a instrução não seja também educação: a insistência exagerada nesta distinção foi um grave erro da pedagogia idealista, cujos efeitos já se veem na escola reorganizada por esta pedagogia. Para que a instrução não fosse igualmente educação, seria preciso que o discente fosse uma mera passividade, um "recipiente mecânico" de noções abstratas, o que é absurdo, além de ser "abstratamente" negado pelos defensores da pura educabilidade precisamente contra a mera instrução mecanicista. O "certo" se torna "verdadeiro" na consciência da criança. Mas a consciência da criança não é algo "individual" (e muito menos individualizado): é o reflexo da fração de sociedade civil da qual a criança participa, das relações sociais tais como se aninham na família, na vizinhança, na aldeia etc. A consciência individual da esmagadora maioria das crianças reflete relações civis e culturais diversas e antagônicas às que são refletidas pelos programas escolares: o "certo" de uma cultura evoluída torna-se "verdadeiro" nos quadros de uma cultura fossilizada e anacrônica, não existe unidade entre escola e vida e, por isso, não existe unidade entre instrução e educação. Por isso, pode-se dizer que, na escola, o nexo instrução-educação somente pode ser representado pelo trabalho vivo do professor, na medida em que o professor é consciente dos contrastes entre o tipo de sociedade e de cultura que ele representa e o tipo de sociedade e de cultura representado pelos alunos; e é também consciente de sua tarefa, que consiste em acelerar e disciplinar a formação da criança conforme o tipo superior em luta com o tipo inferior. Se o corpo docente é deficiente e o nexo instrução-educação é abandonado, visando a resolver a questão do ensino de acordo com esquemas abstratos nos quais se exalta a educabilidade, a obra do professor se tornará ainda mais deficiente: ter-se-á uma escola retórica, sem seriedade, pois faltará a corporalidade material do certo e o verdadeiro será verdadeiro só verbalmente, ou seja, de modo retórico. Esta degenerescência pode ser ainda melhor vista na escola média, nos cursos de literatura e filosofia. Antes, pelo menos, os alunos formavam certa "bagagem" ou "provisão" (de acordo com os gostos) de noções concretas; agora, quando o professor deve ser sobretudo um filósofo e um esteta, o aluno negligencia as noções concretas e "enche a cabeça" com fórmulas e palavras que não têm para ele, na maioria dos casos, nenhum sentido, e que são logo esquecidas. A luta contra a velha escola era justa, mas a reforma não era uma coisa tão simples como parecia; não se tratava de esquemas programáticos, mas de homens, e não imediatamente dos homens que são professores, mas de todo o complexo social do qual os homens são expressão. Na realidade, um professor medíocre pode conseguir que os alunos se tornem mais *instruídos*, mas não conseguirá que sejam mais cultos; ele desenvolverá, com escrúpulo e consciência burocrática, a parte mecânica da escola, e o aluno, se for um cérebro ativo, organizará por sua conta, e com a ajuda de seu ambiente social, a "bagagem" acumulada. Com novos programas, que coincidem com uma queda geral do nível do corpo docente, simplesmente não existirá mais nenhuma "bagagem" a organizar. Os novos programas deveriam ter abolido completamente os exames; prestar um exame, hoje, deve ser muito mais um "jogo de azar" do que antigamente. Uma data é sempre uma data, qualquer que seja o professor examinador, e uma "definição" é sempre uma definição; mas e um julgamento, uma análise estética ou filosófica?

A eficácia educativa da velha escola média italiana, como a antiga lei Casati a havia organizado, não devia ser buscada (ou negada) na vontade expressa de ser ou não escola educativa, mas no fato de que sua organização e seus programas eram a expressão de um modo tradicional de vida intelectual e moral, de um clima cultural difundido em toda a sociedade italiana por uma antiquíssima tradição. O fato de que um tal clima e um tal modo de vida tenham entrado em agonia e que a escola se tenha separado da vida determinou a crise da escola. Criticar os programas e a organização disciplinar da escola significa menos do que nada, se não se levam em conta estas condições. Assim, retorna-se à participação realmente ativa do aluno na escola, que só pode existir se a escola for ligada à vida. Os novos programas, quanto mais afirmam e teorizam sobre a atividade do discente e sobre sua operosa colaboração com o trabalho do docente, tanto mais são elaborados como se o discente fosse uma mera passividade. Na velha escola, o estudo gramatical das línguas latina e grega, unido ao estudo das literaturas e histórias políticas respectivas, era um princípio educativo na medida em que o ideal humanista, que se personifica em Atenas e Roma, era difundido em toda a sociedade, era um elemento essencial da vida e da cultura nacionais. Até mesmo a mecanicidade do estudo gramatical era encaminhada a partir dessa perspectiva cultural. As noções singulares não eram aprendidas com vistas a uma imediata finalidade prático-profissional: tratava-se de algo desinteressado, pois o que contava era o desenvolvimento interior da personalidade, a formação do caráter através da absorção e da assimilação de todo o passado cultural da civilização europeia moderna. Não se aprendia o latim e o grego para falá-los, para trabalhar como garçom, intérprete ou correspondente comercial. Aprendia-se para conhecer diretamente a civilização dos dois povos, pressuposto necessário da civilização moderna, isto é, para ser e conhecer conscientemente a si mesmo. As línguas latina e grega eram aprendidas segundo a gramática, mecanicamente; mas existe muita injustiça e impropriedade na acusação de mecanicidade e de aridez. Lida-se com rapazolas, aos quais é preciso fazer que adquiram certos hábitos de diligência, de exatidão, de compostura até mesmo física, de concentração psíquica em determinados assuntos, que só se podem adquirir mediante uma repetição mecânica de atos disciplinados e metódicos. Um estudioso de quarenta anos seria capaz de passar dezesseis horas seguidas numa mesa de trabalho se, desde menino, não tivesse assimilado, por meio da coação mecânica, os hábitos psicofísicos apropriados? Se se quer selecionar grandes cientistas, ainda é preciso partir deste ponto e deve-se pressionar toda a área escolar para conseguir fazer com que surjam os milhares ou centenas, ou mesmo apenas dezenas, de estudiosos de grande valor, necessários a toda civilização (não obstante, podem-se obter grandes melhorias neste terreno com a ajuda dos subsídios científicos adequados, sem retornar aos métodos pedagógicos dos jesuítas).

[...] Compara-se continuamente o latim e o italiano; mas cada palavra é um conceito, uma imagem, que assume matizes diversos nas diferentes épocas, nas pessoas, em cada uma das duas línguas comparadas. Estuda-se a história literária, dos livros escritos naquela língua, a história política, a gesta dos homens que falaram aquela língua. A educação do jovem é determinada por todo este complexo orgânico, pelo fato de que, ainda que só materialmente, ele percorreu todo aquele itinerário, com suas etapas etc. Ele mergulhou na história, adquiriu uma intuição historicista do mundo e da vida, que se torna uma segunda natureza, quase uma espontaneidade, já que não pedantemente inculcada pela "vontade" exteriormente educativa. Este estudo educava sem que tivesse a vontade expressamente declarada de fazê-lo, com uma mínima intervenção "educativa" do professor: educava porque instruía. Experiências lógicas, artísticas, psicológicas eram feitas sem que "se refletisse sobre", sem olhar-se continuamente no espelho, e era feita principalmente uma grande experiência "sintética", filosófica, de desenvolvimento histórico-real.

Isto não significa (e seria uma tolice pensá-lo) que o latim e o grego, enquanto tais, tenham qualidades intrinsecamente milagrosas no campo educativo. É toda a tradição cultural, que vive também e sobretudo fora da escola, que produz — num ambiente determinado — estas consequências. Vê-se, de resto, como, modificada a tradicional intuição da cultura, tenha a escola entrado em crise e tenha o estudo do latim e do grego entrado igualmente em crise.

Será necessário substituir o latim e o grego como fulcro da escola formativa e esta substituição será feita; mas não será fácil dispor a nova matéria ou a nova série de matérias numa ordem didática que dê resultados equivalentes no que toca à educação e à formação geral da personalidade, partindo da criança até chegar aos umbrais da escolha profissional. De fato, nesse período, o estudo ou a maior parte dele deve ser (ou assim aparecer aos discentes) desinteressado, ou seja, não deve ter finalidades práticas imediatas ou muito imediatas, deve ser formativo ainda que "instrutivo", isto é, rico de noções concretas.

Na escola atual, em função da crise profunda da tradição cultural e da concepção da vida e do homem, verifica-se um processo de progressiva degenerescência: as escolas de tipo profissional, isto é, preocupadas em satisfazer interesses práticos imediatos, predominam sobre a escola formativa, imediatamente desinteressada. O aspecto mais paradoxal reside em que este novo tipo de escola aparece e é louvada como democrática, quando, na realidade, não só é destinada a perpetuar as diferenças sociais, como ainda a cristalizá-las em formas chinesas.

A escola tradicional era oligárquica já que destinada à nova geração dos grupos dirigentes, destinada por sua vez a tornar-se dirigente: mas não era oligárquica pelo seu modo de ensino. Não é a aquisição de capacidades de direção, não é a tendência a formar homens superiores que dá a marca social de um tipo de escola. A marca social é dada pelo fato de que cada grupo social tem um tipo de escola próprio, destinado a perpetuar nestes estratos uma determinada função tradicional, dirigente ou instrumental. Se se quer destruir esta trama, portanto, deve-se não multiplicar e hierarquizar os tipos de escola profissional, mas criar um tipo único de escola preparatória (primária-média) que conduza o jovem até os umbrais da escolha profissional, formando-o, durante este meio-tempo, como pessoa capaz de pensar, de estudar, de dirigir ou de controlar quem dirige.

A multiplicação de tipos de escola profissional, portanto, tende a eternizar as diferenças tradicionais; mas, dado que tende, nestas diferenças, a criar estratificações internas, faz nascer a impressão de ter uma tendência democrática. Por exemplo: operário manual e qualificado, camponês e agrimensor ou pequeno agrônomo etc. Mas a tendência democrática, intrinsecamente, não pode significar apenas que um operário manual se torne qualificado, mas que cada "cidadão" possa tornar-se "governante" e que a sociedade o ponha, ainda que "abstratamente", nas condições gerais de poder fazê-lo: a democracia política tende a fazer coincidir governantes e governados (no sentido de governo com o consentimento dos governados), assegurando a cada governado o aprendizado gratuito das capacidades e da preparação técnica geral necessárias à essa finalidade. Mas o tipo de escola que se desenvolve como escola para o povo não tende mais nem sequer a conservar a ilusão, já que ela cada vez mais se organiza de modo a restringir a base da camada governante tecnicamente preparada, num ambiente social político que restringe ainda mais a "iniciativa privada", no sentido de dar esta capacidade e preparação técnico-política, de modo que, na realidade, retorna-se às divisões em "ordens" juridicamente fixadas e cristalizadas em vez de se superar as divisões em grupos: a multiplicação das escolas profissionais, cada vez mais especializadas desde o início do currículo escolar, é uma das mais evidentes manifestações desta tendência.

Sobre o dogmatismo e o criticismo-historicismo nas escolas primária e média, deve-se observar que a nova pedagogia quis destruir o dogmatismo precisamente no campo da instrução, do aprendizado de noções concretas, isto é, precisamente no campo em que um certo dogmatismo é praticamente imprescindível, podendo ser reabsorvido e dissolvido somente no inteiro ciclo do currículo escolar (é impossível ensinar a gramática histórica na escola primária e no ginásio); mas ela é depois obrigada a ver introduzido o dogmatismo por excelência no campo do pensamento religioso e, implicitamente, a ver descrita toda a história da filosofia como uma sucessão de loucuras e de delírios.

No ensino da filosofia, o novo currículo pedagógico (pelo menos para aqueles alunos, a esmagadora maioria, que não recebem ajuda intelectual fora da escola, na família ou no ambiente familiar, e devem formar-se apenas com as indicações que recebem nas aulas) empobrece o ensino, rebaixando-lhe praticamente o nível, ainda que racionalmente pareça belíssimo, de um belíssimo utopismo. A filosofia descritiva tradicional, reforçada por um curso de história da filosofia e pela leitura de um certo número de filósofos, parece ser praticamente a melhor coisa. A filosofia descritiva e definidora pode ser uma abstração dogmática, como a gramática e a matemática, mas é uma necessidade pedagógica e didática. 1 = 1 é uma abstração, mas ninguém é levado por isso a pensar que 1 mosca é igual a 1 elefante. Também as regras da lógica formal são abstrações do mesmo gênero, são como a gramática do pensar normal; e, não obstante, é necessário estudá-las, pois não são algo inato, devendo ser adquiridas mediante o trabalho e a reflexão. O novo currículo pressupõe que a lógica formal seja algo que já se possui quando se pensa, mas não explica como ela deva ser adquirida; praticamente, portanto, ela é suposta como sendo inata. A lógica formal é como a gramática: é assimilada de um modo "vivo", mesmo que o aprendizado tenha sido necessariamente esquemático e abstrato, já que o discente não é um disco de vitrola, não é um recipiente passivamente mecânico, ainda que o convencionalismo litúrgico dos exames assim o faça aparecer por vezes. A relação de tais esquemas educativos com o espírito infantil é sempre ativa e criadora, como ativa e criadora é a relação entre o operário e seus utensílios de trabalho; também um sistema de medição é um conjunto de abstrações, mas é impossível produzir objetos reais sem a medição, objetos reais que são relações sociais e que contêm ideias implícitas. A criança que quebra a cabeça com os *barbara* e *baralipton* [58] certamente se cansa, e deve-se procurar fazer com que ela só se canse o indispensável e não mais; mas é igualmente certo que será sempre necessário que ela se canse a fim de aprender a se autoimpor privações e limitações de movimento físico, isto é, a se submeter a um tirocínio psicofísico. Deve-se convencer muita gente de que o estudo é também um trabalho, e muito cansativo, com um tirocínio particular próprio, não só intelectual, mas também muscular-nervoso: é um processo de adaptação, é um hábito adquirido com esforço, aborrecimento e até mesmo sofrimento. A participação de massas mais amplas na escola média traz consigo a tendência a afrouxar a disciplina do estudo, a provocar "facilidades". Muitos pensam mesmo que as dificuldades são artificiais, já que estão habituados a só considerar como trabalho e fadiga o trabalho manual. A questão é complexa. Decerto, a criança de uma família tradicional de intelectuais supera mais facilmente o processo de adaptação psicofísico; quando entra na sala de aula pela primeira vez, já tem vários pontos de vantagem sobre seus colegas, possui uma orientação já adquirida por hábitos familiares: concentra a atenção com mais facilidade, pois tem o hábito da contenção física etc. Do mesmo modo, o filho de um operário urbano sofre menos quando entra na fábrica do que um filho de camponeses ou do que um jovem camponês já desenvolvido para a vida rural. Também o regime alimentar tem importância etc. etc. Eis por que muitas pessoas do povo pensam que, nas dificuldades do estudo, exista um "truque" contra elas (quando não pensam que são estúpidos por natureza): veem o senhor (e para muitos, especialmente no campo, senhor quer dizer intelectual) realizar com desenvoltura e aparente facilidade o trabalho que custa aos seus filhos lágrimas e sangue, e pensam que exista algum "truque". Numa nova situação, estas questões podem tornar-se muito ásperas e será preciso resistir à tendência a facilitar o que não pode sê-lo sob pena de ser desnaturado. Se se quiser criar uma nova camada de intelectuais, chegando às mais altas especializações, a partir de um grupo social que tradicionalmente não desenvolveu as aptidões adequadas, será preciso superar enormes dificuldades. [12, § 2; 2, 42-52]

Quando se distingue entre intelectuais e não intelectuais, faz-se referência, na realidade, somente à imediata função social da categoria profissional dos intelectuais, isto é, leva-se em conta a direção sobre a qual incide o peso maior da atividade profissional específica, se na elaboração intelectual ou se no esforço muscular-nervoso. Isto significa que, se é possível falar de intelectuais, é impossível falar de não intelectuais, porque não existem não intelectuais. Mas a própria relação entre o esforço de elaboração intelectual-cerebral e o esforço muscular-nervoso não é sempre igual; por isso, existem graus diversos de atividade especificamente intelectual. Não há atividade humana da qual se possa excluir toda intervenção intelectual, não se pode separar o *homo faber* do *homo sapiens*. Em suma, todo homem, fora de sua profissão, desenvolve uma atividade intelectual qualquer, ou seja, é um "filósofo", um artista, um homem de gosto, participa de uma concepção do mundo, possui uma linha consciente de conduta moral, contribui assim para manter ou para modificar uma concepção do mundo, isto é, para suscitar novas maneiras de pensar. O problema da criação de uma nova camada intelectual, portanto, consiste em elaborar criticamente a atividade intelectual que cada um possui em determinado grau de desenvolvimento, modificando sua relação com o esforço muscular-nervoso no sentido de um novo equilíbrio e fazendo com que o próprio esforço muscular-nervoso, enquanto elemento de uma atividade prática geral, que inova perpetuamente o mundo físico e social, torne-se o fundamento de uma nova e integral concepção do mundo. O tipo tradicional e vulgarizado do intelectual é dado pelo literato, pelo filósofo, pelo artista. Por isso, os jornalistas — que acreditam ser literatos, filósofos, artistas — creem também ser os "verdadeiros" intelectuais. No mundo moderno, a educação técnica, estreitamente ligada ao trabalho industrial, mesmo ao mais primitivo e desqualificado, deve constituir a base do novo tipo de intelectual. Neste sentido trabalhou o semanário *L'Ordine Nuovo*, visando a desenvolver certas formas de novo intelectualismo e a determinar seus novos conceitos; e essa não foi uma das razões menores de seu êxito, pois uma tal colocação correspondia a aspirações latentes e era adequada ao desenvolvimento das formas reais de vida [59]. O modo de ser do novo intelectual não pode mais consistir na eloquência, motor exterior e momentâneo dos afetos e das paixões, mas numa inserção ativa na vida prática, como construtor, organizador, "persuasor permanentemente", já que não apenas orador puro — mas superior ao espírito matemático abstrato; da técnica-trabalho, chega à técnica-ciência e à concepção humanista histórica, sem a qual permanece "especialista" e não se torna "dirigente" (especialista + político). [12, § 3; 2, 52-53]

Investigar a origem histórica exata de alguns princípios da pedagogia moderna: a escola ativa, ou seja, a colaboração amigável entre professor e aluno; a escola ao ar livre: a necessidade de deixar livre, sob a vigilância mas não sob controle evidente do professor, o desenvolvimento das faculdades espontâneas do estudante. A Suíça deu uma grande contribuição à pedagogia moderna (Pestalozzi etc.), graças à tradição genebrina de Rousseau; na realidade, esta pedagogia é uma forma confusa de filosofia ligada a uma série de regras empíricas. Não se levou em conta que as ideias de Rousseau são uma violenta reação contra a escola e os métodos pedagógicos dos jesuítas e, enquanto tal, representam um progresso: mas, posteriormente, formou-se uma espécie de igreja, que paralisou os estudos pedagógicos e deu lugar a curiosas involuções (nas doutrinas de Gentile e de Lombardo-Radice). A "espontaneidade" é uma dessas involuções: quase se chega a imaginar que o cérebro do menino é um novelo que o professor ajuda a desenovelar. Na realidade, toda geração educa a nova geração, isto é, forma-a; e a educação é uma luta contra os instintos ligados às funções biológicas elementares, uma luta contra a natureza, a fim de dominá-la e de criar o homem "atual" à sua época. Não se leva em conta que o menino, desde quando começa a "ver e a tocar", talvez poucos dias depois do nascimento, acumula sensações e imagens, que se multiplicam e se tornam complexas com o aprendizado da linguagem. A "espontaneidade", se analisada, torna-se cada vez mais problemática. De resto, a "escola" (isto é, a atividade educativa direta) é somente uma fração da vida do aluno, o qual entra em contato tanto com a sociedade humana quanto com a *societas rerum*, formando para si critérios a partir destas fontes "extraescolares" muito mais importantes do que habitualmente se crê. A escola única, intelectual e manual, tem ainda esta vantagem: a de colocar o menino em contato, ao mesmo tempo, com a história humana e com a história das "coisas", sob o controle do professor. [1, § 123; 2, 62-63]

4. A CIÊNCIA DA POLÍTICA

[Ciência política e filosofia da práxis] A questão inicial a ser posta e resolvida num trabalho sobre Maquiavel é a questão da política como ciência autônoma, isto é, do lugar que a ciência política ocupa, ou deve ocupar, numa concepção sistemática (coerente e consequente) do mundo — numa filosofia da práxis —. [...] Numa filosofia da práxis, a distinção certamente não será entre os momentos do Espírito absoluto [60], mas entre os graus da superestrutura; tratar-se-á, portanto, de estabelecer a posição dialética da atividade política (e da ciência correspondente) enquanto determinado grau superestrutural: poder-se-á dizer, como primeira referência e aproximação, que a atividade política é precisamente o primeiro momento ou primeiro grau, o momento no qual a superestrutura está ainda na fase imediata de mera afirmação voluntária, indistinta e elementar.

Em que sentido se pode identificar a política e a história e, portanto, toda a vida e a política? Como, em função disso, é possível conceber todo o sistema das superestruturas como distinções da política e, portanto, como se pode justificar a introdução do conceito de distinção numa filosofia da práxis? Mas se pode falar de dialética dos distintos e como se pode entender o conceito de círculo entre os graus da superestrutura? Conceito de "bloco histórico", isto é, unidade entre a natureza e o espírito (estrutura e superestrutura), unidade dos contrários e dos distintos.

Pode-se introduzir o critério de distinção também na estrutura? Como se deverá entender a estrutura: como no sistema das relações sociais será possível distinguir os elementos "técnica", "trabalho", "classe" etc., entendidos historicamente e não "metafisicamente"? [...] [13, § 10; 3, 26-27]

A inovação fundamental introduzida pela filosofia da práxis na ciência da política e da história é a demonstração de que não existe uma "natureza humana" abstrata, fixa e imutável (conceito que certamente deriva do pensamento religioso e da transcendência), mas que a natureza humana é o conjunto das relações sociais historicamente determinadas, ou seja, um fato histórico verificável, dentro de certos limites, com os métodos da filologia e da crítica. Portanto, a ciência política deve ser concebida em seu conteúdo concreto (e também em sua formulação lógica) como um organismo em desenvolvimento. [...] [13, § 20; 3, 55-58]

Elementos de política. [...] Primeiro elemento é que existem efetivamente governados e governantes, dirigentes e dirigidos. Toda a ciência e a arte políticas baseiam-se neste fato primordial, irredutível (em certas condições gerais). As origens deste fato constituem um problema em si, que deverá ser estudado em si (pelo menos se poderá e deverá estudar como atenuar e fazer desaparecer o fato, modificando certas condições identificáveis como atuantes neste sentido), mas permanece o fato de que existem dirigentes e dirigidos, governantes e governados. Dado este fato, deve-se ver como se pode dirigir do modo mais eficaz (dados certos fins) e como, portanto, preparar da melhor maneira os dirigentes (e nisto precisamente consiste a primeira parte da ciência e arte políticas), e como, por outro lado, conhecem-se as linhas de menor resistência ou racionais para obter a obediência dos dirigidos ou governados.

Na formação dos dirigentes, é fundamental a premissa: pretende-se que sempre existam governados e governantes ou pretende-se criar as condições nas quais a necessidade dessa divisão desapareça? Isto é, parte-se da premissa da divisão perpétua do gênero humano ou crê-se que ela é apenas um fato histórico, correspondente a certas condições? Entretanto, deve-se ter claro que a divisão entre governados e governantes, ainda que em última análise se refira a uma divisão de grupos sociais, existe também, sendo as coisas como são, no seio de cada grupo, mesmo socialmente homogêneo; pode-se dizer, em certo sentido, que esta divisão é uma criação da divisão do trabalho, é um fato técnico. Especulam sobre esta coexistência de motivos todos os que veem em tudo apenas "técnica", necessidade "técnica" etc., para não se proporem o problema fundamental. [...]

Estabelecido o princípio de que existem dirigidos e dirigentes, governados e governantes, é verdade que os partidos são até agora o modo mais adequado para elaborar os dirigentes e a capacidade de direção (os "partidos" podem se apresentar sob os nomes mais diversos, mesmo sob o nome de antipartido e de "negação dos partidos"; na realidade, até os chamados "individualistas" são homens de partido, só que gostariam de ser "chefes de partido" pela graça de Deus ou da imbecilidade dos que os seguem). [...] [15, § 4; 3, 324-328]

Sociologia e ciência política. [...] A fortuna da sociologia relaciona-se com a decadência do conceito de ciência política e de arte política que se verificou no século XIX (com mais exatidão, em sua segunda metade, com a fortuna das doutrinas evolucionistas e positivistas). Tudo o que há de realmente importante na sociologia não passa de ciência política. "Política" tornou-se sinônimo de política parlamentar ou de grupelhos pessoais. Persuasão de que, com as constituições e os parlamentos, tivesse tido início uma época de "evolução" "natural", que a sociedade tivesse encontrado seus fundamentos definitivos porque racionais etc. Eis que a sociedade pode ser estudada com o método das ciências naturais. Empobrecimento do conceito de Estado, em consequência de tal visão. Se ciência política significa ciência do Estado e Estado é todo o complexo de atividades práticas e teóricas com as quais a classe dirigente não só justifica e mantém seu domínio, mas consegue obter o consenso ativo dos governados, é evidente que todas as questões essenciais da sociologia não passam de questões da ciência política. Se há um resíduo, esse só pode ser um resíduo de falsos problemas, isto é, de problemas ociosos.

[...] Se for verdade que o homem só pode ser concebido como homem historicamente determinado, isto é, que se desenvolveu e vive em determinadas condições, num determinado complexo social ou conjunto de relações sociais, pode-se conceber a sociologia apenas como estudo destas condições e das leis que regulam seu desenvolvimento? Como não se pode prescindir da vontade e da iniciativa dos próprios homens, este conceito só pode ser falso.

O problema de saber o que é a "ciência" deve ser posto. Não é a ciência, em si mesma, "atividade política" e pensamento político, na medida em que transforma os homens, torna-os diferentes do que eram antes? Se tudo é "político", é preciso, para não cair num fraseado tautológico e enfadonho, distinguir com conceitos novos entre a política que corresponde àquela ciência que tradicionalmente se chama "filosofia" e a política que se chama ciência política em sentido estrito. Se a ciência for "descoberta" de realidade antes ignorada, não será esta realidade, em certo sentido, concebida como transcendente? E não se pensará que ainda existe algo de "desconhecido" e, portanto, de transcendente? E o conceito de ciência como "criação", afinal, não equivale a "política"? Tudo consiste em ver se se trata de criação "arbitrária" ou racional, isto é, "útil" aos homens para ampliar seu conceito da vida, para tornar superior (desenvolver) a própria vida. [...] [15, § 10; 3, 330-332]

Maquiavel [1] [...] Maquiavel escreveu livros de "ação política imediata", não escreveu uma utopia em que se aspirasse a um Estado já constituído, com todas as suas funções e elementos constitutivos. Em sua elaboração, em sua crítica do presente, expressou conceitos gerais, que se apresentam sob forma aforística e assistemática, e expressou uma concepção do mundo original, que também poderia ser chamada de "filosofia da práxis" ou "neo-humanismo", na medida em que não reconhece elementos transcendentais ou imanentistas (em sentido metafísico), mas baseia-se inteiramente na ação concreta do homem que, por suas necessidades históricas, opera e transforma a realidade. Não é verdade [...] que Maquiavel não tenha levado em conta o "direito constitucional", já que em toda a obra de Maquiavel encontram-se disseminados princípios gerais de direito constitucional e ele afirma, com bastante clareza, a necessidade de que no Estado domine a lei, princípios fixos segundo os quais os cidadãos virtuosos possam operar seguros de que não cairão sob os golpes do arbítrio. Mas, corretamente, Maquiavel remete tudo à política, isto é, à arte de governar os homens, de buscar seu consenso permanente, de fundar, portanto, os "grandes Estados". É preciso recordar que, para Maquiavel, a Comuna ou a República e a senhoria comunal não eram Estado, porque lhes faltava, além de um vasto território, uma população suficiente para ser a base de uma força militar que permitisse uma política internacional autônoma: ele sentia que na Itália, com o Papado, perdurava uma situação de não-Estado e que ela duraria enquanto a própria religião não se tornasse "política" do Estado e deixasse de ser política do Papa para impedir a formação de Estados fortes na Itália, ao intervir na vida interna dos povos que ele não dominava temporalmente, em defesa de interesses que não eram os dos Estados e, por isso, eram perturbadores e desagregadores. [...]

Se se devesse traduzir em linguagem política moderna a noção de "Príncipe", da forma como ela se apresenta no livro de Maquiavel, seria necessário fazer uma série de distinções: "príncipe" poderia ser um chefe de Estado, um chefe de Governo, mas também um chefe político que pretende conquistar um Estado ou fundar um novo tipo de Estado; neste sentido, a tradução de "príncipe" em linguagem moderna poderia ser "partido político". Na realidade de qualquer Estado, o "chefe do Estado", isto é, o elemento equilibrador dos diversos interesses em luta contra o interesse predominante, mas não exclusivista em sentido absoluto, é exatamente o "partido político"; ele, porém, ao contrário do que se verifica no direito constitucional tradicional, não reina nem governa juridicamente: tem "o poder de fato", exerce a função hegemônica (e, portanto, equilibradora de interesses diversos) na "sociedade civil", mas de tal modo esta se entrelaça de fato com a sociedade política que todos os cidadãos sentem que ele reina e governa. Sobre esta realidade, que está em contínuo movimento, não se pode criar um direito constitucional do tipo tradicional, mas apenas um sistema de princípios que afirmam como fim do Estado seu próprio fim, seu próprio desaparecimento, isto é, a reabsorção da sociedade política na sociedade civil. [5, § 127; 3, 216-223]

Maquiavel [2]. Maquiavel como figura de transição entre o Estado corporativo republicano e o Estado monárquico absoluto. Não sabe se desvincular da república, mas compreende que só um monarca absoluto pode resolver os problemas da época. Seria preciso ver esta divisão trágica da personalidade humana maquiaveliana (do homem Maquiavel). [6, § 52; 3, 228]

[Maquiavel 3]. ...] Não se compreende Maquiavel se não se leva em conta que ele supera a experiência italiana com a experiência europeia (internacional, naquela época): sua "vontade" seria utópica sem a experiência europeia. Por isso, a própria concepção de "natureza humana" nos dois é diferente. Na "natureza humana" de Maquiavel está incluído o "homem europeu"; e este homem, na França e na Espanha, superou efetivamente a fase feudal desagregada com a monarquia absoluta: logo, não é a "natureza humana" que se opõe ao surgimento, na Itália, de uma monarquia absoluta unitária, mas condições transitórias que a vontade pode superar. Maquiavel é "pessimista" (ou melhor, "realista") quando considera os homens e os motivos de sua atividade. [...] [6, § 86; 3, 241-243]

[Maquiavel 4] O caráter fundamental do *Príncipe* é o de não ser um tratado sistemático, mas um livro "vivo", no qual a ideologia política e a ciência política fundem-se na forma dramática do "mito". Entre a utopia e o tratado escolástico, formas nas quais se configurava a ciência política até Maquiavel, este deu à sua concepção a forma da fantasia e da arte, pela qual o elemento doutrinário e racional personifica-se em um *condottiero,* que representa plástica e "antropomorficamente" o símbolo da "vontade coletiva". O processo de formação de uma determinada vontade coletiva, para um determinado fim político, é representado não através de investigações e classificações pedantes de princípios e critérios de um método de ação, mas como qualidades, traços característicos, deveres, necessidades de uma pessoa concreta, o que põe em movimento a fantasia artística de quem se quer convencer e dá uma forma mais concreta às paixões políticas. (Deve-se pesquisar, nos escritores políticos anteriores a Maquiavel, se existem textos configurados como o *Príncipe.* Também o final do *Príncipe* está ligado a este caráter "mítico" do livro; depois de ter representado o *condottiero* ideal, Maquiavel — num trecho de grande eficácia artística — invoca o *condottiero* real que o personifique historicamente: esta invocação apaixonada reflete-se em todo o livro, conferindo-lhe precisamente o caráter dramático). [...]

O *Príncipe* de Maquiavel poderia ser estudado como uma exemplificação histórica do "mito" soreliano [61], isto é, de uma ideologia política que se apresenta não como fria utopia nem como raciocínio doutrinário, mas como uma criação da fantasia concreta que atua sobre um povo disperso e pulverizado para despertar e organizar sua vontade coletiva. O caráter utópico do *Príncipe* consiste no fato de que o "príncipe" não existia na realidade histórica, não se apresentava ao povo italiano com características de imediatidade objetiva, mas era uma pura abstração doutrinária, o símbolo do líder, do *condottiero* ideal; mas os elementos passionais, míticos, contidos em todo o pequeno livro, com movimento dramático de grande efeito, sintetizam-se e tornam-se vivos na conclusão, na invocação de um príncipe "realmente existente". Em todo o pequeno volume, Maquiavel trata de como deve ser o Príncipe para conduzir um povo à fundação do novo Estado, e o tratamento é conduzido com rigor lógico, com distanciamento científico: na conclusão, o próprio Maquiavel se faz povo, confunde-se com o povo, mas não com um povo "genericamente" entendido e, sim, com o povo que Maquiavel convenceu com seu tratamento precedente, do qual ele se torna e se sente consciência e expressão, com o qual ele se identifica: parece que todo o trabalho "lógico" não é mais do que uma autorreflexão do povo, do que um raciocínio interior que se realiza na consciência popular e acaba num grito apaixonado, imediato. De raciocínio sobre si mesma, a paixão transforma-se em "afeto", febre, fanatismo de ação. Eis por que o epílogo do *Príncipe* não é algo extrínseco, "imposto" de fora, retórico, mas deve ser explicado como elemento necessário da obra ou, melhor ainda, como aquele elemento que reverbera sua verdadeira luz em toda a obra e faz dela algo similar a um "manifesto político".

Pode-se estudar como Sorel, partindo da concepção da ideologia-mito, não atingiu a compreensão do partido político, mas se deteve na concepção do sindicato profissional. É verdade que, para Sorel, o "mito" não encontrava sua expressão maior no sindicato, como organização de uma vontade coletiva, mas na ação prática do sindicato e de uma vontade coletiva já atuante, ação prática cuja máxima realização deveria ser a greve geral, isto é, uma "atividade passiva", por assim dizer, ou seja, de caráter negativo e preliminar (o caráter positivo é dado somente pelo acordo alcançado nas vontades associadas) de uma atividade que não prevê uma fase própria "ativa e construtiva". Em Sorel, portanto, chocavam-se duas necessidades: a do mito e a da crítica do mito, uma vez que "todo plano preestabelecido é utópico e reacionário". A solução era abandonada ao impulso do irracional, do "arbitrário" (no sentido bergsoniano de "impulso vital"), ou seja, da "espontaneidade". [...] Mas pode um mito ser "não construtivo", pode-se imaginar, na ordem de intuições de Sorel, que seja produtor de realidades um instrumento que deixa a vontade coletiva na fase primitiva e elementar de sua mera formação, por distinção (por "cisão"), ainda que com violência, isto é, destruindo as relações morais e jurídicas existentes? Mas esta vontade coletiva, assim formada de modo elementar, não deixará imediatamente de existir, pulverizando-se numa infinidade de vontades singulares, que na fase positiva seguem direções diversas e contrastantes? E isso para não falar que não pode existir destruição, negação, sem uma implícita construção, afirmação, e não em sentido "metafísico", mas praticamente, isto é, politicamente, como programa de partido. Neste caso, pode-se ver que se supõe por trás da espontaneidade um puro mecanicismo, por trás da liberdade (arbítrio-impulso vital) um máximo de determinismo, por trás do idealismo um materialismo absoluto.

O moderno príncipe, o mito-príncipe não pode ser uma pessoa real, um indivíduo concreto, só pode ser um organismo; um elemento complexo de sociedade no qual já tenha tido início a concretização de uma vontade coletiva reconhecida e afirmada parcialmente na ação [62]. Este organismo já está dado pelo desenvolvimento histórico e é o partido político, a primeira célula na qual se sintetizam germes de vontade coletiva que tendem a se tornar universais e totais. No mundo moderno, só uma ação histórico-política imediata e iminente, caracterizada pela necessidade de um procedimento rápido e fulminante, pode-se encarnar miticamente num indivíduo concreto: a rapidez só pode tornar-se necessária diante de um grande perigo iminente, grande perigo que cria precisamente, de modo fulminante, o fogo das paixões e do fanatismo, aniquilando o senso crítico e a corrosividade irônica que podem destruir o caráter "carismático" do *condottiero*. [...] Mas uma ação imediata desse tipo, por sua própria natureza, não pode ser ampla e de caráter orgânico: será quase sempre do tipo restauração e reorganização, e não do tipo peculiar à fundação de novos Estados e de novas estruturas nacionais e sociais (como era o caso no *Príncipe* de Maquiavel, onde o aspecto de restauração era só um elemento retórico, isto é, ligado ao conceito literário da Itália descendente de Roma e que devia restaurar a ordem e a potência de Roma), será de tipo "defensivo" e não criativo original, ou seja, no qual se supõe que uma vontade coletiva já existente tenha se enfraquecido, dispersado, sofrido um colapso perigoso e ameaçador, mas não decisivo e catastrófico, sendo assim necessário reconcentrá-la e fortalecê-la; e não que se deva criar uma vontade coletiva *ex novo*, original, orientada para metas concretas e racionais, mas de uma concreção e racionalidade ainda não verificadas e criticadas por uma experiência histórica efetiva e universalmente conhecida.

O caráter "abstrato" da concepção soreliana do "mito" revela-se na aversão (que assume a forma passional de uma repugnância ética) pelos *jacobinos*, que certamente foram uma "encarnação categórica" do Príncipe de Maquiavel. O moderno *Príncipe* deve ter uma parte dedicada ao *jacobinismo* (no significado integral que esta noção teve historicamente e deve ter conceitualmente), como exemplificação do modo pelo qual se formou concretamente e atuou uma vontade coletiva que, pelo menos em alguns aspectos, foi criação *ex novo*, original. E é preciso também definir a vontade coletiva e a vontade política em geral no sentido moderno, a vontade como consciência operosa da necessidade histórica, como protagonista de um drama histórico real e efetivo.

Uma das primeiras partes deveria precisamente ser dedicada à "vontade coletiva", apresentando a questão do seguinte modo: quando é possível dizer que existem as condições para que se possa criar e se desenvolver uma vontade coletiva nacional-popular? Em seguida, uma análise histórica (econômica) da estrutura social do país em questão e uma representação "dramática" das tentativas feitas através dos séculos para criar esta vontade e as razões dos sucessivos fracassos. Por que não se teve a monarquia absoluta na Itália na época de Maquiavel? É necessário remontar ao Império Romano (questão da língua, dos intelectuais etc.), compreender a função das Comunas medievais, o significado do catolicismo etc.; deve-se, em suma, fazer um esboço de toda a história italiana, sintético mas exato.

[...] Qualquer formação de uma vontade coletiva nacional-popular é impossível se as grandes massas dos camponeses cultivadores não irrompem *simultaneamente* na vida política. Isso é o que Maquiavel pretendia através da reforma da milícia, isso é o que os jacobinos fizeram na Revolução Francesa; na compreensão disso, deve-se identificar um jacobinismo precoce de Maquiavel, o germe (mais ou menos fecundo) de sua concepção da revolução nacional. [...]

Uma parte importante do moderno Príncipe deverá ser dedicada à questão de uma reforma intelectual e moral, isto é, à questão religiosa ou de uma concepção do mundo. Também neste campo encontramos, na tradição, ausência de jacobinismo e medo do jacobinismo. [...] O moderno Príncipe deve e não pode deixar de ser o anunciador e o organizador de uma reforma intelectual e moral, o que significa, de resto, criar o terreno para um novo desenvolvimento da vontade coletiva nacional-popular no sentido da realização de uma forma superior e total de civilização moderna.

Estes dois pontos fundamentais — formação de uma vontade coletiva nacional-popular, da qual o moderno Príncipe é ao mesmo tempo o organizador e a expressão ativa e atuante, e reforma intelectual e moral — deveriam constituir a estrutura do trabalho. Os pontos programáticos concretos devem ser incorporados na primeira parte, isto é, deveriam resultar "dramaticamente" da argumentação, não ser uma fria e pedante exposição de raciocínios.

Pode haver reforma cultural, ou seja, elevação civil das camadas mais baixas da sociedade, sem uma anterior reforma econômica e uma modificação na posição social e no mundo econômico? É por isso que uma reforma intelectual e moral não pode deixar de estar ligada a um programa de reforma econômica; mais precisamente, o programa de reforma econômica é exatamente o modo concreto através do qual se apresenta toda reforma intelectual e moral. O moderno Príncipe, desenvolvendo-se, subverte todo o sistema de relações intelectuais e morais, uma vez que seu desenvolvimento significa de fato que todo ato é concebido como útil ou prejudicial, como virtuoso ou criminoso, somente na medida em que tem como ponto de referência o próprio moderno Príncipe e serve ou para aumentar seu poder ou para opor-se a ele. O Príncipe toma o lugar, nas consciências, da divindade ou do imperativo categórico, torna-se a base de um laicismo moderno e de uma completa laicização de toda a vida e de todas as relações de costume. [13, § 1; 3, 13-19]

[Maquiavel 5] [...] Deve-se observar que a formulação dada por Maquiavel à questão da política (isto é, a afirmação implícita em seus escritos de que a política é uma atividade autônoma que tem princípios e leis diversos daqueles da moral e da religião, proposição que tem um grande alcance filosófico, já que implicitamente inova a concepção da moral e da religião, ou seja, inova toda a concepção do mundo) é ainda hoje discutida e contraditada, não tendo conseguido tornar-se "senso comum". O que significa isso? Significa apenas que a revolução intelectual e moral cujos elementos estão contidos *in nuce* no pensamento de Maquiavel ainda não se efetivou, não se tornou forma pública e manifesta da cultura nacional? Ou será que tem um mero significado político atual, serve para indicar apenas a separação existente entre governantes e governados, para indicar que existem duas culturas, a dos governantes e a dos governados, e que a classe dirigente, como a Igreja, tem uma atitude em relação aos simples ditada pela necessidade de não se afastar deles, por um lado, e, por outro, de mantê-los na convicção de que Maquiavel nada mais é do que uma aparição diabólica? Põe-se assim o problema do significado que Maquiavel teve em seu tempo e dos fins que ele se propunha ao escrever seus livros, especialmente *O Príncipe*. A doutrina de Maquiavel não era, em seu tempo, uma coisa puramente "livresca", um monopólio de pensadores isolados, um livro secreto que circula entre iniciados. O estilo de Maquiavel não é de modo algum o de um tratadista sistemático, como os que a Idade Média e o Humanismo conheceram: é estilo de homem de ação, de quem quer induzir à ação; é estilo de "manifesto" de partido. A interpretação "moralista" dada por Foscolo [63] certamente é errada; todavia, é verdade que Maquiavel *revelou* algo, e não só teorizou sobre o real. Mas qual era o objetivo da revelação? Um objetivo moralista ou político? Costuma-se dizer que as normas de Maquiavel para a atividade política "aplicam-se, mas não se declaram"; afirma-se que os grandes políticos começam maldizendo Maquiavel, declarando-se antimaquiavélicos, precisamente para poderem aplicar "piamente" suas normas. Não teria sido Maquiavel pouco ma-

quiavélico, um daqueles que "conhecem o jogo" e tolamente o ensinam, enquanto o maquiavelismo vulgar ensina a fazer o contrário? A afirmação de Croce de que, sendo o maquiavelismo uma ciência, serve tanto aos reacionários quanto aos democratas, assim como a arte da esgrima serve aos cavalheiros e aos bandidos, para defender-se e para assassinar, e que é neste sentido que deve ser entendido o juízo de Foscolo, é verdadeira abstratamente. O próprio Maquiavel nota que as coisas que ele escreve são aplicadas, e o foram sempre, pelos maiores homens da história; por isso, não parece que ele queira sugerir a quem já sabe, nem seu estilo é aquele de uma desinteressada atividade científica (cf., numa das páginas anteriores, o que está escrito sobre o significado da invocação final de O *Príncipe* e do papel que ela pode ter em relação ao conjunto da pequena obra) [64]; nem se pode pensar que ele tenha chegado a suas teses de ciência política através de especulações filosóficas, o que, nesta específica matéria, seria algo milagroso em seu tempo, já que ainda hoje enfrenta tanta contestação e oposição. Pode-se assim supor que Maquiavel tenha em vista "quem não sabe", que ele pretenda promover a educação política de "quem não sabe"; não educação política negativa, de quem odeia os tiranos, como parecia entender Foscolo, mas positiva, de quem deve reconhecer como necessários determinados meios, ainda que próprios dos tiranos, porque deseja determinados fins. Quem nasceu na tradição dos homens de governo adquire quase automaticamente — por causa de todo o conjunto da educação que absorve do ambiente familiar, no qual predominam os interesses dinásticos ou patrimoniais — as características do político realista. Portanto, quem é que "não sabe"? A classe revolucionária da época, o "povo" e a "nação" italiana, a democracia urbana que gera a partir de si os Savonarola e os Pier Soderini e não os Castruccio e os Valentino [65]. Pode-se supor que Maquiavel pretenda convencer estas forças da necessidade de ter um "líder" que saiba o que quer e como obter o que quer, e de aceitá-lo com entusiasmo, ainda que suas ações possam estar ou parecer estar em contradição com a ideologia difusa da época, a religião.

Esta posição da política de Maquiavel repete-se para a filosofia da práxis: repete-se a necessidade de ser "antimaquiavélico", desenvolvendo uma teoria e uma técnica da política que possam servir às duas partes em luta, embora se creia que elas terminarão por servir sobretudo à parte que "não sabia", já que é nela que se considera residir a força progressista da história. E, com efeito, obtém-se de imediato um resultado: romper a unidade baseada na ideologia tradicional, ruptura sem a qual a força nova não poderia adquirir consciência de sua própria personalidade independente. O maquiavelismo serviu para melhorar a técnica política tradicional dos grupos dirigentes conservadores, tal como a política da filosofia da práxis; isto não deve ocultar seu caráter essencialmente revolucionário, que é sentido ainda hoje [...] [13, § 20; 3, 55-58]

Maquiavel [6]. [...] A questão de saber por que Maquiavel escreveu *O Príncipe* e as outras obras não é uma simples questão de cultura ou de psicologia do autor: ela serve para explicar em parte o fascínio destes escritos, sua vivacidade e originalidade. Não se trata certamente de "tratados" do tipo medieval; nem tampouco se trata de obras de um bacharel que pretenda justificar as operações ou o modo de operar de seus "patronos" ou mesmo de seu príncipe. As obras de Maquiavel são de caráter "individualista", expressões de uma personalidade que quer intervir na política e na história do seu país, e neste sentido são de origem "democrática". Há em Maquiavel a "paixão" do "jacobino" e, por isso, ele iria agradar tanto aos jacobinos e aos iluministas: este é um elemento "nacional" em sentido próprio e deveria ser estudado preliminarmente em toda pesquisa sobre Maquiavel. [17, § 27; 3, 348-349]

Grande política (alta política) — pequena política (política do dia a dia, política parlamentar, de corredor, de intrigas). A grande política compreende as questões ligadas à fundação de novos Estados, à luta pela destruição, pela defesa, pela conservação de determinadas estruturas orgânicas econômico-sociais. A pequena política compreende as questões parciais e cotidianas que se apresentam no interior de uma estrutura já estabelecida em decorrência de lutas pela predominância entre as diversas frações de uma mesma classe política. Portanto, é grande política tentar excluir a grande política do âmbito interno da vida estatal e reduzir tudo a pequena política [...] Ao contrário, é coisa de diletantes pôr as questões de modo tal que cada elemento de pequena política deva necessariamente tornar-se questão de grande política, de reorganização radical do Estado. Os mesmos termos se apresentam na política internacional: 1) a grande política nas questões relacionadas com a estatura relativa de cada Estado nos confrontos recíprocos; 2) a pequena política nas questões diplomáticas que surgem no interior de um equilíbrio já constituído e que não tentam superar aquele equilíbrio para criar novas relações.

Maquiavel examina sobretudo as questões de grande política: criação de novos Estados, conservação e defesa de estruturas orgânicas em seu conjunto; questões de ditadura e de hegemonia em ampla escala, isto é, em toda a área estatal. Russo, nos *Prolegomeni,* faz do *Príncipe* o tratado da ditadura (momento da autoridade e do indivíduo) e, dos *Discorsi*, o tratado da hegemonia (momento do universal e da liberdade) [66]. A observação de Russo é exata, embora também no *Príncipe* não faltem referências ao momento da hegemonia ou do consenso, ao lado daquele da autoridade ou da força. Assim, é justa a observação de que não há oposição de princípio entre principado e república, mas se trata sobretudo da hipóstase dos dois momentos de autoridade e universalidade. [13, § 5; 21-22]

[O "dever ser" na política.] O "excessivo" (e, portanto, superficial e mecânico) realismo político leva muitas vezes à afirmação de que o homem de Estado só deve atuar no âmbito da "realidade efetiva", não se interessar pelo "dever ser", mas apenas pelo "ser". Isto significaria que o homem de Estado não deve ter perspectivas para além do tamanho de seu nariz. [...] Cabe distinguir não só entre "diplomata" e "político", mas também entre cientista da política e político em ato. O diplomata tem de se mover apenas na realidade efetiva, já que sua atividade específica não é a de criar novos equilíbrios, mas a de conservar, dentro de determinados quadros jurídicos, um equilíbrio já existente. Assim, também o cientista, enquanto mero cientista, deve mover-se apenas na realidade efetiva. Mas Maquiavel não é um mero cientista; ele é um homem de partido, de paixões poderosas, um político em ato, que pretende criar novas relações de força e, por isso, não pode deixar de se ocupar com o "dever ser", não entendido evidentemente em sentido moralista. A

questão, portanto, não deve ser posta nestes termos, é mais complexa: ou seja, trata-se de ver se o "dever ser" é um ato arbitrário ou necessário, é vontade concreta ou veleidade, desejo, miragem. O político em ato é um criador, um suscitador, mas não cria a partir do nada nem se move na vazia agitação de seus desejos e sonhos. Toma como base a realidade efetiva: mas o que é esta realidade efetiva? Será algo estático e imóvel, ou, ao contrário, uma relação de forças em contínuo movimento e mudança de equilíbrio? Aplicar a vontade à criação de um novo equilíbrio das forças realmente existentes e atuantes, baseando-se naquela determinada força que se considera progressista, fortalecendo-a para fazê-la triunfar, significa continuar movendo-se no terreno da realidade efetiva, mas para dominá-la e superá-la (ou contribuir para isso). Portanto, o "dever ser" é algo concreto, ou melhor, somente ele é interpretação realista e historicista da realidade, somente ele é história em ato e filosofia em ato, somente ele é política. [...] [13, § 16; 34-36]

Moral e política. Verifica-se uma luta. Avalia-se a "equidade" e a "justiça" das pretensões das partes em conflito. Chega-se à conclusão de que uma das partes não tem razão, suas pretensões não são justas ou até mesmo estão privadas de senso comum. Estas conclusões são o resultado de modos de pensar difusos, populares, compartilhados pela própria parte que é deste modo atingida pela desaprovação. Apesar disso, esta parte continua a dizer que "tem razão", que a "justiça" está com ela e, o que mais conta, continua a lutar, sacrificando-se, o que significa que suas convicções não são superficiais e sem raízes, não são razões polêmicas para salvar as aparências, mas são realmente profundas e operam nas consciências. Significará que o problema está malposto e mal-resolvido. Que os conceitos de equidade e de justiça são puramente formais. De fato, pode ocorrer que, de duas partes em conflito, ambas tenham razão "se as coisas ficarem como estão", ou que uma pareça ter mais razão que a outra "se as coisas ficarem como estão", mas não tenha razão "se as coisas mudarem". Ora, precisamente num conflito, aquilo que se deve avaliar não são as coisas assim como estão, mas os fins que as partes em conflito propõem com o próprio conflito; e como este fim, que ainda não existe como realidade efetiva e passível de julgamento, poderá ser julgado? E por quem poderá ser julgado? Não se tornará o próprio julgamento um elemento do conflito, isto é, não será ele apenas uma força do jogo a favor ou em prejuízo de uma das partes? De qualquer modo, pode-se dizer: 1) que, num conflito, todo juízo de moralidade é absurdo, porque ele só se pode basear nos dados de fato existentes, que o conflito visa precisamente a modificar; 2) que o único juízo possível é o "político", isto é, de conformidade do meio ao fim (logo, implica uma identificação do fim ou dos fins, graduados numa escala sucessiva de aproximação). Um conflito é "imoral" quando torna o fim mais distante ou não cria condições que tornem o fim mais próximo (ou seja, não cria meios mais adequados à conquista do fim), mas não é "imoral" de outros pontos de vista "moralistas". Desse modo, não se pode julgar o político por ser ele honesto ou não, mas por cumprir ou não seus compromissos (e neste cumprimento pode estar compreendido "ser honesto", isto é, ser honesto pode ser um fator político necessário, e em geral o é, mas o juízo é político e não moral). Ele é julgado não pelo fato de atuar com equidade, mas pelo fato de obter ou não resultados positivos, ou evitar um resultado negativo, e nisto pode ser necessário "atuar com equidade", mas como meio político e não como juízo moral. [14, § 51; 3, 311-313]

Sobre a verdade, ou seja, sobre dizer a verdade em política. É opinião muito difundida em alguns ambientes (e esta difusão é um sinal da estatura política e cultural destes ambientes) que é essencial à arte política mentir, saber esconder astuciosamente as próprias opiniões verdadeiras e os verdadeiros fins para os quais nos orientamos, saber fazer com que se acredite no contrário do que realmente se quer etc. etc. A opinião é tão enraizada e difundida que, ao se dizer a verdade, não se consegue crédito. Os italianos em geral são considerados, no exterior, mestres na arte da simulação e da dissimulação etc. Lembrar a anedota judia: "Onde vai?", pergunta Isaac a Benjamin. "A Cracóvia", responde Benjamin. "Mentiroso! Você diz que vai a Cracóvia para que eu acredite que vai a Lemberg; mas eu sei muito bem que você está indo a Cracóvia: então, qual a necessidade de mentir?". Em política, pode-se falar de discrição, não de mentira no sentido mesquinho em que muitos pensam: na política de massa, dizer a verdade é precisamente uma necessidade política. [6, § 19; 3, 224]

Grande ambição e pequenas ambições. Pode existir política, ou seja, história em ato, sem ambição? "A ambição" assumiu um significado negativo e desprezível por duas razões principais: 1) porque se confundiu inteiramente a ambição (grande) com as pequenas ambições; 2) porque a ambição muitíssimas vezes conduziu ao oportunismo mais baixo, à traição dos velhos princípios e das velhas formações sociais que haviam dado ao ambicioso as condições para passar a um serviço mais lucrativo e de rendimento mais imediato. No fundo, também este segundo motivo pode se reduzir ao primeiro: trata-se de pequenas ambições, porque têm pressa e não querem superar dificuldades excessivas ou grandes demais, ou correr muitos perigos.

É próprio do caráter de todo líder ser ambicioso, isto é, aspirar com toda a sua força ao exercício do poder estatal. Um líder não ambicioso não é um líder e é um elemento perigoso para seus seguidores: é um incapaz ou um covarde. [...] A grande ambição, além de necessária para a luta, não é nem mesmo desprezível moralmente, de modo algum: tudo consiste em ver se o "ambicioso" se eleva depois de fazer o deserto em torno de si ou se sua ascensão está conscientemente condicionada pela ascensão de todo um estrato social e se o ambicioso vê exatamente sua própria ascensão como elemento da ascensão geral.

O que se vê habitualmente é a luta das pequenas ambições (do próprio particular) contra a grande ambição (que é inseparável do bem coletivo). Estas observações sobre a ambição podem e devem ser ligadas com outras sobre a chamada demagogia. Demagogia quer dizer muitas coisas: no sentido pejorativo, significa servir-se das massas populares, de suas paixões sabiamente excitadas e nutridas, para os próprios fins particulares, para as próprias pequenas ambições (o parlamentarismo e o eleitoralismo oferecem um terreno propício para esta forma particular de demagogia, que culmina no cesarismo e no bonapartismo com seus regimes plebiscitários). Mas, se o líder não considera as massas humanas como um instrumento servil, bom para alcançar os próprios objetivos e depois jogar fora, mas aspira a alcançar fins políticos orgânicos cujo necessário protagonista histórico são estas massas, se o líder desenvolve obra "constituinte" construtiva, então se tem uma "demagogia" superior; as massas não podem deixar de ser ajudadas a se elevarem através da elevação de determinados indivíduos e de estratos "culturais" inteiros. O "demagogo" em sentido negativo põe-se a si mesmo como insubstituível, cria o deserto em torno de si, sistematicamente esmaga e elimina os possíveis concorrentes, quer entrar em relação direta com as massas (plebiscito etc., grande oratória, golpes de cena, aparato coreográfico fantasmagórico: trata-se daquilo que Michels chamou de "líder carismático" [67]). O líder político de grande ambição, ao contrário, tende a suscitar um estrato intermediário entre ele e a massa, a suscitar possíveis "concorrentes" e iguais, a elevar a capacidade das massas, a criar elementos que possam substituí-lo na função de líder. Ele pensa segundo os interesses da massa, e para estes interesses um aparelho de conquista e domínio não deve se desagregar com a morte ou a falta do líder, lançando a massa no caos ou na impotência primitiva. Se é verdade que todo partido é partido de uma só classe, o líder deve se apoiar nela e elaborar seu estado-maior e toda uma hierarquia; se o líder é de origem "carismática", deve renegar sua origem e trabalhar para tornar orgânica a função da direção: orgânica e com as características da permanência e da continuidade. [6, § 97; 3, 246-248]

[...] *O estudo das situações e do que se deve entender por "relações de força"*. O estudo sobre como se devem analisar as "situações", isto é, sobre como se devem estabelecer os diversos níveis de relação de forças, pode servir para uma exposição elementar de ciência e arte política, entendida como um conjunto de regras práticas de pesquisa e de observações particulares úteis para despertar o interesse pela realidade efetiva e suscitar intuições políticas mais rigorosas e vigorosas. Ao mesmo tempo, é preciso expor o que se deve entender em política por estratégia e tática, por "plano" estratégico, por propaganda e agitação, por "orgânica" ou ciência da organização e da administração em política. Os elementos de observação empírica que habitualmente são apresentados de modo desordenado nos tratados de ciência política (pode-se tomar como exemplar a obra de G. Mosca: *Elementi di scienza politica* [68]) deveriam, na medida em que não são questões abstratas ou sem fundamento, ser situados nos vários níveis da relação de forças, a começar pela relação das forças internacionais (onde se localizariam as notas escritas sobre o que é uma grande potência, sobre os agrupamentos de Estados em sistemas hegemônicos e, por conseguinte, sobre o conceito de independência e soberania no que se refere às pequenas e médias potências), passando em seguida às relações objetivas sociais, ou seja, ao grau de desenvolvimento das forças produtivas, às relações de força política e de partido (sistemas hegemônicos no interior do Estado) e às relações políticas imediatas (ou seja, potencialmente militares).

As relações internacionais precedem ou seguem (logicamente) as relações sociais fundamentais? Indubitavelmente seguem. Toda inovação orgânica na estrutura modifica organicamente as relações *absolutas* e *relativas* no campo internacional, através de suas expressões técnico-militares. Até mesmo a posição geográfica de um Estado nacional não precede, mas segue (logicamente) as inovações estruturais, ainda que reagindo sobre elas numa certa medida (exatamente na medida em que as superestruturas reagem sobre a estrutura, a política sobre a economia etc.). De resto, as relações internacionais reagem passiva e ativamente sobre as relações políticas (de hegemonia dos partidos). Quanto mais a vida econômica imediata de uma nação se subordina às relações internacionais, tanto mais um determinado partido representa esta situação e a explora para impedir o predomínio dos partidos adversários [...] Desta série de fatos, pode-se chegar à conclusão de que, com frequência, o chamado "partido do estrangeiro" não é propriamente aquele que é habitualmente apontado como tal, mas precisamente o partido mais nacionalista, que, na realidade, mais do que representar as forças vitais do próprio país, representa sua subordinação e servidão econômica às nações ou a um grupo de nações hegemônicas [...] [13, § 2; 3, 19-20]

Análise das situações: relações de força. É o problema das relações entre estrutura e superestrutura que deve ser posto com exatidão e resolvido para que se possa chegar a uma justa análise das forças que atuam na história de um determinado período e determinar a relação entre elas. É necessário mover-se no âmbito de dois princípios: 1) o de que nenhuma sociedade se põe tarefas para cuja solução ainda não existam as condições necessárias e suficientes, ou que pelo menos não estejam em vias de aparecer e se desenvolver; 2) e o de que nenhuma sociedade se dissolve e pode ser substituída antes que se tenham desenvolvido todas as formas de vida implícitas em suas relações (verificar a exata enunciação destes princípios). [...] [69]

Da reflexão sobre estes dois cânones pode-se chegar ao desenvolvimento de toda uma série de outros princípios de metodologia histórica. Todavia, no estudo de uma estrutura, devem-se distinguir os movimentos orgânicos (relativamente permanentes) dos movimentos que podem ser chamados de conjuntura (e que se apresentam como ocasionais, imediatos, quase acidentais). Também os fenômenos de conjuntura dependem, certamente, de movimentos orgânicos, mas seu significado não tem um amplo alcance histórico: eles dão lugar a uma crítica política miúda, do dia a dia, que envolve os pequenos grupos dirigentes e as personalidades imediatamente responsáveis pelo poder. Os fenômenos orgânicos dão lugar à crítica histórico-social, que envolve os grandes agrupamentos, para além das pessoas imediatamente responsáveis e do pessoal dirigente. Quando se estuda um período histórico, revela-se a grande importância dessa distinção. Tem lugar uma crise que, às vezes, prolonga-se por dezenas de anos. Esta duração excepcional significa que se revelaram (chegaram à maturidade) contradições insanáveis na estrutura e que as forças políticas que atuam positivamente para conservar e defender a própria estrutura esforçam-se para saná-las dentro de certos limites e superá-las. Estes esforços incessantes e perseverantes (já que nenhuma forma social jamais confessará que foi superada) formam o terreno do "ocasional", no qual se organizam as forças antagonistas que tendem a demonstrar (demonstração que, em última análise, só tem êxito e é "verdadeira" se se torna nova realidade, se as forças antagonistas triunfam, mas que imediatamente se explicita numa série de polêmicas ideológicas, religiosas, filosóficas, políticas, jurídicas etc., cujo caráter concreto pode ser avaliado pela medida em que se tornam convincentes e deslocam o alinhamento preexistente das forças sociais) que já existem as condições necessárias e suficientes para que determinadas tarefas possam e, portanto, devam ser resolvidas historicamente (devam, já que a não realização do dever histórico aumenta a desordem necessária e prepara catástrofes mais graves).

O erro em que se incorre frequentemente nas análises histórico-políticas consiste em não saber encontrar a justa relação entre o que é orgânico e o que é ocasional: chega-se assim ou a expor como imediatamente atuantes causas que, ao contrário, atuam mediatamente, ou a afirmar que as causas imediatas são as únicas causas eficientes. Num caso, tem-se excesso de "economicismo" ou de doutrinarismo pedante; no outro, excesso de "ideologismo". Num caso, superestimam-se as causas mecânicas; no outro, exalta-se o elemento voluntarista e individual. (A distinção entre "movimentos" e fatos orgânicos e movimentos e fatos de "conjuntura" ou ocasionais deve ser aplicada a todos os tipos de situação, não só àquelas em que se verifica um processo regressivo ou de crise aguda, mas àquelas em que se verifica um processo progressista ou de prosperidade e àquelas em que se verifica uma estagnação das forças produtivas.) O nexo dialético entre as duas ordens de movimento e, portanto, de pesquisa dificilmente é estabelecido de modo correto; e, se o erro é grave na historiografia, mais grave ainda se torna na arte política, quando se trata não de reconstruir a história passada, mas de construir a história presente e futura: os próprios desejos e as próprias paixões baixas e imediatas constituem a causa do erro, na medida em que substituem a análise objetiva e imparcial e que isto se verifica não como "meio" consciente para estimular à ação, mas como autoengano. O feitiço, também neste caso, se volta contra o feiticeiro, ou seja, o demagogo é a primeira vítima de sua demagogia. [...]

Estes critérios metodológicos podem adquirir visível e didaticamente todo o seu significado quando aplicados ao exame de fatos históricos concretos. [...] Um aspecto do mesmo problema é a chamada questão das relações de força. Lê-se com frequência, nas narrações históricas, a expressão genérica: relações de força favoráveis, desfavoráveis a esta ou àquela tendência. Assim, abstratamente, esta formulação não explica nada ou quase nada, pois não se faz mais do que repetir o fato que se deve explicar, apresentando-o uma vez como fato e outra como lei abstrata e como explicação. Portanto, o erro teórico consiste em apresentar um princípio de pesquisa e de interpretação como "causa histórica".

Na "relação de força", é necessário distinguir diversos momentos ou graus, que no fundamental são os seguintes:

1) Uma relação de forças sociais estreitamente ligada à estrutura, objetiva, independente da vontade dos homens, que pode ser mensurada com os sistemas das ciências exatas ou físicas [70]. Com base no grau de desenvolvimento das forças materiais de produção, têm-se os agrupamentos sociais, cada um dos quais representa uma função e ocupa uma posição determinada na própria produção. Esta relação é o que é, uma realidade rebelde: ninguém pode modificar o número das empresas e de seus empregados, o número das cidades com sua dada população urbana etc. Este alinhamento fundamental permite estudar se existem na sociedade as condições necessárias e suficientes para uma sua transformação, ou seja, permite verificar o grau de realismo e de viabilidade das diversas ideologias que nasceram em seu próprio terreno, no terreno das contradições que ele gerou durante seu desenvolvimento.

2) O momento seguinte é a relação das forças políticas, ou seja, a avaliação do grau de homogeneidade, de autoconsciência e de organização alcançado pelos vários grupos sociais. Este momento, por sua vez, pode ser analisado e diferenciado em vários graus, que correspondem aos diversos momentos da consciência política coletiva, tal como se manifestaram na história até agora. O primeiro e mais elementar é o econômico-corporativo: um comerciante sente que *deve* ser solidário com outro comerciante, um fabricante com outro fabricante etc., mas o comerciante não se sente ainda solidário com o fabricante; isto é, sente-se a unidade homogênea do grupo profissional e o dever de organizá-la, mas não ainda a unidade do grupo social mais amplo. Um segundo momento é aquele em que se atinge a consciência da solidariedade de interesses entre todos os membros do grupo social, mas ainda no campo meramente econômico. Já se põe neste momento a questão do Estado, mas apenas no terreno da obtenção de uma igualdade político-jurídica com os grupos dominantes, já que se reivindica o direito de participar da legislação e da administração e mesmo de modificá-las, de reformá-las, mas nos quadros fundamentais existentes. Um terceiro momento é aquele em que se adquire a consciência de que os próprios interesses corporativos, em

seu desenvolvimento atual e futuro, superam o círculo corporativo, de grupo meramente econômico, e podem e devem tornar-se os interesses de outros grupos subordinados. Esta é a fase mais estritamente política, que assinala a passagem nítida da estrutura para a esfera das superestruturas complexas; é a fase em que as ideologias geradas anteriormente se transformam em "partido", entram em confrontação e lutam até que uma delas, ou pelo menos uma única combinação delas, tenda a prevalecer, a se impor, a se irradiar por toda a área social, determinando, além da unicidade dos fins econômicos e políticos, também a unidade intelectual e moral, pondo todas as questões em torno das quais ferve a luta não no plano corporativo, mas num plano "universal", criando assim a hegemonia de um grupo social fundamental sobre uma série de grupos subordinados. O Estado é certamente concebido como organismo próprio de um grupo, destinado a criar as condições favoráveis à expansão máxima desse grupo, mas este desenvolvimento e esta expansão são concebidos e apresentados como a força motriz de uma expansão universal, de um desenvolvimento de todas as energias "nacionais", isto é, o grupo dominante é coordenado concretamente com os interesses gerais dos grupos subordinados e a vida estatal é concebida como uma contínua formação e superação de equilíbrios instáveis (no âmbito da lei) entre os interesses do grupo fundamental e os interesses dos grupos subordinados, equilíbrios em que os interesses do grupo dominante prevalecem, mas até um determinado ponto, ou seja, não até o estreito interesse econômico-corporativo. Na história real, estes momentos implicam-se reciprocamente, por assim dizer horizontal e verticalmente, isto é, segundo as atividades econômico-sociais (horizontais) e segundo os territórios (verticalmente), combinando-se e cindindo-se de modo variado: cada uma destas combinações pode ser representada por uma própria expressão organizada econômica e política. Deve-se ainda levar em conta que estas relações internas de um Estado-Nação entrelaçam-se com as relações internacionais, criando novas combinações originais e historicamente concretas. Uma ideologia, nascida num país mais desenvolvido, difunde-se em países menos desenvolvidos, incidindo no jogo local das combinações. [...] Esta relação entre forças internacionais e forças nacionais torna-se ainda mais complexa por causa da existência, no interior de cada Estado, de várias seções territoriais com estruturas diferentes e diferentes relações de força em todos os graus [...].

3) O terceiro momento é o da relação das forças militares, imediatamente decisivo em cada oportunidade concreta. (O desenvolvimento histórico oscila continuamente entre o primeiro e o terceiro momento, com a mediação do segundo.) Mas também esse momento não é algo indistinto e identificável imediatamente de forma esquemática; também nele se podem distinguir dois graus: o militar em sentido estrito, ou técnico-militar, e o grau que pode ser chamado de político-militar. No curso da história, estes dois graus se apresentaram numa grande variedade de combinações. Um exemplo típico, que pode servir como demonstração-limite, é o da relação de opressão militar de um Estado sobre uma nação que procura alcançar sua independência estatal. A relação não é puramente militar, mas político-militar: com efeito, este tipo de opressão seria inexplicável sem o estado de desagregação social do povo oprimido e a passividade de sua maioria. Portanto, a independência não poderá ser alcançada com forças puramente militares, mas com forças militares e político-militares. De fato, se a nação oprimida, para iniciar a luta pela independência, tivesse de esperar a permissão do Estado hegemônico para organizar seu próprio exército no sentido estrito e técnico da palavra, teria de esperar bastante tempo (pode ocorrer que a reivindicação de ter um exército próprio seja concedida pela nação hegemônica, mas isto significa que uma grande parte da luta já foi travada e vencida no terreno político-militar). A nação oprimida, portanto, oporá inicialmente à força militar hegemônica uma força que é apenas "político-militar", isto é, oporá uma forma de ação política que tenha a virtude de determinar reflexos de caráter militar, no sentido de que: 1) seja capaz de desagregar intimamente a eficiência bélica da nação hegemônica; 2) obrigue a força militar hegemônica a diluir-se e dispersar-se num grande território, anulando grande parte de sua eficiência bélica. [...]

Outra questão ligada às anteriores é a de ver se as crises históricas fundamentais são determinadas imediatamente pelas crises econômicas. A resposta a essa questão está implicitamente contida nos parágrafos anteriores, onde são tratadas questões que constituem um outro modo de apresentar aquela a que nos referimos agora; mas é sempre necessário, por razões didáticas, dado o público específico, examinar cada modo sob o qual se apresenta uma mesma questão como se se tratasse de um problema independente e novo. Pode-se excluir que, por si mesmas, as crises econômicas imediatas produzam eventos fundamentais; podem apenas criar um terreno mais favorável à difusão de determinados modos de pensar, de pôr e de resolver as questões que envolvem todo o curso subsequente da vida estatal. De resto, todas as afirmações referentes a períodos de crise ou de prosperidade podem dar margem a juízos unilaterais. [...] A questão particular do mal-estar ou do bem-estar econômicos como causa de novas realidades históricas é um aspecto parcial da questão das relações de força em seus vários graus. Podem-se produzir novidades ou porque uma situação de bem-estar é ameaçada pelo egoísmo mesquinho de um grupo adversário, ou porque o mal-estar se tornou intolerável e não se vê na velha sociedade nenhuma força capaz de mitigá-lo e de restabelecer uma normalidade através de meios legais. Pode-se dizer, portanto, que todos estes elementos são a manifestação concreta das flutuações de conjuntura do conjunto das relações sociais de força, em cujo terreno verifica-se a transformação destas relações em relações políticas de força, para culminar na relação militar decisiva. Se não se verifica este processo de desenvolvimento de um momento a outro — e trata-se essencialmente de um processo que tem como atores os homens e a vontade e capacidade dos homens —, a situação se mantém inoperante e podem ocorrer desfechos contraditórios: a velha sociedade resiste e garante para si um período de "tomada de fôlego", exterminando fisicamente a elite adversária e aterrorizando as massas de reserva; ou, então, verifica-se a destruição recíproca das forças em conflito com a instauração da paz dos cemitérios, talvez sob a vigilância de um sentinela estrangeiro.

Mas a observação mais importante a ser feita sobre qualquer análise concreta das relações de força é a seguinte: tais análises não podem e não devem ser fins em si mesmas (a não ser que se trate de escrever um capítulo da história do passado), mas só adquirem um significado se servem para justificar uma atividade prática, uma iniciativa de vontade. Elas mostram quais são os pontos de menor resistência, nos quais a força da vontade pode ser aplicada de modo mais frutífero, sugerem as operações táticas imediatas, indicam a melhor maneira de empreender uma campanha de agitação política, a linguagem que será mais bem-compreendida pelas multidões etc. O elemento decisivo de cada situação é a força permanentemente organizada e há muito tempo preparada, que se pode fazer avançar quando se julga que uma situação é favorável (e só é favorável na medida em que esta força exista e seja dotada de ardor combativo). Por isso, a tarefa essencial consiste em dedicar-se de modo sistemático e paciente a formar esta força, desenvolvê-la, torná-la cada vez mais homogênea, compacta e consciente de si. Isso pode ser comprovado na história militar e no cuidado com que, em qualquer época, os exércitos estiveram preparados para iniciar uma guerra a qualquer momento. Os grandes Estados foram grandes Estados precisamente porque sempre estavam preparados para inserir-se eficazmente nas conjunturas internacionais favoráveis; e essas eram favoráveis porque havia a possibilidade concreta de inserir-se eficazmente nelas. [13, § 17; 3, 36-46]

Elementos para calcular a hierarquia de poder entre os Estados: 1) extensão do território, 2) força econômica, 3) força militar. O modo através do qual se exprime a condição de grande potência é dado pela possibilidade de imprimir à atividade estatal uma direção autônoma, que influa e repercuta sobre os outros Estados: a grande potência é potência hegemônica, líder e guia de um sistema de alianças e de pactos com maior ou menor extensão. A força militar sintetiza o valor da extensão territorial (com população adequada, naturalmente) e do potencial econômico. No elemento territorial, deve-se considerar concretamente a posição geográfica. Na força econômica, deve-se distinguir entre a capacidade industrial e agrícola (forças produtivas) e a capacidade financeira. Um elemento "imponderável" é a posição "ideológica" que um país ocupa no mundo em cada momento determinado, enquanto considerado representante das forças progressistas da história (exemplo da França durante a Revolução de 1789 e o período napoleônico).

Estes elementos são calculados na perspectiva de uma guerra. Dispor de todos os elementos que, nos limites do previsível, dão segurança de vitória significa dispor de um potencial de pressão diplomática de grande potência, isto é, significa obter uma parte dos resultados de uma guerra vitoriosa sem necessidade de combater. [13, § 19; 3, 55]

Sobre o conceito de previsão ou perspectiva. É certo que prever significa apenas ver bem o presente e o passado como movimento: ver bem, isto é, identificar com exatidão os elementos fundamentais e permanentes do processo. Mas é absurdo pensar numa previsão puramente "objetiva". Quem prevê, na realidade, tem um "programa" que quer ver triunfar, e a previsão é exatamente um elemento de tal triunfo. Isso não significa que a previsão deva ser sempre arbitrária e gratuita ou puramente tendenciosa. Ao contrário, pode-se dizer que só na medida em que o aspecto objetivo da previsão está ligado a um programa é que esse aspecto adquire objetividade: 1) porque só a paixão aguça o intelecto e colabora para tornar mais clara a intuição; 2) porque, sendo a realidade o resultado de uma aplicação da vontade humana à sociedade das coisas (do maquinista à máquina), prescindir de todo elemento voluntário ou calcular apenas a intervenção das vontades dos outros como elemento objetivo do jogo geral mutila a própria realidade. Só quem quer fortemente identifica os elementos necessários à realização de sua vontade. Por isso, é um erro grosseiro de presunção e superficialidade considerar que uma determinada concepção do mundo e da vida tenha em si mesma uma superioridade em termos de capacidade de previsão. É claro que uma concepção do mundo está implícita em toda previsão; portanto, o fato de que ela seja um amontoado de atos arbitrários do pensamento ou uma visão rigorosa e coerente não é destituído de importância, mas ela só adquire essa importância no cérebro vivo de quem faz a previsão e a vivifica com sua vontade forte. Isto pode ser percebido através das previsões feitas pelos chamados "desapaixonados": elas estão plenas de inutilidades, de minúcias sutis, de elegâncias conjecturais. Só a existência, em quem "prevê", de um programa a realizar faz com que ele se atenha ao essencial, aos elementos que, sendo "organizáveis", suscetíveis de ser dirigidos ou desviados, são na realidade os únicos previsíveis. Isto vai contra o modo comum de considerar a questão. Geralmente se acredita que todo ato de previsão pressupõe a determinação de leis de regularidade como as leis das ciências naturais. Mas, como estas leis não existem no sentido absoluto ou mecânico que se supõe, não se levam em conta as vontades dos outros e não se "prevê" sua aplicação. Logo, constrói-se com base numa hipótese arbitrária, e não na realidade. [15, § 50; 3, 342-343]

O movimento e o objetivo final. É possível manter vivo e eficiente um movimento sem a perspectiva de fins imediatos e mediatos? A afirmação de Bernstein segundo a qual o movimento é tudo e o objetivo final não é nada [71], sob a aparência de uma interpretação "ortodoxa" da dialética, oculta uma concepção mecanicista da vida e do movimento histórico: as forças humanas são consideradas passivas e não conscientes, como um elemento não distinto das coisas materiais, e o conceito de evolução vulgar, no sentido naturalista, substitui o conceito de processo e desenvolvimento. Isso é ainda mais digno de nota na medida em que Bernstein buscou suas armas no arsenal do revisionismo idealista (esquecendo as teses sobre Feuerbach), que deveria tê-lo levado, ao contrário, a valorizar a intervenção dos homens (ativos, logo capazes de perseguir certos fins imediatos e mediatos) como decisiva no desenrolar da história (naturalmente, sob as condições dadas). Mas, analisando mais a fundo, vê-se que em Bernstein e seus adeptos não se exclui de todo a intervenção humana, pelo menos implicitamente (o que seria estúpido demais), mas se admite só de modo unilateral, porque se admite como "tese" mas se exclui como "antítese"; ela, considerada eficiente como tese, ou seja, no momento da resistência e da conservação, é rejeitada como antítese, ou seja, como iniciativa e impulso progressivo antagonista. Podem existir "fins" para a resistência e a conservação (as próprias "resistência e conservação" são fins que requerem uma específica organização civil e militar, o controle ativo do adversário, a intervenção tempestiva para impedir que o adversário se reforce muito etc.), não para o progresso e a iniciativa inovadora. Trata-se tão somente de uma teorização sofística da passividade, de um modo "astuto" (no sentido das "astúcias da providência" de Vico) pelo qual a tese intervém para enfraquecer a "antítese", porque precisamente a antítese (que pressupõe o despertar de forças latentes e adormecidas a serem estimuladas com ousadia) tem necessidade de se propor fins, imediatos e mediatos, para reforçar seu movimento de superação. Sem a perspectiva de fins concretos, não pode de modo algum haver movimento. [16, § 26; 4, 74-75]

O número e a qualidade nos regimes representativos. Um dos lugares-comuns mais banais que se repetem contra o sistema eletivo de formação dos órgãos estatais é o de que "nele o número é lei suprema" e que a "opinião de um imbecil qualquer que saiba escrever (e mesmo de um analfabeto, em determinados países) vale, para efeito de determinar o curso político do Estado, exatamente o mesmo que a opinião de quem dedica ao Estado e à Nação suas melhores forças" etc. [...] O fato, porém, é que não é verdade, de modo algum, que o número seja a "lei suprema" nem que o peso da opinião de cada eleitor seja "exatamente" igual. Os números, mesmo neste caso, são um simples valor instrumental, que dão uma medida e uma relação, e nada mais. E, de resto, o que é que se mede? Medem-se exatamente a eficácia e a capacidade de expansão e de persuasão das opiniões de poucos, das minorias ativas, das elites, das vanguardas etc. etc., isto é, sua racionalidade ou historicidade ou funcionalidade concreta. Isto quer dizer que não é verdade que o peso das opiniões de cada um seja "exatamente" igual. As ideias e as opiniões não "nascem" espontaneamente no cérebro de cada indivíduo: tiveram um centro de formação, de irradiação, de difusão, de persuasão, houve um grupo de homens ou até mesmo uma individualidade que as elaborou e apresentou na forma política de atualidade. O número dos "votos" é a manifestação terminal de um longo processo, no qual a maior influência pertence exatamente aos que "dedicam ao Estado e à Nação suas melhores forças" (quando são tais). Se este pretenso grupo de excelências, apesar das infindáveis forças materiais que possui, não obtém o consenso da maioria, deve ser julgado ou inepto ou não representante dos interesses "nacionais", que não podem deixar de prevalecer quando se trata de induzir a vontade nacional num sentido e não noutro. "Desgraçadamente", cada um é levado a confundir seu próprio "particular" com o interesse nacional, e, portanto, a considerar "horrível" etc., que a decisão caiba à "lei do número"; o melhor é se tornar elite por decreto. Não se trata, portanto, de que os que "têm muito" intelectualmente se sintam reduzidos ao nível do último analfabeto, mas de que alguns presumam ter muito e pretendam tirar do homem "comum" até mesmo aquela fração infinitesimal de poder que ele possui para decidir sobre o curso da vida estatal.

Da crítica (de origem oligárquica, e não de elite) ao regime parlamentarista (é estranho que esse não seja criticado pelo fato de que a racionalidade historicista do consenso numérico é sistematicamente falsificada pela influência da riqueza), estas afirmações banais se estenderam a qualquer sistema representativo, mesmo não parlamentarista e não formado segundo os padrões da democracia formal [72]. Neste caso, tais afirmações são ainda menos exatas. Nestes outros regimes, o consenso não tem no momento do voto uma fase final, muito ao contrário. Supõe-se o consenso permanentemente ativo, a ponto de que aqueles que consentem poderiam ser considerados como "funcionários" do Estado e as eleições como um modo de recrutamento voluntário de funcionários estatais de um certo tipo, que em certo sentido poderia vincular-se (em diversos planos) ao *self-government*. Já que as eleições se baseiam não em programas genéricos e vagos, mas de trabalho concreto imediato, quem consente empenha-se em fazer algo mais do que o cidadão legal comum para realizar tais programas, isto é, em ser uma vanguarda de trabalho ativo e responsável. O elemento "voluntariado" na iniciativa não poderia ser estimulado de outro modo para as mais amplas multidões; e, quando estas não são formadas de cidadãos amorfos, mas de elementos produtivos qualificados, é possível compreender a importância que pode ter a manifestação do voto. [...] [13, § 30; 3, 81-83]

Quem é legislador? O conceito de "legislador" não pode deixar de se identificar com o conceito de "político". Como todos são "políticos", todos são também "legisladores". Mas será necessário fazer distinções. "Legislador" tem um significado jurídico-estatal preciso, isto é, significa aquelas pessoas que estão habilitadas pelas leis para legislar. Mas pode ter também outros significados. Todo homem, na medida em que é ativo, isto é, vivo, contribui para modificar o ambiente social em que se desenvolve (para modificar determinadas características dele ou para conservar outras), isto é, tende a estabelecer "normas", regras de vida e de conduta. O círculo de atividades será maior ou menor, a consciência da própria ação e dos objetivos será maior ou menor; além disso, o poder representativo será maior ou menor e será mais ou menos praticado pelos "representados" em sua expressão sistemática normativa. Um pai é um legislador para os filhos, mas a autoridade paterna será mais ou menos consciente e mais ou menos obedecida, e assim por diante. Em geral, pode-se dizer que a distinção entre o conjunto dos homens e outros homens mais especificamente legisladores é dada pelo fato de que este segundo grupo não só elabora diretrizes que se devem tornar norma de conduta para os outros, mas, ao mesmo tempo, elabora os instrumentos através dos quais as próprias diretrizes serão "impostas" e será controlada sua aplicação. Deste segundo grupo, o poder legislativo máximo reside no pessoal estatal (funcionários eleitos e de carreira), que têm à disposição as forças coercitivas legais do Estado. Mas não se pode dizer que os dirigentes de organismos e organizações "privadas" também não disponham de sanções coercitivas, até a pena de morte. A capacidade máxima do legislador pode se deduzir do fato de que, à perfeita elaboração das diretrizes, corresponde uma perfeita predisposição dos organismos de execução e de controle e uma perfeita preparação do consenso "espontâneo" das massas, que devem "viver" aquelas diretrizes, modificando seus hábitos, sua vontade e suas convicções de acordo com aquelas diretrizes e com os objetivos que elas se propõem atingir.

Se cada um é legislador no sentido mais amplo do termo, continua a ser legislador ainda que aceite diretrizes de outros; executando-as, controla sua execução também por parte dos outros, compreendendo-as em seu espírito, divulga-as, quase transformando-as em regulamentos de aplicação particular a zonas de vida restrita e individualizada. [14, § 13; 3, 301-302]

O homem-indivíduo e o homem-massa. [...] Tendência ao conformismo no mundo contemporâneo, mais ampla e profunda do que no passado: a estandardização do modo de pensar e de atuar assume dimensões nacionais ou até mesmo continentais. A base econômica do homem-coletivo: grandes fábricas, taylorização, racionalização etc. Mas terá existido ou não no passado o homem-coletivo? Existia sob a forma da direção carismática, para citar Michels [73]: isto é, obtinha-se uma vontade coletiva sob o impulso e a sugestão imediata de um "herói", de um homem representativo; mas esta vontade coletiva era devida a fatores extrínsecos, compondo-se e decompondo-se continuamente. O homem coletivo de hoje, ao contrário, forma-se essencialmente de baixo para cima, à base da posição ocupada pela coletividade no mundo da produção: também hoje o homem representativo tem uma função na formação do homem-coletivo, mas muito inferior à do passado, tanto que ele pode desaparecer sem que o cimento coletivo se desfaça e a construção desabe.

[...] Deve-se notar, a respeito do "conformismo" social, que a questão não é nova e que o brado de alarme lançado por alguns intelectuais é apenas cômico. O conformismo sempre existiu: trata-se hoje de luta entre "dois conformismos", isto é, de uma luta pela hegemonia, de uma crise da sociedade civil. Os velhos dirigentes intelectuais e morais da sociedade sentem faltar terreno sob seus pés, percebem que suas "pregações" tornaram-se de fato "pregações", isto é, coisas estranhas à realidade, pura forma sem conteúdo, mera aparência sem espírito; daí seu desespero e suas tendências reacionárias e conservadoras: como a forma particular de civilização, de cultura, de moralidade que eles representaram se decompõe, eles sentenciam a morte de toda civilização, de toda cultura, de toda moralidade, exigem medidas repressivas do Estado ou se tornam um grupo de resistência separado do processo histórico real, aumentando dessa forma a duração da crise, porque o ocaso de um modo de viver e de pensar não pode ocorrer sem crise. Os representantes da nova ordem em gestação, por outro lado, por ódio "racionalista" à velha, difundem utopias e planos cerebrinos. Qual o ponto de referência para o novo mundo em gestação? O mundo da produção, o trabalho. O máximo utilitarismo deve estar na base de qualquer análise das instituições morais e intelectuais a serem criadas e dos princípios a serem difundidos: a vida coletiva e individual deve ser organizada tendo em vista o máximo rendimento do aparelho produtivo. O desenvolvimento das forças econômicas em novas bases e a instauração progressiva da nova estrutura sanarão as contradições que não podem deixar de existir; e, tendo criado um novo "conformismo" a partir de baixo, permitirão novas possibilidades de autodisciplina, isto é, de liberdade até individual. [7, § 12; 3, 259-261]

[Formação da vontade coletiva] A proposição de que "a sociedade não se põe problemas para cuja solução ainda não existam as premissas materiais" [74]. É o problema da formação de uma vontade coletiva que decorre imediatamente desta proposição. Analisar criticamente o que significa a proposição implica indagar como se formam as vontades coletivas permanentes e como tais vontades se propõem objetivos imediatos e mediatos concretos, isto é, uma linha de ação coletiva. Trata-se de processos de desenvolvimento mais ou menos longos, e raramente de explosões "sintéticas" inesperadas. Também as "explosões" sintéticas se verificam, mas, observando de perto, vê-se que nestes casos se trata de destruir mais do que reconstruir, de remover obstáculos exteriores e mecânicos ao desenvolvimento original e espontâneo. [...]

Seria possível estudar concretamente a formação de um movimento histórico coletivo, analisando-o em todas as suas fases moleculares, o que habitualmente não se faz porque tornaria pesada qualquer exposição: em vez disso, aceitam-se as correntes de opinião já constituídas em torno de um grupo ou de uma personalidade dominante. É o problema que modernamente se expressa em termos de partido ou de coalizão de partidos afins: como se inicia a constituição de um partido, como se desenvolve sua força organizada e influência social etc. Trata-se de um processo molecular, em escala mínima, de análise dificílima, capilar, cuja documentação é constituída por uma quantidade incrível de livros, opúsculos, artigos de revistas e de jornais, de conversações e debates verbais que se repetem infinitas vezes e que, em seu conjunto gigantesco, representam este trabalho do qual nasce uma vontade coletiva com um certo grau de homogeneidade, o grau que é necessário e suficiente para determinar uma ação coordenada e simultânea no tempo e no espaço geográfico em que o fato histórico se verifica.

Importância das utopias e das ideologias confusas e racionalistas na fase inicial dos processos históricos de formação das vontades coletivas: as utopias, o racionalismo abstrato têm a mesma importância das velhas concepções do mundo historicamente elaboradas por acumulação de experiências sucessivas. O que importa é a crítica à qual este complexo ideológico é submetido pelos primeiros representantes da nova fase histórica: através desta crítica tem-se um processo de distinção e de modificação no peso relativo que os elementos das velhas ideologias possuíam: aquilo que era secundário e subordinado, ou mesmo acessório, é considerado principal, torna-se o núcleo de um novo complexo ideológico e doutrinário. A velha vontade coletiva desagrega-se em seus elementos contraditórios, porque os elementos subordinados destes últimos se desenvolvem socialmente etc.

Depois da formação do regime dos partidos, fase histórica ligada à estandardização de grandes massas da população (comunicações, jornais, grandes cidades etc.), os processos moleculares se manifestam com mais rapidez do que no passado etc. [8, § 195; 3, 287-289]

[Formação da vontade coletiva]. História dos 45 cavaleiros húngaros. [...] Um episódio da Guerra dos Trinta Anos: parece que 45 cavaleiros húngaros se estabeleceram em Flandres e, como a população estava desarmada e desmoralizada pela longa guerra, conseguiram por mais de seis meses tiranizar o país. Na realidade, em toda ocasião podem surgir "45 cavaleiros húngaros" onde não existe um sistema protetor das populações indefesas, dispersas, forçadas ao trabalho para viver e, portanto, sem condições, em momento algum, de rechaçar os assaltos, as investidas, as depredações, os golpes de mão executados com um certo espírito de sistema e um mínimo de previsão "estratégica". No entanto, a quase todos parece impossível que uma situação como esta dos "45 cavaleiros húngaros" possa jamais se verificar: e nesta "incredulidade" deve-se ver um documento de inocência política. Elementos de tal "incredulidade" são especialmente uma série de "fetichismos", de preconceitos, primeiro dos quais aquele do "povo" sempre vibrante e generoso contra os tiranos e as opressões. Mas serão por acaso, proporcionalmente, mais numerosos os ingleses na Índia do que os cavaleiros húngaros em Flandres? Mais ainda: os ingleses têm seus seguidores entre os indianos, e não só aqueles que estão sempre com o mais forte, mas também os adeptos "informados", conscientes etc. Não se compreende que em toda situação política a parte ativa é sempre uma minoria, e que se esta, quando for seguida pelas

multidões, não organizar estavelmente esta influência e for dispersada numa ocasião qualquer propícia à minoria adversa, todo o aparelho se desagrega e se forma um outro, novo, em que as velhas multidões nada contam e não mais podem se mover e operar. Aquilo que se chamava "massa" se pulveriza em muitos átomos sem vontade e orientação e uma nova "massa" se forma, ainda que de volume inferior à primeira, porém mais compacta e resistente, que tem a função de impedir que a primitiva massa se reconstitua e se torne eficiente. Todavia, muitos continuam a se referir a este fantasma do passado, imaginam-no sempre existente, sempre vibrante etc. [...] O erro também está ligado a uma ausência de "experimentação": o político realista, que conhece as dificuldades de organizar uma vontade coletiva, não é levado a crer facilmente que ela se reconstitua automaticamente depois que se desagregou. O ideólogo, que, tal como o cuco, põe ovos num ninho já preparado e não sabe construir ninhos, pensa que as vontades coletivas sejam um dado de fato naturalista, que desabrocham e se desenvolvem por razões inerentes às coisas etc. [15, § 35; 3, 334-336]

[Nacional e internacional na filosofia da práxis]. Texto (em forma de perguntas e respostas) de Giuseppe Bessarione, de setembro de 1927, sobre alguns pontos essenciais de ciência e de arte políticas [75]. O ponto que, em minha opinião, deve ser desenvolvido é o seguinte: como, segundo a filosofia da práxis (em sua manifestação política), seja na formulação de seu fundador, mas particularmente nos esclarecimentos dados por seu mais recente grande teórico, a situação internacional deve ser considerada em seu aspecto nacional. Realmente, a relação "nacional" é o resultado de uma combinação "original" única (em certo sentido), que deve ser compreendida e concebida nesta originalidade e unicidade se se quer dominá-la e dirigi-la. Por certo, o desenvolvimento é no sentido do internacionalismo, mas o ponto de partida é "nacional", e é deste ponto de partida que se deve partir. Mas a perspectiva é internacional e não pode deixar de ser. É preciso, portanto, estudar exatamente a combinação de forças nacionais que a classe internacional deverá dirigir e desenvolver segundo a perspectiva e as diretrizes internacionais. A classe dirigente só será dirigente se interpretar exatamente esta combinação,

da qual ela própria é componente, e só como tal pode dar ao movimento uma determinada orientação, de acordo com determinadas perspectivas. Parece-me que é neste ponto que se localiza a divergência fundamental entre Leão Davidovitch e Bessarione como intérprete do movimento majoritário. As acusações de nacionalismo não são válidas se se referem ao núcleo da questão. Se se estuda o esforço empreendido pelos majoritários de 1902 a 1917, vê-se que sua originalidade consiste em depurar o internacionalismo de todo elemento vago e puramente ideológico (em sentido pejorativo), para dar-lhe um conteúdo de política realista. O conceito de hegemonia é aquele em que se reúnem as exigências de caráter nacional e podemos compreender por que certas tendências não falam deste conceito ou apenas se referem a ele de passagem. Uma classe de caráter internacional, que guia camadas sociais estritamente nacionais (intelectuais) e, muitas vezes, menos ainda que nacionais, particularistas e municipalistas (os camponeses), deve se "nacionalizar" num certo sentido, sentido este que não é, aliás, muito estreito, porque, antes de se formarem as condições de uma economia segundo um plano mundial, é necessário atravessar fases múltiplas em que as combinações regionais (de grupos de nações) podem ser variadas. Por outro lado, não se deve jamais esquecer que o desenvolvimento histórico segue as leis da necessidade até que a iniciativa passe nitidamente às forças que visam à construção segundo um plano, de pacífica e solidária divisão do trabalho.

Vê-se por absurdo que os conceitos não nacionais (isto é, que não se referem a cada país determinado) são errados; eles levaram à passividade e à inércia em duas fases bastante distintas: 1) na primeira fase, ninguém acreditava que devia começar, ou seja, considerava que, começando, ficaria isolado; na expectativa de que todos se movimentassem simultaneamente, ninguém se movia e organizava o movimento; 2) a segunda fase é talvez pior, porque se espera uma forma de "napoleonismo" anacrônico e antinatural (já que nem todas as fases históricas se repetem da mesma maneira). As debilidades teóricas desta forma moderna do velho mecanicismo são mascaradas pela teoria geral da revolução permanente, que não passa de uma previsão genérica apresentada como dogma e que se destrói por si mesma, pelo fato de que não se manifesta efetivamente. [14, § 68; 3, 314-315]

5. ESTADO E SOCIEDADE CIVIL

[Um novo conceito de Estado] [...] Eu amplio muito a noção de intelectual e não me limito à noção corrente, que se refere aos grandes intelectuais. Este estudo também leva a certas determinações do conceito de Estado, que, habitualmente, é entendido como sociedade política (ou ditadura, ou aparelho coercitivo, para moldar a massa popular segundo o tipo de produção e a economia de um dado momento), e não como um equilíbrio da sociedade política com a sociedade civil (ou hegemonia de um grupo social sobre toda a sociedade nacional, exercida através das organizações ditas privadas, como a igreja, os sindicatos, as escolas etc.), e é especialmente na sociedade civil que operam os intelectuais [...]. [Carta a Tania, 7-9-1931; *Cartas*, vol. 2, p. 84].

Hegel e o associativismo. A doutrina de Hegel sobre os partidos e as associações como trama "privada" do Estado. Ela derivou historicamente das experiências políticas da Revolução Francesa e devia servir para dar um caráter mais concreto ao constitucionalismo. Governo com o consenso dos governados, mas com o consenso organizado, não genérico e vago tal como se afirma no momento das eleições: o Estado tem e pede o consenso, mas também "educa" este consenso através das associações políticas e sindicais, que, porém, são organismos privados, deixados à iniciativa privada da classe dirigente. Assim, em certo sentido, Hegel já supera o puro constitucionalismo e teoriza o Estado parlamentar com seu regime dos partidos. Sua concepção da associação não pode deixar de ser ainda vaga e primitiva, entre o político e o econômico, segundo a experiência histórica da época, que era muito restrita e dava um só exemplo acabado de organização, o "corporativo" (política enxertada na economia).

Marx não podia ter experiências históricas superiores às de Hegel (ao menos muito superiores), mas tinha o sentido das massas, por sua atividade jornalística e de agitação. O conceito de organização em Marx ainda permanece preso aos seguintes elementos: organização profissional, clubes jacobinos, conspirações secretas de pequenos grupos, organização jornalística. A Revolução Francesa oferece dois tipos predominantes: os clubes, que são organizações não rígidas, do tipo "assembleia popular", centralizadas por individualidades políticas, cada uma das quais tem seu jornal, com o qual mantém despertos a atenção e o interesse de uma determinada clientela pouco nítida nas margens, mas que defende as teses do jornal nas reuniões do clube. Decerto, entre os frequentadores dos clubes deviam existir grupos restritos e selecionados de pessoas que se conheciam reciprocamente, que se reuniam em separado e preparavam a atmosfera das reuniões para apoiar uma ou outra corrente, de acordo com o momento e também de acordo com os interesses concretos em jogo. As conspirações secretas, que em seguida tiveram tanta difusão na Itália antes de 1848, desenvolveram-se na França, depois do Termidor, entre os seguidores de segundo plano do jacobinismo, com muitas dificuldades no período napoleônico, por causa da atenta vigilância da polícia, com mais facilidade de 1815 a 1830 sob a Restauração, que foi bastante liberal na base e não tinha certas preocupações. [...]

É difícil que Hegel pudesse ter conhecido de perto estas experiências históricas, que, ao contrário, eram mais vivas em Marx. [...] [1, § 47; 3, 119-120]

A sociedade civil. É preciso distinguir a sociedade civil tal como é entendida por Hegel e no sentido em que é muitas vezes usada nestas notas (isto é, no sentido de hegemonia política e cultural de um grupo social sobre toda a sociedade, como conteúdo ético do Estado) do sentido que lhe dão os católicos, para os quais a sociedade civil, ao contrário, é a sociedade política ou o Estado, em oposição à sociedade familiar e à Igreja [...]. [6, § 24; 3, 225-226]

Conceito de Estado. Pode-se demonstrar que o conceito comum de Estado é unilateral e conduz a erros colossais falando do recente livro de Daniel Halévy, *Decadência da liberdade* [76] [...]. Para Halévy, "Estado" é o aparelho representativo e ele descobre que os fatos mais importantes da história francesa, de 1870 até hoje, não se devem a iniciativas de organismos políticos derivados do sufrágio universal, mas ou de organismos privados (empresas capitalistas, Estado-Maior etc.), ou de grandes funcionários desconhecidos do país etc. Mas isto significa que por "Estado" deve-se entender, além do aparelho de governo, também o aparelho "privado" de hegemonia ou sociedade civil. Deve-se notar que, desta crítica ao "Estado" que não intervém, que está a reboque dos acontecimentos etc., nasce a corrente ideológica ditatorial de direita, com seu fortalecimento do Executivo etc. [...] [6, § 137; 3, 254-255]

Estado gendarme — guarda-noturno etc. Deve-se meditar sobre este tema: a concepção do Estado gendarme—guarda-noturno etc. (à parte a especificação de caráter polêmico: gendarme, guarda-noturno etc.) não será, afinal, a única concepção do Estado que supera as fases extremas "corporativo-econômicas"? Estamos sempre no terreno da identificação de Estado e Governo, identificação que é, precisamente, uma reapresentação da forma corporativo-econômica, isto é, da confusão entre sociedade civil e sociedade política, uma vez que se deve notar que, na noção geral de Estado, entram elementos que devem ser remetidos à noção de sociedade civil (no sentido, seria possível dizer, de que Estado = sociedade política + sociedade civil, isto é, hegemonia couraçada de coerção). Numa doutrina do Estado que conceba este como tendencialmente capaz de esgotamento e de dissolução na sociedade regulada [77], o tema é fundamental. Pode-se imaginar o elemento Estado-coerção em processo de esgotamento à medida que se afirmam elementos cada vez mais numerosos de sociedade regulada (ou Estado ético, ou sociedade civil). As expressões Estado ético ou sociedade civil significariam que esta "imagem" de Estado sem Estado estava presente nos maiores cientistas da política e do direito, ao se porem no terreno da pura ciência (= pura utopia, já que baseada no pressuposto de que todos os homens são realmente iguais e, portanto, igualmente razoáveis e morais, isto é, passíveis de aceitar a lei espontaneamente, livremente, e não por coerção, como coisa imposta por outra classe, como coisa externa à consciência). [...] Na doutrina do Estado → sociedade regulada, de uma fase em que Estado será igual a Governo, e Estado se identificará com sociedade civil, dever-se-á passar a uma fase de Estado—guarda-noturno, isto é, de uma organização coercitiva que protegerá o desenvolvimento dos elementos de sociedade regulada em contínuo incremento e que, portanto, reduzirá gradualmente suas intervenções autoritárias e coercitivas. E isso não pode fazer pensar num novo "liberalismo", embora esteja por se dar o início de uma era de liberdade orgânica. [6, § 88; 3, 244-245]

Estado ético ou de cultura. Parece-me que o que de mais sensato e concreto se pode dizer a propósito do Estado ético e de cultura é o seguinte: todo Estado é ético na medida em que uma de suas funções mais importantes é elevar a grande massa da população a um determinado nível cultural e moral, nível (ou tipo) que corresponde às necessidades de desenvolvimento das forças produtivas e, portanto, aos interesses das classes dominantes. A escola como função educativa positiva e os tribunais como função educativa repressiva e negativa são as atividades estatais mais importantes neste sentido: mas, na realidade, para este fim tende uma multiplicidade de outras iniciativas e atividades chamadas privadas, que formam o aparelho da hegemonia política e cultural das classes dominantes. A concepção de Hegel é própria de um período em que o desenvolvimento extensivo da burguesia podia parecer ilimitado e, portanto, a eticidade ou universalidade desta classe podia ser afirmada: todo o gênero humano será burguês. Mas, na realidade, só o grupo social que propõe o fim do Estado e de si mesmo como objetivo a ser alcançado pode criar um Estado ético, tendente a eliminar as divisões internas de dominados etc., e a criar um organismo social unitário técnico-moral. [8, § 179; 3, 284-285]

O Estado "veilleur de nuit". Na polêmica (de resto, superficial) sobre as funções do Estado (e entenda-se Estado como organização político-jurídica em sentido estrito), a expressão "Estado-*veilleur de nuit*" ("Estado—guarda-noturno") corresponde em italiano a Estado *carabiniere* e quer significar um Estado cujas funções se limitam à tutela da ordem pública e do respeito às leis. Não se insiste no fato de que, nesta forma de regime (que, afinal, jamais existiu a não ser no papel, como hipótese-limite), a direção do desenvolvimento histórico cabe às forças privadas, à sociedade civil, que também é "Estado", aliás, é o próprio Estado. Parece que a expressão *veilleur de nuit*, que teria um valor mais sarcástico do que "Estado *carabiniere*" ou "Estado gendarme", é de Lassalle [78]. Seu oposto seria o "Estado ético" ou o "Estado intervencionista" em geral, mas existem diferenças entre uma e outra expressão: o conceito de Estado ético é de origem filosófica e intelectual (própria dos intelectuais: Hegel) e, na verdade, poderia ser associado com o de "Estado-*veilleur de nuit*", uma vez que se refere sobretudo à atividade autônoma, educativa e moral do Estado laico, em contraposição ao cosmopolitismo e à ingerência da organização eclesiástico-religiosa como resíduo medieval; o conceito de Estado intervencionista é de origem econômica e está ligado, por uma parte, às correntes protecionistas ou de nacionalismo econômico e, por outra, à tentativa de fazer com que um pessoal estatal determinado, de origem fundiária e feudal, assuma a "proteção" das classes trabalhadoras contra os excessos do capitalismo (política de Bismarck e de Disraeli [79]). Estas diversas tendências podem se combinar de variados modos e, de fato, se combinaram. Naturalmente, os liberais ("economicistas") defendem o Estado-*veilleur de nuit* e prefeririam que a iniciativa histórica fosse deixada à sociedade civil e às diversas forças que nela brotam, com o "Estado" guardião da "lealdade do jogo" e de suas leis: os intelectuais fazem distinções muito importantes quando são liberais e também quando são intervencionistas (podem ser liberais no campo econômico e intervencionistas no cultural etc.). [...] [26, § 6; 4, 85-86]

Estado e sociedade regulada. [...] Confusão entre o conceito de Estado-classe e o conceito de sociedade regulada. [...] Enquanto existir o Estado-classe não pode existir a sociedade regulada, a não ser por metáfora, isto é, apenas no sentido de que também o Estado-classe é uma sociedade regulada. Os utopistas, na medida em que exprimiam uma crítica da sociedade existente em seu tempo, compreendiam muito bem que o Estado-classe não podia ser a sociedade regulada, tanto é verdade que nos tipos de sociedade pensados pelas diversas utopias introduz-se a igualdade econômica como base necessária da reforma projetada: nisto os utopistas não eram utopistas, mas cientistas concretos da política e críticos coerentes. O caráter utópico de alguns deles era dado pelo fato de que consideravam possível introduzir a igualdade econômica com leis arbitrárias, com um ato de vontade etc. Mas permanece exato o conceito, que também se encontra em outros escritores de política (inclusive de direita, isto é, nos críticos da democracia, na medida em que ela se serve do modelo suíço ou dinamarquês para estabelecer o sistema razoável em todos os países), de que não pode existir igualdade política completa e perfeita sem igualdade econômica. [...]

A confusão entre Estado-classe e sociedade regulada é própria das classes médias e dos pequenos intelectuais, que se sentiriam felizes com uma regulação qualquer que impedisse as lutas agudas e as catástrofes: é concepção tipicamente reacionária e retrógrada. [6, § 12; 3, 223-224]

Sociedade civil e sociedade política. Separação da sociedade civil em relação à sociedade política: pôs-se um novo problema de hegemonia, isto é, a base histórica do Estado se deslocou. Tem-se uma forma extrema de sociedade política: ou para lutar contra o novo e conservar o que oscila, fortalecendo-o coercitivamente, ou como expressão do novo para esmagar as resistências que encontra ao desenvolver-se etc. [7, § 28; 3, 262-263]

Organização das sociedades nacionais. [...] Numa determinada sociedade, ninguém é desorganizado e sem partido, desde que se entendam organização e partido num sentido amplo, e não formal [80]. Nesta multiplicidade de sociedades particulares, de caráter duplo — natural e contratual ou voluntário —, uma ou mais prevalecem relativamente ou absolutamente, constituindo o aparelho hegemônico de um grupo social sobre o resto da população (ou sociedade civil), base do Estado compreendido estritamente como aparelho governamental-coercitivo.

Ocorre sempre que os indivíduos pertencem a mais de uma sociedade particular e muitas vezes a sociedades que estão essencialmente (objetivamente) em contraste entre si. Uma política totalitária tende precisamente: 1) a fazer com que os membros de um determinado partido encontrem neste único partido todas as satisfações que antes encontravam numa multiplicidade de organizações, isto é, a romper todos os fios que ligam estes membros a organismos culturais estranhos; 2) a destruir todas as outras organizações ou a incorporá-las num sistema cujo único regulador seja o partido. Isto ocorre: 1) quando um determinado partido é portador de uma nova cultura e se verifica uma fase progressista; 2) quando um determinado partido quer impedir que uma outra força, portadora de uma nova cultura, torne-se "totalitária"; verifica-se então uma fase objetivamente regressiva e reacionária, mesmo que a reação não se confesse como tal (como sempre sucede) e procure aparecer como portadora de uma nova cultura. [...] [6, § 136; 3, 233-234]

[Estado, partido e classes subalternas] Critérios de método. A unidade histórica das classes dirigentes acontece no Estado e sua história é, essencialmente, a história dos Estados e dos grupos de Estados. Mas não se deve acreditar que tal unidade seja puramente jurídica e política, ainda que também esta forma de unidade tenha sua importância, e não somente formal: a unidade histórica fundamental, por seu caráter concreto, é o resultado das relações orgânicas entre Estado ou sociedade política e "sociedade civil". As classes subalternas, por definição, não são unificadas e não podem se unificar enquanto não puderem se tornar "Estado": sua história, portanto, está entrelaçada à da sociedade civil, é uma função "desagregada" e descontínua da história da sociedade civil e, por este caminho, da história dos Estados ou grupos de Estados. Portanto, deve-se estudar: 1) a formação objetiva dos grupos sociais subalternos, através do desenvolvimento e das transformações que se verificam no mundo da produção econômica, assim como sua difusão quantitativa e sua origem a partir de grupos sociais preexistentes, cuja mentalidade, ideologia e fins conservam por um certo tempo; 2) sua adesão ativa ou passiva às formações políticas dominantes, as tentativas de influir sobre os programas destas formações para impor reivindicações próprias e as consequências que tais tentativas têm na determinação de processos de decomposição e de renovação ou de nova formação; 3) o nascimento de novos partidos dos grupos dominantes, para manter o consenso e o controle dos grupos sociais subalternos; 4) as formações próprias dos grupos subalternos para reivindicações de caráter restrito e parcial; 5) as novas formações que afirmam a autonomia dos grupos subalternos, mas nos velhos quadros; 6) as formações que afirmam a autonomia integral etc.

A lista destas fases pode ser ainda mais definida com fases intermediárias ou com combinações de várias fases. O historiador deve observar e justificar a linha de desenvolvimento para a autonomia integral a partir das fases mais primitivas, deve observar cada manifestação do soreliano "espírito de cisão" [81]. Por isto, também a história dos partidos dos grupos subalternos é muito complexa, uma vez que deve incluir todas as repercussões das atividades de partido em toda a área dos grupos subalternos em seu conjunto e nos comportamentos dos grupos dominantes, e deve incluir as repercussões das atividades — bem mais eficazes, porque sustentadas pelo Estado — dos grupos dominantes sobre os subalternos e seus partidos. Entre os grupos subalternos, um exercerá ou tenderá a exercer uma certa hegemonia através de um partido, e é preciso estabelecer isto, estudando também o desenvolvimento de todos os outros partidos, por incluírem elementos do grupo hegemônico ou dos outros grupos subalternos que sofrem tal hegemonia. Podem-se construir muitos cânones de investigação histórica a partir do exame das forças inovadoras italianas que guiaram o *Risorgimento* nacional: estas forças tomaram o poder, unificaram-se no Estado moderno italiano, lutando contra determinadas outras forças e ajudadas por determinados auxiliares ou aliados; para se tornarem Estado, deviam subordinar a si ou eliminar as primeiras e ter o consenso ativo ou passivo das outras. Portanto, o estudo do desenvolvimento destas forças inovadoras, de grupos subalternos a grupos dirigentes e dominantes, deve investigar e identificar as fases através das quais elas adquiriram a autonomia em relação aos inimigos a abater e a adesão dos grupos que as ajudaram ativa ou passivamente, desde que todo este processo era necessário historicamente para se unificarem em Estado. O grau de consciência histórico-política a que estas forças inovadoras chegaram progressivamente, nas várias fases, se mede exatamente com estes dois parâmetros, e não apenas com aquele de sua separação das forças anteriormente dominantes. [...] Eis uma das questões mais importantes e uma das causas de dificuldades mais graves para fazer a história dos grupos sociais subalternos e, portanto, a história pura e simples (passada) dos Estados. [25, § 5; 5. 139-141]

O Estado [e o Parlamento]. [...] Afirmar que o Parlamento pode ser "inserido" no Estado é uma descoberta de ciência e técnica política digna dos Cristóvão Colombo do reacionarismo moderno. Todavia, a afirmação é interessante porque mostra como muitos políticos concebem o Estado na prática. E, na realidade, deve-se formular a questão: os Parlamentos fazem parte da estrutura dos Estados, mesmo nos países onde parece que os Parlamentos têm o máximo de eficiência, ou que função real desempenham? Se a resposta for positiva, de que modo eles fazem parte do Estado e como exercem sua função particular? Mas: a existência dos Parlamentos, mesmo se organicamente não fazem parte do Estado, será destituída de significado estatal? E que fundamento têm as acusações que se fazem ao parlamentarismo e ao regime dos partidos, que é inseparável do parlamentarismo? (fundamento objetivo, naturalmente, ou seja, ligado ao fato de que a existência dos Parlamentos, de per si, obstaculiza e retarda a ação *técnica* do Governo). Compreende-se que o regime representativo possa "aborrecer" politicamente a burocracia de carreira; mas não é este o ponto. O ponto é se o regime representativo e dos partidos, em vez de ser um mecanismo adequado para escolher funcionários eleitos que completem e contrabalancem os burocratas nomeados, para impedir sua petrificação, transformou-se num estorvo e num mecanismo contraproducente, e por qual razão. De resto, até uma resposta afirmativa a estas perguntas não esgota a questão: porque, mesmo admitindo (o que se deve admitir) que o parlamentarismo se tornou ineficiente e inclusive prejudicial, não se pode concluir que o regime burocrático deve ser reabilitado e exaltado. É preciso ver se parlamentarismo e regime representativo se identificam e se não é possível uma solução diferente tanto do parlamentarismo quanto do regime burocrático, com um novo tipo de regime representativo. [14, § 49; 3, 309-310]

A autocrítica e a hipocrisia da autocrítica. É certo que a autocrítica se tornou uma palavra da moda [82]. Pretende-se, com meras palavras, fazer acreditar que se encontrou um equivalente para a crítica representada pela "livre" luta política no regime representativo, equivalente que, de fato, se aplicado seriamente, é mais eficaz e produtivo em termos de consequências do que o original. Mas aí está tudo: que o sucedâneo seja aplicado a sério, que a autocrítica seja ativa e "impiedosa", porque nisto está sua eficácia maior: que deve ser impiedosa. Viu-se, no entanto, que a autocrítica pode dar origem a belíssimos discursos, a declamações sem fim e nada mais: a autocrítica foi "parlamentarizada". Porque até agora não se observou que destruir o parlamentarismo não é tão fácil como parece. O parlamentarismo "implícito" e "tácito" é muito mais perigoso do que o explícito, porque tem todas as suas deficiências sem ter seus valores positivos. Existe muitas vezes um regime de partido "tácito", isto é, um parlamentarismo "tácito" e "implícito" onde menos se acreditaria. É evidente que não se pode abolir uma "pura" forma, como é o parlamentarismo, sem abolir radicalmente seu conteúdo, o individualismo, e isto em seu preciso significado de "apropriação individual" do lucro e de iniciativa econômica tendo em vista o lucro capitalista individual. A autocrítica hipócrita é justamente uma destas situações. De resto, a estatística dá indícios da consistência da posição. A não ser que se queira sustentar que desapareceu a criminalidade, o que de resto outras estatísticas desmentem, e como!

Toda a questão deve ser revista, especialmente aquela relativa ao regime dos partidos e ao parlamentarismo "implícito", isto é, o que funciona como os "mercados negros" e o "jogo clandestino", onde e quando as bolsas oficiais e o jogo de Estado se mantêm fechados por alguma razão. Teoricamente, o importante é mostrar que, entre o velho absolutismo derrubado pelos regimes constitucionais e o novo absolutismo, há uma diferença essencial, de modo que não se pode falar de um regresso; e não só, mas também demonstrar que tal "parlamentarismo negro" é função de necessidades históricas atuais, é "um progresso", em seu gênero; que o retorno ao "parlamentarismo" tradicional seria um regresso anti-histórico, uma vez que, mesmo onde "funciona" publicamente, o parlamentarismo efetivo é aquele "negro". Teoricamente, parece-me que se pode explicar o fenômeno no conceito de "hegemonia", com um retorno ao "corporativismo", não no sentido "antigo regime", mas no sentido moderno da palavra, quando a "corporação" não pode ter limites fechados e exclusivistas, como no passado; hoje, é corporativismo de "função social", sem restrição hereditária ou de outro tipo (que, de resto, também era relativa no passado, quando a característica mais evidente era a de "privilégio legal").

Analisando a questão, deve-se excluir cuidadosamente qualquer aparência, mesmo que só ela, de apoio às tendências "absolutistas", coisa que se pode conseguir insistindo no caráter "transitório" (no sentido de que não marca época, não no sentido de "curta duração") do fenômeno.

(A este propósito, deve-se notar que muitíssimas vezes se confunde "não marcar época" com a pouca duração "temporal"; é possível "durar" muito tempo, relativamente, e não "marcar época"; a força de viscosidade de certos regimes é frequentemente insuspeitada, especialmente se eles são "fortes" com a fraqueza alheia, inclusive induzida. [...]

O parlamentarismo "negro" parece um tema a ser desenvolvido com certa amplitude, mesmo porque oferece a ocasião para precisar os conceitos políticos que constituem a concepção "parlamentar". As comparações com outros países, a este respeito, são interessantes: por exemplo, a liquidação de Leão Davidovitch [83] não será "também" um episódio da liquidação do parlamento "negro" que subsistia após a abolição do parlamento "legal"?

Fato real e fato legal. Sistema de forças em equilíbrio instável que no terreno parlamentar encontram o terreno "legal" de seu equilíbrio "mais econômico" e abolição deste terreno legal, porque se torna fonte de organização e de surgimento de forças sociais latentes e adormecidas; portanto, esta abolição é sintoma (ou previsão) de intensificação das lutas, e não o contrário. Quando se pode compor uma luta legalmente, ela por certo não é perigosa: torna-se tal precisamente quando o equilíbrio legal é reconhecido como impossível. (O que não significa que, abolindo-se o barômetro, se acabe por abolir o mau tempo.) [14, §§ 74 e 76; 3, 319-322]

Estatolatria. Atitude de cada um dos diferentes grupos sociais em relação ao próprio Estado. A análise não seria exata se não se levassem em conta as duas formas sob as quais o Estado se apresenta na linguagem e na cultura das épocas determinadas, isto é, como sociedade civil e como sociedade política, como "autogoverno" e como "governo dos funcionários". Dá-se o nome de "estatolatria" a uma determinada atitude em relação ao "governo dos funcionários" ou sociedade política, que, na linguagem comum, é a forma de vida estatal a que se dá o nome de Estado e que vulgarmente é entendida como todo o Estado.

A afirmação de que o Estado se identifica com os indivíduos (com os indivíduos de um grupo social), como elemento de cultura ativa (isto é, como movimento para criar uma nova civilização, um novo tipo de homem e de cidadão), deve servir para determinar a vontade de construir, no invólucro da sociedade política, uma complexa e bem-articulada sociedade civil, em que o indivíduo particular se governe por si sem que, por isto, este seu autogoverno entre em conflito com a sociedade política, tornando-se, antes, sua normal continuação, seu complemento orgânico. Para alguns grupos sociais, que, antes da elevação à vida estatal autônoma, não tiveram um longo período de desenvolvimento cultural e moral próprio e independente (como na sociedade medieval e nos governos absolutistas se tornara possível em virtude da existência jurídica dos estamentos ou ordens privilegiadas), um período de estatolatria é necessário e até oportuno: esta "estatolatria" é apenas a forma normal de "vida estatal", de iniciação, pelo menos, à vida estatal autônoma e à criação de uma "sociedade civil" que não foi possível historicamente criar antes da elevação à vida estatal independente. Todavia, tal "estatolatria" não deve ser abandonada a si mesma, não deve, especialmente, tornar-se fanatismo teórico e ser concebida como "perpétua": deve ser criticada, exatamente para que se desenvolvam e se produzam novas formas de vida estatal, em que a iniciativa dos indivíduos e dos grupos seja "estatal", ainda que não se deva ao "governo dos funcionários" (fazer com que a vida estatal se torne "espontânea"). Cf., infra, no § 142, o tema "Iniciativa individual". [8, § 130; 3, 279-280]

A iniciativa individual. (Tema relacionado ao da "estatolatria", § 130, supra.) Elementos para formular a questão: identidade-distinção entre sociedade civil e sociedade política e, portanto, identificação orgânica entre indivíduos (de um determinado grupo) e Estado, de modo que "todo indivíduo é funcionário", não na medida em que é empregado pago pelo Estado e submetido ao controle "hierárquico" da burocracia estatal, mas na medida em que, "agindo espontaneamente", sua ação se identifica com os fins do Estado (ou seja, do grupo social determinado ou sociedade civil). Por isto, a iniciativa individual não é uma hipótese de "boa vontade", mas um pressuposto necessário. Mas compreende-se "iniciativa individual" no campo econômico e, exatamente, no sentido preciso de iniciativa de caráter "utilitário" imediato e estritamente pessoal, com a apropriação do lucro que a própria iniciativa determina num determinado sistema de relações jurídicas. Mas não é esta a única forma de iniciativa "econômica" que se manifesta historicamente (relação das grandes iniciativas individuais que terminaram em desastre nas últimas décadas [...]: têm-se exemplos de tais iniciativas não "imediatamente interessadas", ou seja, "interessadas" no sentido mais elevado, do interesse estatal ou do grupo que constitui a sociedade civil. [...] [8, § 142; 282-283]

Identificação de indivíduo e Estado. [...] A identificação de indivíduo e Estado é também a identificação de Estado e indivíduo; uma identidade não se modifica, evidentemente, se um termo vem antes ou depois na ordem gráfica ou fônica. Por isso, dizer que é necessário identificar indivíduo e Estado é menos do que nada, é pura fantasia verbal, se as coisas estivessem nestes termos. Se indivíduo significa "egoísmo" em sentido estrito, "sordidamente judaico" [84], a identificação não seria mais do que uma maneira metafórica de acentuar o elemento "social" do indivíduo, ou seja, de afirmar que "egoísmo", em sentido econômico, significa algo diverso de "grosseiramente egoísta". Parece-me que, também neste caso, se trata da ausência de uma clara enunciação do conceito de Estado e da distinção neste entre sociedade civil e sociedade política, entre ditadura e hegemonia etc. [10, II, § 7; 1, 315-316]

O Estado e a concepção do direito. A revolução provocada pela classe burguesa na concepção do direito e, portanto, na função do Estado consiste especialmente na vontade de conformismo (logo, eticidade do direito e do Estado). As classes dominantes precedentes eram essencialmente conservadoras, no sentido de que não tendiam a assimilar organicamente as outras classes, ou seja, a ampliar "técnica" e ideologicamente sua esfera de classe: a concepção de casta fechada. A classe burguesa põe-se a si mesma como um organismo em contínuo movimento, capaz de absorver toda a sociedade, assimilando-a a seu nível cultural e econômico; toda a função do Estado é transformada: o Estado torna-se "educador" etc. De que modo se verifica uma paralisação e se volta à concepção do Estado como pura força etc. A classe burguesa está "saturada": não só não se difunde, mas se desagrega; não só não assimila novos elementos, mas desassimila uma parte de si mesma (ou, pelo menos, as desassimilações são muitíssimo mais numerosas do que as assimilações). Uma classe que se ponha a si mesma como passível de assimilar toda a sociedade e, ao mesmo tempo, seja realmente capaz de exprimir este processo leva à perfeição esta concepção do Estado e do direito, a ponto de conceber o fim do Estado e do direito, tornados inúteis por terem esgotado sua missão e sido absorvidos pela sociedade civil. [8, § 2; 3, 271]

[A função do direito]. Continuidade e tradição. [...] Este problema contém *in nuce* todo o "problema jurídico", isto é, o problema de assimilar todo o grupo à fração mais avançada do grupo: é um problema de educação das massas, de sua "conformação" segundo as exigências do fim a alcançar. Esta é precisamente a função do direito no Estado e na sociedade; através do "direito", o Estado torna "homogêneo" o grupo dominante e tende a criar um conformismo social que seja útil à linha de desenvolvimento do grupo dirigente. A atividade geral do direito (que é mais ampla do que a atividade puramente estatal e governativa e também inclui a atividade diretiva da sociedade civil, naquelas zonas que os técnicos de direito chamam de indiferença jurídica, isto é, na moralidade e no costume em geral) serve para compreender melhor, concretamente, o problema ético, que na prática é a correspondência "espontânea e livremente aceita" entre os atos e as omissões de cada indivíduo, entre a conduta de cada indivíduo e os fins que a sociedade se propõe como necessários, correspondência que é coercitiva na esfera do direito positivo tecnicamente entendido e é espontânea e livre (mais estritamente ética) naquelas zonas em que a "coerção" não é estatal, mas de opinião pública, de ambiente moral etc. A continuidade "jurídica" do centro organizador não deve ser do tipo bizantino-napoleônico, ou seja, segundo um código concebido como perpétuo, mas romano-anglo-saxão, ou seja, uma continuidade cuja característica essencial consiste no método, realista, sempre aderente à vida concreta em perpétuo desenvolvimento. [...] [6, § 84; 3, 240]

Os costumes e as leis. É opinião muito difundida, ou melhor, é opinião considerada realista e inteligente que as leis devem ser antecedidas pelo costume, que a lei só é eficaz quando ratifica os costumes. Esta opinião está contra a história real do desenvolvimento do direito, que sempre exigiu uma luta para se afirmar, luta que, na realidade, é pela criação de um novo costume. Na opinião mencionada existe um resíduo muito evidente de moralismo intrometido na política.

Supõe-se que o direito seja a expressão integral de toda a sociedade, o que é falso: ao contrário, constituem expressão mais aderente da sociedade aquelas regras de conduta que os juristas chamam "juridicamente indiferentes" e cuja zona se modifica com os tempos e com a extensão da intervenção estatal na vida dos cidadãos. O direito não exprime toda a sociedade (pelo que os violadores do direito seriam seres antissociais por natureza, ou deficientes mentais), mas a classe dirigente, que "impõe" a toda a sociedade aquelas normas de conduta que estão mais ligadas à sua razão de ser e ao seu desenvolvimento. A função máxima do direito é esta: pressupor que todos os cidadãos devem aceitar livremente o conformismo assinalado pelo direito, de vez que todos podem se tornar elementos da classe dirigente; no direito moderno, portanto, está implícita a utopia democrática do século XVIII.

Entretanto, existe algo de verdade na opinião segundo a qual o costume deve anteceder o direito: de fato, nas revoluções contra os Estados absolutos já existia como costume e como aspiração uma grande parte de tudo o que posteriormente se tornou direito obrigatório; foi com o nascimento e o desenvolvimento das desigualdades que o caráter obrigatório do direito veio a aumentar, da mesma forma que veio a aumentar a zona da intervenção estatal e da obrigação jurídica. Mas, nesta segunda fase, mesmo afirmando que o conformismo deve ser livre e espontâneo, trata-se de coisa bastante diversa: trata-se de reprimir e sufocar um direito nascente, e não de estabelecer conformidade.

Isto se enquadra no tema mais geral da posição diferente que as classes subalternas tiveram antes de se tornar dominantes. Certas classes subalternas devem atravessar um longo período de intervenção jurídica rigorosa e depois atenuada, diferentemente de outras; há diferença também nos modos: em certas classes a expansividade nunca cessa, indo até à absorção completa da sociedade; em outras, ao primeiro período de expansão sucede um período de repressão. Este caráter educativo, criativo, formativo do direito foi pouco evidenciado por certas correntes intelectuais: trata-se de um resíduo do espontaneísmo, do racionalismo abstrato que se baseia num conceito da "natureza humana" abstratamente otimista e superficial. Outro problema se apresenta para estas correntes: qual deve ser o órgão legislativo "em sentido lato", isto é, a necessidade de levar as discussões legislativas a todos os organismos de massa: uma transformação orgânica do conceito de "referendo", ainda que deixando ao Governo a função de última instância legislativa. [6, § 98; 3, 248-250]

Uma concepção do direito que deve ser essencialmente renovadora. Ela não pode ser encontrada, integralmente, em nenhuma doutrina precedente [...] Se todo Estado tende a criar e a manter um certo tipo de civilização e de cidadão (e, portanto, de convivência e de relações individuais), tende a fazer desaparecer certos costumes e atitudes e a difundir outros, o direito será o instrumento para esta finalidade (ao lado da escola e de outras instituições e atividades) e deve ser elaborado para ficar conforme a tal finalidade, ser maximamente eficaz e produtor de resultados positivos. A concepção do direito deverá ser libertada de todo resíduo de transcendência e de absoluto, praticamente de todo fanatismo moralista, embora me pareça que não possa partir do ponto de vista de que o Estado não "pune" (se este termo é reduzido a seu significado humano), mas apenas luta contra a "periculosidade" social. Na realidade, o Estado deve ser concebido como "educador" na medida em que tende precisamente a criar um novo tipo ou nível de civilização. Dado que se opera essencialmente sobre as forças econômicas, que se reorganiza e se desenvolve o aparelho de produção econômica, que se inova a estrutura, não se deve concluir que os fatos de superestrutura devam ser abandonados a si mesmos, a seu desenvolvimento espontâneo, a uma germinação casual e esporádica. O Estado, também neste campo, é um instrumento de "racionalização", de aceleração e de taylorização; atua segundo um plano, pressiona, incita, solicita e "pune", já que, criadas as condições nas quais um determinado modo de vida é "possível", a "ação ou a omissão criminosa" devem receber uma sanção punitiva, de alcance moral, e não apenas um juízo de periculosidade genérica. O direito é o aspecto repressivo e negativo de toda a atividade positiva de educação cívica desenvolvida pelo Estado. Na concepção do direito, deveriam ser incorporadas também as atividades que "premiam" indivíduos, grupos etc.; premia-se a atividade louvável e meritória, assim como se pune a atividade criminosa (e pune-se de modo original, fazendo-se com que intervenha a "opinião pública" como instrumento de sanção). [13, § 11; 3, 28]

A opinião pública. O que se chama de "opinião pública" está estreitamente ligado à hegemonia política, ou seja, é o ponto de contato entre a "sociedade civil" e a "sociedade política", entre o consenso e a força. O Estado, quando quer iniciar uma ação pouco popular, cria preventivamente a opinião pública adequada, ou seja, organiza e centraliza certos elementos da sociedade civil. História da "opinião pública": naturalmente, elementos de opinião pública sempre existiram, mesmo nas satrapias asiáticas; mas a opinião pública como hoje se entende nasceu às vésperas da queda dos Estados absolutistas, isto é, no período de luta da nova classe burguesa pela hegemonia política e pela conquista do poder.

A opinião pública é o conteúdo político da vontade política pública, que poderia ser discordante: por isto, existe luta pelo monopólio dos órgãos da opinião pública — jornais, partidos, Parlamento —, de modo que uma só força modele a opinião e, portanto, a vontade política nacional, desagregando os que discordam numa nuvem de poeira individual e inorgânica. [7, § 83; 3, 265]

Opinião pública. Entre os elementos que recentemente perturbaram a direção normal da opinião pública por parte dos partidos organizados e definidos em torno de programas definidos, devem ser postos na linha de frente a imprensa marrom e o rádio (onde estiver muito difundido). Eles possibilitam suscitar extemporaneamente explosões de pânico ou de entusiasmo fictício, que permitem o alcance de objetivos determinados, como, por exemplo, nas eleições. Tudo isto está ligado ao caráter da soberania popular, que se exerce uma vez a cada 3-4-5 anos: basta o predomínio ideológico (ou melhor, emotivo) naquele dia determinado para ter uma maioria que dominará por 3-4-5 anos, ainda que, passada a emoção, a massa eleitoral se separe de sua expressão legal (país legal diferente de país real). Organismos que podem impedir ou limitar este *boom* da opinião pública são, mais do que os partidos, os sindicatos profissionais livres, e daí nasce a luta contra os sindicatos livres e a tendência a submetê-los a controle estatal: todavia, a parte não organizável da opinião pública (especialmente as mulheres, onde existe o voto das mulheres) é de tal modo grande que sempre possibilita os *booms* e os golpes de mão eleitorais, nos lugares onde a imprensa marrom é muito difundida, assim como o rádio (sob monopólio controlado pelo governo). Um dos problemas de técnica política que se apresenta hoje, mas cujo modo de resolver as democracias não conseguem encontrar, é justamente este: criar organismos intermediários entre as grandes massas, não organizáveis profissionalmente (ou dificilmente organizáveis), os sindicatos profissionais, os partidos e as casas legislativas. Os conselhos municipais e provinciais tiveram no passado uma função assemelhada a esta, mas atualmente perderam importância. Os Estados modernos tendem ao máximo de centralização, ao passo que se desenvolvem, por reação, as tendências federativas e localistas, de modo que o Estado oscila entre o despotismo central e a completa desagregação [...]. [7, § 103; 3, 270-271]

Fase econômico-corporativa do Estado. Se é verdade que nenhum tipo de Estado pode deixar de atravessar uma fase de primitivismo econômico-corporativa, disso se deduz que o conteúdo da hegemonia política do novo grupo social que fundou o novo tipo de Estado deve ser predominantemente de ordem econômica: trata-se de reorganizar a estrutura e as relações reais entre os homens e o mundo econômico ou da produção. Os elementos de superestrutura só podem ser escassos e seu caráter será de previsão e de luta, mas com elementos "de plano" ainda escassos: o plano cultural será principalmente negativo, de crítica do passado, tenderá a fazer esquecer e a destruir: as linhas da construção serão ainda "grandes linhas", esboços, que poderiam (e deveriam) ser modificados a cada momento, para ser coerentes com a nova estrutura em formação. [...] [8, § 185; 3, 286]

A discussão acerca do conceito de homo oeconomicus tornou-se uma das muitas discussões sobre a chamada "natureza humana". Cada um dos disputantes tem uma "fé" própria, sustentando-a com argumentos de caráter predominantemente moralista. O *homo oeconomicus* é a abstração da atividade econômica de uma determinada forma de sociedade, isto é, de uma determinada estrutura econômica. Toda forma social tem o seu *homo oeconomicus*, isto é, uma atividade econômica própria. Afirmar que o conceito de *homo oeconomicus* não tem valor científico não é senão uma maneira de afirmar que a estrutura econômica e a atividade que lhe é adequada mudaram radicalmente, ou então que a estrutura econômica mudou a tal ponto que, necessariamente, deve mudar o modo de operar econômico, a fim de se tornar adequado à nova estrutura. Mas precisamente nisto existe divergência, e não tanto divergência científica objetiva, mas política. Que significaria, ademais, um reconhecimento científico de que a estrutura econômica mudou radicalmente e que deve mudar o modo de operar econômico a fim de adequar-se à nova estrutura? Significaria um estímulo político, nada mais. Entre a estrutura econômica e o Estado com a sua legislação e a sua coerção, está a sociedade civil, e esta deve ser radical e concretamente transformada não apenas na letra da lei e nos livros dos cientistas; o Estado é o instrumento para adequar a sociedade civil à estrutura econômica, mas é preciso que o Estado "queira" fazer isto, isto é, que o Estado seja dirigido pelos representantes da modificação ocorrida na estrutura econômica. Esperar que, através da propaganda e da persuasão, a sociedade civil se adapte à nova estrutura, que o velho *homo oeconomicus* desapareça sem ser sepultado com todas as honras que merece, é uma nova forma de retórica econômica, uma nova forma de moralismo econômico vazio e inconsequente. [10, II, § 15; 1, 323-324]

Alguns aspectos teóricos e práticos do "economicismo". Economicismo — movimento teórico pelo livre-cambismo — sindicalismo teórico. Deve-se ver em que medida o sindicalismo teórico se originou da filosofia da práxis e em que medida derivou das doutrinas econômicas do livre-câmbio, isto é, em última análise, do liberalismo. Por isso, deve-se ver se o economicismo, em sua forma mais completa, não é uma derivação direta do liberalismo, tendo mantido, mesmo em suas origens, bem poucas relações com a filosofia da práxis, relações, de qualquer modo, apenas extrínsecas e puramente verbais. [...] O nexo entre ideologias livre-cambistas e sindicalismo teórico é especialmente evidente na Itália

[...]. Mas o significado destas duas tendências é bastante diverso: a primeira é própria de um grupo social dominante e dirigente; a segunda, de um grupo ainda subalterno, que não adquiriu ainda consciência de sua força e de suas possibilidades e modos de desenvolvimento e, por isso, não sabe sair da fase de primitivismo. A formulação do movimento do livre-câmbio baseia-se num erro teórico cuja origem prática não é difícil identificar, ou seja, baseia-se na distinção entre sociedade política e sociedade civil, que de distinção metodológica é transformada e apresentada como distinção orgânica. Assim, afirma-se que a atividade econômica é própria da sociedade civil e que o Estado não deve intervir em sua regulamentação. Mas, dado que sociedade civil e Estado se identificam na realidade dos fatos, deve-se estabelecer que também o liberismo [85] é uma "regulamentação" de caráter estatal, introduzida e mantida por via legislativa e coercitiva: é um fato de vontade consciente dos próprios fins, e não a expressão espontânea, automática, do fato econômico. Portanto, o liberismo é um programa político, destinado a modificar, quando triunfa, os dirigentes de um Estado e o programa econômico do próprio Estado, isto é, a modificar a distribuição da renda nacional.

Diverso é o caso do sindicalismo teórico, na medida em que se refere a um grupo subalterno, o qual, por meio desta teoria, é impedido de se tornar dominante, de se desenvolver para além da fase econômico-corporativa a fim de alcançar a fase de hegemonia ético-política na sociedade civil e de tornar-se dominante no Estado. No que se refere ao liberismo, tem-se o caso de uma fração do grupo dirigente que pretende modificar não a estrutura do Estado, mas apenas a orientação governamental [...]: trata-se de alternância dos partidos dirigentes no governo, não de fundação e organização de uma nova sociedade política e, menos ainda, de um novo tipo de sociedade civil. A questão apresenta-se com maior complexidade no movimento do sindicalismo teórico: é inegável que, neste último, a independência e a autonomia do grupo subalterno que ele diz exprimir são sacrificadas à hegemonia intelectual do grupo dominante, já que o sindicalismo teórico não passa de um aspecto do liberismo, justificado com algumas afirmações mutiladas e, por isso, banalizadas da filosofia da práxis. Por que e como se verifica este "sacrifício"? Exclui-se a transformação do grupo subordinado em dominante, ou porque o problema sequer é formulado (fabianismo, De Man, grande parte do trabalhismo), ou porque é apresentado sob formas incongruentes e ineficazes (tendências socialdemocratas em geral), ou porque se afirma o salto imediato do regime dos grupos àquele da perfeita igualdade e da economia sindical.

É no mínimo estranha a atitude do economicismo em relação às expressões de vontade, de ação e de iniciativa política e intelectual, como se estas não fossem uma emanação orgânica de necessidades econômicas, ou melhor, a única expressão eficiente da economia; assim, é incongruente que a formulação concreta da questão hegemônica seja interpretada como um fato que subordina o grupo hegemônico. O fato da hegemonia pressupõe indubitavelmente que sejam levados em conta os interesses e as tendências dos grupos sobre os quais a hegemonia será exercida, que se forme um certo equilíbrio de compromisso, isto é, que o grupo dirigente faça sacrifícios de ordem econômico-corporativa; mas também é indubitável que tais sacrifícios e tal compromisso não podem envolver o essencial, dado que, se a hegemonia é ético-política, não pode deixar de ser também econômica, não pode deixar de ter seu fundamento na função decisiva que o grupo dirigente exerce no núcleo decisivo da atividade econômica.

[...] Nem sempre o economicismo é contrário à ação política e ao partido político, mas esse é considerado como mero organismo educativo de tipo sindical.

Um ponto de referência para o estudo do economicismo e para compreender as relações entre estrutura e superestruturas é o trecho da *Miséria da filosofia* onde se afirma que uma fase importante no desenvolvimento de um grupo social é aquela em que os membros de um sindicato não lutam mais apenas por seus interesses econômicos, mas para a defesa e o desenvolvimento da própria organização (ver a afirmação exata [86]; a *Miséria da Filosofia* é um momento essencial da formação da filosofia da práxis; pode ser considerada como o desenvolvimento das *Teses sobre Feuerbach*, ao passo que a *Sagrada Família* é uma fase intermediária indistinta e de origem ocasional, como se revela nos trechos dedicados a Proudhon e sobretudo ao materialismo francês [87]. O trecho sobre o materialismo francês é, mais do que outra coisa, um capítulo de história da cultura e não um texto teórico, como é geralmente interpretado, e como história da cultura é admirável. [...] Deve-se recordar ao mesmo tempo a afirmação de Engels de que a economia só em "última análise" é o motor da história (nas duas cartas sobre a filosofia da práxis, publicadas também em italiano [88]), que deve ser diretamente conectada ao trecho do prefácio à *Crítica da economia política,* onde se diz que os homens adquirem consciência dos conflitos que se verificam no mundo econômico no terreno das ideologias.

Em várias ocasiões, afirmou-se nestas notas que a filosofia da práxis está muito mais difundida do que se admite. A afirmação é exata desde que se entenda como difundido o economicismo histórico, que é como o Prof. Loria [89] denomina agora suas concepções mais ou menos desconexas; e que, portanto, o ambiente cultural se modificou completamente desde o tempo em que a filosofia da práxis iniciou suas lutas; pode-se dizer, com terminologia crociana, que a maior heresia surgida no seio da "religião da liberdade", tal como a religião ortodoxa, também sofreu uma degeneração, difundiu-se como "superstição", isto é, entrou em combinação com o liberismo e produziu o economicismo. Porém, deve-se ver se, enquanto a religião ortodoxa se estiolou definitivamente, a superstição herética não terá conservado sempre um fermento que a fará renascer como religião superior, ou seja, se as escórias de superstição não são facilmente liquidáveis.

Alguns pontos característicos do economicismo histórico: 1) na busca das conexões históricas, não se distingue entre o que é "relativamente permanente" e o que é flutuação ocasional, e se entende por fato econômico o interesse pessoal e de pequeno grupo, num sentido imediato e "sordidamente judaico". Ou seja: não se levam em conta as formações de classe econômica, com todas as relações a elas inerentes, mas se assume o interesse mesquinho e usurário, sobretudo quando coincide com formas delituosas contempladas nos códigos criminais; 2) a doutrina segundo a qual o desenvolvimento econômico é reduzido à sucessão de modificações técnicas nos instrumentos de trabalho. [...] Muitas vezes acontece que se combate o economicismo histórico pensando combater o materialismo histórico. [...]

Em sua forma mais difundida de superstição economicista, a filosofia da práxis perde uma grande parte de sua expansividade cultural na esfera superior do grupo intelectual, na mesma proporção em que a adquire entre as massas populares e entre os intelectuais medíocres, que não pretendem cansar o cérebro, mas desejam aparecer como espertíssimos etc. Como disse Engels, é cômodo para muitos acreditar que possam ter no bolso, a baixo preço e sem nenhum esforço, toda a história e toda a sabedoria política e filosófica concentrada numa formulazinha [90]. Por se ter esquecido de que a tese segundo a qual os homens adquirem consciência dos conflitos fundamentais no terreno das ideologias não é de caráter psicológico ou moralista, mas sim de caráter orgânico gnosiológico, criou-se a *forma mentis* de considerar a política e, portanto, a história como um contínuo *marché de dupes*, um jogo de ilusionismo e de prestidigitação. A atividade "crítica" reduziu-se a revelar truques, a provocar escândalos, a especular sobre o salário dos homens representativos.

Esqueceu-se assim que, se o "economicismo" é ou presume ser também um cânone objetivo de interpretação (objetivo-científico), a pesquisa no sentido dos interesses imediatos deveria ser válida para todos os aspectos da história, tanto para os homens que representam a "tese" como para aqueles que representam a "antítese". Ignorou-se, além disso, uma outra proposição da filosofia da práxis: a de que as "crenças populares" ou as crenças do tipo das crenças populares têm a validade das forças materiais [91].

Os erros de interpretação contidos nas pesquisas dos interesses "sordidamente judaicos" foram algumas vezes grosseiros e cômicos, terminando assim por reagir negativamente sobre o prestígio da doutrina original. Por isso, é necessário combater o economicismo não só na teoria da historiografia, mas também e sobretudo na teoria e na prática políticas. Neste campo, a luta pode e deve ser conduzida desenvolvendo-se o conceito de hegemonia [...] Também neste caso a análise dos diversos graus de relação de forças só pode culminar na esfera da hegemonia e das relações ético-políticas. [13, § 18; 3, 48-55]

6. HEGEMONIA, GUERRA DE MOVIMENTO, GUERRA DE POSIÇÃO

[Supremacia, direção e domínio] [...] O critério metodológico sobre o qual se deve basear a análise é o seguinte: a supremacia de um grupo social se manifesta de dois modos, como "domínio" e como "direção intelectual e moral". Um grupo social domina os grupos adversários, que visa a "liquidar" ou a submeter inclusive com a força armada, e dirige os grupos afins e aliados. Um grupo social pode e, aliás, deve ser dirigente já antes de conquistar o poder governamental (esta é uma das condições principais para a própria conquista do poder); depois, quando exerce o poder e mesmo se o mantém fortemente nas mãos, torna-se dominante mas deve continuar a ser também "dirigente". [...] [19, § 24; 5, 62-86]

[Força e consenso] A discussão sobre a força e o consenso [...] é a discussão da "filosofia da época", do motivo central da vida dos Estados no período do pós-guerra. Como reconstruir o aparelho hegemônico do grupo dominante, aparelho que se desagregou em razão das consequências da guerra em todos os Estados do mundo? Desde logo, por que se desagregou? Talvez porque se tenha desenvolvido uma forte vontade política coletiva antagônica? Se tivesse sido assim, a questão teria sido resolvida em favor de tal antagonista. Ao contrário, desagregou-se por causas puramente mecânicas, de tipo variado: 1) porque grandes massas, anteriormente passivas, entraram em movimento, mas num movimento caótico e desordenado, sem direção, isto é, sem uma precisa vontade política coletiva; 2) porque classes médias que tiveram na guerra funções de comando e de responsabilidade foram privadas disto com a paz, ficando desocupadas justamente depois de fazer uma aprendizagem de comando etc.; 3) porque as forças antagônicas se revelaram incapazes de organizar em seu proveito esta desordem de fato. O problema era reconstruir o aparelho hegemônico destes elementos antes passivos e apolíticos, e isto não podia acontecer sem a força: mas esta força não podia ser a "legal" etc. Como em cada Estado o conjunto das relações sociais era diferente, diferentes deviam ser os métodos políticos de emprego da força e a combinação das forças legais e ilegais. Quanto maior é a massa de apolíticos, tanto maior deve ser a contribuição das forças ilegais. Quanto maiores

são as forças politicamente organizadas e educadas, tanto mais é preciso "resguardar" o Estado legal etc. [7, § 80; 3, 254-265]

Definição do conceito de história ético-política. Observa-se que a história ético-política é uma hipóstase arbitrária e mecânica do momento da hegemonia, da direção política, do consenso, na vida e no desenvolvimento da atividade do Estado e da sociedade civil. [...] O mais importante problema a ser discutido neste parágrafo é o seguinte: se a filosofia da práxis exclua a história ético-política, isto é, não reconheça a realidade de um momento de hegemonia, não dê importância à direção cultural e moral, e se julgue realmente os fatos da superestrutura como "aparências". Pode-se dizer que não só a filosofia da práxis não exclui a história ético-política, como, ao contrário, sua mais recente fase de desenvolvimento consiste precisamente na reivindicação do momento da hegemonia como essencial à sua concepção estatal e à "valorização" do fato cultural, da atividade cultural, de uma frente cultural como necessária, ao lado das frentes meramente econômicas e políticas. [...] O julgamento contido no termo "aparência" aplicado às superestruturas nada mais é do que o julgamento da "historicidade" das mesmas, expresso em polêmica contra concepções dogmáticas populares e, consequentemente, através de uma linguagem "metafórica" adaptada ao público ao qual se destina. A filosofia da práxis, portanto, criticará como indevida e arbitrária a redução da história à simples história ético-política, mas não excluirá esta última. [...] [10, I, § 7; 1, 293-296]

[Sobre a "crise de autoridade"] O aspecto da crise moderna que se lamenta como "onda de materialismo" está ligado ao que se chama de "crise de autoridade". Se a classe dominante perde o consenso, ou seja, não é mais "dirigente", mas unicamente "dominante", detentora da pura força coercitiva, isto significa exatamente que as grandes massas se destacaram das ideologias tradicionais, não acreditam mais no que antes acreditavam etc. A crise consiste justamente no fato de que o velho morre e o novo não pode nascer: neste interregno, verificam-se os fenômenos patológicos mais variados.

[...] O problema é este: uma ruptura tão grave entre massas populares e ideologias dominantes, como a que se verificou no pós-guerra, pode ser "sanada" com o puro exercício da força que impede as novas ideologias de se imporem? O interregno, a crise cuja solução historicamente normal é assim impedida se resolverá necessariamente em favor de uma restauração do velho? Dado o caráter das ideologias, isto deve ser excluído, mas não em sentido absoluto. No entanto, a depressão física levará no longo prazo a um ceticismo difuso e nascerá uma nova "combinação", na qual, por exemplo, o catolicismo se tornará mais ainda um jesuitismo mesquinho etc. Também daí se pode concluir que estão se formando as condições mais favoráveis para uma expansão inédita do materialismo histórico. A própria pobreza inicial que o materialismo histórico não pode deixar de ter como difusa teoria de massa o tornará mais expansivo. A morte das velhas ideologias se verifica como ceticismo diante de todas as teorias e fórmulas gerais e como limitação ao puro fato econômico (ganho etc.) e à política não só realista de fato (como sempre é), mas cínica em sua manifestação imediata. [...] Mas esta redução à economia e à política significa justamente redução das superestruturas mais elevadas às mais aderentes à estrutura, isto é, possibilidade e necessidade de formação de uma nova cultura. [3, § 34; 3, 184-185]

Hegemonia (sociedade civil) e divisão dos poderes. A divisão dos poderes e toda a discussão havida para sua efetivação e a dogmática jurídica derivada de seu advento constituem o resultado da luta entre a sociedade civil e a sociedade política de um determinado período histórico, com certo equilíbrio instável entre as classes, determinado pelo fato de que certas categorias de intelectuais (a serviço direto do Estado, especialmente burocracia civil e militar) ainda estão muito ligadas às velhas classes dominantes. Verifica-se assim, no interior da sociedade, aquilo que Croce define como o "conflito perpétuo entre Igreja e Estado", no qual a Igreja é tomada como representante da sociedade civil em seu conjunto (embora dela seja apenas um elemento cada vez menos importante) e o Estado como representante de toda tentativa de cristalizar permanentemente um determinado estágio de desenvolvimento, uma determinada situação. Neste sentido, a própria Igreja pode se tornar Estado e o conflito pode se manifestar entre sociedade civil laica e laicizante e Estado-Igreja (quando a Igreja se torna uma parte integrante do Estado, da sociedade política monopolizada por um determinado grupo privilegiado, que incorpora a Igreja para melhor defender seu monopólio com o apoio daquela área de sociedade civil representada pela Igreja). Importância essencial da divisão dos poderes para o liberalismo político e econômico: toda a ideologia liberal, com suas forças e suas fraquezas, pode ser resumida no princípio da divisão dos poderes, e surge a fonte da debilidade do liberalismo: a burocracia, isto é, a cristalização do pessoal dirigente, que exerce o poder coercitivo e que, num determinado ponto, se transforma em casta. Daí a reivindicação popular da elegibilidade de todos os cargos, reivindicação que é, simultaneamente, liberalismo extremo e sua dissolução (princípio da Constituinte permanente etc.; nas Repúblicas, a eleição periódica do chefe do Estado dá uma satisfação ilusória a esta reivindicação popular elementar).

Unidade do Estado na distinção dos poderes: o Parlamento, mais ligado à sociedade civil; o Poder Judiciário, entre Governo e Parlamento, representa a continuidade da lei escrita (inclusive contra o Governo). Naturalmente, os três poderes são também órgãos da hegemonia política, mas em medida diversa: 1) Parlamento; 2) Magistratura; 3) Governo. Deve-se notar como causam no público impressão particularmente desastrosa as incorreções da administração da justiça: o aparelho hegemônico é mais sensível neste setor, ao qual também podem ser remetidos os arbítrios da polícia e da administração política. [6, § 81; 3, 235-236]

Hegemonia e democracia. Entre os muitos significados de democracia, parece-me que o mais realista e concreto se possa deduzir em conexão com o conceito de hegemonia. No sistema hegemônico, existe democracia entre o grupo dirigente e os grupos dirigidos na medida em que o desenvolvimento da economia e, por conseguinte, a legislação que expressa este desenvolvimento favorecem a passagem molecular dos grupos dirigidos para o grupo dirigente. Existia no Império Romano uma democracia imperial-territorial na concessão da cidadania aos povos conquistados etc. Não podia existir democracia no feudalismo em virtude da constituição dos grupos fechados etc. [7, § 191; 3, 287]

[...] *Conceito político da chamada "revolução permanente"*, surgido antes de 1848, como expressão cientificamente elaborada das experiências jacobinas de 1789 ao Termidor. A fórmula é própria de um período histórico em que não existiam ainda os grandes partidos políticos de massa e os grandes sindicatos econômicos, e a sociedade ainda estava sob muitos aspectos, por assim dizer, no estado de fluidez: maior atraso do campo e monopólio quase completo da eficiência político-estatal em poucas cidades ou até mesmo numa só (Paris para a França), aparelho estatal relativamente pouco desenvolvido e maior autonomia da sociedade civil em relação à atividade estatal, determinado sistema das forças militares e do armamento nacional, maior autonomia das economias nacionais em face das relações econômicas do mercado mundial etc. No período posterior a 1870, com a expansão colonial europeia, todos estes elementos se modificam, as relações de organização internas e internacionais do Estado tornam-se mais complexas e robustas; e a fórmula da "revolução permanente", própria de 1848, é elaborada e superada na ciência política na fórmula de "hegemonia civil". Ocorre na arte política o que ocorre na arte militar: a guerra de movimento torna-se cada vez mais guerra de posição; e pode-se dizer que um Estado vence uma guerra quando a prepara de modo minucioso e técnico no tempo de paz. A estrutura maciça das democracias modernas, seja como organizações estatais, seja como conjunto de associações na vida civil, constitui para a arte política algo similar às "trincheiras" e às fortificações permanentes da frente de combate na guerra de posição: faz com que seja apenas "parcial" o elemento do movimento que antes constituía "toda" a guerra etc.

A questão se apresenta para os Estados modernos, não para os países atrasados e as colônias, onde ainda vigoram as formas que, em outros lugares, já foram superadas e se tornaram anacrônicas. [...] [13, § 7; 3, 23-25]

Luta política e guerra militar. Na guerra militar, alcançado o objetivo estratégico — destruição do exército inimigo e ocupação de seu território —, chega-se à paz. Deve-se também observar que, para que a guerra termine, basta que o objetivo estratégico seja alcançado apenas potencialmente: ou seja, basta que não haja dúvida de que um exército não pode mais lutar e de que o exército vitorioso "pode" ocupar o território inimigo. A luta política é muitíssimo mais complexa: em certo sentido, pode ser comparada às guerras coloniais ou às velhas guerras de conquista, ou seja, quando o exército vitorioso ocupa ou se propõe ocupar permanentemente todo ou uma parte do território conquistado. Então, o exército vencido é desarmado e dispersado, mas a luta continua no terreno político e da "preparação" militar. Assim, a luta política da Índia contra os ingleses (e, em certa medida, a luta da Alemanha contra a França ou da Hungria contra a *Pequena Entente*) conhece três formas de guerra: de movimento, de posição e subterrânea. A resistência passiva de Gandhi é uma guerra de posição, que em determinados momentos se transforma em guerra de movimento e, em outros, em guerra subterrânea: o boicote é guerra de posição, as greves são guerras de movimento, a preparação clandestina de armas e elementos combativos de assalto é guerra subterrânea. [...] Assim, nestas formas de luta mistas, de caráter militar fundamental e de caráter político preponderante (mas toda luta política tem sempre um substrato militar), o emprego dos *arditi* [92] exige um desenvolvimento tático original, para cuja concepção a experiência da guerra só pode dar um estímulo, não um modelo [...]. [1, § 134; 3, 124-125]

Política e arte militar. Tática das grandes massas e tática imediata de pequenos grupos. Insere-se na discussão sobre a guerra de posição e a de movimento, na medida em que se reflete na psicologia dos grandes líderes (estrategistas) e dos subalternos. Também é (se se pode dizer) o ponto de conexão entre a estratégia e a tática, seja na política, seja na arte militar. O indivíduo (inclusive como componente de amplas massas) é levado a conceber a guerra instintivamente como "guerra de guerrilhas" ou "guerra garibaldina" (que é um aspecto superior da "guerra de guerrilhas"). Na política, o erro acontece por uma inexata compreensão do que é o Estado (no significado integral: ditadura + hegemonia); na guerra, tem-se um erro semelhante, transportado ao campo inimigo (incompreensão não só do próprio Estado, mas também do Estado inimigo). Num e noutro caso, o erro está ligado ao particularismo individual, de município, de região, que leva a subestimar o adversário e sua organização de luta. [6, § 155; 3, 257]

Passagem da guerra manobrada (e do ataque frontal) à guerra de posição também no campo político. Esta me parece a questão de teoria política mais importante posta pelo período do pós-guerra e a mais difícil de resolver corretamente. Ela está ligada às questões levantadas por Bronstein [93], que, de um modo ou de outro, pode ser considerado o teórico político do ataque frontal num período em que este é apenas causa de derrotas. Só indiretamente (mediatamente) esta passagem na ciência política está ligada àquela ocorrida no campo militar, se bem que, certamente, exista uma relação — e essencial. A guerra de posição exige enormes sacrifícios de massas imensas de população; por isto, é necessária uma concentração inaudita da hegemonia e, portanto, uma forma de governo mais "intervencionista", que mais abertamente tome a ofensiva contra os opositores e organize permanentemente a "impossibilidade" de desagregação interna: controles de todo tipo, políticos, administrativos etc., reforço das "posições" hegemônicas do grupo dominante etc. Tudo isto indica que se entrou numa fase culminante da situação político-histórica, porque na política a "guerra de posição", uma vez vencida, é definitivamente decidida. Ou seja, na política subsiste a guerra de movimento enquanto se trata de conquistar posições não decisivas e, portanto, não se podem mobilizar todos os recursos de hegemonia e do Estado; mas quando, por uma razão ou por outra, estas posições perderam seu valor e só aquelas decisivas têm importância, então se passa à guerra de assédio, sob pressão, difícil, em que se exigem qualidades excepcionais de paciência e espírito inventivo. Na política o assédio é recíproco, apesar de todas as aparências, e só o fato de que o dominante deve ostentar todos os seus recursos demonstra o cálculo que ele faz do adversário. [6, § 138; 3, 255-256]

Guerra de posição e guerra manobrada ou frontal. Deve-se examinar se a famosa teoria de Bronstein sobre a *permanência* do movimento não é o reflexo político da teoria da guerra manobrada [...], em última análise o reflexo das condições gerais — econômicas, culturais, sociais — de um país em que os quadros da vida nacional são embrionários e fracos e não se podem tornar "trincheira ou fortaleza". Neste caso, seria possível dizer que Bronstein, que aparece como um "ocidentalista", era, ao contrário, um cosmopolita, isto é, superficialmente nacional e superficialmente ocidentalista ou europeu. Em contraposição, Ilitch era profundamente nacional e profundamente europeu. [...] Parece-me que Ilitch havia compreendido a necessidade de uma mudança da guerra manobrada, aplicada vitoriosamente no Oriente em 1917, para a guerra de posição, que era a única possível no Ocidente, onde [...] num breve espaço de tempo os exércitos podiam acumular quantidades enormes de munição, onde os quadros sociais eram por si sós ainda capazes de se tornarem trincheiras muito municiadas. Parece-me este o significado da fórmula da "frente única" [94]. [...] Só que Ilitch não teve tempo de aprofundar sua fórmula, mesmo considerando que ele só podia aprofundá-la teoricamente, quando, ao contrário, a tarefa fundamental era nacional, isto é, exigia um reconhecimento do terreno e uma fixação dos elementos de trincheira e de fortaleza representados pelos elementos de sociedade civil etc. No Oriente, o Estado era tudo, a sociedade civil era primitiva e gelatinosa; no Ocidente, havia entre o Estado e a sociedade civil uma relação apropriada e, ao oscilar o Estado, podia-se imediatamente reconhecer uma robusta estrutura da sociedade civil. O Estado era apenas uma trincheira avançada, por trás da qual se situava uma robusta cadeia de fortalezas e casamatas; em medida diversa de Estado para Estado, é claro, mas exatamente isto exigia um acurado reconhecimento de caráter nacional. [...] [7, § 16; 3, 261-262]

Sobre a comparação entre os conceitos de guerra manobrada e guerra de posição na arte militar e os conceitos correspondentes na arte política, deve-se recordar o opúsculo de Rosa [...] [95]. No opúsculo, são teorizadas um pouco apressadamente — e também superficialmente — as experiências históricas de 1905: Rosa, com efeito, negligenciou os elementos "voluntários" e organizativos que, naqueles eventos, foram muito mais difundidos e eficientes do que Rosa podia crer, já que ela era condicionada por um certo preconceito "economicista" e espontaneísta. Todavia, este opúsculo (e outros ensaios do mesmo autor) é um dos documentos mais significativos da teorização da guerra manobrada aplicada à arte política. O elemento econômico imediato (crises etc.) é considerado como a artilharia de campo que, na guerra, abria a brecha na defesa inimiga, brecha suficiente para que as tropas próprias irrompessem e obtivessem um sucesso definitivo (estratégico) ou, pelo menos, um sucesso importante na diretriz da linha estratégica. Naturalmente, na ciência histórica, a eficácia do elemento econômico imediato é considerada bem mais complexa do que a da artilharia pesada na guerra de manobra, já que este elemento era concebido como tendo um duplo efeito: 1) abrir a brecha na defesa inimiga, depois de ter desbaratado o próprio inimigo e de levá-lo a perder a fé em si, em suas forças e em seu futuro; 2) organizar de modo fulminante as próprias tropas, criar os quadros ou, pelo menos, colocar com rapidez os quadros existentes (criados até então pelo processo histórico geral) em seu lugar de enquadramento das tropas dispersas; 3) criar de modo fulminante a concentração ideológica da identidade do fim a alcançar. Era uma forma de férreo determinismo economicista, com a agravante de que os efeitos eram concebidos como rapidíssimos no tempo e no espaço; por isso, tratava-se de um verdadeiro misticismo histórico, da expectativa de uma espécie de fulguração milagrosa.

[...] A verdade é que não se pode escolher a forma de guerra que se quer, a menos que se tenha imediatamente uma superioridade esmagadora sobre o inimigo; sabe-se quantas perdas custou a obstinação dos Estados-Maiores em não querer reconhecer que a guerra de posição era "imposta" pela relação geral das forças em choque. Com efeito, a guerra de posição não é constituída apenas pelas trincheiras propriamente ditas, mas por todo o sistema organizativo e industrial que está por trás do exército alinhado, sendo imposta sobretudo pelo tiro rápido dos canhões, das metralhadoras, dos mosquetões, pela concentração das armas num determinado ponto, bem como pela abundância do abastecimento, que permite a rápida substituição do material perdido depois de uma penetração e de um recuo. Um outro elemento é a grande massa de homens que participam do alinhamento, de valor muito desigual e que só podem operar precisamente como massa. [...] Os próprios técnicos militares, que agora se fixaram na guerra de posição como antes se haviam fixado na guerra de manobra, certamente não sustentam que o tipo precedente deva ser considerado como cancelado pela ciência; mas, nas guerras entre os Estados mais avançados do ponto de vista civil e industrial, a guerra manobrada deve ser considerada como reduzida mais a funções táticas do que estratégicas, deve ser considerada na mesma posição em que antes estava a guerra de assédio em relação à guerra manobrada. A mesma transformação deve ocorrer na arte e na ciência política, pelo menos no que se refere aos Estados mais avançados, onde a "sociedade civil" tornou-se uma estrutura muito complexa e resistente às "irrupções" catastróficas do elemento econômico imediato (crises, depressões etc.); as superestruturas da sociedade civil são como o sistema das trincheiras na guerra moderna. Assim como nesta última ocorria que um implacável ataque de artilharia parecia ter destruído todo o sistema defensivo do adversário (mas, na realidade, só o havia destruído na superfície externa, e, no momento do ataque e do avanço, os assaltantes defrontavam-se com uma linha defensiva ainda eficiente), algo similar ocorre na política durante as grandes crises econômicas: nem as tropas atacantes, por efeito da crise, organizam-se de modo fulminante no tempo e no espaço, nem muito menos adquirem um espírito agressivo; do outro lado, os atacados tampouco se desmoralizam, nem abandonam suas defesas, mesmo entre as ruínas, nem perdem a confiança na própria força e no próprio futuro. É claro que as coisas não permanecem tais como eram; mas também é certo que falta o elemento da rapidez, do tempo acelerado, da marcha progressiva [...]. O último fato deste gênero na história da política foram os acontecimentos de 1917 [96]. Eles assinalaram uma reviravolta decisiva na história da arte e da ciência da política. Trata-se, portanto, de estudar com "profundidade" quais são os elementos da sociedade civil que correspondem aos sistemas de defesa na guerra de posição. Disse "com profundidade" intencionalmente, já que tais elementos foram estudados: mas o foram ou a partir de pontos de vista superficiais e banais, assim como certos historiadores do vestuário estudam as extravagâncias da moda feminina, ou a partir de um ponto de vista "racionalista", isto é, com a persuasão de que certos fenômenos são destruídos tão logo explicados "de modo realista", como se fossem superstições populares (que, de resto, também não são destruídas por serem explicadas).

[...] Uma tentativa de dar início à revisão dos métodos táticos deveria ter sido aquela exposta por L. Davidovitch Bronstein na quarta reunião [da Internacional Comunista], quando traçou um paralelo entre a frente oriental e a frente ocidental: enquanto aquela caiu imediatamente, mas foi seguida por intensas lutas, nesta última as lutas teriam lugar "antes". Ou seja: tratar-se-ia de saber se a sociedade civil resiste antes ou depois do assalto, onde este tem lugar etc. Contudo, a questão foi exposta apenas em forma literária brilhante, mas sem indicações de caráter prático. [13, § 24; 3, 71-74]

7. O PARTIDO POLÍTICO

[O moderno Príncipe e o partido político]. [...] Afirmou-se que protagonista do Novo Príncipe não poderia ser, na época moderna, um herói pessoal, mas o partido político, isto é, em cada oportunidade e nas diferentes relações internas das diversas nações, aquele determinado partido que pretende (e está racional e historicamente fundamentado para este fim) fundar um novo tipo de Estado [...] Embora todo partido seja a expressão de um grupo social, e de um só grupo social, ocorre que, em determinadas condições, determinados partidos representam um só grupo social na medida em que exercem uma função de equilíbrio e de arbitragem entre os interesses de seu próprio grupo e os outros grupos, fazendo com que o desenvolvimento do grupo representado ocorra com o consenso e com a ajuda dos grupos aliados, se não mesmo dos grupos decididamente adversários. [...] [13, § 21; 3, 59]

Sobre o conceito de partido político. Quando se quer escrever a história de um partido político, deve-se enfrentar na realidade toda uma série de problemas muito menos simples do que aqueles imaginados, por exemplo, por Roberto Michels, considerado um especialista no assunto [97]. O que é a história de um partido? Será a mera narração da vida interna de uma organização política, de como ela nasce, dos primeiros grupos que a constituem, das polêmicas ideológicas através das quais se formam seu programa e sua concepção do mundo e da vida? Tratar-se-ia, neste caso, da história de grupos intelectuais restritos e, em algumas casos, da biografia política de uma individualidade singular. Portanto, a moldura do quadro deverá ser mais ampla e abrangente. Será preciso escrever a história de uma determinada massa de homens que seguiu os iniciadores, sustentou-os com sua confiança, com sua lealdade, com sua disciplina, ou que os criticou "realisticamente", dispersando-se ou permanecendo passiva diante de algumas iniciativas. Mas será que esta massa é constituída apenas pelos adeptos do partido? Será suficiente acompanhar os congressos, as votações etc., isto é, todo o conjunto de atividades e de modos de existência através dos quais uma massa de partido manifesta sua vontade? Evidentemente, será necessário levar em conta o grupo social do qual o partido é expressão e a parte mais avançada: ou seja, a história de um partido não poderá deixar de ser a história de um determinado grupo social. Mas este grupo não é isolado; tem amigos, afins, adversários, inimigos. Somente do quadro global de todo o conjunto social e estatal (e, frequentemente, também com interferências internacionais) é que resultará a história de um determinado partido; por isso, pode-se dizer que escrever a história de um partido significa nada mais do que escrever a história geral de um país a partir de um ponto de vista monográfico, pondo em destaque um seu aspecto característico. Um partido terá maior ou menor significado e peso precisamente na medida em que sua atividade particular tiver maior ou menor peso na determinação da história de um país.

Desse modo, é a partir do modo de escrever a história de um partido que resulta o conceito que se tem sobre o que é um partido ou sobre o que ele deve ser. O sectário se exaltará com os pequenos fatos internos, que terão para ele um significado esotérico e o encherão de entusiasmo místico; o historiador, mesmo dando a cada coisa a importância que tem no quadro geral, acentuará sobretudo a eficiência real do partido, sua força determinante, positiva e negativa, sua capacidade de contribuir para a criação de um acontecimento e também para impedir que outros acontecimentos se verificassem. [13, § 33; 3, 87-88]

[Sobre o partido político]. Será necessária a ação política (em sentido estrito) para que se possa falar de "partido político"? Pode-se observar

que no mundo moderno, em muitos países, os partidos orgânicos e fundamentais, por necessidade de luta ou por alguma outra razão, dividiram-se em frações, cada uma das quais assume o nome de partido e, inclusive, de partido independente. Por isso, muitas vezes o estado-maior intelectual do partido orgânico não pertence a nenhuma dessas frações, mas opera como se fosse uma força dirigente em si mesma, superior aos partidos e às vezes reconhecida como tal pelo público. Esta função pode ser estudada com maior precisão se partimos do ponto de vista de que um jornal (ou um grupo de jornais), uma revista (ou um grupo de revistas) são também "partidos", "frações de partido" ou "funções de determinados partidos". Veja-se a função do *Times* na Inglaterra, a que teve o *Corriere della Sera* na Itália, e também a função da chamada "imprensa de informação", supostamente "apolítica", e até a função da imprensa esportiva e da imprensa técnica. De resto, o fenômeno apresenta aspectos interessantes nos países onde existe um partido único e totalitário de governo: porque tal partido não desempenha mais funções estritamente políticas, mas só técnicas de propaganda, de polícia, de influência moral e cultural. A função política é indireta, já que, se não existem outros partidos legais, existem sempre outros partidos de fato ou tendências que não podem ser legalmente reprimidas, contra os quais se polemiza e se luta como num jogo de cabra-cega. De qualquer modo, é certo que em tais partidos as funções culturais predominam, dando lugar a uma linguagem política de jargão: isto é, as questões políticas revestem-se de formas culturais e, como tais, se tornam insolúveis.

[...] Apresentam-se, portanto, duas formas de "partido" que, como tais, ao que parece, fazem abstração da ação política imediata: o partido constituído por uma elite de homens de cultura, que têm a função de dirigir, do ponto de vista da cultura, da ideologia geral, um grande movimento de partidos afins (que são, na realidade, frações de um mesmo partido orgânico); e, no período mais recente, o partido não de elite, mas de massas, que como massas não têm outra função política senão a de uma fidelidade genérica, de tipo militar, a um centro político visível ou invisível (frequentemente, o centro visível é o mecanismo de comando de forças que não desejam mostrar-se sob plena luz, mas apenas operar indiretamente por interposta pessoa e por "interposta ideologia"). A massa é simplesmente de "manobra" e é "ocupada" com pregações morais, incentivos sentimentais, mitos messiânicos de expectativa de épocas fabulosas nas quais todas as contradições e misérias do presente serão automaticamente resolvidas e sanadas. [17, § 37; 3, 349-351]

Observações sobre alguns aspectos da estrutura dos partidos políticos nos períodos de crise orgânica (devem ser vinculadas às notas sobre as situações e as relações de força) [98]. Em determinado ponto de sua vida histórica, os grupos sociais se separam de seus partidos tradicionais, isto é, os partidos tradicionais naquela dada forma organizativa, com aqueles determinados homens que os constituem, representam e dirigem, não são mais reconhecidos como sua expressão por sua classe ou fração de classe. Quando se verificam estas crises, a situação imediata torna-se delicada e perigosa, pois abre-se o campo às soluções de força, à atividade de potências ocultas representadas pelos homens providenciais ou carismáticos. Como se formam estas situações de contraste entre representantes e representados, que, a partir do terreno dos partidos (organizações de partido em sentido estrito, campo eleitoral-parlamentar, organização jornalística), refletem-se em todo o organismo estatal, reforçando a posição relativa do poder da burocracia (civil e militar), da alta finança, da Igreja e, em geral, de todos os organismos relativamente independentes das flutuações da opinião pública? O processo é diferente em cada país, embora o conteúdo seja o mesmo. E o conteúdo é a crise de hegemonia da classe dirigente, que ocorre ou porque a classe dirigente fracassou em algum grande empreendimento político para o qual pediu ou impôs pela força o consenso das grandes massas (como a guerra), ou porque amplas massas (sobretudo de camponeses e de pequeno-burgueses intelectuais) passaram subitamente da passividade política para uma certa atividade e apresentam reivindicações que, em seu conjunto desorganizado, constituem uma revolução. Fala-se de "crise de autoridade": e isso é precisamente a crise de hegemonia, ou crise do Estado em seu conjunto.

A crise cria situações imediatas perigosas, já que os diversos estratos da população não possuem a mesma capacidade de se orientar rapidamente e de se reorganizar com o mesmo ritmo. A classe dirigente tradicional, que tem um numeroso pessoal treinado, muda homens e programas e retoma o controle que lhe fugia com uma rapidez maior do que a que se verifica entre as classes subalternas; faz talvez sacrifícios, expõe-se a um futuro obscuro com promessas demagógicas, mas mantém o poder, reforça-o momentaneamente e dele se serve para esmagar o adversário e desbaratar seus dirigentes, que não podem ser muito numerosos nem adequadamente treinados. A unificação das tropas de muitos partidos sob a bandeira de um único partido, que representa melhor e sintetiza as necessidades de toda a classe, é um fenômeno orgânico e normal, ainda que seu ritmo seja muito rápido e quase fulminante em relação aos tempos tranquilos: representa a fusão de todo um grupo social sob uma só direção, considerada a única capaz de resolver um problema vital dominante e de afastar um perigo mortal. Quando a crise não encontra esta solução orgânica, mas sim a do chefe carismático, isto significa que existe um equilíbrio estático (cujos fatores podem ser muito variados, mas entre os quais prevalece a imaturidade das forças progressistas), que nenhum grupo, nem o conservador nem o progressista, dispõe da força necessária para vencer e que até o grupo conservador tem necessidade de um senhor (cf. *O 18 brumário de Luís Napoleão*) [99].

Esta ordem de fenômenos liga-se a uma das questões mais importantes concernentes ao partido político, isto é, à capacidade do partido de reagir contra o espírito consuetudinário, contra as tendências a se mumificar e se tornar anacrônico. Os partidos nascem e se constituem como organização para dirigir a situação em momentos historicamente vitais para suas classes; mas nem sempre sabem adaptar-se às novas tarefas e às novas épocas, nem sempre sabem desenvolver-se de acordo com o desenvolvimento do conjunto das relações de força (e, portanto, a posição relativa de suas classes) no país em questão ou no campo internacional. Quando se analisam estes desenvolvimentos dos partidos, é necessário distinguir: o grupo social, a massa partidária, a burocracia e o estado-maior do partido. A burocracia é a força consuetudinária e conservadora mais perigosa; se ela chega a se constituir como um corpo solidário, voltado para si mesmo e independente da massa, o partido termina por se tornar anacrônico e, nos momentos de crise aguda, é esvaziado de seu conteúdo social e resta como que solto no ar. [...] [13, § 23; 3, 60-70]

Quando se pode dizer que um partido está formado e não pode ser destruído por meios normais. A questão de saber quando um partido está formado, isto é, tem uma missão precisa e permanente, dá lugar a muitas discussões e com frequência também gera, infelizmente, uma forma de vaidade que não é menos ridícula e perigosa do que a "vaidade das nações" de que fala Vico [100]. Na verdade, pode-se dizer que um partido jamais se completa e se forma, no sentido de que cada desenvolvimento cria novos encargos e tarefas e no sentido de que, para certos partidos, é verdadeiro o paradoxo de que só se completam e se formam quando já não existem mais, isto é, quando sua existência se tornou historicamente inútil. Assim, como cada partido é apenas uma nomenclatura de classe, é evidente que, para o partido que se propõe anular a divisão em classes, sua perfeição e seu acabamento consistem em não existir mais, porque já não existem classes e, portanto, suas expressões. Mas aqui queremos nos referir a um momento particular deste processo de desenvolvimento, ao momento subsequente àquele em que um fato pode existir e pode não existir, no sentido de que a necessidade de sua existência ainda não se tornou "peremptória", mas depende em "grande parte" da existência de pessoas de extraordinário poder volitivo e de extraordinária vontade. Quando um partido se torna historicamente "necessário"? Quando as condições de seu "triunfo", de seu inevitável tornar-se Estado estão pelo menos em vias de formação e deixam prever normalmente seus novos desenvolvimentos. Mas quando é possível dizer, em tais condições, que um partido não pode ser destruído por meios normais? Para responder a isto, é preciso desenvolver um raciocínio: para que um partido exista, é necessária a confluência de três elementos fundamentais (isto é, três grupos de elementos). 1) Um elemento difuso, de homens comuns, médios, cuja participação é dada pela disciplina e pela fidelidade, não pelo espírito criativo e altamente organizativo. Sem eles o partido não existiria, é verdade, mas também é verdade que o partido não existiria "somente" com eles. Eles constituem uma força na medida em que existe quem os centraliza, organiza e disciplina; mas, na ausência dessa força de coesão, eles se dispersariam e se anulariam numa poeira impotente. Não se nega que cada um desses elementos pode se transformar numa das forças de coesão, mas falamos deles exatamente no momento em que não o são nem estão em condições de sê-lo, e, se o são, apenas o são num círculo restrito, politicamente ineficiente e inconsequente. 2)

O elemento de coesão principal, que centraliza no campo nacional, que torna eficiente e poderoso um conjunto de forças que, abandonadas a si mesmas, representariam zero ou pouco mais; este elemento é dotado de força altamente coesiva, centralizadora e disciplinadora e também (ou melhor, talvez por isto mesmo) inventiva, se se entende inventiva numa certa direção, segundo certas linhas de força, certas perspectivas, certas premissas. Também é verdade que, por si só, este elemento não formaria o partido, mas poderia servir para formá-lo mais do que o primeiro elemento considerado. Fala-se de capitães sem exército, mas, na realidade, é mais fácil formar um exército do que formar capitães. Tanto isto é verdade que um exército já existente é destruído se faltam os capitães, ao passo que a existência de um grupo de capitães, harmonizados, de acordo entre si, com objetivos comuns, não demora a formar um exército até mesmo onde ele não existe. 3) Um elemento médio, que articule o primeiro com o segundo elemento, que os ponha em contato não só "físico", mas moral e intelectual. Na realidade, existem para cada partido "proporções definidas" entre estes três elementos e se alcança o máximo de eficiência quando tais "proporções definidas" são realizadas.

Dadas estas considerações, pode-se dizer que um partido não pode ser destruído por meios normais quando, existindo necessariamente o segundo elemento, cujo nascimento está ligado à existência das condições materiais objetivas (e, se este segundo elemento não existe, qualquer raciocínio é vazio), ainda que em estado disperso e errante, não podem deixar de se formar os outros dois, isto é, o primeiro que necessariamente forma o terceiro como sua continuação e seu meio de expressão. Para que isto ocorra, é preciso que se tenha criado a convicção férrea de que uma determinada solução dos problemas vitais seja necessária. Sem esta convicção não se formará o segundo elemento, cuja destruição é mais fácil em virtude de seu número restrito, mas é necessário que este segundo elemento, se destruído, deixe como herança um fermento a partir do qual volte a se formar. E onde este fermento subsistirá melhor e poderá se formar melhor do que no primeiro e no terceiro elementos, que, evidentemente, são os mais homogêneos em relação ao segundo? Por isso, a atividade do segundo elemento para constituir este elemento é fundamental. O critério para julgar este segundo elemento deve ser procurado: 1) naquilo que realmente faz; 2) naquilo que prepara na hipótese de sua destruição. É difícil dizer qual dos dois fatos é o mais importante. Como na luta deve-se sempre prever a derrota, a preparação dos próprios sucessores é um elemento tão importante quanto tudo o que se faz para vencer.

A propósito da "vaidade" de partido, pode-se dizer que ela é pior do que a vaidade das nações de que fala Vico. Por quê? Porque uma nação não pode deixar de existir, e, no fato de que ela existe, é sempre possível, ainda que com boa vontade e forçando os textos, achar que a existência é plena de destino e de significação. Um partido, ao contrário, pode deixar de existir por força própria. *Jamais* devemos esquecer que, na luta entre as nações, cada uma delas está interessada em que a outra se enfraqueça por meio das lutas internas e que os partidos são exatamente os elementos das lutas internas. Para os partidos, portanto, é sempre possível perguntar se eles existem por força própria, como necessidade intrínseca, ou se existem apenas em virtude de interesses de outros (e de fato, nas polêmicas, este ponto jamais é esquecido; aliás, é motivo de insistência, especialmente quando a resposta não é dúbia, o que significa que tem fundamento e suscita dúvidas). É claro que quem se deixasse dilacerar por essa dúvida seria um tolo. Politicamente, a questão só tem uma relevância momentânea. Na história do chamado princípio de nacionalidade, as intervenções estrangeiras a favor dos partidos nacionais que perturbavam a ordem interna dos Estados antagonistas são numerosas. [...] Supondo que, quando se faz alguma coisa, sempre se faz o jogo de alguém, o importante é procurar de todos os modos fazer bem o próprio jogo, isto é, vencer completamente. De qualquer forma, é preciso desprezar a "vaidade" de partido e substituí-la por fatos concretos. Quem substitui os fatos concretos pela vaidade ou faz a política da vaidade, deve ser indubitavelmente suspeito de pouca seriedade. Não é preciso acrescentar que, para os partidos, deve-se evitar também a aparência "justificada" de que se esteja fazendo o jogo de alguém, especialmente se este alguém é um Estado estrangeiro; mas ninguém pode evitar as especulações. [14, § 70; 3, 315-319]

Estado e partidos. A função hegemônica ou de direção política dos partidos pode ser avaliada pelo desenvolvimento da vida interna dos próprios partidos. Se o Estado representa a força coercitiva e punitiva de regulamentação jurídica de um país, os partidos, representando a adesão espontânea de uma elite a tal regulamentação, considerada como tipo de convivência coletiva para a qual toda a massa deve ser educada, devem mostrar em sua vida particular interna terem assimilado, como princípios de conduta moral, aquelas regras que no Estado são obrigações legais. Nos partidos, a necessidade já se tornou liberdade, e daí nasce o enorme valor político (isto é, de direção política) da disciplina interna de um partido e, portanto, o valor de critério que tem tal disciplina para avaliar a força de expansão dos diversos partidos. Deste ponto de vista, os partidos podem ser considerados como escolas da vida estatal. Elementos de vida dos partidos: caráter (resistência aos impulsos das culturas ultrapassadas), honra (vontade intrépida ao sustentar o novo tipo de cultura e de vida), dignidade (consciência de operar por um fim superior) etc. [7, § 90; 3, 267]

Espontaneidade e direção consciente. Da expressão "espontaneidade" podem ser dadas diferentes definições, porque o fenômeno a que ela se refere é multilateral. Desde já é preciso acentuar que não existe na história a espontaneidade "pura": ela coincidiria com a mecanicidade "pura". No movimento "mais espontâneo", os elementos de "direção consciente" são simplesmente impossíveis de controlar, não deixaram nenhum documento comprovável. Pode-se dizer, por isto, que o elemento da espontaneidade é característico da "história das classes subalternas", aliás, dos elementos mais marginais e periféricos destas classes, que não alcançaram a consciência de classe "para si" e que, por isto, sequer suspeitam que sua história possa ter alguma importância e que tenha algum valor deixar traços documentais dela.

Existe, portanto, uma "multiplicidade" de elementos de "direção consciente" nestes movimentos, mas nenhum deles é predominante ou ultrapassa o nível da "ciência popular" de um determinado estrato social, do "senso comum", ou seja, da concepção de mundo tradicional deste determinado estrato.

[...] Que em todo movimento "espontâneo" haja um elemento primitivo de direção consciente, de disciplina, é demonstrado indiretamente pelo fato de que existem correntes e grupos que defendem a espontaneidade como método. A este propósito é preciso fazer uma distinção entre elementos puramente "ideológicos" e elementos de ação prática, entre estudiosos que sustentam a espontaneidade como "método" imanente e objetivo do devir histórico e politiqueiros que a sustentam como método "político". Nos primeiros trata-se de uma concepção errada, nos segundos trata-se de uma contradição imediata e mesquinha que deixa ver a origem prática evidente, ou seja, a vontade imediata de substituir uma determinada direção por outra. Também nos estudiosos o erro tem uma origem prática, mas não imediata, como nos segundos.

[...] O movimento turinense foi acusado simultaneamente de ser "espontaneísta" e "voluntarista" ou bergsoniano (!) [101]. A acusação contraditória, uma vez analisada, mostra a fecundidade e a justeza da direção que lhe foi impressa. Esta direção não era "abstrata", não consistia em repetir mecanicamente fórmulas científicas ou teóricas; não confundia a política, a ação real, com a investigação teórica; ela se aplicava a homens reais, formados em determinadas relações históricas, com determinados sentimentos, modos de ver, fragmentos de concepções do mundo etc., que resultavam das combinações "espontâneas" de um dado ambiente de produção material, com a reunião "casual", nele, de elementos sociais díspares. Este elemento de "espontaneidade" não foi negligenciado, menos ainda desprezado: foi *educado*, orientado, purificado de tudo o que de estranho podia afetá-lo, para torná-lo homogêneo em relação à teoria moderna, mas de modo vivo, historicamente eficiente. Os próprios dirigentes falavam de "espontaneidade" do movimento; era justo que se falasse assim: esta afirmação era um estimulante, um tônico, um elemento de unificação em profundidade, era acima de tudo a negação de que se tratava de algo arbitrário, aventureiro, artificial e não de algo historicamente necessário. Dava à massa uma consciência "teórica", de criadora de valores históricos e institucionais, de fundadora de Estados.

Esta unidade de "espontaneidade" e "direção consciente", ou seja, de "disciplina", é exatamente a ação política real das classes subalternas como política de massas e não simples aventura de grupos que invocam as massas. Apresenta-se uma questão teórica fundamental a este propósito: a teoria moderna pode estar em oposição aos sentimentos "espontâneos" das massas? ("Espontâneos" no sentido de que não se devem a uma atividade educadora sistemática por parte de um grupo dirigente já consciente, mas que se formaram através da experiência cotidiana iluminada pelo "senso comum", ou seja, pela concepção tradicional popular do mundo, aquilo que muito simplificadamente se chama de "instinto" e que, ele próprio, é somente uma conquista histórica primitiva e elementar.) Não pode estar em oposição: entre eles há diferença "quantitativa", de grau, não de qualidade: deve ser possível uma "conversão", por assim dizer, uma passagem da teoria para os sentimentos e vice-versa. [...]

Negligenciar e, pior, desprezar os movimentos ditos "espontâneos", ou seja, renunciar a dar-lhes uma direção consciente, a elevá-los a um plano superior, inserindo-os na política, pode ter frequentemente consequências muito sérias e graves. Ocorre quase sempre que um movimento "espontâneo" das classes subalternas seja acompanhado por um movimento reacionário da ala direita da classe dominante, por motivos concomitantes: por exemplo, uma crise econômica determina, por um lado, descontentamento nas classes subalternas e movimentos espontâneos de massa, e, por outro, determina complôs de grupos reacionários que exploram o enfraquecimento objetivo do governo para tentar golpes de Estado. Entre as causas eficientes destes golpes de Estado deve-se pôr a renúncia dos grupos responsáveis a dar uma direção consciente aos movimentos espontâneos e, portanto, a torná-los um fator político positivo. [...] Os movimentos "espontâneos" dos estratos populares mais amplos tornam possível o advento ao poder da classe subalterna mais avançada em razão do enfraquecimento objetivo do Estado. Este é ainda um exemplo "progressista", mas no mundo moderno são mais frequentes os exemplos regressivos.

A concepção histórico-política escolástica e acadêmica: só é real e valioso aquele movimento que é cem por cento consciente e que, mais ainda, é determinado por um plano minuciosamente traçado com antecedência ou corresponde (o que é a mesma coisa) à teoria abstrata. Mas a realidade é rica das mais bizarras combinações e é o teórico que, nesta bizarria, deve rastrear a comprovação de sua teoria, "traduzir" em linguagem teórica os elementos da vida histórica e não, inversamente, a realidade apresentar-se segundo o esquema abstrato. Isto não acontecerá jamais e, portanto, esta concepção é apenas uma expressão de passividade. (Leonardo sabia achar o número em todas as manifestações da vida cósmica, mesmo quando os olhos profanos só viam arbítrio e desordem.) [3, § 48; 3, 194-198]

Diletantismo e disciplina. Necessidade de uma crítica interna severa e rigorosa, sem convencionalismos e meias medidas. Existe uma tendência do materialismo histórico que estimula (e favorece) todas as más tradições da cultura média italiana e parece aderir a alguns traços do caráter italiano: a improvisação, o "genialismo", a preguiça fatalista, o diletantismo desmiolado, a falta de disciplina intelectual, a irresponsabilidade e a deslealdade moral e intelectual. O materialismo histórico destrói toda uma série de preconceitos e de convencionalismos, de falsos deveres, de obrigações hipócritas: mas nem por isso justifica que se caia no ceticismo e no cinismo esnobe. O mesmo resultado tivera o maquiavelismo, por causa de uma arbitrária ampliação ou confusão entre a "moral" política e a "moral" privada, isto é, entre a política e a ética, confusão que, por certo, não existia em Maquiavel, muito pelo contrário, pois a grandeza de Maquiavel reside no fato de ter distinguido a política da ética. Não pode existir associação permanente, com capacidade de desenvolvimento, que não seja sustentada por determinados princípios éticos, que a própria associação determina para seus componentes individuais, a fim de obter a solidez interna e a homogeneidade necessárias para alcançar o objetivo. Nem por isso estes princípios deixam de ter caráter universal. Isto ocorreria se a associação tivesse seu fim em si mesma, isto é, se fosse uma seita ou uma associação de delinquentes (somente neste caso, ao que me parece, pode-se dizer que política e ética se confundem, precisamente porque o "particular" foi elevado a "universal"). Mas uma associação normal concebe a si mesma como uma aristocracia, uma elite, uma vanguarda, isto é, concebe a si mesma como ligada por milhões de fios a um determinado agrupamento social e, através dele, a toda a humanidade. Portanto, esta associação não se considera como algo definitivo e enrijecido, mas como tendente a ampliar-se a todo um agrupamento social, que é também considerado como tendente a unificar toda a humanidade. Todas estas relações emprestam caráter (tendencialmente) universal à ética de um grupo, que deve ser concebida como capaz de tornar-se norma de conduta de toda a humanidade. A política é concebida como um processo que desembocará na moral, isto é, como tendente a desembocar numa forma de convivência na qual a política e, consequentemente, a moral serão ambas superadas. (Somente a partir deste ponto de vista historicista é que se pode explicar a angústia de muitos diante da contradição entre moral privada e moral público-política: ela é um reflexo inconsciente e sentimentalmente acrítico das contradições da atual sociedade, isto é, da ausência de igualdade dos sujeitos morais.)

Mas não se pode falar de elite-aristocracia-vanguarda como de uma coletividade indistinta e caótica, sobre a qual — pela graça de um misterioso espírito santo, ou de qualquer outra deidade oculta misteriosa e metafísica — caia a graça da inteligência, da capacidade, da educação, da preparação técnica etc.: não obstante, este modo de pensar é muito comum. Reflete-se em pequena escala o que ocorria em escala nacional, quando o Estado era concebido como algo abstraído da coletividade dos cidadãos, como um pai eterno que tinha pensado em tudo, providenciado tudo etc.; daí decorre a ausência de uma democracia real, de uma real vontade coletiva nacional e, portanto, em face dessa passividade dos indivíduos, a necessidade de um despotismo mais ou menos aberto da burocracia. A coletividade deve ser entendida como produto de uma elaboração de vontade e pensamento coletivos, obtidos através do esforço individual concreto, e não como resultado de um processo fatal estranho aos indivíduos singulares: daí, portanto, a obrigação da disciplina interior, e não apenas daquela exterior e mecânica. Se devem existir polêmicas e cisões, é necessário não ter medo de enfrentá-las e superá-las: elas são inevitáveis nestes processos de desenvolvimento e evitá-las significa somente adiá-las para quando já forem perigosas ou mesmo catastróficas etc. [6, § 79; 2, 230-232]

Partidos políticos e funções de polícia. É difícil excluir que qualquer partido político (dos grupos dominantes, mas também de grupos subalternos) não exerça também uma função de polícia, isto é, de defesa de uma determinada ordem política e legal. Se isto for demonstrado taxativamente, a questão deve ser posta noutros termos: ou seja, sobre os modos e as orientações com que se exerce essa função. O sentido é repressivo ou expansivo, isto é, de caráter reacionário ou progressista? Um determinado partido exerce sua função de polícia para conservar uma ordem externa, extrínseca, freio das forças vivas da história, ou a exerce no sentido de levar o povo a um novo nível de civilização, da qual a ordem política e legal é uma expressão programática? De fato, uma lei encontra quem a infringe: 1) entre os elementos sociais reacionários que a lei alijou do poder; 2) entre os elementos progressistas que a lei reprime; 3) entre os elementos que não alcançaram o nível de civilização que a lei pode representar. Portanto, a função de polícia de um partido pode ser progressista ou reacionária: é progressista quando aspira a manter na órbita da legalidade as forças reacionárias alijadas do poder e a elevar ao nível da nova legalidade as massas atrasadas. É reacionária quando aspira a reprimir as forças vivas da história e a manter uma legalidade ultrapassada, anti-histórica, tornada extrínseca. De resto, o funcionamento de um dado partido fornece critérios discriminantes: quando o partido é progressista, funciona "democraticamente" (no sentido de um centralismo democrático); quando o partido é reacionário, funciona "burocraticamente" (no sentido de um centralismo burocrático). Neste segundo caso, o partido é puro executor, não deliberante: ele, então, é tecnicamente um órgão de polícia e seu nome de partido político é uma pura metáfora de caráter mitológico [102]. [14, § 34; 3, 307-308]

Centralismo orgânico e centralismo democrático. Disciplina. Como deve ser entendida a disciplina, se se entende com esta palavra uma relação continuada e permanente entre governantes e governados que realiza uma vontade coletiva? Certamente, não como acolhimento servil e passivo de ordens, como execução mecânica de uma tarefa (o que, no entanto, também será necessário em determinadas ocasiões, como, por exemplo, no meio de uma ação já decidida e iniciada), mas como uma assimilação consciente e lúcida da diretriz a realizar. Portanto, a disciplina não anula a personalidade em sentido orgânico, mas apenas limita o arbítrio e a impulsividade irresponsável, para não falar da fátua vaidade de sobressair [...]. A questão da "personalidade e liberdade" se apresenta não em razão da disciplina, mas da "origem do poder que ordena a disciplina". Se esta origem for "democrática", ou seja, se a autoridade for uma função técnica especializada e não um "arbítrio" ou uma imposição extrínseca e exterior, a disciplina é um elemento necessário de ordem democrática, de liberdade. Será o caso de dizer "função técnica especializada" quando a autoridade se exercer num grupo homogêneo socialmente (ou nacionalmente); quando se exercer em termos de um grupo sobre outro grupo, a disciplina será autônoma e livre para o primeiro, mas não para o segundo.

Em caso de ação iniciada ou mesmo já decidida (sem que se tenha tempo para rediscutir de modo útil a decisão), a disciplina também pode parecer extrínseca e autoritária. Mas outros elementos, então, a justificam. É observação de senso comum que uma decisão (orientação) parcialmente errada pode produzir menos danos do que uma desobediência, ainda que justificada com razões gerais, uma vez que, aos danos parciais da orientação parcialmente errada, juntam-se os outros danos da desobediência e da duplicação de orientações (isto se verificou muitas vezes nas guerras, quando generais não obedeceram a ordens parcialmente errôneas e perigosas, provocando catástrofes piores e frequentemente irremediáveis). [14, § 48; 3, 308-309]

Fetichismo. Como se pode descrever o fetichismo. Um organismo coletivo é constituído de indivíduos, os quais formam o organismo na medida em que se deram, e aceitam ativamente, uma hierarquia e uma direção determinada. Se cada um dos componentes pensa o organismo coletivo como uma entidade estranha a si mesmo, é evidente que este organismo não existe mais de fato, mas se transforma num fantasma do intelecto, num fetiche. É preciso ver se este modo de pensar, muito difundido, é um resíduo da transcendência católica e dos velhos regimes paternalistas: ele é comum a uma série de organismos, do Estado à Nação, aos partidos políticos etc. [...] O que espanta, e é característico, é que o fetichismo desta espécie se reproduza em organismos "voluntários", de tipo não "público" ou estatal, como os partidos e os sindicatos. Chega-se a pensar as relações entre o indivíduo e o organismo como um dualismo, e se chega a uma atitude crítica exterior do indivíduo em relação ao organismo (se a atitude não for de uma admiração entusiástica e acrítica). Em todo caso, uma relação fetichista. O indivíduo espera que o organismo realize, embora ele não atue e não compreenda que, sendo sua atitude muita difusa, o organismo é necessariamente inoperante.

Além disso, deve-se reconhecer que, sendo muito difusa uma concepção determinista e mecânica da história (concepção que é do senso comum e está ligada à passividade das grandes massas populares), cada indivíduo, vendo que, a despeito de sua não intervenção, alguma coisa ainda acontece, é levado a pensar que acima dos indivíduos existe uma entidade fantasmagórica, a abstração do organismo coletivo, uma espécie de divindade autônoma que não pensa com nenhuma cabeça concreta, mas pensa, que não caminha com pernas humanas determinadas, mas mesmo assim caminha etc. [...] [15, § 13; 3, 332-333]

8. REVOLUÇÃO PASSIVA, TRANSFORMISMO, CESARISMO

Vincenzo Cuoco e a revolução passiva. Vincenzo Cuoco chamou de revolução passiva a revolução ocorrida na Itália, como consequência imediata das guerras napoleônicas. O conceito de revolução passiva me parece exato não só para a Itália, mas também para os outros países que modernizaram o Estado através de uma série de reformas ou de guerras nacionais, sem passar pela revolução política de tipo radical-jacobino. Ver como Cuoco desenvolve o conceito para a Itália [103]. [4, § 57; 5, 209-210]

O conceito de "revolução passiva" deve ser deduzido rigorosamente dos dois princípios fundamentais de ciência política: 1) nenhuma formação social desaparece enquanto as forças produtivas que nela se desenvolveram ainda encontrarem lugar para um novo movimento progressista; 2) a sociedade não se põe tarefas para cuja solução ainda não tenham germinado as condições necessárias etc. Naturalmente, estes princípios devem ser, primeiro, desdobrados criticamente em toda a sua dimensão e depurados de todo resíduo de mecanicismo e fatalismo. Assim, devem ser referidos à descrição dos três momentos fundamentais em que se pode distinguir uma "situação" ou um equilíbrio de forças, com o máximo de valorização do segundo momento, ou equilíbrio das forças políticas, e especialmente do terceiro momento, ou equilíbrio político-militar [104]. [...] O ponto de partida deste estudo será o trabalho de Vincenzo Cuoco, mas é evidente que a expressão de Cuoco a respeito da Revolução Napolitana de 1799 não passa de uma sugestão, porque o conceito foi completamente modificado e enriquecido. [15, § 17; 5, 321-322]

Sobre a revolução passiva. Protagonistas os "fatos", por assim dizer, e não os "homens individuais". Como, sob um determinado invólucro político, necessariamente se modificam as relações sociais fundamentais e novas forças políticas efetivas surgem e se desenvolvem, as quais influenciam indiretamente, com pressão lenta mas incoercível, as forças oficiais, que, elas próprias, se modificam sem se dar conta, ou quase. [15, § 56; 5, 328]

O tema da "revolução passiva" como interpretação da Era do Risorgimento *e de qualquer época complexa de transformações históricas.* Utilidade e perigos de tal tema. Perigo de derrotismo histórico, ou seja, de indiferentismo, porque a formulação geral do problema pode fazer crer num fatalismo etc.; mas a concepção permanece dialética, isto é, pressupõe e até postula como necessária uma antítese vigorosa e que disponha intransigentemente em campo todas as suas possibilidades de explicitação. Portanto, não teoria da "revolução passiva" como programa, como foi nos liberais italianos do *Risorgimento*, mas como critério de interpretação, na ausência de outros elementos ativos de modo dominante. [...] (Parece que a teoria da revolução passiva é um corolário crítico necessário do "Prefácio" à *Contribuição à crítica da economia política.*) [...] [15, § 62; 5, 331-332]

O transformismo. O transformismo como uma das formas históricas daquilo que já foi observado sobre a "revolução-restauração" ou "revolução passiva", a propósito do processo de formação do Estado moderno na Itália. O transformismo como "documento histórico real" da real natureza dos partidos que se apresentavam como extremistas no período da ação militante (Partido de Ação). Dois períodos de transformismo: 1) de 1860 até 1900, transformismo "molecular", isto é, as personalidades políticas elaboradas pelos partidos democráticos de oposição se incorporam individualmente à "classe política" conservadora e moderada (caracterizada pela hostilidade a toda intervenção das massas populares na vida estatal, a toda reforma orgânica que substituísse o rígido "domínio" ditatorial por uma "hegemonia"); 2) a partir de 1900, o transformismo de grupos radicais inteiros, que passam ao campo moderado. [...] Entre os dois períodos, deve-se situar o período intermediário — 1890-1900 —, no qual uma massa de intelectuais passa para os partidos de esquerda, chamados de socialistas, mas, na verdade, puramente democráticos [...]. [8, § 36; 5, 286-287]

[Transformismo.] A formação da classe intelectual italiana. Eficácia do movimento operário socialista na criação de importantes setores da classe dominante. A diferença entre o fenômeno italiano e o de outros países consiste, objetivamente, no seguinte: que, enquanto nos outros países o movimento operário e socialista elaborou personalidades políticas singulares que passaram para a outra classe, na Itália, ao contrário, elaborou grupos intelectuais inteiros, que realizaram esta passagem como grupos. A causa do fenômeno italiano, ao que me parece, deve ser buscada na escassa aderência das classes altas ao povo: na luta das gerações, os jovens se aproximam do povo; nas crises de mudança, tais jovens retornam à sua classe (foi o que ocorreu com os sindicalistas-nacionalistas e com os fascistas). No fundo, trata-se do mesmo fenômeno geral do transformismo, em condições diversas. O transformismo "clássico" foi o fenômeno pelo qual se unificaram os partidos do *Risorgimento*; este transformismo traz à luz o contraste entre civilização, ideologia etc., e a força de classe. A burguesia não consegue educar os seus jovens (luta de geração): os jovens deixam-se atrair culturalmente pelos operários, e chegam mesmo a se tornar — ou buscam fazê-lo — seus líderes (desejo "inconsciente" de realizarem a hegemonia de sua própria classe sobre o povo), mas, nas crises históricas, retornam às origens. Este fenômeno de "grupos" não terá ocorrido, por certo, apenas na Itália: também nos países onde a situação é análoga, ocorreram fenômenos análogos: os

socialismos nacionais dos países eslavos (ou social-revolucionários, ou *narodniki* etc.). [3, § 137; 2, 94]

[Revolução passiva e transformismo] [...] Toda a vida estatal italiana, a partir de 1848, é caracterizada pelo transformismo, ou seja, pela elaboração de uma classe dirigente cada vez mais ampla [...], com a absorção gradual mas contínua, e obtida com métodos de variada eficácia, dos elementos ativos surgidos dos grupos aliados e mesmo dos adversários e que pareciam irreconciliavelmente inimigos. Neste sentido, a direção política se tornou um aspecto da função de domínio, uma vez que a absorção das elites dos grupos inimigos leva à decapitação destes e a sua aniquilação por um período frequentemente muito longo. [...] Torna-se claro que pode e deve haver uma atividade hegemônica mesmo antes da ida ao poder e que não se deve contar apenas com a força material que o poder confere para exercer uma direção eficaz: de fato, a brilhante solução desses problemas tornou possível o *Risorgimento* nas formas e nos limites em que ele se realizou, sem "Terror", como "revolução sem revolução", ou seja, como "revolução passiva" [...].

Este fato se verifica "espontaneamente" nos períodos históricos em que o grupo social dado é realmente progressista, isto é, faz avançar realmente toda a sociedade, satisfazendo não só as exigências vitais, mas ampliando continuamente os próprios quadros para a contínua ocupação de novas esferas de atividade econômico-produtiva. Assim que o grupo social dominante esgota sua função, o bloco ideológico tende a fragmentar-se e, então, a "coerção" pode substituir a "espontaneidade" sob formas cada vez menos disfarçadas e indiretas, até as medidas propriamente policiais e os golpes de Estado. [...] [19, § 24; 5, 62-86]

[Revolução-restauração e revolução passiva]. Deve-se investigar o que significa exatamente, e como é justificada em Edgar Quinet [105], a fórmula da equivalência de revolução-restauração na história italiana. [...] Deve-se examinar se a fórmula de Quinet pode ser aproximada da de "revolução passiva" de Cuoco; elas exprimem, talvez, o fato histórico da ausência de uma iniciativa popular unitária no desenvolvimento da história italiana, bem como o fato de que o desenvolvimento se verificou como

reação das classes dominantes ao subversivismo esporádico, elementar, não orgânico, das massas populares, através de "restaurações" que acolheram uma certa parte das exigências que vinham de baixo; trata-se, portanto, de "restaurações progressistas" ou "revoluções-restaurações", ou, ainda, "revoluções passivas". [...] [10, II, § 41, XIV; 1, 392-395]

Relação histórica entre o Estado moderno francês nascido da Revolução e os outros Estados modernos da Europa continental. A comparação é de importância vital, contanto que não seja feita com base em esquemas sociológicos abstratos. Ela pode resultar do exame dos seguintes elementos: 1) explosão revolucionária na França, com mudança radical e violenta das relações sociais e políticas; 2) oposição europeia à Revolução Francesa e à sua difusão pelos "canais" de classe; 3) guerra da França, com a República e com Napoleão, contra a Europa, primeiro para não ser sufocada, depois para constituir uma hegemonia francesa permanente com a tendência a formar um império universal; 4) insurreições nacionais contra a hegemonia francesa e nascimento dos Estados europeus modernos mediante pequenas ondas reformistas sucessivas, mas não mediante explosões revolucionárias como aquela originária francesa. As "ondas sucessivas" são constituídas por uma combinação de lutas sociais, de intervenções pelo alto do tipo monarquia iluminada e de guerras nacionais, com predominância desses dois últimos fenômenos. Desse ponto de vista, o período da "Restauração" é o mais rico de desenvolvimentos: a restauração torna-se a forma política na qual as lutas sociais encontram quadros suficientemente elásticos para permitir à burguesia chegar ao poder sem rupturas clamorosas, sem o aparelho terrorista francês. As velhas classes feudais são rebaixadas da condição de "dominantes" àquela de "governativas", mas não são eliminadas, nem se tenta liquidá-las como conjunto orgânico: de classes tornam-se "castas", com determinadas características culturais e psicológicas, não mais com funções econômicas predominantes.

[...] Uma questão importante ligada à anterior é a do papel que os intelectuais acreditaram ter nesse longo processo de fermentação político-social incubada pela Restauração. A filosofia clássica alemã é a filosofia desse período; ela dá vida aos movimentos liberais nacionais de 1848 a

1870. Sobre isso, deve-se também recordar o paralelo hegeliano (e da filosofia da práxis) entre a prática francesa e a especulação alemã. Na realidade, o paralelo pode ser estendido: o que é "prática" para a classe fundamental torna-se "racionalidade" e especulação para os seus intelectuais (todo o idealismo filosófico moderno deve ser explicado com base em relações históricas desse tipo).

[...] A concepção do Estado segundo a função produtiva das classes sociais não pode ser aplicada mecanicamente à interpretação da história italiana e europeia desde a Revolução Francesa até todo o século XIX. Embora seja certo que, para as classes fundamentais produtivas (burguesia capitalista e proletariado moderno), o Estado só é concebível como forma concreta de um determinado mundo econômico, de um determinado sistema de produção, disso não deriva que a relação de meio e fim seja facilmente determinável e assuma o aspecto de um esquema simples e óbvio à primeira vista. É verdade que conquista do poder e afirmação de um novo mundo produtivo são indissociáveis; que a propaganda em favor de uma coisa é também propaganda em favor da outra; e que, na realidade, somente nessa coincidência é que reside a unidade da classe dominante, a qual é, ao mesmo tempo, econômica e política; mas se manifesta o complexo problema da correlação de forças internas ao país em questão, da correlação das forças internacionais, da posição geopolítica do determinado país. Na realidade, o impulso no sentido da renovação revolucionária pode se originar das necessidades prementes de um determinado país, em determinadas circunstâncias, e tem-se a explosão revolucionária da França, vitoriosa também internacionalmente; mas o impulso à renovação pode ser dado pela combinação de forças progressistas escassas e insuficientes em si mesmas (mas de altíssimo potencial porque representam o futuro do seu país) com uma situação internacional favorável à sua expansão e vitória. [...] A questão pode ser colocada do seguinte modo: sendo o Estado a forma concreta de um mundo produtivo e sendo os intelectuais o elemento social de onde se extraem os quadros governamentais, é próprio do intelectual não enraizado fortemente num grupo econômico apresentar o Estado como um absoluto; desse modo, é concebida como absoluta e proeminente a própria função dos intelectuais, é racionalizada abstratamente a existência e a dignidade histórica dos mesmos. Esse motivo é básico para compreender historicamente o idealismo filosófico moderno e liga-se ao modo de formação dos Estados modernos na Europa continental enquanto "reação-superação nacional" da Revolução Francesa, a qual, com Napoleão, tendia a estabelecer uma hegemonia permanente (motivo essencial para compreender o conceito de "revolução passiva", de "restauração-revolução", e para entender a importância da comparação hegeliana entre os princípios dos jacobinos e a filosofia clássica alemã). [...] [10, II, § 61; 1, 425-430]

[Revolução passiva e guerra de posição]. O conceito de "revolução passiva" no sentido de Vincenzo Cuoco, atribuída ao primeiro período do *Risorgimento* italiano, pode ser relacionado com o conceito de "guerra de posição", comparada com a guerra manobrada? [...] Ou seja: existe uma identidade absoluta entre guerra de posição e revolução passiva? Ou, pelo menos, existe ou pode ser concebido todo um período histórico no qual os dois conceitos devem se identificar, até o ponto em que a guerra de posição volte a se transformar em guerra manobrada? Deve-se formular um juízo "dinâmico" sobre as "Restaurações", que seriam uma "astúcia da providência" no sentido de Vico. [...] Pode-se aplicar ao conceito de revolução passiva (e pode-se documentar no *Risorgimento* italiano) o critério interpretativo das modificações moleculares, que, na realidade, modificam progressivamente a composição anterior das forças e, portanto, transformam-se em matriz de novas modificações. [...]

Esta é uma exemplificação do problema teórico de como devia ser compreendida a dialética, apresentado na *Miséria da Filosofia:* [...] cada membro da oposição dialética deve procurar ser integralmente ele mesmo e lançar na luta todos os seus "recursos" políticos e morais, e que só assim se consegue uma superação real [106]. Dir-se-á que não compreenderam isso [...] os teóricos da revolução passiva e da "revolução-restauração", mas a questão se modifica: neles, a "incompreensão" teórica era a expressão prática das necessidades da "tese" de se desenvolver integralmente, até o ponto de conseguir incorporar uma parte da própria antítese, para não se deixar "superar", isto é, na oposição dialética somente a tese desenvolve, na realidade, todas as suas possibilidades de luta, até capturar os supostos representantes da antítese: exatamente nisso consiste a revolução passiva ou revolução-restauração. Neste ponto, deve-se por certo considerar a questão da passagem da luta política de "guerra manobrada" para "guerra de posição", o que, na Europa, ocorreu depois de 1848 [...]; a mesma passagem verificou-se depois de 1871 etc. [...] E não se deve dizer que, para obter estes resultados históricos, fosse peremptoriamente necessária a insurreição popular armada [...] A intervenção popular, que não foi possível na forma concentrada e simultânea da insurreição, não se verificou nem mesmo na forma "difusa" e capilar da pressão indireta, o que, no entanto, era possível e talvez tivesse sido a premissa indispensável da primeira forma. A forma concentrada ou simultânea tornara-se impossível por causa da técnica militar da época, mas só em parte, isto é, a impossibilidade existiu porque a forma concentrada e simultânea não foi antecedida por uma preparação política e ideológica de largo fôlego, organicamente predisposta para despertar as paixões populares e tornar possível sua concentração e explosão simultânea. [...] [15, § 11; 5, 316-319]

Sempre a propósito do conceito de revolução passiva ou de revolução-restauração no Risorgimento *italiano*, deve-se notar que é preciso formular com exatidão o problema que, em algumas tendências historiográficas, é chamado de relação entre condições objetivas e condições subjetivas do evento histórico. Parece evidente que jamais podem faltar as chamadas condições subjetivas quando existem as condições objetivas, dado que se trata de simples distinção de caráter didático: portanto, pode haver discussão sobre o grau e a intensidade das forças subjetivas, ou seja, sobre a relação dialética entre as forças subjetivas conflitantes. É preciso evitar que a questão seja formulada em termos "intelectualistas" e não histórico-políticos. É fato pacífico que a "clareza" intelectual dos termos da luta é indispensável, mas esta clareza é um valor político quando se torna paixão difundida e é a premissa de uma forte vontade. [...] [15, § 25; 5, 322-323]

Risorgimento *italiano [e revolução passiva]*. A função do Piemonte no *Risorgimento* italiano é a de uma "classe dirigente" [107]. Na realidade, não se trata do fato de que, em todo o território da península, existissem núcleos de classe dirigente homogênea, cuja irresistível tendência à unificação tenha determinado a formação do novo Estado nacional italiano. Estes núcleos existiam, indubitavelmente, mas sua tendência à união era muito problemática e, o que mais conta, nenhum deles, cada qual em seu âmbito, era "dirigente". O dirigente pressupõe o "dirigido", e quem era dirigido por estes núcleos? Estes núcleos não queriam "dirigir" ninguém, isto é, não queriam harmonizar seus interesses e aspirações com os interesses e aspirações de outros grupos. Queriam "dominar", não "dirigir", e mais ainda: queriam que fossem dominantes seus interesses, não suas pessoas, isto é, queriam que uma força nova, independente de todo compromisso e condição, se tornasse o árbitro da Nação: esta força foi o Piemonte e, daí, a função da monarquia. O Piemonte, portanto, teve uma função que, sob certos aspectos, pode ser comparada à do partido, isto é, do pessoal dirigente de um grupo social (e, com efeito, sempre se falou de "partido piemontês"); com a determinação de que se tratava de um Estado, com um Exército, uma diplomacia etc.

Este fato é de máxima importância para o conceito de "revolução passiva": isto é, que não seja um grupo social o dirigente de outros grupos, mas um Estado, mesmo limitado como potência, seja o "dirigente" do grupo que deveria ser dirigente e possa pôr à disposição deste último um Exército e uma força político-diplomática. [...]

O importante é aprofundar o significado que tem uma função como a do "Piemonte" nas revoluções passivas, isto é, o fato de que um Estado substitui os grupos sociais locais, ao dirigir uma luta de renovação. É um dos casos em que se tem a função de "domínio", e não de "direção", nestes grupos: ditadura sem hegemonia. A hegemonia será de uma parte do grupo social sobre todo o grupo, não deste sobre outras forças para fortalecer o movimento, radicalizá-lo etc., segundo o modelo "jacobino". [...]. [15, § 59; 5, 328-330]

[Fascismo como revolução passiva] [...] A hipótese ideológica poderia ser apresentada nestes termos: ter-se-ia [com o fascismo] uma revolução passiva no fato de que, por intermédio da intervenção legislativa do Estado e através da organização corporativa, teriam sido introduzidas na estrutura econômica do país modificações mais ou menos profundas para acentuar o elemento "plano de produção", isto é, teria sido acentuada a

socialização e cooperação da produção, sem com isso tocar (ou limitando-se apenas a regular e controlar) a apropriação individual e grupal do lucro. No quadro concreto das relações sociais italianas, esta pode ter sido a única solução para desenvolver as forças produtivas da indústria sob a direção das classes dirigentes tradicionais, em concorrência com as mais avançadas formações industriais de países que monopolizam as matérias-primas e acumularam gigantescos capitais. Que um tal esquema possa traduzir-se em prática, e em que medida e em que formas, isto tem um valor relativo: o que importa, política e ideologicamente, é que ele pode ter, e tem realmente, a virtude de servir para criar um período de expectativa e de esperanças, notadamente em certos grupos sociais italianos, como a grande massa dos pequeno-burgueses urbanos e rurais, e, consequentemente, para manter o sistema hegemônico e as forças de coerção militar e civil à disposição das classes dirigentes tradicionais. Esta ideologia serviria como elemento de uma "guerra de posição" no campo econômico (a livre concorrência e a livre troca corresponderiam à guerra de movimento) internacional, assim como a "revolução passiva" é este elemento no campo político. Na Europa de 1789 a 1870, houve uma guerra de movimento (política) na Revolução Francesa e uma longa guerra de posição de 1815 a 1870; na época atual, a guerra de movimento ocorreu politicamente de março de 1917 a março de 1921, sendo seguida por uma guerra de posição cujo representante, além de prático (para a Itália) e ideológico (para a Europa), é o fascismo. [10.I, § 9; 1, 298-300]

O cesarismo. César, Napoleão I, Napoleão III, Cromwell etc. Catalogar os eventos históricos que culminaram em uma grande personalidade "heroica". Pode-se afirmar que o cesarismo expressa uma situação na qual as forças em luta se equilibram de modo catastrófico, isto é, equilibram-se de tal forma que a continuação da luta só pode terminar com a destruição recíproca. Quando a força progressista *A* luta contra a força regressiva *B*, não só pode ocorrer que *A* vença *B* ou *B* vença *A*, mas também pode suceder que nem *A* nem *B* vençam, porém se debilitem mutuamente, e uma terceira força, *C*, intervenha de fora, submetendo o que resta de *A* e de *B*. [...]

Mas o cesarismo, embora expresse sempre a solução "arbitral", confiada a uma grande personalidade, de uma situação histórico-política caracterizada por um equilíbrio de forças de perspectiva catastrófica, não tem sempre o mesmo significado histórico. Pode haver um cesarismo progressista e um cesarismo regressivo; e, em última análise, o significado exato de cada forma de cesarismo só pode ser reconstruído a partir da história concreta e não de um esquema sociológico. O cesarismo é progressista quando sua intervenção ajuda a força progressista a triunfar, ainda que com certos compromissos e acomodações que limitam a vitória; é regressivo quando sua intervenção ajuda a força regressiva a triunfar, também neste caso com certos compromissos e limitações, os quais, no entanto, têm um valor, um alcance e um significado diversos daqueles do caso anterior. César e Napoleão I são exemplos de cesarismo progressista. Napoleão III e Bismarck, de cesarismo regressivo. Trata-se de ver se, na dialética revolução-restauração, é o elemento revolução ou o elemento restauração que predomina, já que é certo que, no movimento histórico, jamais se volta atrás e não existem restaurações *in toto*. De resto, o cesarismo é uma fórmula polêmico-ideológica e não um cânone de interpretação histórica. Pode ocorrer uma solução cesarista mesmo sem um César, sem uma grande personalidade "heroica" e representativa. Também o sistema parlamentar criou um mecanismo para tais soluções de compromisso. [...] Todo governo de coalizão é um grau inicial de cesarismo, que pode ou não se desenvolver até graus mais significativos (naturalmente, a opinião vulgar é a de que, ao contrário, governos de coalizão constituem o mais "sólido baluarte" contra o cesarismo).

No mundo moderno, com suas grandes coalizões de caráter econômico-sindical e político-partidário, o mecanismo do fenômeno cesarista é muito diferente do que foi até Napoleão III. No período até Napoleão III, as forças militares regulares ou de carreira constituíam um elemento decisivo para o advento do cesarismo, que se verificava através de golpes de Estado bem claros, de ações militares etc. No mundo moderno, as forças sindicais e políticas, com os meios financeiros incalculáveis de que podem dispor pequenos grupos de cidadãos, complicam o problema. Os funcionários dos partidos e dos sindicatos econômicos podem ser corrompidos ou aterrorizados, sem que haja necessidade de ações militares em grande estilo, do tipo César ou 18 Brumário. Reproduz-se neste campo a mesma situação examinada a propósito da fórmula da chamada "revolução permanente", típica dos jacobinos e de 1848. A técnica política moderna mudou completamente após 1848, após a expansão do parlamentarismo, do regime associativo sindical e partidário, da formação de vastas burocracias estatais e "privadas" (político-privadas, partidárias e sindicais), bem como das transformações que se verificaram na organização da polícia em sentido amplo, isto é, não só do serviço estatal destinado à repressão da criminalidade, mas também do conjunto das forças organizadas pelo Estado e pelos particulares para defender o domínio político e econômico das classes dirigentes. Neste sentido, inteiros partidos "políticos" e outras organizações econômicas ou de outro gênero devem ser considerados organismos de polícia política, de caráter investigativo e preventivo.

O esquema genérico das forças *A* e *B* em luta com perspectiva catastrófica, isto é, com a perspectiva de que nem *A* nem *B* vençam na luta para constituir (ou reconstituir) um equilíbrio orgânico, da qual nasce (pode nascer) o cesarismo, é precisamente uma hipótese genérica, um esquema sociológico (cômodo para a arte política). A hipótese pode se tornar cada vez mais concreta, ser levada a um grau sempre maior de aproximação com a realidade histórica concreta, o que pode ser obtido especificando-se alguns elementos fundamentais. Assim, ao falar de *A* e de *B*, foi dito apenas que elas são uma força genericamente progressista e uma força genericamente regressiva: pode-se especificar de que tipo de forças progressistas e regressivas se trata e, desse modo, obter maiores aproximações. Nos casos de César e Napoleão I, pode-se dizer que *A* e *B*, embora fossem distintas e contrastantes, não eram forças tais que não pudessem "absolutamente" chegar a uma fusão e assimilação recíproca após um processo molecular, o que de fato ocorreu, pelo menos em certa medida (mas suficiente para os objetivos histórico-políticos de pôr fim à luta orgânica fundamental e, portanto, de superar a fase catastrófica). Este é um elemento de maior aproximação. Outro elemento é o seguinte: a fase catastrófica pode emergir por causa de uma deficiência política "momentânea" da força dominante tradicional, e não de uma deficiência orgânica necessariamente insuperável. Foi o que se verificou no caso de

Napoleão III. A força dominante na França de 1815 a 1848 dividira-se politicamente (facciosamente) em quatro frações: a legitimista, a orleanista, a bonapartista, a jacobino-republicana. As lutas internas entre as facções eram de tal ordem que tornavam possível o avanço da força antagonista *B* (progressista) de forma "precoce"; contudo, a forma social existente ainda não esgotara suas possibilidades de desenvolvimento, como a história posterior demonstrou amplamente [108]. Napoleão III representou (à sua maneira, de acordo com a estatura do homem, que não era grande) estas possibilidades latentes e imanentes: seu cesarismo, assim, tem um colorido particular. É objetivamente progressista, embora não como o de César e de Napoleão I. O cesarismo de César e de Napoleão I foi, por assim dizer, de caráter quantitativo-qualitativo, ou seja, representou a fase histórica de passagem de um tipo de Estado para outro, uma passagem em que as inovações foram tantas e de tal ordem que representaram uma transformação completa. O cesarismo de Napoleão III foi só e limitadamente quantitativo: não houve a passagem de um tipo de Estado para outro, mas só "evolução" dentro do mesmo tipo, segundo uma linha ininterrupta.

No mundo moderno, os fenômenos de cesarismo são completamente diferentes tanto daqueles do tipo progressista César-Napoleão I, como também daqueles do tipo Napoleão III, embora se aproximem deste último. No mundo moderno, o equilíbrio com perspectivas catastróficas não se verifica entre forças que, em última instância, poderiam fundir-se e unificar-se, ainda que depois de um processo penoso e sangrento, mas entre forças cujo contraste é insolúvel historicamente e que, ao contrário, aprofunda-se com o advento de formas cesaristas. Todavia, o cesarismo no mundo moderno ainda encontra uma certa margem, maior ou menor, conforme os países e seu peso relativo na estrutura mundial, já que uma forma social tem "sempre" possibilidades marginais de desenvolvimento e de sistematização organizativa subsequente e, em especial, pode contar com a fraqueza relativa da força progressista antagonista, em função da natureza e do modo de vida peculiar dessa força, fraqueza que é preciso manter: foi por isso que se afirmou que o cesarismo moderno, mais do que militar, é policial. [13, § 27; 3, 76-79]

9. AMERICANISMO E FORDISMO

Série de problemas que devem ser examinados nesta rubrica geral e um pouco convencional, "Americanismo e fordismo", depois de ter sido levado em conta o fato fundamental de que as soluções dos mesmos são necessariamente formuladas e tentadas nas condições contraditórias da sociedade moderna, o que determina complicações, posições absurdas, crises econômicas e morais de tendência frequentemente catastrófica etc. Pode-se dizer, de modo genérico, que o americanismo e o fordismo resultam da necessidade imanente de chegar à organização de uma economia programática e que os diversos problemas examinados deveriam ser os elos da cadeia que marcam precisamente a passagem do velho individualismo econômico para a economia programática [109]: estes problemas nascem das várias formas de resistência que o processo de desenvolvimento encontra em sua evolução, resistências que provêm das dificuldades presentes na *societas rerum* e na *societas hominum*. Que uma tentativa progressista seja iniciada por uma ou por outra força social não é algo sem consequências fundamentais: as forças subalternas, que teriam de ser "manipuladas" e racionalizadas de acordo com as novas metas, necessariamente resistem. Mas resistem também alguns setores das forças dominantes, ou, pelo menos, aliados das forças dominantes. O proibicionismo [110], que era nos Estados Unidos uma condição necessária para desenvolver o novo tipo de trabalhador adequado a uma indústria "fordizada", foi derrubado pela oposição de forças marginais, ainda atrasadas, e não certamente pela oposição dos industriais ou dos operários. Etc.

Registro de alguns dos problemas mais importantes ou interessantes no essencial, embora à primeira vista pareçam não ser de primeiro plano: 1) substituição da atual camada plutocrática por um novo mecanismo de acumulação e distribuição do capital financeiro, baseado imediatamente na produção industrial; 2) questão sexual; 3) questão de saber se o americanismo pode constituir uma "época" histórica, ou seja, se pode determinar um desenvolvimento gradual do tipo (examinado em outros locais) das "revoluções passivas" próprias do século passado, ou se, ao contrário, representa apenas a acumulação molecular de elementos destinados a produzir uma "explosão", ou seja, uma revolução de tipo francês; 4) questão da "racionalização" da composição demográfica europeia; 5) questão de saber se o desenvolvimento deve ter seu ponto de partida no interior do mundo industrial e produtivo ou se pode ocorrer a partir de fora, através da construção cautelosa e maciça de uma estrutura jurídica formal que guie a partir de fora os desenvolvimentos necessários do aparelho produtivo; 6) questão dos chamados "altos salários" pagos pela indústria "fordizada" e racionalizada; 7) o fordismo como ponto extremo do processo de sucessivas tentativas da indústria no sentido de superar a lei tendencial da queda da taxa de lucro; 8) a psicanálise (sua enorme difusão no após-guerra) como expressão do aumento da coerção moral exercida pelo aparelho estatal e social sobre os indivíduos e das crises mórbidas que esta coerção determina; 9) o Rotary Club e a Maçonaria. [22, § 1; 4, 341-342]

A crise. O estudo dos acontecimentos que assumem o nome de crise e que se prolongam de forma catastrófica de 1929 até hoje deverá atrair atenção especial. 1) Será preciso combater todos os que pretendam dar destes acontecimentos uma definição única ou, o que é o mesmo, encontrar uma causa ou uma origem única. Trata-se de um processo, que tem muitas manifestações e no qual causas e efeitos se interligam e se sobrepõem. Simplificar significa desnaturar e falsear. Portanto: processo complexo, como em muitos outros fenômenos, e não "fato" único que se repete sob várias formas em razão de uma causa e uma origem únicas. 2) Quando começou a crise? A questão está ligada à primeira. Tratando-se de um desenvolvimento e não de um evento, a questão é importante. Pode-se dizer que a crise como tal não tem data de início, mas só algumas de suas "manifestações" mais clamorosas, que são identificadas com a crise, de modo errôneo e tendencioso. O outono de 1929, com o *crack* da bolsa de Nova York, é para alguns o início da crise; e, como era de supor, para os que pretendem ver no "americanismo" a origem e a causa da crise. Mas os eventos do outono de 1929 na América são exatamente uma das manifestações clamorosas do desenvolvimento da crise, e nada mais. Todo o após-guerra é crise, com tentativas de remediá-la que às vezes têm sucesso neste ou naquele país, e nada mais. Para alguns (e talvez não sem razão), a própria guerra é uma manifestação da crise, ou melhor, a primeira manifestação; a guerra foi precisamente a resposta política e organizativa dos responsáveis. (Isto mostraria que é difícil separar nos fatos a crise econômica das crises políticas, ideológicas etc., embora isto seja possível cientificamente, ou seja, mediante um trabalho de abstração). 3) A crise tem origem nas relações técnicas, isto é, nas respectivas posições de classe, ou em outros fatos, como legislações, desordens etc.? Decerto, parece demonstrável que a crise tem origens "técnicas", ou seja, nas respectivas relações de classe, mas que, em seus inícios, as primeiras manifestações ou previsões deram lugar a conflitos de vários tipos e a intervenções legislativas, que jogaram mais luz sobre a própria "crise", não a determinaram, ou acentuaram alguns de seus fatores. Estes três pontos — 1) que a crise é um processo complicado; 2) que se inicia pelo menos com a guerra, ainda que esta não seja sua primeira manifestação; 3) que a crise tem origens internas, nos modos de produção e, portanto, de troca, e não em fatos políticos e jurídicos — parecem ser os três primeiros a ser esclarecidos com exatidão.

Outro ponto é que se esquecem os fatos simples, isto é, as contradições fundamentais da sociedade atual, em favor de fatos aparentemente complexos (mas seria melhor dizer "artificiosos"). Uma das contradições fundamentais é esta: que, enquanto a vida econômica tem como premissa necessária o internacionalismo, ou melhor, o cosmopolitismo, a vida estatal se desenvolveu cada vez mais no sentido do "nacionalismo", da "autossuficiência" etc. Uma das características mais visíveis da "crise atual" é, apenas, a exasperação do elemento nacionalista (estatal-nacionalista) na economia: quotas de importação e de exportação, *clearing*, restrição ao comércio de divisas, comércio equilibrado apenas entre dois Estados etc. Então se poderia dizer, o que seria o mais exato, que a "crise" é tão somente a intensificação quantitativa de certos elementos, nem novos nem originais, mas sobretudo a intensificação de certos fenômenos, enquanto outros, que antes apareciam e operavam simultaneamente com os primeiros, neutralizando-os, tornaram-se inoperantes ou desapareceram inteiramente. Em suma, o desenvolvimento do capitalismo foi uma "crise contínua", se assim se pode dizer, ou seja, um rapidíssimo movimento de elementos que se equilibravam e neutralizavam. Num certo ponto, neste movimento, alguns elementos predominaram, ao passo que outros desapareceram ou se tornaram inativos no quadro geral. Então surgiram acontecimentos aos quais se dá o nome específico de "crises", que são mais ou menos graves precisamente na medida em que tenham lugar elementos maiores ou menores de equilíbrio. Dado este quadro geral, pode-se estudar o fenômeno em seus diversos planos e aspectos: monetário, financeiro, produtivo, de comércio interno, de comércio exterior etc.; e não se pode excluir que cada um destes aspectos, em consequência da divisão internacional do trabalho e das funções, possa ter aparecido, nos diferentes países, como predominante ou como máxima manifestação. Mas o problema fundamental é o produtivo; e, na produção, o desequilíbrio entre indústrias dinâmicas (nas quais o capital constante aumenta) e indústrias estacionárias (nas quais conta muito a mão de obra imediata). Compreende-se que, dado que também no campo internacional ocorre uma estratificação entre indústrias dinâmicas e estacionárias, foram mais atingidos pela crise os países nos quais as indústrias dinâmicas existem em abundância etc. Disso resultam variadas ilusões, decorrentes da incompreensão de que o mundo é uma unidade, queira-se ou não, e de que todos os países, se se mantiverem em determinadas condições de estrutura, passarão por certas "crises". [...] [15, § 5; 4, 316-321]

O fordismo. À parte o fato de que os altos salários não representam na prática industrial de Ford aquilo que Ford teoricamente quer que signifiquem (cf. notas sobre o significado essencial dos altos salários como meio para selecionar uma mão de obra adequada ao fordismo, seja como método de produção e de trabalho, seja como sistema comercial e financeiro: necessidade de não ter interrupções no trabalho, logo *open shop* etc. [111]), deve-se notar: em certos países de capitalismo atrasado e de composição econômica em que se equilibram a grande indústria moderna, o artesanato, a pequena e média cultura agrícola e o latifundismo, as massas operárias e camponesas não são consideradas como um "mercado". O mercado para a indústria é visto como estando situado no exterior, e em países atrasados do exterior, nos quais haja maior possibilidade de penetração política para a criação de colônias e de zonas de influência. A indústria, com o protecionismo interno e os baixos salários, busca mercados externos através de um verdadeiro *dumping* permanente.

Países onde existe nacionalismo, mas não uma situação "nacional-popular", ou seja, onde as grandes massas populares são consideradas como gado. A permanência de uma camada artesanal industrial tão considerável em alguns países não estará ligada precisamente ao fato de que as grandes massas camponesas não são consideradas como um mercado para a grande indústria, que tem predominantemente um mercado externo? E o chamado renascimento ou defesa do artesanato não expressará precisamente a vontade de conservar esta situação em detrimento dos camponeses mais pobres, aos quais se impede qualquer progresso? [6, § 135; 4, 305-306]

Sobre a queda tendencial da taxa de lucro. Essa lei deveria ser estudada com base no taylorismo e no fordismo. Não são estes dois métodos de produção e de trabalho tentativas progressivas para superar a lei tendencial, eludindo-a graças à multiplicação das variáveis nas condições do aumento progressivo do capital constante? As variáveis são as seguintes (entre as mais importantes; mas, a partir dos livros de Ford, poder-se-ia construir um registro completo e muito interessante): 1) as máquinas continuamente introduzidas são mais perfeitas e refinadas; 2) os metais mais resistentes e de maior duração; 3) cria-se um novo tipo de operário monopolizado, com altos salários; 4) diminuição das perdas no material de fabricação; 5) utilização cada vez maior de subprodutos sempre mais numerosos, isto é, economia das perdas antes necessárias, o que foi possibilitado pela grande amplitude das empresas; 6) utilização das perdas de energias calóricas: por exemplo, o calor dos altos fornos que antes se perdia na atmosfera é conduzido por tubulações, aquecendo os locais de habitação etc. (A seleção de um novo tipo de operário torna possível, através da racionalização taylorizada dos movimentos, uma produção relativa e absoluta maior do que a anterior, com a mesma força de trabalho.) Com cada uma destas inovações, o industrial passa de um período de custos crescentes (isto é, de queda da taxa de lucro) para um período de custos decrescentes, na medida em que goza de um monopólio de iniciativa que pode durar muito tempo (relativamente). O monopólio dura muito tempo também por causa dos altos salários que estas indústrias progressistas "devem" pagar se quiserem formar um operariado selecionado e se quiserem disputar com os competidores os operários mais predispostos, do ponto de vista psicotécnico, às novas formas de produção e de trabalho. [...] Portanto, a lei tendencial da queda da taxa de lucro estaria na base do americanismo, isto é, seria a causa do ritmo acelerado no progresso dos métodos de trabalho e de produção e de modificação do tipo tradicional do operário. [10, II, § 41, VII; 1, 380-382]

Racionalização da composição demográfica europeia. [...] O americanismo, em sua forma mais completa, exige uma condição preliminar, da qual não se ocuparam os americanos que trataram destes problemas, já que na América ela existe "naturalmente": essa condição pode ser chamada de "uma composição demográfica racional", que consiste no fato de que não existem classes numerosas sem uma função essencial no mundo produtivo, isto é, classes absolutamente parasitárias. A "tradição", a "civilização" europeia, ao contrário, caracterizam-se pela existência de tais classes, criadas pela "riqueza" e pela "complexidade" da história passada, que deixou um grande número de sedimentações passivas através dos fenômenos de saturação e fossilização do pessoal estatal e dos intelectuais, do clero e da propriedade fundiária, do comércio de rapina e do exército, o qual foi inicialmente profissional e depois passou a basear-se no recrutamento, mas é ainda profissional no nível do oficialato. Aliás, pode-se dizer que, quanto mais antiga é a história de um país, tanto mais numerosas e gravosas são essas sedimentações de massas ociosas e inúteis que vivem do "patrimônio" dos "avós", destes pensionistas da história econômica. [...]

A América não tem grandes "tradições históricas e culturais", mas tampouco está sufocada por esta camada de chumbo: é esta uma das principais razões — certamente mais importante do que a chamada riqueza natural — de sua formidável acumulação de capitais, malgrado o nível de vida de suas classes populares ser superior ao europeu. A inexistência dessas sedimentações viscosamente parasitárias, legadas pelas fases históricas passadas, permitiu uma base sadia para a indústria e, em especial, para o comércio, possibilitando a redução cada vez maior da função econômica representada pelos transportes e pelo comércio a uma real atividade subordinada à produção, ou melhor, a tentativa de incorporar estas atividades à própria atividade produtiva (cf. os experimentos feitos por Ford e as economias obtidas por sua fábrica através da gestão direta do transporte e do comércio da mercadoria produzida, economias que influíram sobre os custos de produção, ou seja, que permitiram melhores salários e menores preços de venda). Dado que existiam essas condições preliminares, já racionalizadas pelo desenvolvimento histórico, foi relativamente fácil racionalizar a produção e o trabalho, combinando habilmente a força (destruição do sindicalismo operário de base territorial) com a persuasão (altos salários, diversos benefícios sociais, habilíssima propaganda ideológica e política) e conseguindo centrar toda a vida do país na produção. A hegemonia nasce da fábrica e necessita apenas, para ser exercida, de uma quantidade mínima de intermediários profissionais da política e da ideologia. [...]

Na América, a racionalização determinou a necessidade de elaborar um novo tipo humano, adequado ao novo tipo de trabalho e de processo produtivo: esta elaboração está até agora na fase inicial e, por isso, (aparentemente) idílica. É ainda a fase da adaptação psicofísica à nova estrutura industrial, buscada através dos altos salários; ainda não se verificou (antes da crise de 1929), salvo talvez de modo esporádico, nenhum florescimento "superestrutural", ou seja, ainda não foi posta a questão fundamental da hegemonia. A luta se dá com armas tomadas do velho arsenal europeu e ainda abastardadas, que são portanto "anacrônicas" em relação ao desenvolvimento das "coisas". A luta que se desenvolve na América [...] é ainda pela propriedade da profissão, contra a "liberdade industrial", isto é, uma luta semelhante àquela que se travou na Europa no século XVIII, embora em outras condições: o sindicato operário americano é mais a expressão corporativa da propriedade das profissões qualificadas do que outra coisa e, por isso, sua destruição, exigida pelos industriais, tem um aspecto "progressista". A ausência da fase histórica europeia assinalada, também no campo econômico, pela Revolução Francesa deixou as massas populares americanas em estado bruto: a isso cabem acrescentar a ausência de homogeneidade nacional, a mistura das culturas-raças, a questão dos negros. [...] [22, § 2; 4, 242-249]

Alguns aspectos da questão sexual. [...] A mais importante questão ético-civil ligada à questão sexual é a da formação de uma nova personalidade feminina: enquanto a mulher não tiver alcançado não apenas uma real independência em face do homem, mas também um novo modo de conceber a si mesma e a seu papel nas relações sexuais, a questão sexual continuará repleta de aspectos mórbidos e será preciso ter cautela em qualquer inovação legislativa. Toda crise de coerção unilateral no campo sexual traz consigo um desregramento "romântico", que pode ser agravado pela abolição da prostituição legal e organizada. Todos estes elementos complicam e tornam dificílima qualquer regulamentação do fato sexual e qualquer tentativa de criar uma nova ética sexual adequada aos novos métodos de produção e de trabalho. Por outro lado, é necessário encaminhar esta regulamentação e a criação de uma nova ética. Deve-se observar como os industriais (especialmente Ford) se interessaram pelas relações sexuais de seus empregados e, em geral, pela organização de suas famílias; a aparência de "puritanismo" assumida por este interesse (como no caso do proibicionismo) não deve levar a avaliações erradas; a verdade é que não se pode desenvolver o novo tipo de homem exigido pela racionalização da produção e do trabalho enquanto o instinto sexual não for adequadamente regulamentado, não for também ele racionalizado. [22, § 3; 4, 249-252]

Os altos salários. É óbvio pensar que os chamados altos salários são uma forma transitória de retribuição. A adaptação aos novos métodos de produção e de trabalho não pode ocorrer apenas através da coerção social: este é um "preconceito" muito difundido na Europa (e especialmente no Japão), onde não tardará a provocar consequências graves para a saúde física e psíquica dos trabalhadores, "preconceito" que, de resto, tem sua base tão somente no desemprego endêmico surgido no após-guerra. Se a situação fosse "normal", o aparelho de coerção necessário para obter o resultado desejado custaria mais do que os altos salários. Por isso, a coerção deve ser sabiamente combinada com a persuasão e o consenso, e isto pode ser obtido, nas formas próprias de uma determinada sociedade, por meio de uma maior retribuição, que permita um determinado padrão de vida, capaz de manter e reintegrar as forças desgastadas pelo novo tipo de esforço. Mas, tão logo os novos métodos de trabalho e de produção se generalizarem e difundirem, tão logo o novo tipo de operário for criado universalmente e o aparelho de produção material se aperfeiçoar ainda mais, o *turnover* excessivo será automaticamente limitado pelo desemprego em larga escala e os altos salários desaparecerão. Na realidade, a indústria americana que paga altos salários desfruta ainda de um monopólio que resulta do fato de ter a iniciativa dos novos métodos; aos lucros de monopólio correspondem salários de monopólio. Mas o monopólio será necessariamente limitado, num primeiro momento, e depois destruído pela difusão dos novos métodos, tanto nos Estados Unidos quanto no exterior (cf. o fenômeno japonês do baixo preço das mercadorias); e assim, junto com os grandes lucros, também desaparecerão os altos salários. De resto, sabe-se que os altos salários ligam-se necessariamente a uma aristocracia operária e não são pagos a todos os trabalhadores americanos.

Toda a ideologia fordista dos altos salários é um fenômeno derivado de uma necessidade objetiva da indústria moderna que atingiu determinado grau de desenvolvimento e não um fenômeno primário (o que, porém, não dispensa o estudo da importância e das repercussões que a ideologia pode provocar). De resto, o que significa "alto salário"? O salário pago por Ford é alto somente em comparação com a média dos salários americanos, ou é alto como preço da força de trabalho que os empregados da Ford consomem na produção e com os métodos de trabalho de Ford? Não parece que uma tal pesquisa tenha sido feita de modo sistemático, embora somente ela pudesse dar uma resposta conclusiva. A pesquisa é difícil, mas as próprias causas dessa dificuldade são uma resposta indireta. A resposta é difícil porque o quadro de operários qualificados da Ford é muito instável e, por isso, não é possível estabelecer uma média "racional" de demissões entre os operários da Ford para comparar com a média das outras indústrias. Mas por que esta instabilidade? Como é possível que um operário possa preferir um salário "mais baixo" àquele pago pela Ford? Não significará isto que os chamados "altos salários" são menos convenientes para reconstituir a força de trabalho consumida do que os salários mais baixos das outras empresas? A instabilidade do quadro de trabalhadores qualificados demonstra que as condições normais de concorrência entre os operários (diferença de salário) só atuam, no que se refere à indústria Ford, dentro de certos limites: não atua o diferente nível entre as médias salariais e não atua a pressão do exército de reserva dos desempregados. Isto significa que se deve procurar, na indústria Ford, algum elemento novo, que será a origem real tanto dos "altos salários" como dos outros fenômenos referidos (instabilidade etc.). Este elemento só pode ser buscado nisto: que a indústria Ford exige uma especialização, uma qualificação para seus operários que as outras indústrias ainda não exigem, ou seja, uma qualificação de novo tipo, uma forma de consumo da força de trabalho e uma quantidade de força consumida no mesmo tempo médio que são mais gravosas e extenuantes do que em outros locais, forma e quantidade que o salário não consegue compensar em todos os casos, não consegue reconstituir nas condições dadas pela sociedade tal como é. Postas estas questões, apresenta-se o seguinte problema: se o tipo de indústria e de organização do trabalho e da produção próprio da Ford é "racional", isto é, se pode e deve generalizar-se, ou se, ao contrário, trata-se de um fenômeno mórbido a ser combatido com a força dos sindicatos e com a legislação. Ou seja: se é possível, com a pressão material e moral da sociedade e do Estado, fazer com que os operários como massa sofram todo o processo de transformação psicofísica capaz de transformar o tipo médio do operário Ford no tipo médio do operário moderno, ou se isto é impossível, já que levaria à degeneração física e à deterioração da espécie, destruindo toda força de trabalho. Parece ser possível responder que o método Ford é "racional", isto é, deve se generalizar; mas, para isso, é necessário um longo processo, no qual ocorra uma mudança das condições sociais e dos costumes e hábitos individuais, o que não pode ocorrer apenas através da "coerção", mas somente por meio de uma combinação entre coação (autodisciplina) e persuasão, sob a forma também de altos salários, isto é, da possibilidade de um melhor padrão de vida, ou talvez, mais exatamente, da possibilidade de realizar o padrão de vida adequado aos novos modos de produção e de trabalho, que exigem um particular dispêndio de energias musculares e nervosas.

Em medida limitada, mas ainda assim relevante, verificavam-se e verificam-se fenômenos semelhantes àqueles determinados em larga escala pelo fordismo em certos ramos da indústria ou em estabelecimentos não "fordizados". Constituir um quadro orgânico e bem articulado de operários fabris qualificados ou uma equipe de trabalho especializada jamais foi tarefa simples: ora, uma vez constituídos esse quadro e essa equipe, seus componentes, ou parte deles, acabam por vezes não só se beneficiando com um salário de monopólio, mas também não são demitidos no caso de uma redução temporária da produção; seria antieconômico dispersar os elementos de um todo orgânico constituído com esforço, já que seria quase impossível voltar a agrupá-los, na medida em que a reconstrução deste todo com elementos novos, aleatórios, custaria tentativas e gastos não indiferentes. É este um limite posto à lei da concorrência gerada pelo exército de reserva e pelo desemprego, limite que sempre esteve na origem da formação de aristocracias privilegiadas. Dado que jamais funcionou e não funciona uma lei de equiparação perfeita dos sistemas e dos métodos de produção e trabalho para todas as empresas de um determinado ramo da indústria, disso resulta que toda empresa, numa determinada medida mais ou menos ampla, é "única", formando para si um quadro de trabalhadores qualificados com competências adequadas a essa particular empresa: pequenos "segredos" de fabricação e de trabalho, "truques" que em si parecem negligenciáveis, mas que, repetidos infinitas vezes, podem adquirir uma grande importância econômica. Um caso particular pode ser estudado na organização do trabalho nos portos, particularmente naqueles onde há desequilíbrio entre embarque e desembarque de mercadorias e onde se verificam períodos de congestionamento do trabalho e períodos em que praticamente cessam as atividades. É necessário dispor de um grupo de estivadores qualificados sempre disponível (que não se afaste do posto de trabalho), capaz de realizar o mínimo de trabalho no período da baixa estação ou de outro tipo; daí, a formação de grupos fechados, com altos salários e outros privilégios, em contraposição à massa dos "trabalhadores temporários" etc. Isso se verifica também na agricultura, na relação entre colonos fixos e assalariados, bem como em muitas indústrias onde existem os "períodos mortos", por razões inerentes à própria indústria, como a do vestuário, ou devidos à má organização do comércio atacadista, que faz suas compras segundo ciclos próprios, não sincronizados com o ciclo da produção etc. [22, § 13; 272-276]

Ações, obrigações, títulos de Estado. Que mudança radical produzirá na orientação da pequena e média poupança a atual depressão econômica se, como parece provável, ela se prolongar ainda por algum tempo? Pode-se observar que a queda do mercado de ações provocou um imenso deslocamento de riqueza e um fenômeno de expropriação "simultânea" da poupança de amplíssimas massas da população, um pouco por toda parte, mas sobretudo na América: assim, os processos mórbidos que se haviam verificado por causa da inflação, no após-guerra, renovaram-se em toda uma série de países e operaram nos países que não haviam conhecido a inflação no período anterior.

O sistema que o governo italiano intensificou nestes anos (prosseguindo uma tradição já existente, ainda que em menor escala) parece ser o mais racional e orgânico, pelo menos para um grupo de países: mas que consequências poderá ter? Diferença entre ações ordinárias e ações preferenciais, entre estas e as obrigações, e entre ações e obrigações do mercado livre e obrigações ou títulos do Estado. A massa dos poupadores busca se desfazer completamente das ações de todo tipo, altamente desvalorizadas; prefere as obrigações às ações, mas prefere os títulos do Estado a qualquer outra forma de investimento. Pode-se dizer que a massa dos poupadores quer romper toda ligação direta com o conjunto do sistema capitalista privado, mas não recusa sua confiança ao Estado: quer participar da atividade econômica, mas através do Estado, que garanta um juro módico mas seguro. O Estado é assim investido de uma função de primeiro plano no sistema capitalista, como empresa (*holding* estatal) que concentra a poupança a ser posta à disposição da indústria e da atividade privada, como investidor a médio e longo prazo (criação italiana dos vários Institutos, de crédito mobiliário, de reconstrução industrial etc.; transformação do Banco Comercial, consolidação das Caixas Econômicas, criação de novas formas na poupança postal etc.). Porém, uma vez assumida esta função, por causa de necessidades econômicas imprescindíveis, pode o Estado se desinteressar da organização da produção e da troca? Deixá-la, tal como antes, à iniciativa da concorrência e à iniciativa privada? Se isso ocorresse, a desconfiança que hoje atinge a indústria e o comércio privados envolveria também o Estado; o surgimento de uma situação que obrigasse o Estado a desvalorizar seus títulos (através da inflação ou por outro meio), tal como se desvalorizaram as ações privadas, seria uma catástrofe para o conjunto da organização econômico-social. O Estado é assim necessariamente levado a intervir para controlar se os investimentos realizados por seu intermédio estão sendo bem administrados e, desse modo, compreende-se pelo menos um aspecto das discussões teóricas sobre o regime corporativo. Mas o simples controle não é suficiente. Com efeito, não se trata apenas de conservar o aparelho produtivo tal como este existe num determinado momento; trata-se de reorganizá-lo a fim de desenvolvê-lo paralelamente ao aumento da população e das necessidades coletivas. Precisamente nestes desenvolvimentos necessários é que reside o maior risco da iniciativa privada e deveria ser maior a intervenção do Estado, que também não está livre de riscos, muito ao contrário. (Estes elementos são mencionados como os mais orgânicos e essenciais, mas também outros elementos levam à intervenção estatal ou a justificam teoricamente: o agravamento dos regimes de proteção alfandegária e das tendências autárquicas, os subsídios, o *dumping*, as operações de salvamento das grandes empresas à beira da falência ou em perigo; ou seja, como já foi dito, a "nacionalização das perdas e dos déficits industriais" etc.)

Se o Estado se propusesse impor uma direção econômica por meio da qual a produção da poupança, de "função" de uma classe parasitária, passasse a ser função do próprio organismo produtivo, estes desenvolvimentos hipotéticos seriam progressistas, poderiam fazer parte de um vasto projeto de racionalização integral: para isso, seria necessário promover uma reforma agrária (com a abolição da renda da terra como renda de uma classe não trabalhadora e sua incorporação ao organismo produtivo, como poupança coletiva destinada à reconstrução e a ulteriores progressos) e uma reforma industrial que fizesse todas as rendas decorrerem de necessidades funcionais técnico-industriais e não mais serem consequências jurídicas do puro direito de propriedade.

Deste conjunto de exigências, nem sempre confessadas, nasce a justificação histórica das chamadas tendências corporativas, que se manifestam predominantemente como exaltação do Estado em geral, concebido como algo absoluto, e como desconfiança e aversão em face das formas tradicionais do capitalismo. Daí se segue que, teoricamente, o Estado parece ter sua base político-social na "gente miúda" e nos intelectuais; mas, na realidade, sua estrutura permanece plutocrática e torna-se impossível romper as ligações com o grande capital financeiro: de resto, é o próprio Estado que se torna o maior organismo plutocrático, a *holding* das grandes massas de poupança dos pequenos capitalistas. [...]

Que possa existir um Estado que se baseie politicamente, ao mesmo tempo, na plutocracia e na gente miúda não é, de resto, algo inteiramente contraditório, como o demonstra um país exemplar, a França, onde precisamente não se compreenderia o domínio do capital financeiro sem a base política de uma democracia de pequeno-burgueses e de camponeses que vivem de renda. A França, contudo, por motivos complexos, tem ainda uma composição social bastante sadia, já que nela existe uma ampla base de pequena e média propriedade agrícola. Em outros países, ao contrário, os poupadores se separaram do mundo da produção e do trabalho; neles, a poupança é "socialmente" muito cara, já que obtida às custas de um nível de vida excessivamente baixo dos trabalhadores industriais e, sobretudo, agrícolas. Se a nova estrutura do crédito consolidasse esta situação, ocorreria na realidade uma deterioração: se a poupança parasitária, graças à garantia estatal, não tivesse nem mesmo de passar pelos caminhos gerais do mercado normal, a propriedade agrícola parasitária se reforçaria, por um lado, e, por outro, as obrigações industriais que geram dividendos legais certamente pesariam sobre o trabalho de modo ainda mais esmagador. [22, § 14; 4, 276-279]

10. CULTURA, ARTE, LITERATURA

Temas de cultura. Material ideológico. Um estudo de como se organiza de fato a estrutura ideológica de uma classe dominante: isto é, a organização material voltada para manter, defender e desenvolver a "frente" teórica ou ideológica. A parte mais considerável e mais dinâmica dessa frente é o setor editorial em geral: editoras (que têm um programa implícito e explícito e se apoiam numa determinada corrente), jornais políticos, revistas de todo tipo, científicas, literárias, filológicas, de divulgação etc., periódicos diversos até os boletins paroquiais. Seria mastodôntico um tal estudo, se feito em escala nacional: por isto, poderia ser feita, para uma cidade ou série de cidades, uma série de estudos. Um editor-chefe de um cotidiano deveria ter este estudo como índice geral para seu trabalho; ou, melhor, deveria refazê-lo por conta própria: quantos belíssimos artigos se poderiam escrever sobre a questão!

A imprensa é a parte mais dinâmica desta estrutura ideológica, mas não a única: tudo o que influi ou pode influir sobre a opinião pública, direta ou indiretamente, faz parte dessa estrutura. Dela fazem parte: as bibliotecas, as escolas, os círculos e os clubes de variado tipo, até a arquitetura, a disposição e o nome das ruas. Não se explicaria a posição conservada pela Igreja na sociedade moderna se não se conhecessem os esforços diuturnos e pacientes que ela faz para desenvolver continuamente sua seção particular desta estrutura material da ideologia. Um tal estudo, feito com seriedade, teria uma certa importância: além de dar um modelo histórico vivo de uma tal estrutura, formaria o hábito de um cálculo mais cuidadoso e exato das forças ativas na sociedade. O que se pode contrapor, por parte de uma classe inovadora, a este complexo formidável de trincheiras e fortificações da classe dominante? O espírito de cisão — isto é, a conquista progressiva da consciência da própria personalidade histórica — que deve tender a se ampliar da classe protagonista às classes aliadas potenciais [112]: tudo isto requer um complexo trabalho ideológico, cuja primeira condição é o exato conhecimento do campo a ser esvaziado de seu elemento de massa humana. [3, § 49; 2, 78-79]

Governos e níveis culturais nacionais. Todo governo tem uma política cultural e pode defendê-la de seu ponto de vista e demonstrar ter elevado o nível cultural nacional. Tudo consiste em ver qual é a medida deste nível. Um governo pode organizar melhor a alta cultura e negligenciar a cultura popular. E mais: da alta cultura, pode organizar melhor o setor correspondente à tecnologia e às ciências naturais, pondo de modo paternalista à sua disposição somas de dinheiro como antes não se fazia etc. O critério de julgamento só pode ser este: um sistema de governo é repressivo ou expansivo? E mesmo este critério deve ser precisado: um governo repressivo por alguns aspectos será expansivo por outros? Um sistema de governo é expansivo quando facilita e promove o desenvolvimento a partir de baixo, quando eleva o nível de cultura nacional-popular e, portanto, torna possível uma seleção de "excelências intelectuais" numa área mais ampla. Um deserto com um grupo de altas palmeiras é sempre um deserto: aliás, é próprio do deserto ter pequenos oásis com grupos de altas palmeiras. [6, § 170; 2, 146-147]

Arte e luta por uma nova civilização. A relação artística mostra, particularmente na filosofia da práxis, a fátua ingenuidade dos papagaios que acreditam possuir, em poucas formuletas estereotipadas, a chave para abrir todas as portas (chaves chamadas precisamente de "gazuas"). Dois escritores podem representar (expressar) o mesmo momento histórico-social, mas um pode ser artista e o outro simples borra-botas. Esgotar a questão limitando-se a descrever o que ambos representam ou expressam socialmente, isto é, resumindo, mais ou menos bem, as características de um determinado momento histórico-social, significa nem sequer aflorar o problema artístico. Tudo isso pode ser útil e necessário (aliás, certamente o é), mas num outro campo: no campo da crítica política, da crítica dos costumes, na luta para destruir e superar determinadas correntes de sentimentos e crenças, determinadas atitudes diante da vida e do mundo; não é crítica e história da arte e não pode ser apresentada como tal, sob pena de confusão e de paralisação ou estagnação dos conceitos científicos, isto é, precisamente da não obtenção das finalidades inerentes à luta cultural.

Determinado momento histórico-social jamais é homogêneo; ao contrário, é rico de contradições. Ele adquire "personalidade", é um "momento" do desenvolvimento, graças ao fato de que, nele, uma certa atividade fundamental da vida predomina sobre as outras, representa uma "linha de frente" histórica. Mas isto pressupõe uma hierarquia, um contraste, uma luta. Deveria representar o momento em questão quem representasse esta atividade predominante, esta "linha de frente" histórica; mas como julgar os que representam as outras atividades, os outros elementos? Será que estes também não são "representativos"? E não é "representativo" do "momento" também quem expressa seus elementos "reacionários" e anacrônicos? Ou será que deve ser considerado representativo quem expressa todas as forças e elementos em contradição e em luta, isto é, quem representa as contradições da totalidade histórico-social?

Pode-se também pensar que uma crítica da civilização literária, uma luta para criar uma nova cultura é artística no sentido de que, da nova cultura, nascerá uma nova arte; mas isto aparece como um sofisma. De qualquer modo, talvez seja a partir de tais pressupostos que se pode compreender melhor a relação De Sanctis-Croce e as polêmicas sobre o conteúdo e a forma [113]. A crítica de De Sanctis é militante, não "friamente" estética; é a crítica própria de um período de lutas culturais, de contrastes entre concepções de vida antagônicas. As análises de conteúdo, a crítica da "estrutura" das obras, isto é, da coerência lógica e histórico-atual da massa de sentimentos artisticamente representados, são ligadas a esta luta cultural: é precisamente nisto que parece residir a profunda humanidade e o humanismo de De Sanctis, que tornam o crítico tão simpático ainda hoje. Agrada sentir nele o fervor apaixonado do homem de partido, que tem sólidas convicções morais e políticas e não as esconde nem busca escondê-las. [...]

Em suma, o tipo de crítica literária próprio à filosofia da práxis é fornecido por De Sanctis [...]: nele devem se fundir a luta por uma nova cultura, isto é, por um novo humanismo, a crítica dos costumes, dos sentimentos e das concepções do mundo, com a crítica estética ou puramente artística, e isso com fervor apaixonado, ainda que na forma do sarcasmo. [...] [23, § 3; 6, 64-68]

Arte e cultura. Parece evidente que, para ser exato, deve-se falar de luta por uma "nova cultura" e não por uma "nova arte" (em sentido imediato). Talvez nem sequer se possa dizer, para ser exato, que se luta por um novo conteúdo da arte, já que este não pode ser pensado abstratamente, separado da forma. Lutar por uma nova arte significaria lutar para criar novos artistas individuais, o que é absurdo, já que é impossível criar artificialmente os artistas. Deve-se falar de luta por uma nova cultura, isto é, por uma nova vida moral, que não pode deixar de ser intimamente ligada a uma nova intuição da vida, até que esta se torne um novo modo de sentir e de ver a realidade e, consequentemente, mundo intimamente relacionado com os "artistas possíveis" e com as "obras de arte possíveis". Que não se possam criar artificialmente artistas individuais, portanto, não significa que o novo mundo cultural, pelo qual se luta, suscitando paixões e calor de humanidade, não suscite necessariamente "novos artistas"; ou seja, não se pode afirmar que Fulano ou Beltrano se tornarão artistas, mas pode-se afirmar que do movimento nascerão novos artistas. Um novo grupo social que ingressa na vida histórica com postura hegemônica, com uma segurança de si que antes não possuía, não pode deixar de gerar, a partir de seu interior, personalidades que, antes, não teriam encontrado força suficiente para se expressar completamente num certo sentido. [...] [23, § 6; 6, 70].

Critérios de crítica literária. O conceito de que a arte é arte, e não propaganda política "deliberada" e projetada, é em si mesmo um obstáculo à formação de determinadas correntes culturais que sejam o reflexo de seu tempo e que contribuam para reforçar determinadas correntes políticas? Não parece; parece, ao contrário, que este conceito põe o problema em termos mais radicais e de uma crítica mais eficiente e conclusiva. Admitido o princípio de que, na obra de arte, deva se buscar somente o caráter artístico, não se exclui de modo algum a investigação de qual seja a massa de sentimentos, de qual seja a atitude diante da vida que circula na própria obra de arte. De resto, que isto seja admitido pelas modernas correntes estéticas pode ser visto em De Sanctis e no próprio Croce. O que se exclui é que uma obra seja bela por seu conteúdo moral e político, mas não por sua forma, na qual o conteúdo abstrato se fundiu e identificou. Investiga-se ainda se uma obra de arte não terá fracassado pelo fato de o autor se ter deixado desviar por preocupações práticas exteriores, isto é, postiças e insinceras. Este parece ser o ponto crucial da polêmica: Fulano "quer" expressar artificialmente um determinado conteúdo e não cria obra de arte. O fracasso artístico da obra de arte em questão (pois Fulano demonstrou ser artista em outras obras que realmente sentiu e viveu) demonstra que aquele conteúdo é, em Fulano, matéria surda e rebelde, que o entusiasmo de Fulano é fictício e projetado a partir de fora, que Fulano não é realmente, naquele caso concreto, um artista, mas um servo que quer agradar aos patrões. Existem, portanto, duas séries de fatos: um de caráter estético, ou de arte pura, outro de política cultural (ou seja, de política pura e simplesmente). O fato de que se chegue a negar o caráter artístico de uma obra pode servir, ao crítico político como tal, para demonstrar que Fulano enquanto artista não pertence àquele determinado mundo político, e, já que sua personalidade é predominantemente artística, que, em sua vida mais íntima e mais pessoal, aquele determinado mundo não opera, não existe: Fulano, portanto, é um comediante da política, quer se fazer passar pelo que não é etc. O crítico político, portanto, denuncia Fulano não como artista, mas como "oportunista político". Que um político faça uma pressão para que a arte de seu tempo expresse um determinado mundo cultural é uma atividade política, não de crítica artística: se o mundo cultural pelo qual se luta é um fato vivo e necessário, sua expansividade será irresistível, ele encontrará seus artistas. Mas se, apesar da pressão, esta irresistibilidade não se vê e não opera, isso significa que se tratava de um mundo fictício e postiço, elucubração retórica de medíocres que se lamentam de que os homens de maior envergadura não estejam de acordo com eles. O próprio modo de formular a questão pode ser um indício da solidez de um tal mundo moral e cultural: e, de fato, o chamado "formalismo" é apenas a defesa de pequenos artistas, que afirmam de modo oportunista certos princípios, mas se sentem incapazes de expressá-los artisticamente, isto é, em sua própria atividade, e vangloriam-se assim da pura forma que é seu próprio conteúdo etc. etc. [...] [15, § 38; 6, 259-261]

Critérios de método [na crítica literária]. Seria absurdo pretender que, a cada ano, ou mesmo de dez em dez anos, a literatura de um país produza obras como *Os noivos* ou *Os sepulcros* etc. [114] Precisamente por isto, a atividade crítica normal não pode deixar de ter um caráter preponderantemente "cultural" e ser uma crítica de "tendências", a não ser que se torne um contínuo massacre.

E, neste caso, como escolher a obra a massacrar, o escritor a demonstrar como alheio à arte? Este parece ser um problema negligenciável, mas, ao contrário, se refletirmos do ponto de vista da organização moderna da vida cultural, é um problema fundamental. Uma atividade crítica que fosse permanentemente negativa, feita de demolições, de demonstrações de que se trata de "não poesia" em vez de "poesia", tornar-se-ia aborrecida e revoltante: a "escolha" pareceria uma perseguição ao indivíduo ou poderia ser considerada "casual" e, portanto, irrelevante. Parece certo que a atividade crítica deva ter sempre um aspecto positivo, no sentido de que deva ressaltar, na obra examinada, um valor positivo, o qual, se pode não ser artístico, pode ser cultural; e, neste caso, não contará tanto o livro singular, salvo casos excepcionais, mas sim os conjuntos de obras classificados segundo a tendência cultural. Sobre a escolha: o critério mais simples, além da intuição do crítico e do exame sistemático de toda a literatura, trabalho colossal e quase impossível de ser feito individualmente, parece ser o do "êxito editorial", entendido em dois sentidos: "êxito junto aos leitores" e "êxito junto aos editores", o qual, em certos países, nos quais a vida intelectual é controlada por órgãos governamentais, tem também certo significado, já que indica a orientação que o Estado gostaria de imprimir à cultura nacional. Partindo dos critérios da estética crociana, apresentam-se os mesmos problemas: já que "fragmentos" de poesia podem ser encontrados por toda parte, tanto no *Amore illustrato* como na obra científica estritamente especializada, o crítico deveria conhecer "tudo" para ser capaz de separar o joio do trigo. Na realidade, todo crítico sente que pertence a uma organização de cultura que opera como conjunto; o que escapa a um é "descoberto" e indicado por outro etc. Também a multiplicação dos "prêmios literários" não passa de uma manifestação, mais ou menos bem-organizada, com maiores ou menores elementos de fraude, deste serviço de "indicação" coletiva da crítica literária militante. [23, § 36; 6, 106-108]

[Nacional-popular, humanismo, historicismo]. [...] Humanidade "autêntica, fundamental" só pode significar concretamente, no campo artístico, uma única coisa: "historicidade", isto é, caráter "nacional popular" do escritor, ainda que no amplo sentido de "socialidade", mesmo

em sentido aristocrático, contanto que o grupo social que se expressa seja historicamente vivo e que o "vínculo" social não seja de caráter "prático-político" imediato, ou seja, declamatório-moralista, mas sim histórico ou ético-político. [23, § 52; 6, 122]

Conceito de "nacional-popular". [...] Decerto, nada impede teoricamente que possa existir, inclusive hoje, uma literatura popular artística; o exemplo mais evidente é o do êxito "popular" dos grandes romancistas russos; mas não existe [na Itália], de fato, nem uma popularidade da literatura artística, nem uma produção local de literatura "popular", já que falta uma identidade de concepção do mundo entre "escritores" e "povo", ou seja, os sentimentos populares não são vividos como próprios pelos escritores nem os escritores desempenham uma função "educadora nacional", isto é, não se propuseram e nem se propõem o problema de elaborar os sentimentos populares após tê-los revivido e deles se apropriado. [...]

Deve-se observar o fato de que, em muitas línguas, "nacional" e "popular" são sinônimos ou quase (é o caso em russo; é o caso em alemão, onde *volkisch* tem um significado ainda mais íntimo, de raça; é o caso nas línguas eslavas em geral; em francês, "nacional" tem um significado no qual o termo "popular" já é mais elaborado politicamente, porque ligado ao conceito de "soberania": soberania nacional e soberania popular têm ou tiveram igual valor). Na Itália, o termo "nacional" tem um significado muito restrito ideologicamente e, de qualquer modo, não coincide com "popular", já que na Itália os intelectuais estão afastados do povo, ou seja, da "nação"; estão ligados, ao contrário, a uma tradição de casta, que jamais foi quebrada por um forte movimento político popular ou nacional vindo de baixo. [...]

O que significa o fato de que o povo italiano lê preferencialmente os escritores estrangeiros? Significa que ele *sofre* a hegemonia intelectual e moral dos intelectuais estrangeiros, que se sente mais ligado aos intelectuais estrangeiros do que aos "patrícios", isto é, que não existe no país um bloco nacional intelectual e moral, nem hierárquico nem (muito menos) igualitário. Os intelectuais não saem do povo, ainda que acidentalmente algum deles seja de origem popular; não se sentem ligados ao povo (à parte a retórica), não o conhecem e não sentem suas necessidades, suas aspirações e seus sentimentos difusos; mas são, em face do povo, algo destacado, solto no ar, ou seja, uma casta e não uma articulação (com funções orgânicas) do próprio povo. A questão deve ser estendida a toda a cultura nacional-popular e não se restringir apenas à literatura narrativa: o mesmo deve ser dito do teatro, da literatura científica em geral (ciências naturais, história etc.).

Tudo isso significa que toda a "classe culta", com sua atividade intelectual, está separada do povo-nação, não porque o povo-nação não tenha demonstrado ou não demonstre se interessar por esta atividade em todos os seus níveis, dos mais baixos (romances de folhetim) aos mais elevados, como o atesta o fato de que ele procura os livros estrangeiros adequados, mas sim porque o elemento intelectual nativo é mais estrangeiro diante do povo-nação do que os próprios estrangeiros. A questão não nasceu hoje; ela se pôs desde a fundação do Estado italiano, e sua existência anterior é um documento para explicar o atraso da formação política nacional unitária da península. [...] Na Itália, nunca houve, e continua a não haver, uma literatura nacional-popular, narrativa e de outro gênero. [21, § 5; 6, 39-45]

Notas ao texto

1. O filósofo napolitano Giambattista Vico (1668-1744) é autor de *La scienza nuova*. Contra Descartes, ele afirmava que podemos conhecer apenas aquilo que criamos, ou seja, a história. É considerado um dos precursores da dialética hegeliana.

2. Francesco De Sanctis (1817-1883) é autor da célebre *Storia della letteratura italiana*, que se inspira na estética hegeliana. De Sanctis foi muito ativo na política italiana da época e sua crítica literária reflete suas posições políticas progressistas.

3. O alemão Friedrich Hebbel (1813-1863) foi dramaturgo e poeta lírico. Em seus *Diários*, de onde Gramsci retira a frase citada, desenvolve considerações de natureza filosófica.

4. Gramsci deve estar se referindo aqui à posição dos chamados "marxistas legais" (entre os quais se destaca Piotr B. Struvé), expressão com a qual Lenin designava ironicamente alguns pensadores liberais que usavam *O capital* para afirmar que a Rússia deveria passar necessariamente por uma etapa de desenvolvimento e consolidação do capitalismo.

5. Com "primeira revolução", Gramsci está se referindo à revolução ocorrida na Rússia em fevereiro de 1917. Esta revolução — através da ação convergente de liberais burgueses e de socialistas de várias tendências, com apoio dos operários e dos soldados — derrubou a autocracia czarista e proclamou a república. Ela não deve ser confundida com a revolução bolchevique, ocorrida em outubro do mesmo ano.

6. Em 1914, em 7 de junho, a polícia de Ancona esmagou uma manifestação antimilitarista, liderada pelo anarquista Enrico Malatesta; já no dia seguinte, greves e manifestações se alastraram pela Romanha e pelas Marcas, estendendo-se até as cidades do norte da Itália, num movimento que ficou conhecido como "semana vermelha".

7. O "povo dos macacos" é retratado no romance *O livro da selva*, de Rudyard Kipling (1865-1936), escritor inglês nascido na Índia, agraciado com o Prêmio Nobel de Literatura em 1907.

8. Benito Mussolini (1883-1945) começou sua atividade política como membro do PSI, sendo um dos principais líderes da corrente intransigente revolucionária deste Partido. Depois de se opor inicialmente à Primeira Guerra Mundial, tornou-se um fervoroso defensor da intervenção da Itália no conflito, o que o levou a ser expulso do PSI em 1915, ocasião em que fundou o jornal *Il popolo d'Italia*, que depois viria a se tornar o principal órgão do movimento fascista. Em 1919, juntou nacionalistas e ex-combatentes nos chamados *fasci di combattimento*, grupos armados que promoviam violentos ataques contra as organizações operárias e socialistas, sobretudo nas zonas rurais, e que se tornaram a base do futuro Partido Nacional Fascista. O medo ao socialismo levou muitos liberais a conciliarem com Mussolini, que foi nomeado primeiro-ministro em 1922. Em 1926, após um obscuro atentado contra sua vida, Mussolini eliminou definitivamente o pouco que restava de legalidade constitucional na Itália e instaurou um regime abertamente ditatorial.

9. Em seu discurso, Mussolini vangloriou-se de ter sido "o primeiro a infectar esta gente [os comunistas], quando introduzi na circulação italiana um pouco de Bergson misturado com muito Blanqui". O revolucionário francês Auguste Blanqui (1805-1881), de onde deriva o termo "blanquismo", concebia a revolução proletária como um golpe de mão liderado por uma pequena minoria clandestina.

10. Ludovico D'Aragona, de orientação reformista, foi por muitos anos secretário-geral da CGL (*Confederazione Generale del Lavoro*), a maior central sindical italiana da época, estreitamente ligada ao Partido Socialista, em particular à sua corrente reformista. Giacinto Menotti Serrati (1857-1926), principal líder da corrente maximalista do PSI, favoreceu — com sua recusa de expulsar a corrente reformista — a cisão que, em 1922, levou à formação do Partido Comunista Italiano. Em 1924, já minoritário no interior do PSI, aderiu ao PCI juntamente com a fração dos "terceiristas" (assim chamados por defenderem a III Internacional).

11. A orientação a ser combatida é aquela impressa ao PCI sob a direção de Amadeo Bordiga (1889-1970). Bordiga foi um dos fundadores do Partido e tornou-se seu principal dirigente entre 1921 e 1924, período em que orientou o Partido para posições sectárias e "esquerdistas", opondo-se abertamente às palavras de ordem da "frente única" e do "governo operário e camponês", propostas no III Congresso da Internacional Comunista. A partir de 1923, com o apoio da Internacional, Gramsci passou a

combater duramente as posições de Bordiga, propondo a criação de um novo "centro dirigente"; uma vez constituído, este "centro" terminou por derrotar Bordiga e afastá-lo da direção do Partido, que passou a ser liderado até 1926 pelo revolucionário sardo.

12. Este escrito é a introdução à primeira apostila de um curso ministrado na escola do Partido. Adotamos aqui o título utilizado em sua primeira edição, publicada em *Stato operaio* (Paris, março-abril de 1931, p. 162-168), a revista do PCI na emigração.

13. Verso de uma famosa canção revolucionária italiana, significando "A bandeira vermelha triunfará".

14. Gramsci foi encarregado de redigir esta carta pelo Birô Político do PCI. Ele o fez no escritório da Embaixada Soviética em Roma, que se responsabilizou por seu envio a Palmiro Togliatti (1892-1964), então em Moscou. Togliatti, após a prisão de Gramsci, tornou-se até sua morte o principal dirigente do PCI. Somente em 1964, pouco antes de morrer, Togliatti reconheceu a existência desta carta (que já circulara em revistas socialistas e trotsquistas desde os anos 1930) e cuidou de sua publicação "oficial", juntamente com sua própria resposta, onde desaconselhava a entrega da mesma ao CC do PCUS. Em 1970, foi finalmente publicada também a dura resposta de Gramsci à carta de Togliatti. A íntegra da correspondência está em A. Gramsci, *Escritos políticos*, Rio de Janeiro, Civilização Brasileira, 2004, v. 2, p. 383-402.

15. Esta conferência teve lugar entre 26 de novembro e 3 de dezembro de 1926. Concluiu-se com a derrota — ou melhor, como Gramsci o temia, com o "esmagamento" ("*stravittoria*" em italiano) — da oposição: Trotski e Kamenev foram excluídos do Birô Político e Zinoviev foi afastado de suas funções como dirigente da Internacional. Estas foram apenas as medidas iniciais de um processo que levou mais tarde à condenação à morte de Zinoviev e Kamenev, em processos montados por Stalin em 1936, e ao assassinato de Trotski em seu exílio mexicano, em 1941.

16. Cabe aqui recordar, ainda que brevemente, o que estava em jogo na dura disputa em curso no Partido Comunista da URSS. Além da discussão sobre o regime interno do Partido (com a oposição advogando mais amplo espaço para o debate e a democracia internos), maioria e minoria se opunham sobre a continuidade ou não da Nova Política Econômica (NEP), que — adotada em 1921, ainda sob a direção de Lenin, em substituição ao chamado "comunismo de guerra", posto em prática logo após a revolução e durante a guerra civil — restabelecia relações mercantis no campo e em algumas atividades urbanas, garantindo aos camponeses que a coletivização agrícola só ocorreria por adesão voluntária. Assim, em muitos casos, os camponeses

(sobretudo os médios e grandes) chegaram a desfrutar de um padrão de vida superior ao dos operários urbanos. Tais camponeses eram conhecidos como os *nepman*, expressão que Gramsci usará em seguida. A manutenção da NEP — defendida então por Stalin e, sobretudo, por Bukharin, que se tornara seu principal teórico — era apoiada também pela maioria do Comitê Central do PCUS. O "bloco das oposições", liderado por Trotski e Zinoviev, defendia, ao contrário, o abandono da NEP e a adoção de uma política de industrialização acelerada, com base num rigoroso planejamento central e numa "acumulação primitiva socialista", a ser feita mediante a transferência de renda do campo para a cidade, ou seja, mediante a expropriação dos camponeses. Gramsci se coloca abertamente, nesta carta, a favor da conservação da NEP, embora demonstre também preocupação com os métodos de luta interna adotados pela maioria favorável à NEP. É interessante observar que, depois de derrotar a oposição e expulsar Trotski da URSS, Stalin rompeu em 1929 também com Bukharin, abandonou a NEP e passou a pôr em prática algo muito semelhante ao programa de industrialização acelerada e de coletivização forçada defendido pela oposição trotskista-zinovievista. Em consequência, esta o acusou de ter "roubado" o seu programa. Stalin não hesitou em chamar de "revolução pelo alto" esta sua nova política.

17. O título original do manuscrito de Gramsci — encontrado por Camila Ravera entre os papéis de nosso autor, logo após sua prisão — é "Notas sobre o problema meridional e sobre a atitude diante dele dos comunistas, dos socialistas e dos democratas". Este título foi riscado e substituído, com grafia que não é de Gramsci, por "Alguns temas da questão meridional", com o qual o ensaio se tornou conhecido desde sua primeira publicação, ocorrida no número de janeiro de 1930 de *Lo Stato operaio*, revista teórica do PCI editada em Paris.

18. A íntegra deste ensaio, não assinado mas atribuído a Gramsci, pode ser lida em A. Gramsci, "Operários e camponeses", in Id., *A questão meridional*, São Paulo, Paz e Terra, 1987, p. 75-78.

19. A "escola positiva" (cujo campo de interesse ia da sociologia e da antropologia à medicina e à criminologia) teve ampla influência junto ao socialismo da época da II Internacional. Muitos adeptos da escola gravitaram no campo do movimento operário italiano, tanto na corrente sindicalista quanto na reformista. O principal expoente da "escola" foi Cesare Lombroso (1835-1909), conhecido por sua teoria de que os traços fisionômicos revelam a natureza criminosa de um indivíduo.

20. Giovanni Giolitti (1842-1928), o principal político italiano do seu tempo, foi primeiro-ministro da Itália, com poucas interrupções, entre 1903 e 1921. Durante seu

longo governo, pôs em prática uma política industrialista, centrada essencialmente em medidas protecionistas. Buscou também fazer concessões aos interesses corporativos do operariado industrial do Norte e, com isso, conquistou a simpatia dos parlamentares socialistas de tendência reformista. Diante do fascismo, assumiu uma atitude mais de observador do que de contestador, atitude que partilhou com boa parte dos liberais italianos.

21. Giustino Fortunato (1848-1932), parlamentar liberal alinhado com a Direita, foi uma das grandes expressões do "meridionalismo". Originário da Basilicata, pretendeu tratar a questão meridional como parte integrante dos problemas globais da sociedade italiana. Contribuiu para superar "o mito do Sul" como uma região naturalmente fértil, argumentando que seus problemas não eram apenas econômicos e geográficos, mas também sociais e políticos. Benedetto Croce (1866-1952), um dos mais destacados pensadores italianos de sua época, defendia posições liberais em política e idealistas em filosofia. Embora tenha sido influenciado por ele em sua juventude, Gramsci fará de Croce um de seus principais alvos polêmicos nos *Cadernos do cárcere*; muitas observações sobre seu pensamento aparecem na segunda parte desta antologia.

22. Giorgio Sidney Sonnino (1847-1922) foi um dos principais líderes da direita tradicional no fim do século XIX e no início do século XX.

23. "Bakuninismo" indica as doutrinas do russo Mikhail A. Bakunin (1814-1876), conhecido intelectual e dirigente anarquista.

24. *La Critica*, publicada em Nápoles, era dirigida por Croce, que também exercia grande influência na editora Laterza, sediada em Bári.

25. Piero Gobetti (1901-1926), apesar de sua curta vida, teve um enorme papel no cenário intelectual italiano do início do século XX. Escreveu inúmeros artigos e ensaios, nos quais defendia para a Itália uma "revolução liberal" que completasse a obra do *Risorgimento*, a qual lhe parecia claro exemplo de uma "revolução abortada". Por acreditar que esta revolução liberal teria na classe operária um dos seus principais sujeitos, Gobetti — que já era amigo de Gramsci e simpatizante do movimento dos "conselhos de fábrica" de Turim — aproximou-se dos comunistas e colaborou, como cronista teatral, no diário *L'Ordine Nuovo*, órgão do recém-fundado PCI.

26. O jornal aqui mencionado é precisamente *L'Ordine Nuovo* cotidiano.

27. Nome de uma revista dirigida por Gobetti.

28. Guido Dorso (1892-1947), depois de ter sido intervencionista durante a guerra, aproximou-se do liberal radical Piero Gobetti. Em seu livro *La rivoluzione meridionale*, Dorso critica a unificação italiana, definindo-a como uma "conquista da casa real". Para ele, a burguesia do Norte — ao dar apoio às velhas oligarquias sulistas, cujos privilégios conservara — era responsável pelo atraso do Sul, atraso reforçado pelos vários governos posteriores à unificação, de Giolitti a Mussolini.

29. Gramsci se refere ao conceito de religião expresso por Benedetto Croce. Sobre este conceito, cf., infra, "O que é filosofia", p. 146.

30. Com *Ensaio popular*, aqui e em seguida, Gramsci se refere ao livro de Nikolai Bukharin, *A teoria do materialismo histórico. Manual popular de sociologia marxista*, publicado em Moscou, em 1921 (edição brasileira: N. Bukharin, *Tratado de materialismo histórico*, Rio de Janeiro, Laemmert, 1970), ao qual dirigirá duras críticas nos *Cadernos*. Bukharin (1988-1838) era, na época em que escreveu este livro, um dos principais dirigentes do PCUS e da URSS. Depois de seu rompimento com Stalin, em 1929, caiu em desgraça e terminou assassinado, em uma das muitas farsas judiciais montadas por Stalin. Sobre Bukharin, cf. também supra, nota 16.

31. Cf. F. Engels, *Ludwig Feuerbach e o fim da filosofia clássica alemã* [1886], in Marx-Engels, *Obras escolhidas*, Rio de Janeiro, Vitória, v. 3, 1963, p. 171 e ss.

32. Esta máxima constitui o que o filósofo alemão Immanuel Kant (1724-1804) chama, em sua *Crítica da razão prática*, de "imperativo categórico".

33. A partir sobretudo do Caderno 10, iniciado em 1932, provavelmente para evitar a censura carcerária (os diretores da prisão podiam ter acesso aos *Cadernos*), Gramsci — quando reescreve velhas notas e introduz novas — substitui "materialismo histórico" ou "marxismo" por "filosofia da práxis". É certamente muito significativo que ele tenha escolhido precisamente este termo, "filosofia da práxis", para designar o materialismo histórico. Mas o leitor deve estar atento para o fato de que, com ele, Gramsci está designando o marxismo.

34. Cf. Karl Marx, *O capital*, Rio de Janeiro, Civilização Brasileira, Livro 3, v. 6, 2008, p. 1083-1084.

35. Gramsci refere-se aqui, como em outras passagens dos *Cadernos*, aos seguintes trechos de Marx: 1) "É certo que a arma da crítica não pode substituir a crítica das armas, que o poder material tem de ser derrubado pelo poder material, mas a teoria

converte-se em *força material* quando penetra nas massas" (K. Marx, *Crítica da filosofia do direito de Hegel*, São Paulo, Boitempo, 2005, p. 151); 2) "Ao adquirir a ideia da igualdade humana a consistência de uma *crença popular* é que se pode decifrar o segredo da expressão do valor, a igualdade e a equivalência de todos os trabalhos, porque são e enquanto são trabalho humano em geral" (Id., *O capital*, ed. cit., Livro 1, v. 1, 1998, p. 81-82).

36. A expressão alemã, aqui no plural, significa "concepção do mundo".

37. Também para evitar a censura, Gramsci usa "Ilitch" para se referir a Vladimir Ilitch Ulianov (1870-1924), ou seja, Lenin. Em outros locais, para referir-se a Lenin, também usa "o maior teórico atual da filosofia da práxis". Já Marx e Engels aparecem por vezes como "fundador (ou fundadores) da filosofia da práxis".

38. Cf. F. Engels, *Ludwig Feuerbach*, ed. cit., p. 207.

39. Cf. infra, p. 185

40. Também aqui se trata de um pseudônimo: Gramsci usa "sociedade regulada" para designar o comunismo.

41. Gramsci refere-se aqui, provavelmente, ao *Anti-Dühring*, de Engels, para o qual Marx escreveu alguns capítulos. Nas frases seguintes, o "segundo" é evidentemente Engels, enquanto o "primeiro" é Marx.

42. Antonio Labriola (1843-1904), filósofo marxista italiano, autor de *Ensaios sobre o materialismo histórico*, é mencionado várias vezes por Gramsci nos *Cadernos*.

43. Robert Michels (1876-1936), nascido na Alemanha, foi discípulo de Max Weber, de quem recolheu a noção de "líder carismático". Com base na teoria elitista, elaborou uma pesquisa empírica sobre o moderno partido de massa, tomando como exemplo a social-democracia alemã (cf. *Sociologia dos partidos políticos*, Brasília, UnB, 1982, cuja edição original em alemão é de 1910); nesse livro, Michels desenvolve a chamada "lei de ferro da oligarquia", segundo a qual a dominação das elites é inevitável e até mesmo desejável. Michels transformou-se mais tarde em aberto defensor do fascismo.

44. Na primeira versão deste texto (C. 4, § 11), pode-se ler: "Em tal expressão, 'materialismo histórico', deu-se maior peso ao primeiro membro, quando deveria ter sido dado ao segundo: Marx é essencialmente um 'historicista' etc.."

45. "A essência humana não é uma abstração inerente ao indivíduo singular. Em sua realidade ela é o conjunto das relações sociais": K. Marx, "Teses sobre Feuerbach", in Marx-Engels, *A ideologia alemã*, Rio de Janeiro, Civilização Brasileira, 2007, p. 612.

46. "Nenhuma formação social desaparece antes que se desenvolvam todas as forças produtivas com ela compatíveis, e jamais aparecem relações de produção novas e mais altas antes de amadurecerem no seio da própria sociedade antiga as condições materiais para a sua existência. Por isso, a humanidade sempre se propõe apenas os objetivos que pode alcançar: estes objetivos só brotam quando já existem, ou, pelo menos, estão em gestação, as condições materiais para a sua realização" (K. Marx, "Prefácio [1859] à *Contribuição à crítica da economia política*", in K. Marx e F. Engels, *Obras escolhidas*, ed. cit., v. 1, 1956, p. 335). Este texto de Marx, como veremos em seguida, será várias vezes citado por Gramsci. Cf. também infra, nota 52.

47. Cf. supra, nota 35.

48. O conceito de "bloco histórico", reiteradamente empregado por Gramsci, é frequentemente atribuído a Georges Sorel (1847-1922), pensador francês socialista mas não marxista. Embora o próprio Gramsci o atribua a Sorel, trata-se, na verdade, de um conceito original do autor dos *Cadernos*, que o define como a unidade na diversidade de infraestrutura e superestrutura.

49. A designação da estrutura como um "deus oculto" foi feita por Croce.

50. Lenin.

51. Cf. supra, nota 46.

52. "É preciso distinguir sempre entre as mudanças materiais ocorridas nas condições econômicas de produção e que podem ser apreciadas com a exatidão própria das ciências naturais e as formas jurídicas, políticas, religiosas, artísticas ou filosóficas, numa palavra, as formas ideológicas em que os homens adquirem consciência deste conflito e lutam para resolvê-lo" (Marx, "Prefácio [1859]", ed. cit., p. 335).

53. Engels, *Ludwig Feuerbach*, ed. cit, p. 205.

54. Embora com grafia errada (*z* em vez de *s*), Gramsci refere-se aqui, sem nenhuma dúvida, a György Lukács (1885-1971) e, em particular, ao seu conhecido livro

Geschichte und Klassenbewusstsein [*História e consciência de classe*], que — publicado em 1923 — provocou intensas polêmicas no seio do movimento comunista, nas quais o filósofo húngaro foi acusado de "idealismo" e de "revisionismo". A formulação cautelosa de Gramsci indica que ele não conhecia diretamente o livro de Lukács, mas apenas através das polêmicas que gerou.

55. Gramsci se refere a Achille Loria (1857-1943), professor de economia em Siena, Pádua e Turim. Em sua volumosa obra, Loria defende uma espécie de "economicismo histórico", no qual mistura uma leitura extremamente vulgar do marxismo com um positivismo acrítico e cientificista. Gramsci cunha a expressão "lorianismo" para criticar a falta de seriedade de vários intelectuais italianos (cf. A. Gramsci, *Cadernos do cárcere*, Rio de Janeiro, Civilização Brasileira, v. 2, 2000, p. 253-288).

56. O liceu italiano corresponde ao nosso ensino médio.

57. Entre 1922 e 1924, o filósofo neo-hegeliano Giovanni Gentile (1875-1944) ocupou o cargo de ministro da Instrução Pública no governo fascista e empreendeu, em 1923, uma reforma do sistema educacional italiano. Ainda neste parágrafo, Gramsci menciona a Lei Casati. Aprovada em 1859, antes mesmo da unificação italiana, a Lei Casati estabelece pela primeira vez um sistema de educação pública abrangente e centralizado no Piemonte e na Lombardia. Depois da unificação, seus dispositivos e regulamentações se aplicaram a todo o país e, apesar de algumas alterações, permaneceram como base do sistema educacional até a Reforma Gentile.

58. Trata-se de duas figuras de silogismo, nomeadas assim pelos escolásticos a partir das formulações de Aristóteles.

59. Sobre *L'ordine Nuovo*, cf. supra, "Introdução", p. 16 ss.

60. A referência aqui é a Benedetto Croce, que falava numa "dialética dos distintos" entre os momentos teóricos (lógica e estética) e práticos (ética e economia) do Espírito.

61. Sorel, numa postura idealista, concebia o "mito" como uma ideia-força que criaria uma vontade coletiva. Embora simpatizasse com o pensador francês em sua juventude, Gramsci o critica com frequência nos *Cadernos*, como se pode ver em seguida. Sobre Sorel, cf. supra, nota 48.

62. Com a expressão "moderno príncipe", como se pode ver aqui e em outras partes dos *Cadernos*, Gramsci refere-se ao partido que luta pela revolução socialista, ou seja,

ao partido comunista. Um dos objetivos de Gramsci, infelizmente não concretizado, era dedicar um estudo específico ao "moderno príncipe".

63. Ugo Foscolo (1778-1827), poeta nacionalista, dizia em sua obra *Os sepulcros* que Maquiavel revelava a todos o modo sangrento pelo qual os governantes governam.

64. Cf. supra, p. 243 ss.

65. Piero Soderini (1452-1522), importante expoente da época republicana de Florença, é adepto da proposta maquiaveliana de substituir as tropas mercenárias (*compagnie di ventura*) por uma milícia regular. Para Maquiavel, Soderini encarna a indecisão dos governantes de Florença, ou seja, a incapacidade dos que "não sabem" de realizar o projeto político de que são ou se dizem portadores — diferentemente dos *condottieri* Castruccio e Valentino. Maquiavel, aliás, escreve em 1520 *La vita di Castruccio Castracani da Lucca*, na qual, tal como o fizera com Valentino em *O Príncipe*, idealiza este outro *condottiere* como a encarnação do político capaz de reunificar a Itália.

66. Luigi Russo (1892-1961), crítico e historiador literário, é autor dos *Prolegomeni a Machiavelli* (Florença, 1931), citado aqui por Gramsci.

67. Cf. supra, nota 43.

68. Gramsci se refere aqui, como também em algumas outras passagens dos *Cadernos*, a Gaetano Mosca (1858-1941), que, ao lado de Vilfredo Pareto, foi o principal teórico italiano do chamado "elitismo". Para Mosca, a política é sempre ação de minorias, que se constituem em "classe dirigente" e usam "fórmulas políticas" para legitimar seu poder.

69. Cf. supra, nota 46.

70. A referência é a uma passagem do "Prefácio" à *Contribuição à crítica da economia política* (ed. cit., p. 335), onde Marx diz: "É preciso distinguir sempre entre as mudanças materiais ocorridas nas condições econômicas de produção e que podem ser apreciadas com a exatidão própria das ciências naturais, e as formas jurídicas, políticas, religiosas, artísticas ou filosóficas, numa palavra, as formas ideológicas em que os homens adquirem consciência dessse conflito e lutam para resolvê-lo."

71. A afirmação foi feita por Eduard Bernstein (1850-1932), dirigente social-democrata alemão, que propôs uma "revisão" do marxismo em seu livro *Os pressupostos do socialismo e as tarefas da social-democracia*, publicado em 1899.

72. Provável referência ao regime dos sovietes, criado pela Revolução de 1917.

73. Cf. supra, nota 43.

74. Cf. supra, nota 46.

75. Referência ao texto de Stalin (Giuseppe Bessarione, ou seja, Iossip Vissarionovitch, nome e patronímico de Stalin), "Entrevista com a primeira delegação operária americana", publicado na *Pravda* de 15 de setembro de 1927. O "fundador" e "o mais recente grande teórico" da filosofia da práxis são, respectivamente, Marx e Lenin. Leão Davidovitch, por sua vez, é Trotski. No parágrafo, há também uma alusão aos bolcheviques, chamados de "majoritários".

76. Daniel Halévy (1872-1961), crítico e historiador, esteve próximo do socialismo na juventude, mas assumiu mais tarde posições de direita.

77. Cf. supra, nota 40.

78. Ferdinand Lassalle (1825-1864) é um dos fundadores, em 1863, da Associação Geral dos Trabalhadores Alemães, antecessora do Partido Social-Democrata, de 1875. Sua concepção do socialismo diferia bastante daquela de Marx. Para Lassalle, que se inspira na concepção hegeliana do Estado ético, a fórmula do Estado–guarda-noturno tem um significado negativo.

79. Otto von Bismarck (1815-1898) e Benjamin Disraeli (1804-1881) foram governantes conservadores, respectivamente, da Alemanha e da Inglaterra.

80. Sobre a noção ampla de partido, cf. infra, Sobre o partido político, p. 301 ss.

81. "Espírito de cisão" é uma expressão que aparece frequentemente nos escritos de Gramsci. Trata-se da peculiar leitura gramsciana de uma passagem presente em Georges Sorel, *Reflexões sobre a violência* (Petrópolis, Vozes, p. 168), na qual ele fala da "cisão entre as classes que é a base de todo socialismo". Sobre Sorel, cf. supra, nota 48.

82. Em 1º de março de 1935, a *Critica Fascista* publica o artigo "Necessità dell'autocritica", que parece ter inspirado esta nota de Gramsci. Mas é evidente que a nota se refere sobretudo ao que havia acontecido e estava acontecendo na União Soviética sob a direção de Stalin.

83. Trotski.

84. A expressão "sordidamente judaico" aparece na 1ª. Tese sobre Feuerbach, de Marx: "[Feuerbach] contempla apenas o comportamento teórico como sendo aquele que é genuinamente humano, ao passo que a práxis apenas é compreendida e fixada em sua forma sordidamente judaica. Por isso, ele não entende o significado da atividade 'revolucionária', 'prático-crítica'" (cf. K. Marx e F. Engels, *A ideologia alemã*, ed. cit., p. 611; em vez de "sordidamente judaica", esta edição usa "judaico-suja").

85. Em italiano, há uma distinção entre "liberismo" (a defesa da liberdade econômica ou de mercado) e "liberalismo" (a afirmação dos valores do liberalismo político).

86. Cf. K. Marx, *Miséria da filosofia*, São Paulo, Ciências Humanas, 1982, p. 158-159.

87. K. Marx e F. Engels, *A sagrada família*, São Paulo, Boitempo, 2003, p. 34 e ss.

88. Gramsci se refere às cartas de Engels a Joseph Bloch (21-22 de setembro de 1890) e a Heinz Starkenburg (25 de janeiro de 1894). Cf. K. Marx e F. Engels, *Obras escolhidas*, ed. cit., vol. 3, p. 284 e 298.

89. Cf. supra, nota 55.

90. Gramsci provavelmente se refere à carta de Engels enviada a Conrad Schmidt em 5 de agosto de 1890: "De modo geral, a palavra 'materialista', na Alemanha, constitui para muitos escritores jovens apenas uma frase que ajuda a classificar, sem necessidade de maior estudo, tudo o que houve e tudo o que está para acontecer; cola-se este rótulo e acredita-se que se pode dar o assunto por encerrado. No entanto, nossa concepção da história é, antes de tudo, um guia para o estudo e não uma alavanca destinada a erguer construções à maneira hegeliana. [...] A frase do materialismo histórico (de *tudo* se pode fazer uma frase) só serve para que muitos jovens alemães arrumem apressadamente um sistema a partir de seus próprios conhecimentos históricos relativamente magros — a história econômica ainda usa fraldas! — e assumam ar de espíritos superiores" (K. Marx e F. Engels, *Obras escolhidas*, ed. cit., vol. 3, 1964, p. 283).

91. Cf. supra, nota 35.

92. O termo "*arditi*" (que significa literalmente "os que têm ousadia, audácia, coragem") refere-se aqui aos grupos de assalto compostos basicamente de voluntários, muito ativos na Primeira Guerra Mundial. Não seria de todo equivocado traduzi-lo por "guerrilheiros".

93. Leão Davidovitch Bronstein, ou seja, Trotski.

94. "Frente única" foi a linha política de unidade operária, adotada pela III Internacional entre o seus III (1921) e VI (1926) Congressos. Desde 1922, quando de sua estada em Moscou, Gramsci tornou-se, contra Bordiga, um convicto defensor desta linha. Sobre o contraste com Bordiga, cf. supra, nota 11.

95. Trata-se do conhecido ensaio da revolucionária polonesa Rosa Luxemburg (1871-1919) *Greve geral, partido e sindicatos*, publicado pela primeira vez em 1906.

96. Gramsci se refere à Revolução Russa de outubro de 1917.

97. Cf. supra, nota 43.

98. Cf. supra, "Análise das situações. Relações de força", p. 249 ss.

99. K. Marx, *O dezoito brumário de Luis Bonaparte*, in Marx-Engels, *Obras escolhidas*, ed. cit. v. 1, p. 220-315.

100. Vico (cf. supra, nota 1) assim se expressa em sua famosa obra de 1725: "Da vaidade das nações ouvimos aquela áurea citação de Diodoro sículo: que as nações, ou gregas ou bárbaras, tiveram a seguinte vaidade: de terem descoberto, antes das demais, as comodidades da vida humana e conservado as memórias de suas coisas desde o princípio do mundo" (G. Vico, *A ciência nova*, Rio de Janeiro, Record, 1999, p. 91-92).

101. Gramsci se refere aqui ao movimento dos conselhos de fábrica, organizado a partir do semanário *L'Ordine Nuovo*, por ele dirigido, publicado entre 1919 e 1920. "Bergsoniano" refere-se ao filósofo francês Henri Bergson (1859-1941), conhecido pelo seu voluntarismo irracionalista.

102. Parece existir neste parágrafo uma referência, respectivamente, ao Partido Fascista italiano e ao Partido Comunista da União Soviética.

103. Vincenzo Cuoco (1770-1823) participou da revolução napolitana de 1799, sobre a qual escreveu, em 1801, o *Saggio storico sulla rivoluzione napoletana* (1801). Nele aparece o conceito de "revolução passiva" para indicar que a revolução napolitana, suscitada pelo impacto de acontecimentos externos, como a Revolução Francesa e as guerras napoleônicas, restringiu-se a um grupo relativamente exíguo de intelectuais e não soube se ligar às concretas necessidades do povo. Ao contrário, segundo ele, os franceses teriam realizado uma verdadeira "revolução ativa", com ampla participação popular.

104. Para os "dois princípios", cf. supra, nota 46. Cf. também "Análise das situações. Relações de força", supra, p. 249 ss.

105. Em seu livro *Les révolutions d'Italie* (Paris, 1848-1852), o historiador francês Edgar Quinet (1803-1875) observa que "suas [dos italianos] revoluções são restaurações". E, referindo-se ao movimento que antecede e prepara o Renascimento italiano, também escreve: "Esta revolução comunal, que por toda parte na Europa é chamada de libertação e inovação, ganha na Itália o nome de restauração".

106. Em K. Marx, *Miséria da Filosofia*, ed. cit., cf. particularmente, no cap. 2, "A metafísica da Economia Política" (pp. 101-160), o § 1.

107. A região do Piemonte formava, juntamente com a Sardenha, um reino sob o domínio da casa real de Savoia. A classe dominante do Piemonte teve um papel dirigente no processo da unificação estatal italiana, conhecido como *Risorgimento*. Por isso, o rei do Piemonte tornou-se, depois da unificação, o monarca do Reino da Itália

108. Entre 1815 e 1848, o "partido burguês" se divide na França entre os defensores de Luís XVIII, herdeiro "legítimo" dos Bourbons; os de Luís Filipe de Orléans, proclamado rei após a Revolução de 1830; os de Luís Napoleão, sobrinho de Napoleão I; e os defensores de uma volta à República. A "força antagonista B", que faz sua aparição "precoce" durante os acontecimentos de 1848, é a classe operária. A referência à forma social dotada ainda de possibilidades de desenvolvimento é mais um atestado da importância do "Prefácio" marxiano de 1859 na reflexão gramsciana.

109. Com a expressão "economia programática", Gramsci se refere ao planejamento socialista da economia, tal como vinha sendo empreendido pela União Soviética. Para ele, tanto o "americanismo" quanto o fascismo — considerados como formas de "revolução passiva" que respondem à Revolução de 1917 — recolhem elementos de programação econômica na tentativa de conservar o capitalismo.

110. Com "proibicionismo", Gramsci se refere à famosa "lei seca", promulgada em 1919 e revogada em 1933, que proibia a produção e o consumo de bebidas alcoólicas em todo o território dos Estados Unidos.

111. Cf. infra, "Os altos salários", p. 335 ss.

112. Cf. supra, nota 81.

113. Sobre De Sanctis, supra, nota 2.

114. Gramsci se refere ao romance histórico *Os noivos*, de Alessandro Manzoni (1785-1873), cuja edição definitiva data de 1840; e ao poema *Os sepulcros*, de Ugo Foscolo (1778-1827), publicado em 1807.

Índice de Nomes

Índice de Temas

O texto deste livro foi composto em Sabon, desenho tipográfico de Jan Tschichold de 1964 baseado nos estudos de Claude Garamond e Jacques Sabon no século XVI, em corpo 11/15. Para títulos e destaques, foi utilizada a tipografia Frutiger, desenhada por Adrian Frutiger em 1975.

A impressão se deu sobre papel off-white 80g/m² pelo Sistema Digital Instant Duplex da Divisão Gráfica da Distribuidora Record.